KB152659

화이트헤드과정철학의 이해

— 문명을 위한 모험 —

문 창 옥

통나무, 1999

추상적인 사변
— 체계를 구축하고 이어서 이를 초극했던 사변,
추상의 극단을 향해 과감하게 모험했던 사변
— 이것이 세계의 구원자였다.
사변에 한계를 가하는 것은 미래에 대한
반역이다(*FR* 76).

차 례

【원전약호】

AI *Adventures of Ideas.* New York: Macmillan Company, 1933.

CN *The Concept of Nature.* 1920. Reprint. Cambridge: Cambridge University Press, 1990.

FR *The Function of Reason.* 1929. Reprint. Boston: Beacon Press, 1958.

MT *Modes of Thought.* 1938. Reprint. New York: The Free Press, 1968.

PR *Process and Reality: An Essay in Cosmology.* 1929. Corrected edition. Edited by D. R. Griffin and D. W. Sherburne. New York: The Free Press, 1978.

RM *Religion in the Making.* Cambridge: Cambridge University Press, 1927.

SMW *Science and the Modern World.* New York: Macmillan Company, 1925.

S *Symbolism: Its Meaning and Effect.* New York: Macmillan Company, 1927.

序

이 책에서 배움을 얻고자 하는
젊은 사람들에게

도올 김용옥

나는 몇일전 芝谷書堂에서 행한 강연에서 다음과 같은 함축적 이야기를 한 적이 있다. "**우리나라 동양철학은 『주역』 때문에 망하고, 우리나라 한의학은 『내경』 때문에 망한다.**" 이 말은 외면적으로 매우 거친 표현같이 들리지만, 그 실내용인즉, 우리나라 사람들의 집요한 "이념적"성향, 다시 말해서 항상 "연역적" 전제속에서 사물을 바라보는 성향을 꼬집어 한 말이다. 우리나라 사람들은 자기 주변의 일상적 경험, 그러한 귀납적 사실들을 차분하게 관찰하기에 앞서, 아주 매우 성급하게 우주전체를 꿰뚫어 버리는 原理나 理念적 전제를 확보하려는 갈망이 있다. 역사적으로 어떻게 해서 이러한 갈망이 형성되었는지 알 수는 없지만, 그러한 대체적 경향성이 지배적인 것만은 확실한 사실이다. 칼 맑스의 『자본론』이라는 텍스트를 차분히 강독하기에 앞서, 공산주의라는 이념의 연역적 구조를 단숨에 파악하기 위하여 "의식화" 운동에 가담하고, 공산주의와 같은 이념의 허실을 형량하기도 전에, 어떤 공산주의라는 연역적 구조가 두뇌에 자리잡기만 하면 그것을 위하여 용감히 목숨을 바치는 것도 서슴치 않는다. 대부분의 한국의 기독교도들도 성서신학의 세밀한 갈래들을 조목 조목 따져 공부하거나, 모든 기독교신앙의 확실한 근거가 되는 기독교 『성서』의 희랍어원전 텍스트를 텍스트 그 자체로서 연역적 전제가 없이 攻讀하는 자는 희소하고, 우선 기독교라는 이념체의 몇가지 연역적 전제들, 부활이라든가 천당구원이라든가 하는 논리 구조를 확실히 파악하기를 갈망하고, 그러한 갈망이 성취됐다고 자인하면 그 후는 불문하고 그 연역적 대전제에 따라 모든 행동양식을 주저없이 결정한다. 대부분의 광신의 성향이 이런 의심할 바 없는 몇개의 연역적 전제의 확신에 대한 갈망에서 생기는 병증들이다. 그것은 논리라기 보다는 감정의 맹목적 성향들일 것이다.

동양철학에 대한 태도도 기본적으로, 광신적인 기독교성향과 대차가 없는 것 같다. 동양철학이라는 범주에 속해있는 그 汗牛充棟하는 엄청난 텍스트를 하나하나 진지하게 독파하려는 사람은 없고, 동양철학 전체를 꿰뚫는 어떤 이념적 구조를, 그 이념을 구성하는 논리의 연역적 전제를 一擧에 파악하기를 갈망한다. 이러한 갈망에 항상 기맥히게 잘 부합된다고 생각되는 텍스트가 바로 『周易』이라는 一書인 것이다. 『주역』은 64卦라는 매우 단순한 제한된 圖象으로 이루어져 있고 그 간결한 爻辭 속에 우주전체의 비밀이 숨어져 있다는 판단을 내리기에 아주 안전한 근거를 제공하는 모양을 하고 있는 듯이 보이기 때문이다. 그래서 동양철학을 云云하는 자, 『주역』을 말하지 않는 자 없고, 『주역』을 云云하는 자치고 우주의 비밀을 관통했다고 말하지 않는 자를 보기 힘들다.

한의학을 말하는 者치고 『내경』의 권위를 맹신하지 않는 자가 드물고, 『내경』을 말하는 자, 한의학의 모든 신비를 관통하지 않은 자가 드물다. 모두 같은 병증의 所産이다.

그러나 平心하게 論究컨대, "동양철학"이라는 개념 그 자체가 성립불

가능한 것일지도 모른다. 동양철학이라는 것은 사실 아무데도 존재하지 않는다. 『周易』과 동양철학은 아무 관련이 없을 수도 있다. 『內經』과 한의학은 아무 관련이 없을 수도 있다. 『周易』이라는 텍스트가 있을 뿐이요, 『內經』이라는 텍스트가 있을 뿐이다. 다시 말해서 『주역』은 『주역』일 뿐이요, 『내경』은 『내경』일 뿐인 것이다. 문제는 『주역』이니, 『내경』이니 云云하는 학도나 도사들을 만날 때마다, 감도는 서글픈 여운은 그 어느 누구도 나만큼이라도 그 텍스트 자체를 알고 있는 사람을 만나기 어렵다는 사실인 것이다.

대학가에도 이러한 전통학문에 대한 열망은 있으되 차분히 그 학문을 지탱하고 있는 텍스트를 읽는 사람들의 모임을 발견하기가 힘들다. 대학가의 써클의 대부분이 "…원리연구" 운운커나 "한"字가 들어가는 엄숙한 이념 써클이요, "…책을 읽는 모임"이라든가, "…지역 불상연구회"라는 식의 매우 구체적 事象에 대한 차분한 탐구를 하는 모임이 상대적으로 희소하다는 사실, 그리고 이러한 사실이 옆나라 일본에만 가도 전적으로 역전된다는 놀라운 사실, 다시 말해서, 이러한 사실이 우리나라에만 특유한 사회현상의 일환이라는 사실에 눈을 뜨게될 때 우리는 우리민족의 대체적인 "성향"의 실상에 대하여 다시한번 회의감을 갖게되는 것이다. 사실 어느 경우도 우리는 "민족성"이라는 것을 固定不變의 어떤 고유한 성향으로 간주하는 오류를 범해서는 아니된다. 그것은 시대적 환경에 따라 流動的일 수밖에 없는 것이다. 그러나 그러한 流動的 사태속에서도 어떤 일정한 아이덴티티가 지속된다면 그 지속되는 사태에 대한 끊임없는 반성이나 성찰은 계속 요구될 것이다. 조선조유학의 대체적 성향이 主氣論보다는 主理論에 치우쳐 있다는 사태, 그리고 조선조유학의 論爭이 圖象의 연역적 전제들을 중심으로 이루어지고 있다는 사실들을 생각해볼 때, 그리고 조선조 의학전통이 경험적인 古方이 무시되고 연역적인 後世方에 치우쳐 있다는 사실을 생각해 볼 때, 우리민족은 대체적으로 대륙의 어떤 "合理論 질서," 즉 어떤 거대한 우주론적 구상에 대한 소속감이 없이는 자기존재를 이해하기를 난감해하는 느낌속에서 살아왔다는 사실을 부인하기는 어려울 것 같다. 그런데 이러한 통시적 성향은 우리민족의 약점이자 강점이요, 광기이자 생명력이요, 현실의 도착감이자 미래의 창조력이다. 문제는 어떻게 발출되는 광기를 正道로 善導하느냐에 있을 것이다.

이러한 광기의 궁극적 지향은 코스몰로지(우주론)라는 것이다. 대웅전의 뒷벽에 걸려있는 수없는 만다라의 도상들, 『河圖洛書』니 『太極圖』니 『天命圖』니 『聖學十圖』니 『正易』이니 『天符經』이니 운운하는 모든 것들이 제각기 하나의 우주론을 표방하고 있는 것이다. 우주론이란 한 마디로 말해서 내가 존재하고 있는, 나라는 존재를 포섭한 모든 존재의 환경을 성립시키고 있는 實在세계의 가장 일반적 도식을 그리는 작업이라고 말할 수 있다. 이러한 우주론의 갈망의 배면에는, 나의 존재가 그 존재로서 고립되는 우발적 사태에 그치는 것이 아니라, 그 존재를 가능케 하고 있는 무수한 연결태의 총집합의 어떤 모습과의 관련속에서 이해되어야 하고, 또 될 수밖에 없다고 하는 생각이 깔려있는 것이다. 이러한 우주론의 갈망을 우리는 꼭 부정적인 것으로만 생각할 수는 없다. 그러나 이러한 우주론의 갈망에 대하여 우리는 두가지 부정적 견해를 제출해볼 수 있다.

그 첫째는, 꼭 존재하는 사태를 느끼는 그대로, 즉 개별적 사태 그 모습대로 인지하면 그뿐이지, 그것을 꼭 어떤 전체적 總相이나 共相의 맥락속에서만 이해해야만 하느냐? 아마도 극단적인 경험주의자(감각주의자)나 혹은 요소주의자, 혹은 니힐리스트, 혹은 디컨스트럭셔니스트(해체주의자) 등등의 부류의 사람들은 이러한 질문에 동조할지도 모르겠다. 옆나라 일본에만 가도, 학문의 대체적 성향이 거창한 보편이론을 탐구하기 보다는 구체적인 주제에만 몰두할 뿐이고, 또 그러한 구체적인 주제가 반드시 전체적인 맥락속에서 논구되어야 한다는 그러한 논의 자체를 거부하거나, 그러한 논의에 근본적으로 무관심한 상황이 많다. 따라서 자기 생각에만 몰두할 뿐, 타인의 상황에 共感하기를 거부하고, 극단적으로는 자기의 행위를 자기의 가치기준에 의하여만 형량하며 어떠한 보편적 가치 기준의 잣대를 거부하는 상황이 많다. 자기아들의 목숨은 엄청나게 소중하게 생각하는 인도주의자가 남의 나라에 가서는 타인의 목아지를 닛뿐도로 베는 행위를 집에서 연필깎는 것보다도 더 쉽게 생각하는 상황, 이러한 부작용까지도 이러한 주제와 관련시켜 생각해볼 수도 있다. 일본은 "위대한 미개사회"라고 말하는 나의 友人, 이토오 아비토(東京大 문화인류학교수)씨의 언급에는 우주론을 거부하는 卽物的 사유의 원시적 특성이 일본이라는 고립된 섬나라의 집단무의식속에 깔려있다는 인류학적 통찰이 깔려있는 것이다.

두째로는, 우주론과 같은 일반이론의 성립이 자칫 잘못하면 "형이상학적 폭력"을 잉태시킬 수 있다는 반론을 제기해볼 수 있을 것이다. 첫째의 반론과 같은 情調를 깔고 있으나, 이것은 그릇된 우주론의 구상의 폐해가, 卽物的·卽自的인 가치관에 비해 그 악영향이 더 클 수도 있다는 것을 강하게 주장한다. 따라서 시도하지 아니한만도 못할 수도 있다는 것이다. 勿論 이러한 반론에 대한 반론은 쉽게 제출될 수 있겠지만, 그에 앞서 『주역』에 미치고, 『내경』에 미치고 『천부경』에 미치는 한국인의 상당수의 미친사람들의 자부감과 독단감과 폐쇄적 절대감을 생각할 때 우주론의 고착적 영향력의 폐해는 쉽게 간과될 수 있는 성격의 것이 아니다. 즉 우주의 모습을 결정하는 연역적 전제에 대한 절대적 믿음은 아라야식의 연기속에 돌고도는 名言種子의 業障처럼 시대적 상황과 무관하게 초시간적 윤회를 과시할 수도 있다. 형이상학적 허구에 노출되지 않은 자는 순결한 마음이라도 보지할 수 있으나, 일단 그러한 형이상학적 似

而非에 노출된 자는 그 집착에서 헤어나지 못하고 學問을 가장한 "도사들의 길"에서 평생을 유랑하는 자들이 대부분인 것이다. 우리가 살고 있는 시대는 惡의 폭력보다 善의 폭력이 더 가공스러운 것이다. 善의 폭력은 폭력으로서 인지되기가 힘들기 때문이다. 그리고 형이상학의 경우 似而非와 眞如를 근원적으로 구분하기 어렵다는 難題가 개재된다. 우리는 似而非와 眞如를 구분할 수 있는 새로운 프래그머틱한 어떤 기준을 마련해야 하는 것이다. 모든 철학도들이 이러한 기준을 명료하게 인식못하는 한 부지불식간에 독단의 늪에 빠져버리게 되고마는 것이다.

그러나 이 두가지의 반론은 근원적으로 형이상학이나 우주론의 당위성에 대한 쐐기가 될 수가 없다. 우주론의 어떤 측면에 대한 경고는 될 수 있을지 몰라도 그러한 반론은 반론이기에 앞서 그 자체의 구극적 정당근거를 타당화시킬 수 없다. 우주론은 당위가 아닌 사실이다. 우주론 그 자체가 당위적 픽션일 가능성은 있어도 우리가 如何한 경우에도 우주론속에 살고 있다는 것은 當爲아닌 事實이다. 인간이 존재한다는 것 자체가 우주를 전제로 한다. 인간이 그냥 존재하는 것이 아니라, 言語속에 存在하는 이상, 그 언어는 이미 우주속에 들어있다. 이 때 "우주"란 후기 비트겐슈타인이 말하는 "삶의 양식"(Form of Life)을 말할 수도 있다. 언어는 어떠한 경우에도 "私的"일 수만은 없는 것이다. 아무리 우주론을 거부해도 이미 우리의 언어라는 께임이 전개되는 그라운드로서 우주가 엄존하는 것이다. 아무리 나의 존재의 행위가 실존적인 결단이나 개별적인 가치의 특수성에 속하는 것이라고 강변해도 이미 그러한 강변의 정당근거는 그러한 강변을 넘어서는 전체적이고도 일반적인 가치체계와의 관련을 떠날 수 없다. 모든 가치의 가장 일반적 체계에는 반드시 우주론이 엄존하는 것이다. 이미 그것은 나의 개별언어 이전의 사실인 것이다. 이러한 우주론이 나의 존재의 인식이나 언어의 께임을 결정하고 있는 것이다. 인간이 언어를 사용하는 한에 있어서 우주론은 거부되어야 할 사태가 아니라 선택의 여지만을 남기는 사태인 것이다. 어떠한 우주를 선택하는 가? 그것이 바로 似而非 즉 虛妄과, 眞如의 갈림매를 결정하는 열쇠가 되는 문제일 것이다.

우리나라 사람들의 우주론적 관심의 가장 비극적 사실은, 그것이 『주역』이 되었든, 『내경』이 되었든, 『先天圖』가 되었든, 그들의 관심의 대부분의 지향성이 아포칼립틱한 정조를 띠고 있다는 것이다. 아포칼립스는 제네시스와 상통한다. 우주의 시원이나 우주의 종국이 우주의 현황적 관심에 선행하는 것이다. 그 선행하는 이유는 바로 시원이나 종국을 꿰뚫어야만 속시원하게 우주의 비밀이 모두 뻥 뚫릴 수 있다고 생각하는 것이다. 이것이 바로 조선민족의 광신적 성향을 자극하는 연역적 전제에 대한 갈망인 것이다. 그러한 갈망을 타고 모든 종교적 광신과 학문적 사기가 창궐해온 것이다. 아마 단군이래 오늘날 "휴거"나 "천지공사"를 울부짖는 모든 조선인민들의 갈망은 시원의 규명이나 미래의 예측에 대한 궁금증과 무관치 않을 것이다.

華嚴의 十玄門에 "十世隔法異成門"이라는 말이 있다. 현재는 과거와 인과적으로 맞닿아 있으며 미래는 또 예기됨으로써만 현재를 가능케 한다. 과거와 현재와 미래는 서로 相卽相入함으로써 一世를 이룬다. 그러나 모든 存在에 있어서 가장 리얼한 것은 찰나적 현재다. 현재가 있음으로서 과거와 미래의 융합이 가능한 것이다. 나의 현재를 도외시하고 과거와 미래를 고정불변하는 어떤 진리체계로 설정하는 것은 妄念이다.

다시 말해서, 코스몰로지는 코스모고니(cosmogony)도 아니요, 코스모제니(cosmogeny)도 아니다. 코스몰로지는 아포칼립스가 아니다. 우주론이란 우주의 시원이나 종국을 밝히려는 것이 아니다. 창세기가 있으면 종말론이 있게 마련이고, 종말론이 있으면 창세기가 없을 수 없다. 그러나 창세와 종말은 모든 형이상학의 독단의 근원이다. 우주론의 목표는 매우 단순한 것이다. 그것은 나의 현재적인 일상경험을 설명하려는 것이다. 나의 현재적인 일상경험을 설명치 못하는 이론체계가, 저기 저 푸르게 살아 있는 풀 한포기의 현재적 체험, 현재적 시공의 사실을 설명하지 못하면서 우주의 시원을 말하고 우주의 종국을 말한다는 것은 참으로 가소로운 말장난인 것이다. 그러한 개벽, 그러한 천지공사는 누구라도 해쳐먹을 수 있는 三業의 유희에 불과한 것이다. 중동의 사막문명권에서 발생한 기독교를 비롯한 모든 종교적 형태가 그러한 업장을 즐기고, 또 시베리아 벌판에서 조선반도로 뻐치는 샤마니즘이 또 그러한 口業을 즐기는 것 같다. 모든 초월주의는 현재적 사실의 외면이요 도피다. 현재란 찰나로서 단절되는 것이 아니라 영원한 과정이다. 현재는 과정(Process)이다. 진정한 우주론은 과정일 수밖에 없는 것이다. 과정을 외면하는 모든 우주론은 종교적 업장에 불과한 것이다. 그것은 철학의 자격을 有할 수 없다. 과정이란 多에서 一로의 창조적 전진을 말하는 것이다. 과정은 어떠한 경우에도 一에서 多로의 전진을 의미할 수 없다. 一에서 多로, 우주의 과정을 생각하는 모든 사유속에 바로 창조론과 종말론의 독단이 스며들게 되는 것이다. 우주의 과정은 끊임없이 多에서 一로의 合生일 뿐이며, 一은 완성(만족)되는 동시에 多化되는 것이며, 多中一이 되는 것이다. "존재한다는 것," "무엇이라는 것" 그 자체가 이미 "다른 존재와의 실재적 통일성을 획득하기 위한 가능성을 갖고 있음"을 의미하는 것이다. 多, 一, 창조성 이 세가지는 과정적 우주의 가장 궁극적 범주다. 창조성이란 그것 자체로 독립된 실체가 아니라 우주의 가장 궁극적 사실을 성격지우는 보편자들의 최후적 보편인 것이다. 다시 말해서 이 우주는 창조적일 수밖에 없고 창조적이기에 새로움의 합생이 가능하고 이행이 가능하고 끊임없는 雜에서의 純으로의 창출이 가능한 것이다. 우주는 끊임없는 多에서의 一로, 雜에서의 純으로의 "易"이라는 이 원리에서 생각해볼 때, 헤브라이즘의 창조설화나, 「요한복음」의 그노스티시즘적인 로고스의 창조나, 朱

子學에서 말하는 "一分萬殊"의 논리는(상기 二者와는 다른 차원의 유기체적 사유의 산물임에도 불구하고) 모두 우주적 과정에 대한 불완전 그림의 소산일 것이다.

비트겐슈타인은 인간의 언어가 놓여지는 마당으로서 "삶의 양식"을 論했지만 결코 그 "삶의 양식"의 완정한 하나의 형태를 그려볼 생각은 꿈에도 하지 않았다. 이것은 헤겔반동으로 시작한 최근세철학의 모든 주류가 "반형이상학"이라는 공통된 문제의식의 전제를 깔고 있는 압도적인 분위기속에서 그 누구도 생각조차해볼 수 없는 언어의 장난이요 께임이었다. 그런데 철학이 단순한 국부적 사건의 기술에만 그친다면, 그것은 철학이 아니다. 디컨스트럭션을 行한다 하는 자들이, 인간의 문제를 허구적인 것으로서 해체한다는 자들이 그 어느 누구보다도 정교하고 난삽하고 부질없는 문제를 양산하기만 한다면 그것은 진정한 해체가 아니라 쓰레기더미의 생산일 뿐이다. 20세기 철학은 지적 유희라는 엔트로피의 증가만을 가속시켰을 뿐, 그 어느 누구도 엔트로피의 감소를 꾀할 수 있는 진정한 창조적 작업을 하지 않았다. 디컨스트럭션 자체가 엄밀한 컨스트럭션이 되지 않는 한, 그것은 디컨스트럭션이 아닌 쓰레기배설에 불과한 것이다. 20세기 철학의 대체적 주류가 이와같이 도덕적으로 무책임한 문제의 발견과 배설에 불과한 지적 유희에 지나지 않았다. 물론 그것 또한 거시적 과정의 리드믹한 하나의 단락으로 수용될 수 있을 지라도.

華嚴의 말대로, 成相과 壞相은 동시적인 것이다. 成과 壞는 다이내믹한 同相속에서 움직이는 異相일 뿐이다. 生의 순간은 곧 滅의 순간이다. 生滅은 찰나라는 시공의 볼륨을 보유하지만 生滅 그 자체는 시공간 이전의 사태인 것이다. 合生 그 자체내의 位相的 구조는 시공간적으로 기술될 수 없는 것이다. 우주의 컨스트럭션은 그 우주에 대한 모든 디컨스트럭션의 가능성을 동시적으로 포섭하는 것이다. 진정한 우주론은 그것이 하나의 독단이 아니라, 모든 독단을 포섭하면서 그 모든 독단을 해체시킬 수 있는 개방된 과정일 뿐인 것이다. 우주는 사실이다. 그리고 그 사실은 나의 현재 경험의 사실을 모두 설명할 수 있어야 한다. 그리고 그 우주론의 眞如的 가치는 나의 경험의 구극적 실상의 설명가능성에서 가늠질되는 것이다.

혹자는 반문할른지 모른다. 『주역』을 운운하고 『내경』을 운운하는 것이 무어가 나쁘냐? 어차피 그것도 완정한 하나의 우주론의 체계라면 상대적 가치는 存하는 것이 아닌가? 그럼 나는 반문하겠다. 『주역』에서 컴퓨타라도 나왔고, 『내경』에서 DNA라도 나왔단 말이냐? 혹자는 또 반문하리라! 꼭 컴퓨타가 나오고 DNA가 나와야 인류가 행복해지고 인류사의 진보의 기준이 마련되는 것인가? 天動과 地動의 상대적 우열을 논할 수 없다고 말하는 자가 어찌 그리 완고하냐? 나는 더 이상 반문하지 않겠다. 나는 단도직입적으로 설법하리라! 우리는 더 이상 만다라의 세계에서 살고 있지 않다. 우리는 더 이상 風輪·水輪·金輪·地輪 가운데 솟은 須彌山 꼭대기에 가부좌틀고 앉아있는 것이 아니다. 『周易』의 64卦를 가지고 아무리 지지고 볶고 벼라별 희한한 용봉탕을 다 끓여내본들, 그것은 "$2^6 = 64$"라고 하는 매우 유치한 초등학교 1학년 수학의 범주를 벗어나지 않는다. 『內經』「素問」「靈樞」를 아무리 煎炒炙煨 볶고지지고 찌고빻고 벼라별 修治를 다해본들 그것은 五行의 관념적 대응의 몇 개 도식에 지나지 않는다. 내가 말하려는 것은 매우 단순한 것이다. 『주역』에 미치고 『내경』에 미치는 조선의 우주론자들이 너무도 너무도 너무도 너무도 유치하다는 것이다. 『주역』은 『주역』나름대로, 『내경』은 『내경』나름대로, 현대의 어떠한 과학적 우주론도 제공하지 못하는 別味가 있고 洞察이 있다. 그 재미는 양보할 수 없는 것일지라도 우리는 유치함과 정교함, 특수성과 일반성, 국부성과 포괄성의 차원을 혼동해서는 아니되는 것이다.

학문에 있어서 어차피 사기꾼들의 有無는 탓할 바가 아니다. 너나 할 것없이 사기꾼일 수도 있는 것이요, 너나 할 것없이 사기꾼이 아닐 수도 있는 것이다. 문제는 사기꾼들의 유무가 아니라 한마디로 너무도 유치한 사기꾼들만 득실거린다는 데 우리의 혐오감이 存하는 것이다.

『주역』을 말해도 좋고,『내경』을 말해도 좋고, 개벽을 말해도 좋고, 천지공사를 말해도 좋다. 어차피 우리민족에게 그러한 원리적 세계에 대한 우주론적 집념의 성향이 강하다면, 그것은 어쩔 수 없는 추세요 대세요, 退溪이래 東武이래 독창적 創發일 수도 있는 것이다. 그러나 오늘날 조선의 젊은 학도들에게 분명히 말해주고 싶은 것은 더 이상 우리가 살고 있는 우주는 溪의 "四七"이나 武의 "四端"따위로는 아무런 문제도 해결될 수 없다는 것이다. 우리는 현재 너무도 복잡하고 정교한 우주속에 살고 있으며, 이러한 우주에 대한 "論"을 성립시킨다고 하는 문제는 2× 2×2×2×2×2 따위의 음양의 도상으로 해결될 문제가 아니라는 것이다. 이것은 참으로 先覺者, 先學者의 간곡한 권고요, 그대들이 읽고 싶은 책들을 깊게 읽고 또 읽어본 者가 무릎꿇고 소매에 매달리며 애원하고 싶은 깨달음의 方便說인 것이다.

우리의 이러한 우주론의 갈망을 한 몸에 구현한 자로서, 디컨스트럭션의 20세기 한복판에 우뚝선 컨스트럭션의 거대한 한 기둥이 있으니, 그가 곧 알프레드 노드 화이트헤드(1861~1947)이다. 사실 화이트헤드 자신은 자기의 철학을 "유기체철학"이라고 불렀을 뿐 "과정철학"이라고 부르지는 않았다. 과정철학이라는 표현은 주로 후대에 "과정신학"을 개념화한 자들이 화이트헤드철학의 과정적 성격을 부각시켜 즐겨 쓴 데서 정착된 개념이다. 그러나 화이트헤드의 철학을 "과정철학"이라고 부르는 데는 별다른 오해의 소지가 없다. 화이트헤드가 본격적인 형이상학자로서 두각을 나타내기 시작한 것은 그가 말년에 하바드대학 철학과로 초빙되어와서 부터였다. 나 자신 화이트헤드가 그의 창조적인 황혼의 생애를 마감한 캠브릿지에서 수학했지만, 내가 하바드야드 에머슨 홀 앞에 떨어지는 낙엽을 밟으며 그의 체취를 더듬으려 했을 때, 그는 이미 멀리 잊혀버린 虛空의 氣였다. 나는 고려대학교 철학과 시절부터 이미 박희성선생님의 강의를 통해 화이트헤드의 존재를 흠모했고, 또 전혀 이해는 되지 않았지만『과정과 실재』(*Process and Reality*)라는 옛판의 페이퍼백을 한 권 사두기까지 했다. 60년대 한국에서『과정과 실재』라는 원서를 집에 갖고 있었던 사람은 아마도 몇손가락안에 꼽히는 정도였을 것이다. 하바드대학 철학과 사무실을 두드리고 "화이트헤드의 교수연구실이 어떤 것이었냐?"라고 묻는 나에게 퉁명스럽게 던져진 科세크러터리의 반문은 참으로 명언이었다: "화이트헤드가 누구냐?"(Who is Whitehead?)

화이트헤드의 철학이 20세기의 가장 찬란한 철학의 공든탑임에도 불구하고 20세기를 통하여 매우 비대중적인 것이었고 또 망각의 대해로 사라져만 갔던 중대한 이유는 그의 저서들이 서양철학사 전체세기를 통하여 가장 난해한 書物로 꼽히는 것이기 때문일 것이다. 그의 서물이 난해하다는 것은 문자그대로 "難讀"을 의미한다. 한 문장을 백번을 되풀이하여 읽어보아도 정말 이해되지가 않는 것이다. 사실 우리의 일상언어에서는 이러한 상황은 만나기가 어렵다. 이러한 상황은 대개 암호체계인 경우에 흔히 발생하는 것이다. 마야의 석판에 새겨진 문자들은 알고보면 쉬운 애기일 수도 있으나 아무리 천만번을 읽어도 이해가 되지 않는다. 이런 경우, "해독"이라고 하는 특수한 장치의 습득이 없이는 不理解의 상황은 개선이 되질 않는다. 다시 말해서 암호를 해독(디코드)하는 전문가의 도움을 필요로 하게 되는 것이다. 화이트헤드의 철학은 마야코우덱스와도 같은 것이다.

화이트헤드의 서물이 難讀인 이유는 아주 단순한 것이다. 화이트헤드의 우주론은 그 이전의 우주를 구성하였던 어떠한 언어와도 단절된 것이었기에, 자신의 새로운 통찰을 구상화하기 위하여 부득불 자신의 우주를 구성하는 새로운 암호체계들을 창안했어야만 했기 때문이다. "현실적 계기," "영원적 객체," "合生," "파악," "느낌," "만족," "욕구," "창조성," "객체적 불멸성," "존재론적 원리," "인과적 효과성," "현시적 직접성," "자기초월체," "주체적 형식," "주체적 지향," "원초적 본성," "결과적 본성" 등등 이 모든 말들이 때로는 우리의 일상언어와 공통된 함의를 지니고 있는 것처럼 착각될 수도 있으나, 그것은 전혀 특수한 화이트헤드만의 "암호"(CODE)라고 전제하고 그것을 "해독"(DECODE)하는 특별한 작업을 수행하지 않는 한, 끊임없는 공전을 되풀이할 뿐이다. 그것이 영어라는 문법체계를 갖추었다고 해서 읽혀질 수 있는 그러한 의미체계가 전혀 아닌 것이다.

나는 대학시절부터 화이트헤드를 이해하고 싶었다. 그러나 화이트헤드를 전공했다고 자부하는 모교수의 강의를 통해 수박겉핥기식의 대략은 소개받았지만, 사실 수박겉을 아무리 열심히 핥아도 그것은 겉에 낀 때국물을 빨아먹는 것에 지나지 않는다. 수박겉을 핥아서 도저히 그 시뻘건 내면의 단 물을 뽑아낸다는 것은 전혀 불가능한 사태인 것이다. 애타게 혓바닥만 닳아버리는 그러한 불행한 사태가 초래되는 이유는 화이트헤드의 이해가 대부분 『과학과 근대세계』와 같은 비교적 일상적 언어로 쓰여진 형이상학 초기저작에 국한되었을 뿐, 그의 가장 본격적인 우주론의 작업인 『상징』과 『과정과 실재』와 같은 암호체계의 내면으로의 해독작업을 본격적으로 시도한 사람이 우리나라에 없었기 때문이었다. 솔직히 말해 나는, 30여년 동안 화이트헤드의 저서들을 서재안에 구비해놓고 있었지만 화이트헤드를 이해할 수가 없었다. 난해하기로 유명한 칸트나 헤겔은 이해가 될 때에도 화이트헤드는 접근이 어려웠다. 나에게는 암호해독서가 없었고, 암호해독전문가의 길잡이가 없었던 것이다. 그러나 화이트헤드에 대한 열망은 끊임없이 불타올랐다. 비록 해독은 안되었지만, 행간 사이사이에서 이해되는 몇마디의 구절들이 나의 존재의 심연의 통찰을 뒤흔들었고 나의 배움의 열망을 들끓게 만들었기 때문이었다. 그런데 아주 최근이 30여년의 미로의 방황의 여정에 하나의 획기적 전환을 가져오게 만든 사건이 일어났다. 그것은 문창옥이라는 이름의 젊은 학도가 연세대학교 철학과에서 박사학위로 제출했다는 어느 논문을 접하게 된 계기에서 벌어지게 된 일대 사건이었다. 그것은 바로 나의 **無知**의 자각이었고, **始知**의 희열이었다.

여기 통나무에서 펴내는 이 책은 바로 나의 몽매한 눈을 뜨게 해준 바로 그 논문의 수정판이다. 내가 30여년 고생한 미궁의 축적된 경험을 전제로 할 때 독자들에게 내가 이 논문을 읽었을 때의 느낌이 다 전달될 수 있을지는 의문이지만, 최소한 나의 화이트헤드와의 해후의 30여년의 기나긴 미로가 나의 후학들에게는 1년으로 단축될 수도 있다는 흥분감을 나는 본서의 출간과 함께 감출 수가 없다. 나의 30년이 후학들에게 몇 달로도 단축될 수 있어야 우리는 20세기 개화의 역사의 보람을 느낄 수 있게되는 것이다.

내가 본서의 서문을 자신있게 쓰는 이유는 아주 소박하다. 내가 약 한 달에 걸쳐서 이 책을 다 읽었기 때문이다. 내 나이에 나정도의 독해실력과 어학실력과 사고능력을 소유한 자가 한국사람이 쓴 책을 꼬박 한달이라는 시간을 소비하여 읽는 사태는 **希有**의 사건이다. 왜 그랬는가? 우선이 책에서 인용되고 있는 모든 출전을 다 확인해가면서 읽었다. 왜 그랬는가? 이 책을 읽고 그 전후맥락을 원서에서 다시 읽었을 때 나에게 이전에 전혀 감지되지 않았던 매우 명료한 의미의 그림들이 눈앞에 전개되는 각별한 재미를 만끽할 수 있었기 때문이었다. 그리고 이러한 재미를 만끽할 수 있도록 같이 도움을 준 또 하나의 책이 있었는데 그것은 쉐번

(Donald W. Sherburne)이라는 사람이 쓴 『화이트헤드「과정과 실재」에로의 열쇠』(*A Key to Whitehead's Process and Reality*)라는 책이었다. 이 책의 끝에 화이트헤드철학개념의 간략한 사전과도 같은 「글로사리」가 붙어 있는데, 그 「글로사리」는 문창옥에 의하여 정확히 번역되어 민음사판 『과정과 실재』의 뒤에 부록으로 붙어있고, 또 통나무간 『화이트헤드와 인간의 시간경험』 뒤에도 붙어있다. 이 「글로사리」야말로 백번이래도 되풀이 해서 읽어 볼 가치가 있는 화이트헤드철학용어해독의 길잡이인 것이다. 그리고 오영환역의 『과정과 실재』(민음사)도 앞으로 후학들에게 의하여 계속 개역되기를 희망하지만, 일단 매우 충실한 우리말 번역으로서 화이트헤드철학을 이해하는 데 가장 핵심적 역할을 수행해준다. 문창옥은 오영환교수 밑에서 바로 『과정과 실재』라는 방대한 번역사업에 참여한 도목수였다.

내가 한달 동안 본서를 붙잡고 있었던 또 하나의 이유는 내가 만난 어느 책보다도 화이트헤드철학의 핵심적 논제들을 매우 명료하게 소화된 언어로 명쾌하게 해체시켜주었기 때문이었다. 참으로 배울 수 있는 후학을 만난다는 것보다 세상에 더 즐거운 일은 없다. 孔子도 君子의 세 열락의 하나로 朋友의 도래를 들었고, 孟子도 君子之三樂의 하나로 天下의 英才를 得함을 들었으니 배울 수 있는 "후학"을 만나는 일이야말로 孔孟의 열락을 뛰어넘는 일이 아니겠는가?

나 도올 아직 淺學이기는 하나 배움의 淺深을 가릴만큼의 淺才는 축적했다 해야 할 것이다. 문창옥의 힘은 "정직함"에 있다. 그는 매우 정직하게 화이트헤드의 암호를 독파하였고 또 그 독파된 내용을 매우 정직하게 논술하였다. 그의 독파는 아마도 陽明이 竹子를 格物키 위하여 정진타가 발병한 것에 비유될 수 있을지도 모르겠다. 그의 언설은 간결하면서도 함축적이고 그러면서도 난해하지 않다. 자신이 화이트헤드의 본의를 일상경험에서 체득치 못하였다면 도저히 불가능한 언설일 것이다.

20세기 우리학문의 역사는 외래문물의 수용의 역사다. 이러한 수용의 과정속에서, 순수하게 한국에서만 수학한 한 서양철학도의 손에서 이만큼 소화된 학위논문이 쓰여졌다는 것은 서양학문의 우리화과정에 한 이정표를 수립하는 사건으로 기억되어야 할 것이다. 문창옥과 같은 훌륭한 학인을 배출한 연세대학교철학과의 제현들께도 존경의 념을 표한다. 무분별한 교육개혁으로 철학·문학·사학·理學과도 같은 순수학문이 경시되어가고 있는 개탄스러운 풍조속에서도 어김없이 심화되어가고 증폭되어가고 있는 젊은 학도들의 향학열에 우리는 보다 심원한 배려를 아끼지 말아야 할 것이다.

吾道는 쉽다. 그러나 쉬운 것을 깨닫는 과정은 매우 어려울 수 있다. 이것은 바로 우리가 사용하고 있는 언어의 파라독스다. 이 파라독스 앞에 용기있게 무릎을 꿇는 자들만이 구원한 미래의 주인이 될 수 있을 것이다.

1999년 5월 31일
새벽
무정재에서
도올 씀

들어가는 말

　화이트헤드(A. N. Whitehead, 1861～1947)는 모든 존재와 사건들을
설명해낼 수 있는, 보편적인 관념들로 구성된 해석체계를 통해, 우리가
몸담고 있는 이 우주시대(cosmic epoch)의 구체적 실상을 드러내 보여
주고자 한다. 그래서 그의 사변철학에는 두 지평의 반성, 즉 형이상학적
반성과 우주론적 반성이 들어 있다. 전자의 과제는 가능한 모든 우주시대
에 보편적으로 타당한 것으로 간주되는 범주나 원리들을 찾아내어 정립
하는 일이고, 후자의 과제는 이런 범주와 원리들을 기본으로 삼아 우리를
둘러싸고 있는 이 우주의 특수성을 적확하게 기술해내는 일이다. 하지만
화이트헤드는 사변철학의 이러한 목표가 현실적으로 도달 가능한 것이라
고 보지는 않았다. 무엇보다도 인간 지성의 한계 때문에, 그리고 인간이
사용하는 지적 도구인 언어의 한계 때문에, 그것은 결코 실현될 수 없는
하나의 이상일 수밖에 없다고 생각했다. 여기서 우리가 희망할 수 있는
것은 이미 갖고 있는 해석체계들보다 그 이상에 한 걸음 더 다가설 수
있는 해석체계를 구축하고 실험하는 것이 전부이다. 그렇기에 최종적인
지식이란 있을 수 없고, 우리가 이미 이해하고 있는 것의 한계를 발견한
다는 의미에서의 진보가 있을 뿐이다. 그렇기에 또한 독단적 확실성을 역
설하는 것은 어리석음의 과시에 지나지 않는다. "형이상학적 범주들은
명백한 것들에 대한 독단적인 진술들이 아니다. 그것들은 궁극적으로 일
반적인 관념들에 대한 시험적인 정식들이다"(*PR* 8). 그의 사변적 체계는

이런 한계 인식 하에서 축조되고 있다.

그러나 인간 능력의 기본적인 한계 때문에 사변철학의 목표가 언제나 이상으로 머물러 있는 것이라면, 그래서 궁극적으로 달성될 수 없는 것이라면, 어째서 화이트헤드는 그럼에도 불구하고 이러한 목표를 달성하고자 노력하는 것이 중요하다고 생각하였는가? 당대의 대다수 철학자들이 무의미로 인도할 뿐이라고 믿고 있던 사변의 길을, 시대를 역행하면서까지 그가 굳이 택한 이유는 무엇이었는가?

인간이 다양한 주제 영역에서 펼치는 사유와 언어의 유희는 어떤 **형이상학적** 전제들을 동반한다. 이들 전제는 실재에 대한 묵시적인 해석이다. 시, 종교, 과학, 기술, 일상적인 상식 등은 이와 같은 나름의 실재 해석을 배경으로 한다. 그리고 이런 사정은 이들 영역간의 사유와 언어가 흔히 서로 겉돌거나 때로 격하게 충돌하는 이유가 된다. 이들간의 궁극적인 화해는 이 충돌하는 표피적 사태 밑에 있는 심층적 전제들 사이의 갈등이 해소될 때 가능할 것이다. 화이트헤드는 이 심층적 전제들을 찾아내어 그 여러 함축을 검토하는 가운데 명료화하고, 필요하다면 정정하거나 개선하여 정합적인 실재 해석체계를 제공함으로써 인류의 안목을 확대 심화시키는 데 사변철학이 적극적인 역할을 하지 않으면 안된다고 보았다. 그리고 여기에 또한 문명의 창조적 전진을 가능케 한다는 철학의 궁극적 목표가 있는 것이라고 생각하였다.

이러한 체계를 구축하기 위해 화이트헤드는 우선 인간 사유의 모든 형식과 인간 경험의 모든 양태를 진지하게 고려하고자 한다. 그에 따르면 이들은 실재의 본성에 관한 증거의 원천이다. 자명한 이성적 원리나 명석판명한 감각경험을 특별히 강조 선택하는 것은 실재의 실상에 대한 자의적인 왜곡의 출발이다. 인간의 모든 사고 방식, 즉 과학적, 문학적, 예술적, 시적, 종교적, 실천적 사고 방식들은 문제되는 사태의 어떤 특정 측면에만 관심을 두고, 그 밖의 다른 측면들은 무관한 것으로 무시한다. 사변철학은 이처럼 우리의 다양한 사유양태와 감각경험에 의해 무시되고 왜곡되어버리는 실재의 실상을 구제해야 한다. 이를 위해 무엇보다도 우리는 감각적, 미적, 도덕적, 종교적 경험과 자연과학에 근거를 둔 개념들을 결합시키는 일반적 관념들의 체계를 구축함으로써 추상의 구체적 뿌리로 다가서지 않으면 안된다.

화이트헤드가 이따금 철학을 "추상관념의 비판자"라고 부르는 것은 이런 맥락에서이다. 추상관념은 우리가 경험하는 복잡한 실재를 단순화한 것이며, 우리가 갖고 있는 목적에 비추어 보다 쉽게 이런 실재를 이해하고 조작할 수 있도록 해주는 도구적 존재이다. 그것은 우리가 경험하는 것들을 이해하는 데 도움을 주기 때문에 유용하다. 우리는 한꺼번에 모든 것을 다룰 수 없다. 추상관념이 없다면 지식은 불가능할 것이다. 그러나 추상관념은 우리가 그것이 추상이라는 것을 잊어버리는 경향이 있기 때문에 위험하다. 사실상 하나의 동일한 구체적 현실태(actuality)는 무수히 다양한 추상들을 낳을 수 있다. 그러나 이들 추상을 통해서는, 비록 그것들 전부를 모아 놓는다 하더라도, 그 현실태의 구체적 실상을 재현할 수 없다. 우리가 분석하는 것은 우리가 경험하는 것의 일부에 불과하다. 왜냐하면 우리는 우주를 경험하고 그 세부적인 내용 가운데 아주 일부만을 선택하여 의식 속에 받아들이기 때문이다(*MT* 89). 사실이 이런데도 우리는 추상관념들이 우리의 경험을 분석 재단하여 정리하는 데에 지극히 효과적이라는 사실에 감탄한 나머지 흔히 그것들을 구체적인 실재로 오해한다. 이것은 화이트헤드가 "잘못 놓인 구체성의 오류"(the fallacy of misplaced concreteness)(*SMW* 75, *PR* 7)라 부르고 있는 것이다. 이오류는 두 가지 구별되는, 그러나 연관된 오류들로 이루어져 있다. 사물에 대한 우리의 관념은 그 사물의 일부 특정 측면만을 기초로 하고 있다는 점을 망각하는 잘못과, 사물에 대한 관념을 현실적인 사물로 오해하는 잘못이 그것이다. 이것은 과학과 철학과 상식의 모든 환원주의적 사유 배후에 놓여 있는 오류이다.

이제 필요한 것은 구체적인 현실태, 즉 "완전한 사실"(complete

fact)(*AI* 158)을 파악하는 일이다. 사변철학이 이를 파악하여 기술하게 될 때 그것은 이런 완전한 사실에 비추어 추상적 사유방식들의 본래적 지위와 기능 및 그 한계를 적시함으로써 우리의 정신성을 추상의 굴레에서 벗어날 수 있게 할 것이다. 이렇게 될 때, 인간 정신은 구체적 실재의 창조적 전진을 따라 자신을 개방하고 창조적 **모험**의 길로 들어설 수 있게 될 것이며, 궁극적으로는 인류문명을 창도할 수 있게 될 것이라고 화이트헤드는 믿고 있었다. 이런 의미에서 그의 철학은 과거에 대한 해체인 동시에 미래를 위한 구성의 철학으로 나타나 있다고 할 수 있다.

사실 화이트헤드는 이미 철학의 위기, 아니 보다 더 정확히 말하자면 우리 시대의 문명의 위기를 예감하고 있었다. 추상을 추상으로 인식하지 못할 때 문명은 쇠퇴의 길을 걷는다. 흩어지는 추상관념들을 놓고 벌이는 사유의 유희는 인류를 불모의 황야로 이끌 것이며 결국 인류가 향유하는 문명은 몰락하게 되리라는 것이다. 문명의 흥기는 구체적 사태와 이에 대한 충족적이고도 다양한 경험을 열어놓는 데서 가능하다. 경험의 다양성을 추상 속에 가두어 단순화, 획일화하는 정신은 결국 자폐증으로 고사하게 될 것이다.

정신의 생명력은 실재 자체 속으로 과감히 뛰어들면서 겪게 되는 모험에서 온다. 모험의 출발점은 기존의 추상관념에 대한 불신에 있다. 화이트헤드의 추상비판은 이런 불신의 표현이다. 자연언어와 그것에 맞물려 있는 전통 철학의 범주들은 설명항이 아니라 피설명항이다. 그것들은 구체적인 직관을 구제하지 못한다. 오히려 그것들은 구체적인 직관에 비추어 설명되어야 할 추상적인 도식 가운데 하나일 뿐이다. 그것들은 실재 지배를 위한 실천적 도구일 수는 있으나 실재 파악을 위한 사변적 도구일 수는 없다. 전통의 추상적 도식들을 인류가 실용적 안목에서 만들어낸 여러 도구 가운데 하나로 인식한다는 것은 그것들에다 일상 언어적 도구성만을 허용하고 그것들로부터 철학적 도구성을 철회한다는 것이다.

철학은 어떻게 이 과제를 수행할 것인가? 이것은 철학적 방법의 문제이다. 화이트헤드는 영국의 경험주의적 전통에 확고히 서 있다. 그러나 화이트헤드는 베이컨적 의미의 고루한 경험주의자는 아니다. 그는 그의 인식론에서 경험뿐만 아니라 상상과 이성의 역할을 역설하고 있기 때문에 합리주의적 경험론자라 불러야 할 것이다. 그리고 이런 태도는 오늘날 과학의 방법론적 태도와 맥을 같이 한다. 사실상 화이트헤드는 과학과 철학에서의 모든 발견은 유사한 방법적 절차을 통해 이루어진다고 확신하고 있었다. 그가 발견하고자 하는 것이 인간을 포함하는 우주 전체의 구체적 실상이었다는 점에서 개별과학과 그 문제영역을 달리할 뿐이었다. 그는 다음과 같이 말하고 있다. "진정한 발견의 방법은 비행기의 비행과 유사하다. 그것은 개별적인 관찰의 지평에서 출발하여 상상적 일반화의 엷은 대기층을 비행한다. 그리고 다시 합리적 해석에 의해 날카로워진 새로운 관찰을 위해 착륙한다"(*PR* 5). 이 유명한 진술은 세 단계를 거쳐가는 방법적 절차를 시사하고 있다. "개별적 관찰을 토대로 하는 상상적 일반화," "합리적 해석을 위한 체계 구성," 그리고 "날카로워진 새로운 관찰"이 그것이다.

화이트헤드는 우선 인간이 갖는 직접 경험에 주목하는 한편, 특수과학, 특히 물리학과 수학에서 사용되는 주요 관념들과 시, 종교, 상식, 언어적 습관, 일상적인 삶에서 사용되는 주요 관념들을 **관찰**하면서 시작한다. 이들 직접 경험이나 관념들(개념, 직관, 가정 등)은 철학의 생생한 자료들이다. 그는 이들이 그 기원영역의 범위와 배경을 떠나서 적용될 수 있도록 이들을 일반화한다. 그리고 그는 이처럼 다양한 경험에 보편적으로 내재하는 일반적 범주를 추출해내는 일, 이것을 "현실태로부터의 추상"(*SMW* 245~56)이라 부른다. 그것은 유비적 일반화를 동반한다. 정통의 추상관념은 불완전한 것이었다. 그것은 제한된 경험을 대상으로 삼았고 그럼으로써 제한된 경험 너머에는 적용될 수 없는 태생적 한계가 있었다는 점에서 불완전한 추상이었다. 완전한 추상, 극단적으로 완전한 추상이 필요하다. 극단적인 추상을 위한 이런 일반화는 상상이 행하는 일반화이다. 화이트헤드는 이를 귀납적 일반화와 대비시켜 "기술적 일반화"(descriptive generalization)(*PR* 10)라 부른다. 기술적 일반화는, 모종의 유적(類的) 제한 하에서 진행되는 귀납적 일반화와 달리 유적 경계를 타고 넘어 유비적으로 진행된다. 여기서 개별영역에 뿌리를 둔 관념은 다른 유형의 경험에 보편적으로 적용될 수 있도록 특수한 영역에서의 특수한 적용성, 즉 그 태생적 한계를 탈피하게 된다. 예컨대 물리학에서 가져온 관념이 실재에 대한 형이상학적 이해에 기여할 수 있는 것으로 판단될 때 그 관념은 그것이 다른 영역에서의 경험이나 상식과 관련될 수 있도록 일반화된다. 이렇게 될 때 **일반화된** 관념은 그 기원영역의 배경을 떠나서 적용될 수 있어야 한다는 기준, 요컨대 **적용가능성**(applicability)의 기준을 충족시키게 된다. 이 기준을 충족시키지 못하는 관념은 모든 경험에 보편적으로 내재하는 것을 이해하는 데 도움이 되는 것으로 간주될 수 없다.

그러나 이러한 추상들 그 자체로는 전통적으로 활용되어온 추상을 극대화한 것일 뿐이다. 구체적인 것이 드러나는 장소는 이들 추상의 조직화, 체계화를 통한 우주론의 체계 내에서이다. 이것은 화이트헤드가 "가능태로부터의 추상"(*SMW* 245~56)이라 부르는 것이다. 화이트헤드는 이런 추상의 과정을 "합리화"(rationalization)(*MT* 124)라 칭하기도 한다. 따라서 철학적 방법의 둘째 국면은 첫째 단계에서 일반화된 관념들을 상호 제약 하에 둠으로써, 즉 추상함으로써 실재에 대한 하나의 해석체계를 구축하는 일이다. 사변철학에 대한 다음과 같은 화이트헤드의 정의는 이런 문맥 속에 놓여 있다. "그것(사변철학)은 우리의 경험의 모든 요소들이 해석될 수 있는 일반적인 관념들의 정합적이고 논리적이며 필연적인 체계를 구성하려는 노력이다"(*PR* 3). 이것은 경험과학에서 시도되는 가설 구성과 유사하다. 여기서 정합성은 관념들이 서로 유리될 때 무의미하게 된다는 것, 그리고 논리성은 관념들 간의 논리적 충돌, 즉 모순이 없다는 것을 의미한다. 그리고 이런 특성들은 화이트헤드 체계가 확보하고자 하는 합리주의적 가치를 대변한다.

철학적 방법의 셋째 국면에서 철학자는 해석 도식의 충분성(adequacy)을 검토하기 위해 광범하게 다양한 유형의 경험들을 형이상학적 도식과 대면시켜야 한다. 그러나 이 충분성의 기준에 대한 요구는 결코 완전히 충족될 수 없다. 인간의 경험은 시공간적으로 무한히 개방되어 있기 때문이다. 앞서 지적했듯이 화이트헤드가 사변철학이 궁극적이고 절대적으로 확실한 지식에 결코 도달할 수 없다고 생각한 것은 바로 이런 이유에서이다. 이 기준은 충분히 현실화될 수 없는 이상적인 목표이다. 그러나 형이상학적 해석은 이 기준을 최대한 충족시키려고 하는 가운데 부분적으로 경험적 기반을 확보하게 되며 실재에 대한 우리의 이해를 심화시켜줄 수 있는 것이다. 그러나 그렇기에 또한 그것은 우리가 지금 갖고 있는 것보다 나은 실재에 대한 이해를 추구할 수 있을 뿐, 그것이 성취하는 지식은 항상 부분적이어서 장차 정정되고 개선될 여지가 있는 것이다.

이렇게 세 국면으로 이어지는 방법적 절차는 사실상 화이트헤드 자신의 후기 철학적 여정에 그대로 나타나 있다. 중기의 자연 철학적 주제의 저술들을 포함하여 『과학과 근대세계』(Science and the Modern World), 『종교의 형성』(Religion in the Making), 『상징작용: 그 의미와 효과』(Symbolism: Its Meaning and Effect)는 형이상학적 작업의 출발점에 놓인 다양한 영역에서의 관찰과 이에 근거한 일반화의 국면을 이루고 있고, 『과정과 실재』(Process and Reality)는 이런 상상적 일반화의 결실을 토대로 한 거대한 체계를 구축하는 국면에 해당되며, 『관념의 모험』(Adventures of Ideas)과 『사유의 양태』(Modes of Thought)는 『과정과 실재』의 해석체계에 의해 날카로워진 새로운 관찰을 시도하는 가운데 그 해석체계를 시험하는 국면에 해당된다.

이 책은 화이트헤드의 철학, 특히 후기 형이상학에 대한 입문서의 성격을 띤다. 이는 무엇보다도 필자가 화이트헤드의 논의를 가급적 정합적으로 요약하여 설명하고자 했다는 점에서 그렇다. 그러나 그렇기는 하지만 이 책은 단순한 나열식 서술의 소개서로 끝나고 있는 것은 아니다. 필자가 보기에 필요하다고 생각되는 몇몇 군데서 필자 나름의 논증과 구성적 이해를 첨가하였기 때문이다. 그리고 혹시 보다 심화된 이해를 원하는 독자가 있을지 모른다는 생각에서 주석을 활용하여 부족한 논의를 보완하였다. 이 일련의 작업에는 필자가 학위논문을 작성하기 위해 준비했던 자료와 이미 학위논문에서 활용했던 자료 및 그 후의 연구에서 얻은 자료가 밑거름이 되었다.

화이트헤드의 글들은 하나같이 상당히 육중하다. 이는 화이트헤드가 갖고 있던 통찰의 깊이와 폭에서 연유하는 것으로, 단순한 문체상의 문제가 아니다. 그는 우리의 구체적인 경험 사태 속에 전체와 부분, 심층과 피층, 우연과 필연 등과 같은 이분법적 특성들이 분리 불가능하게 융합되어 있음을 간파했다. 그래서 예컨대 그는 미시 존재에 대한 세밀한 기술 속에다 우주 전체를 구축하는가 하면 우주 전체에 대한 거시적 기술 속에다 미시 존재의 자취를 관통시킨다. 그러나 그가 사용하는 언어는 여전히 이분법적 구도를 탯줄의 흔적으로 안고 있는 언어이다. 그의 기술 곳곳에 거시적 담론과 미시적 담론이 짧은 문장으로 압축되어 은어처럼 등장하는 이유도 이런 언어의 한계를 벗어나고자 하는 열망의 표현이라 할 수 있다. 지금은 퇴임한 필자의 은사 오영환 교수는 얼마 전 어느 잡지에 기고한 글에서 화이트헤드의 철학을 일컬어 **해명되어야 할 미래의 철학**이라고 평한 바 있다. 이는 화이트헤드의 철학에 대한 단순한 설명이 아니라 그것에 함축되어 있는 풍부한 문명론적 통찰과 이를 기반으로 하는 미래적 사유 도식의 구축 가능성을 염두에 두고 한 말일 것이다. 나는 이 책에서 오영환 교수가 기대하는 그런 의미의 해명을 시도한 것이 결코 아니다. 나는 다만 그런 미래의 해명을 위한 주춧돌 몇 개를 놓는 심정으로 이 책을 썼다. 나는 화이트헤드의 육중한 글을 되도록 가벼운 글로 옮겨보고자 했다. 그러나 이 작업이 내가 의도한 수준에 미치고 있는지 모르겠다. 독자들의 평가를 기다린다. 그리고 독자들에게 소망해본다. 필자

의 글에 남아있는 무게를 털어 내고도 남는 게 있다면 거기서 화이트헤
드의 철학적 사유가 거쳐간 **모험**의 여정을 조금이나마 더듬을 수 있기를.

제1장

존재에서 생성으로: 현실적 존재

화이트헤드는 하나의 직관적 확신에서 출발한다. 그것은 **존재에 대한 생성의 우위**이다. 이런 확신은 **만물유전**(*Panta rhei*)이라는 고대인의 언명 속에 구현된 적이 있었다. 고대인들에게 **경이**로 다가왔던 그 사태는, 화이트헤드가 보기에 서구 철학사의 길고 긴 여정 속에서 제대로 구제되지 못하였다. 본질적으로 그것은 자연언어의 범주를 거부하고 있었다. 전통 서구 철학, 즉 형이상학은 자연언어를 철학적 분석의 천부적 도구로, 신뢰할 만한 도구로 간주하여 사용하는 가운데 그것의 전제까지도 받아들였다. 주어-술어 논리와 맞물려 있는 **실체-속성**의 범주가 그것이다. 이 범주는 저 직관된 사태를 근본적으로 담아낼 수 없는 태생적 한계를 지니고 있었다. 우리가 자연언어를 철학의 유일한 도구로 간주하는 한 동일자가 중심에 놓이고, 유전하는 구체적 사태는 결코 구제될 수 없는 합리적 규정의 여변으로 밀려난다. 중심과 주변을 바꾸어 놓아야 한다. 이를 위해서는 무엇보다도 새로운 언어와 새로운 범주가 필요하다. 우리는 이 장에서 우선 새로운 언어와 새로운 범주를 필요로 하는 과정철학 특유의 새로운 존재 규정을 보게 될 것이다.

1. 생성하는 존재 : 현실적 존재

진정한 의미의 모든 존재는 완결되어 있는 것이 아니라 끊임없는 생성과 소멸의 과정 속에 있다. 이런 사실은 역설적이게도 데카르트의 통찰속에 함의되어 있었다. 데카르트는 회의 불가능한 존재인 **생각하는 자아**가 생각하기에 앞서, 독자적으로 존재하지 않는다는 사실을 발견했다. **나는 생각하는 동안 존재한다.** 나는 사유 행위를 통해 존립하고 있는 존재이다. 그러나 데카르트는 주어-술어의 구조로 운위되는 자연언어와 이로부터 파생된 실체-속성의 도식을 이 근원적 사태에 적용한 결과, 그 발견의 진정한 의미를 간파하지 못하였다. 그는 사유주체인 나를 실체로, **즉 존재하기 위해 다른 어떤 것도 필요로 하지 않는 존재**로 이해하였다. 이 실체는 특정 형태의 다양한 사유를 우연적 속성으로 갖는다. 우연적속성인 사유는 다양하게 변화하지만 그 주체인 실체, 즉 사유 일반을 본질로 하는 실체는 이들 특정한 사유의 동일적 담지자로서 불변한다. 그러나 이런 동일자는 우리가 결코 마주하지 못하는 존재이다. 그런 의미에서 그것은 경험적 근거가 없는, 논리의 산물이다. 따라서 그것은 추상이다. 구체적인 경험의 지평에서 보자면 자기 동일적 주체란 추상적 존재, "공허한 현실태"(vacuous actuality)(*PR* 29, 167)이다. 구체적 존재, 진정한 의미의 나는 사유 속에서 사유를 통하여 구성되고 있는 과정으로서존립한다. 그러나 사실상 사유는 이 존립의 생생한 현장을 남김없이 뒷받침하기에는 너무 빈약한 개념이다. 사유는 인간이 갖는 경험 일반의 극단적이고도 우연적 양태에 불과하다. 나의 존립을 떠받치고 있는 것은 이총체적인 경험 일반이다. 나라는 인간존재의 구성적 요인은 단순히 나의사유가 아니라 나의 경험 전체인 것이다. 우리는 다음과 같이 말할 수 있겠다. "나는 무엇에 대한 경험으로서 존립하며 경험을 떠나 존재하는 나는 추상이다. 나는 경험을 통해 구성된다. 그리고 경험의 소멸과 함께 소멸한다. 나의 존재는 생성 소멸의 과정 속에 있는 것이다."

화이트헤드는 이 나의 존재 방식을 모든 존재자의 존재 방식으로 유비적으로 일반화시킨다. 진정한 의미의 모든 존재는 경험을 통해 자기를 구성하는 주체적 과정으로서 존립하고, 이 경험의 과정을 떠나서는 더 이상 진정한 의미의 존재일 수 없다. 이 주체적 존재는 경험과 더불어 생성하고 경험과 더불어 소멸한다. 이것은 "경험의 행위를 일반화한 것으로 이해되는 현실태의 관념"(AI 304)이 탄생하는 배경에 대한 설명이다. 여기서 현실태란 자기구성의 활동 중에 있는 존재이다. 현실 세계는 이런 단위 존재들의 구성체이다. 화이트헤드는 이 단위 존재를 "현실적 존재"(actual entity) 또는 "현실적 계기"(actual occasion)이라고 부른다. 현실적 존재는 그것의 경험, 곧 생성 가운데 존립한다. 화이트헤드의 표현으로 하자면 "현실적 존재의 '있음'은 그 '생성'에 의해 구성된다"(PR 23). 화이트헤드는 이를 "과정의 원리"(principle of process)[1]로 규정해 놓고 있다. 이것은 만물유전에 대한 직관이 하나의 궁극적 원리로 정착되고 있는 현장이다.

현실 세계의 과정은 현실적 존재들의 생성과 소멸에서 연원한다. 현실적 존재의 생성은 현실 세계의 생성이라는 거시적 과정(macroscopic process)을 구성하는 미시적 과정(microscopic process)이다. 현실 세계는 이런 단위 과정으로서의 현실적 존재들로 구성되어 있다. 이들은 "세계를 구성하는 궁극적인 실재이다. 보다 더 실재적인 어떤 것을 발견하기 위해 이들의 배후로 나아갈 수 없다"(PR 18).

현실적 존재는 자신의 주체적 경험의 산물이며 그런 의미에서 자기 창조적 존재이다. 그러나 이는 무로부터의 창조가 아니다. 경험이라는 것이 그렇듯이 그것은 다수의 타자, 즉 여건들(data)을 자기화(appropriation)

---

1) **과정의 원리**는 다음과 같이 정식화된다. "현실적 존재가 어떻게 생성되고 있는가(how an actual entity becomes)라는 것이 그 현실적 존재가 어떤 것인가(what that actual entity is)를 결정한다는 것. 따라서 현실적 존재에 대한 두 가지 기술은 서로 독립해 있는 것이 아니다. 현실적 존재의 '있음'은 그 '생성'에 의해 구성된다. 이것이 '과정의 원리'이다"(PR 23).

하는 주체적 과정이라는 의미에서 창조이다. 그렇기에 그것의 자기 창조는 이들 타자에 의해 제약된다. 현실적 존재의 창조성은 제약하는 요인으로 작용하는 타자들을 수용하여 조정하고 통합하는 방식이 그 존재 자신에 의해 결정된다는 의미에서의 창조성이다. 그러므로 현실적 존재는 타자들에 의한 제약 하에 탄생한다는 점에서 결정되어 있다고 할 수 있으며, 이 타자들에 주체적으로 반응하는 가운데 스스로를 정립해 간다는 점에서 자유롭다고 할 수 있다. 화이트헤드는 이를 다음과 같이 요약하고 있다. "현실적 존재의 합생2)은 내적으로는 결정되어 있지만 외적으로는 자유롭다"(*PR* 27, cf. *PR* 47). 그러나 이 표현은 단순한 요약 이상이다. 어떤 의미에서 현실적 존재의 기본 성격은 이 짧은 구절 속에 온전히 압축되어 있다고 할 수 있다. 이제 이 구절을 부연하는 가운데 현실적 존재의 기본 특성들을 살펴보기로 하자.

과정의 원리를 머금고 있는 원자론적 세계관은 데카르트의 이원론적 세계관을 극복하고자 했던 라이프니츠에로 거슬러 올라가는 역사를 갖는다. 라이프니츠는 『단자론』(*Monadology*)에서 이원론을 극복하는 길을 마련하고자 하였다. 라이프니츠는 존재의 기본 모델을 영혼의 활동에서 찾았다. 그래서 그는 모든 실재적 존재가 본질적으로 활동적인 것이며, 활동적이지 않은 것은 그 어떤 것도 존재하지 않는다고 일반화하였다. 그 결과 그의 철학은 물질을 파생적인 것으로 간주하는 범심론적 색채를 띠고 나타나게 되었다.3) 이것은 다른 한편으로 라이프니츠가 고대와 근대가 공유하고 있던 신플라톤주의적 편견을 계승하고 있었기 때문이다. 이 편견은 활동성(activity)이란 기본적으로 영혼에 속하는 것이고 물질은 정태적이고 비활성적이라는 신념이다. 물질을 활성이 없는, 따라서 변화될 수 없는

---

2) 합생(合生: concrescence)이라는 말은 현실적 존재의 내적 생성 과정을 일컫는 기술적 (technical) 용어이다. 이에 대한 상세한 논의는 다음 제2장을 참조할 것.

3) I. Leclerc, "Whitehead and the Dichotomy of Rationalism and Empiricism," in *Whitehead's Metaphysics of Creativity*. eds. Friedrich Rapp and Reiner Wiehl (Albany: State Universiity of New York Press, 1990), pp.1~20 참조.

존재로 간주하는 이런 신플라톤주의적인 물질관은 라이프니츠와 정반대의 길을 걸었던 근대의 기계론적 세계관에도 이미 강력하게 투영되어 있었다. "우연적인 성질이나 관계에서는 변화를 겪지만," "분화됨이 없이 존속하며, 임의의 시간 — 이 길이의 장단에 관계없이 — 동안 자기 동일성을 유지하며, 영구적인 속성을 갖는 연속적 물질의 관념"(*PR* 78)이 바로 그것이다. 물질의 이와 같은 동일성은 물질적 대상이 갖는 감각적 안정성을 과대 평가하여 얻은 추상이다. 이것 역시 "공허한 현실태"(*PR* 309)이다. 근대의 기계론적 자연철학은 이런 공허한 추상의 지평을 유희하고 있었던 것이며, 라이프니츠는 이에 도전했던 최초의 근대인이었으나 물질에 대한 편견 때문에 물질의 본래적 지위를 희생시키는 대가를 치러야 했다.

존재를 물질과 정신으로 양분하거나 어느 하나로 환원하는 것은 모두 추상 위에서의 조작이다. 진정한 현실태로서의 현실적 존재는 정신성과 물질성이라는 이원적 도식에 선행하는 근본적인 존재이다. 그것은 이원성에 선행하는 중성적인(neutral) 성격의 것이다. 중성적인 것으로서의 현실적 존재는 정신성과 물질성을 그 활동의 양극적 특성으로 갖는다. 화이트헤드는 이를 "정신적인 극"(mental pole)과 "물리적인 극"(physical pole)이라 이름한다. 아래에서 상론하겠지만, 현실적 존재의 정신성은 개념적 능력(conceptual capacity), 즉 새로움을 낳는 능동성의 함수이며, 현실적 존재의 물질성은 과거를 반복하는 수동성의 함수이다. 전자는 과정에 있어서 과거로부터의 일탈성을, 후자는 과거로부터의 연속성을 설명한다. 따라서 현실적 존재는 기본적으로 과거로부터의 일탈과 과거의 재생 반복간의 결합과정으로 존립하는 것이라 할 수도 있고 새로운 요소와 과거의 요소와의 결합과정이라고 말할 수도 있다.

현실적 존재의 경험에서 이루어지는 과거로부터의 일탈은 그 현실적 존재가 갖는 자율성의 함수이다. 현실적 존재는 받아들인 요소들을 통합해 가는 활동에서 타자의 제약에서 벗어나 자신의 자유를 구현한다. 그리고 이런 의미에서 현실적 존재는 타자 초월성, 즉 원자적 단위 존재로서의 개체성(individuality)을 갖게 된다.4) 바꿔 말하자면 절대적 개체로서의 현실적 존재란 과거로부터 주어진 조건들 속에서 자신이 궁극적으로 무엇이 될 것인지를 자유로이 선택하고 결정하는 주체로서의 현실적 존재인 것이다. 화이트헤드가 현실적 존재는 그 합생에서 "외적으로 자유롭다"고 말할 때 염두에 두고 있던 것은 바로 이런 의미이다. 그는 이러한 개체 내적인 자유를 형이상학적 필연으로 간주한다.5) 현실 세계가 과정으로 규정되는 궁극적 근거는 이처럼 현실적 존재가 본질적으로 자유로운 존재라는 데, 즉 자율적인 자기 결정(self-determination)의 과정이라는 데 있다. 이런 자기 결정에 근거하는 창조적 전진이 없다면 과정은 과거의 무한반복과 구별될 수 없을 것이며 따라서 정태적 동일자와도 구별될 수 없을 것이다.

그러나 다른 한편 현실적 존재는 그럼에도 불구하고 주어진 조건의 산물이라는 사실은 변함이 없다. 현실적 존재는 자기 구성의 활동 중에 있는 한, 정도의 차이는 있다 하더라도 자율적으로 자신을 창출하고 있다고 할 수 있지만 동시에 그것은 그것에 현실적, 가능적으로 주어진 여건을 배경으로 해서만 자기를 창조할 수 있다. 다시 말해 그것은 자신에게 주어진 여건을 받아들여 자기를 구성하고 있다는 데서 지금의 그것이 될 수 있는 것이다. 그렇기에 그것은 절대 자유의 향유자일 수 없다. 그것은 외적으로는 자유로우나 "내적으로는 결정되어 있는 것"이다.

그런데 이런 현실적 존재의 이중성은 그것의 다른 특성들을 이끌어낼 수 있는 실마리가 된다. 우선 자유가 현실적 존재의 절대성을 구현한다면

---

4) 이 절대적 개체성 내지 상호초월성이 보다 분석적으로 완벽하게 검토될 수 있으려면 그것의 **주체적 지향**(subjective aim), **만족**(satisfaction), **획기성**(epoch) 등이 설명되어야 한다. 그리고 이들의 의미를 온전히 드러내려면 다수의 다른 범주들이 동원되어야 한다. 따라서 이에 관한 논의는 후속하는 여러 장(특히 제2·3·4·5장)의 논의를 통해 보완되어야 할 것이다.

5) 내적인 자유는 우리가 제3장에서 검토하게 될 **무한한 자유의 창조성**(creativity)(*RM* 117)이 개체화되어 나타난 것이다. 창조적 과정, 또는 과정의 창조성이란 것도 궁극적으로는 이러한 창조성의 현현(顯現)에 지나지 않는다. 그런데 이 창조성은 보편적 규정자이다. 현실적 존재는 이것의 규정을 통해 생성한다. 현실적 존재의 내적인 자유가 **형이상학적 필연**이라고 말하는 것은 자유의 원천으로 이해되는 창조성이 이처럼 보편적 규정성을 갖는 것으로 간주되기 때문이다.

결정성은 현실적 존재의 상대성을 구현한다고 할 수 있다.6) 그리고 이 후자의 특성은 존재들 간의 관계성을 기본 축으로 하는 과정철학의 핵심 개념으로 자리하고 있다. 현실적 존재의 탄생은 과거의 여건에서 출발한다는 점에서 과거의 산물이다. 그러나 현실적 존재를 지금의 그것일 수 있게 하는 것은 그것에 주어지는 과거의 여건만이 아니다. 그것은 또한 그 자신이 다른 현실적 존재들에 여건이 됨으로써 지금의 그것이 되고 있는 것이다.7) 따라서 그것의 상대성은 후속하는 현실적 존재들과의 관계까지도 포섭하는 개념이다. 그것이 후속하는 다른 현실적 존재들의 여건이 된다는 것은 그것들에 객체화(objectification)된다는 것을 의미한다. 현실적 존재는 이 객체화를 통해 후속하는 타자와 관계맺게 된다. 이는 현실적 존재의 자기 완결과 동시에 이루어진다. 자기 완결을 통해 그것은 후속하는 타자를 제약하는 동일자로 기능한다.8)

---

6) 화이트헤드에 따르면 "'절대성'은 활동의 양태들과 관련하여 공동체의 다른 성원들에 대한 본질적인 의존에서 벗어난다는 관념을 의미하는 반면 '상대성'은 본질적인 관계성이라는 반대의 사실을 의미한다"(*AI* 54). 그런데 화이트헤드가 말하는 현실적 존재의 절대성과 상대성 사이에는 묘한 긴장이 있다. 이는 그가 현실적 존재의 절대적 개체성을 상대적 개체성에 기초하고 있는 것으로 기술하고 있기 때문이다. 화이트헤드는 다음과 같이 말하고 있다. "모든 현실적 사물은 그 활동에 근거하여 무엇인가가 되고 있는 것이다. 이런 이유에서 현실적 사물의 본성은 그것이 다른 사물들에 대해 갖는 관련성 속에 존립하며, 또 그 개체성은 다른 사물들이 그것에 관련성을 가지는 한에 있어, 이 다른 사물들을 그것이 종합하는 데서 존립하게 되는 것이다. 어떤 개체를 탐구하든지 간에 우리는 거기서 어떻게 다른 개체들이 그 개체의 경험의 통일성 속에 '객체적으로'(objectively) 들어오는가를 물어보아야 한다. 개체 자체의 경험의 이러한 통일성은 '형상적으로'(formally) 존재하는 그 개체이다"(*S* 26~27). (이 인용문 가운데 들어 있는 **객체적으로**와 **형상적으로**라는 술어는 화이트헤드의 존재 분석에서 중요한 의미를 지닌다. 하지만 이에 대한 논의는 다수의 개념적 장치들을 전제로 해서만 가능하다. 따라서 우리는 이를 제7장 주 31에서 정리할 것이다.)

7) 『과학과 근대세계』에서 찾아볼 수 있는 화이트헤드의 진술은 이렇게 되어 있다. "사물은 자신이 속해 있는 전체를 제한된 자신 속으로 끌어들임으로써 비로소 그 자신이 되고 있는 것이다. 또한 역으로 사물은 자신이 속해 있는 바로 그 환경에 자신의 여러 양상(aspects)을 넘겨줌으로써 비로소 그 자신이 되고 있기도 하다"(*SMW* 137).

8) 이 논제는 작용인(efficient cause)과 목적인(final cause)이라는 상관개념으로 기술될 수 있다. 현실적 존재의 자기 구성과정은, 그 과정을 제약하는 요인 곧 여건들(data)을 수용하여 자율적으로 자기를 산출한다는 점에서 목적론적 과정이요, 이 산출 과정이 완결될 때 그 자신은 자기동일자로서 후행하는 다른 현실적 존재들의 경험을 제약하는 일정한 요인이 된다는 점에서 작용인으로 기능하는 것이라고 할 수 있는 것이다.

따라서 온전한 의미에서 볼 때, 임의의 한 현실적 존재를 지금의 그것으로 만드는 요인은 그것에 주어지는 여건으로서의 현실 세계와, 그 현실적 존재를 포함하는 현실 세계를 여건으로 하여 새로이 생성하게 될 현실적 존재들인 셈이다. 현실적 존재는 선행하는 현실적 존재들을 객체화시키고 후행하는 현실적 존재들에 객체화됨으로써 지금의 그것으로서의 동일성을 지니게 되는 것이다. 현실적 존재가 근본적인 상호관계성, 즉 상대성을 갖는다고 하는 것은 이런 의미에서이다.

나아가 이와 같은 상호관계성 때문에 현실적 존재는 자기 창출의 완결로서 그 세계 내적인 역할이 끝나는 것이라고 할 수 없다. 그리고 이것은 현실적 존재가 이중적 존재방식을 갖는 것으로 기술되는 배경이 된다. 현실적 존재는 자기 창조라는 주체적 활동에서 그 존재성이 확보되고 그 종결과 더불어 그 존재성이 완전히 소멸하는 것이 아니다. 절대적인 무로 사라지는 것도 없고 그런 무로부터 오는 것도 없다.9) 현실적 존재에 있어 자기 구성 활동의 종결은 다만 주체성의 소멸을 의미할 뿐이다. 이 소멸은 우주의 창조적 전진을 가능케 하는 "새로운 형이상학적 기능의 획득"(*AI* 262), 즉 객체성의 획득으로 이어지기 때문이다. 현실태는 소멸될 때 "주체적 직접성"(subjective immediacy)을 상실하는 반면 "객체적 불멸성"(objective immortality)을 획득하게 된다는 것이다(*PR* 28). 이 불멸성은 현실적 존재가 갖는 객체로서의 동일성을 뒷받침한다. 화이트헤드는 소멸과 더불어 확보되는 현실적 존재의 이런 측면을 일컬어 "자기초월체"(superject)라 부른다.

그런데 자기초월체가 갖는 이런 불멸성은 후속하는 새로운 현실적 존

---

9) 이와 같이 존재가 무화하지 않는다는 주장은 우주의 공간적 팽창을 시사하는 것처럼 보일 수 있다. 그러나 이는 존재를 물화시켜 바라보는 시각 때문이다. 여기서의 누적성은 시간적 팽창을 의미한다. 일상용어로 하자면 이 누적적 확대는 존재 세계의 시간적 존속 이상도 이하도 아니다. 그렇기에 그것은 현실적인 공간적 팽창과 무관하다. 나중에 보게 되겠지만 기본적으로 화이트헤드의 체계에서 공간적 확대를 의미하는 팽창은 불가능하도록 되어있다. 공간은 시간과 함께 현실적 존재의 생성에서 현실화되고 그 소멸에서 현실성을 잃게 되기 때문이다(제4장 주 20 참조).

재의 생성을 조건짓는 가능태(potentiality)의 속성이다. 현실태란 자기 구성중에 있는 존재이며, 따라서 주체적 존재이다. 자기구성의 완결, 곧 주체성 소멸이기에 불멸의 동일자가 된 자기초월체로서의 현실적 존재는 그 자체로는 현실태가 아니다. 그것은 자기 규정자가 아니라 타자 규정자 이다. 화이트헤드에게 있어 이와 같은 가능태로서의 기능, 즉 타자규정자 로서의 기능은 모든 현실적 존재가 갖는 형이상학적 본성에 속한다. 그는 이를 "상대성의 원리"(설명의 범주 iv)로 다음과 같이 규정해 놓고 있다. "'있는 것'의 본성에는 모든 '생성'을 위한 가능성이 속해 있다는 것. 이것은 '상대성의 원리'이다"(*PR* 22). 다시 말해 모든 **있음**이 모든 **생성** 을 위한 가능태라는 것은 모든 **있음**의 본성에 속한다(*PR* 45)는 것이다. 따라서 자기초월체로서의 현실적 존재는 이런 형이상학적 필연에 따라, 자기 규정의 활동이 종결될 때 후속하는 모든 타자의 규정자로서 영속한 다(*PR* 29). 그것은 그것을 객체화시키게 되는 모든 현실태 속에서 반복 되고 재생됨으로써 무수한 결과를 수반하게 된다. 완결된 모든 존재는 새 로이 출현하는 모든 현실적 존재들에 객체적 여건으로 주어짐으로써 이 들 새로운 존재들에다 자신의 동일성을 각인시킨다. 이것이 현실적 존재 가 자기초월체로서 갖게 되는 작용인의 기능이며, 이런 의미에서 우리는 현실적 존재를 자기 창조적인 동시에 타자 창조적 존재라고 말할 수 있 는 것이다.

　그래서 현실적 존재는 두 측면의 존재성을 갖는다고 할 수 있다. "그 자신의 생성의 직접성을 관장하는 주체"로서의 현실적 존재와, "객체적 불멸성의 기능을 행사하는 원자적 피조물인 자기초월체(superject)"로서 의 현실적 존재가 그것이다(*PR* 45). 이 자기초월체는 주체로서의 현실적 존재가 누리는 자기 향유(self-enjoyment)의 결실, 즉 생성의 산물 내지 결과로서의 그 현실적 존재이다(*PR* 45, 241, 255). 주체가 **달성 중에 있 는 현실태**라면 자기초월체는 **달성된 현실태**이다(*PR* 214~15). 주체와 자 기초월체의 관계는 창조적 과정과 창조된 산물과의 관계이다. 그러므로

"현실적 존재는 자기 실현의 주체인 동시에 실현된 자기초월체이다"(*PR* 222). 이 두 측면은 상호 의존하는, 현실적 존재의 두 가지 현존 방식이다. 이것은 현실적 존재가 단순히 주체나 자기초월체로 이해되어서는 안되고 언제나 "자기초월적 주체"(superject-subject)(*PR* 29)로 이해되어야 한다고 화이트헤드가 되풀이해서 역설하는 이유이다.[10]

이 양 측면의 분리 불가능성은 주체로서의 현실적 존재와 자기초월체로서의 현실적 존재가 본질적으로 상호 의존관계에 있다는 사실에서 연유한다. 우선 주체는 맹목적인 창조적 과정이 아니라 특정한 이상(理想)[11]을 실현하려는 합목적적 과정이다. 자기 창조적 과정의 창조성은 그것이 이러한 목적 실현의 자율적 과정이라는 데 근거한다. 주체적 활동은 그것의 주체적 목적에 의해 결정되는 것이다(*PR* 85). 그런데 주체로서의 계기가 목적하는 것은 다름 아닌 자기초월체로서의 그 자신의 실현이다. 완결된 현실적 존재로서의 자기초월체가 근원적인 의미에서의 "만족"(satisfaction)[12](*PR* 45)이라 불리는 것은 바로 이런 의미에서이다. 이런 측면에서 보자면 자기초월체는 그 과정이 어떻게 운위되는가를 결정하는 하나의 조건으로서 (이상적으로 또는 개념적으로) 과정 가운데 이미 현재하고 있는 것이다(*PR* 223). 그렇기에 주체적 과정에 대한 모든 분석은 그 과정에 의해 지향된 것으로서의 자기초월체에 대한 언급을 요하게 되는 것이다. 다른 한편 자기초월체에 대한 모든 설명은 주체적 과정에 대한 언급을 필요로 한다. 왜냐하면 자기초월체는 그것을 낳은 발생적인 과정에 의해 비로소 현실태로서의 그것이 되었기 때문이다. 현실적

---

10) 화이트헤드는 이 주장을 『과정과 실재』의 여러 곳에서 역설하고 있다. 대표적으로 다음과 같은 구절을 예로 들 수 있겠다. "현실적 존재는 경험하는 주체인 동시에 그 경험의 자기초월체이다. 그것은 자기초월적 주체이며, 이 두 측면의 기술은 어느 한 순간도 간과되어서는 안된다"(*PR* 29).

11) 주체가 실현하고자 하는 목적, 화이트헤드의 표현으로 **주체적 지향**(subjective aim)이다. 이에 관해서는 제5·8장을 참조할 것.

12) **만족**이란 말은 현실적 존재가 자신의 이상적인 목적을 실현한 상태를 일컫는 술어로, 이 만족에서 현실적 존재는 자신의 생성을 마무리하게 된다. 이에 대한 상세한 논의는 제2장을 참조할 것.

존재에 있어 주체로서의 현존과 자기초월체로서의 현존이 본질적인 상호 의존관계에 있다는 것은 바로 이런 의미에서이다.

그리고 나아가 현실 세계(actual world)란 임의의 현실적 존재에 있어 여건으로 주어지는 자기초월체로서의 현실적 존재들 전체를 통칭하는 말이다(*PR* 23). 그래서 새로이 출현하는 현실적 존재는 자신의 현실 세계를 자기 탄생의 원인으로 경험하는 가운데 출현하고 있는 것이다. 이 경험에서, **이접적인 다자**(disjunctive many)로 주어진 현실적 존재들은 새로운 현실적 존재의 경험 속에서 **일자**(one)로 통일된다. 보다 온건하게 말하자면 **연접적인 다자**(conjunctive many)가 된다. 이것은 "다(many)에서 일(one)로의 창조적 전진"으로 정식화된 "궁극자의 범주"(the category of the ultimate)에서 화이트헤드가 말하고자 하는 생성의 궁극적인 구조이다(*PR* 21).[13] 그래서 우리가 구체적으로 경험하는 우주는 통일된 우주이다. 그것은 우리의 경험에 의해 이미 통일되고 있는 것이기 때문이다(*PR* 231~32). 그렇기에 또한 현실 세계는 언제나 임의의 경험 주체가 경험하고 있는 현실 세계이며, 이런 특정 주체의 경험을 떠나 있는 현실 세계란 추상이다.

다른 한편 활동 중인 주체, 즉 현실적 존재 그 자체도 분명히 현실 세계 속에 들어 있다. 그것은 다수의 현실적 존재 가운데 하나인 것이다. 그러므로 이접(離接)에서 연접(連接)으로의 전진에 의해 창조된 새로운 존재는 그것에 객체화되는 **다자**의 공재(共在; togetherness)인 동시에, 그것이 뒤에 남겨 놓는 이접적인 **다자** 속의 일자이다. 이렇게 우주의 창조적 전진은 "다자는 일자가 되고 일자에 의해 증가"(*PR* 21, cf. *AI* 231)하는 과정이다. 그래서 "한 쪽에 있는 관계항으로서의 경험의 계기와 다른 한 쪽에 있는 관계항으로서의 경험된 세계 사이의 관계에는 이중적인 측면이 있는 것이다. 어떤 의미에서 세계는 그 계기 속에 포함되어 있으며, 또 다른 의미에서는 그 계기가 세계 속에 포함되어 있다"(*MT* 168).

---

13) **궁극자의 범주**에 관한 상세한 논의는 제3장의 **창조성**을 참조할 것.

2. 진정한 존재(*res vera*)

존재한다는 말의 가장 구체적이고 근원적인 의미는 생성 중에 있다는 것이다. 이것은 과정의 원리였다. 이 원리는 모든 존재의 의미를 현실적 존재와의 관련 속에 해명해야 한다는 신념으로 이어진다. **존재**라고 할 수 있는 것은 무엇이나 현실적 존재의 상관항으로서만 한정된 구체적 의미를 가질 수 있다는 것이다. 그래서 모든 존재의 유형은 현실적 존재와의 관련 속에서만 **존재**로서의 지위를 갖는다. 현실적 존재의 활동과 별개로 간주되는 존재는 모두 공허한 추상이다. 화이트헤드는 이를 "존재론적 원리"(ontological principle)로 규정해 놓고 있다. 그의 표현으로 하자면 "생성 과정이 임의의 특정 순간에 순응하고 있는 모든 조건은 그 근거를 그 합생의 현실 세계 속에 있는 어떤 현실적 존재의 성격에 두고 있거나 아니면 합생(合生)의 과정에 있는 그 주체의 성격 속에 두고 있다"(*PR* 24)는 것이다. 여기서 **조건**이란 합생 중인 주체에 주어지는 여건의 다른 표현이다. 현실적 존재의 여건은 그 존재와의 관련 속에 존재하는 것으로서의 선행하는 현실 세계 전체14)이다. 여건으로서의 이 세계에는 다양한 규정성들이 실현된 형식으로서 또는 실현될 가능태로서 내재해 있다. "따라서 여건들은 있었던 것, 있을 수 있었던 것, 그리고 있을 수 있는 것 속에 존재하고 있는 것이다. 그리고 여기서 '있다'라는 동사는 역사적인 현실태들과 어떤 방식으로 관련을 맺고 있다는 것을 의미한다"(*MT* 89).

존재론적 맥락에서 볼 때 이 원리는 임의의 존재가 어떤 의미에서든 존재일 수 있는 것은 그것이 현실태에 뿌리내리고 있기 때문이며, 따라서 그것에 대한 설명은 현실태에 의거해야 한다는 것을 의미한다. 현실태를 비현실적 존재(추상관념)에 의해 해명하려는 시도는 서구 합리적

---

14) 나중에 보겠지만, 이 현실세계에는 현실적 존재인 신뿐만 아니라 신이 파악하고 있는 가능한 존재 영역 전체, 즉 영원적 객체들까지 포함된다.

전통의 형이상학에서 줄기차게 답습되어온 것이지만 사실상 전도된 것이다. 구체적인 것에 의해 추상적인 것을 설명하고자 해야 하며 추상에 의해 구체적인 것을 설명하고자 해서는 안된다. 화이트헤드는 이 점을 "현실적 존재가 없으면 근거(reason)도 없다"(*PR* 19)는 명제로 요약되는 존재론적 원리에 의해 명확히 하고 있는 것이다. 다른 한편 인식론적 맥락에서 보자면 이 원리는 기본적으로 경험론의 원리이다. 인간이 품을 수 있는 모든 사유와 관념은 구체적인 경험에서 발원하고 있는 것이다. 추상은 구체적 경험에 뿌리하고 있는 것이며 그 반대가 아니다. 따라서 구체적인 경험을 설명하기 위해 경험 외적인 요인, 예컨대 선천적인 요인 같은 것에 기대어서는 안된다. 모든 설명은 내재적이어야 하는 것이다. 그렇기에 "근거를 탐색한다는 것은 하나 내지 그 이상의 현실적 존재를 탐색하는 것이다"(*PR* 24). 단적으로 말하자면 존재론적 원리는 경험 현상을 설명하기 위해 현상 세계 밖에서 그 설명항을 구하고, 이로부터 현상을 연역적으로 설명하려는 시도에 대한 화이트헤드의 거부를 천명하고 있는 것이라 할 수 있다(*PR* 7~8).[15) 이 원리는 현상이 내재적

---

15) 결국 존재론적 원리에 따르자면 현실적 존재에 주어지는 여건들, 그래서 그것을 규정할 수 있는 가능태들은 모두 구체적인 역사적 현실 세계에 뿌리를 내리고 있어야 하는 것이다. 이런 의미에서 존재론적 원리는 가능태에 대한 현실태의 우위, 추상에 대한 구체의 우위를 선언하고 있는 것이라 할 수 있다. 우리는 이러한 선언에서 화이트헤드가 전통 철학이 범했던 "잘못 놓인 구체성의 오류"에 항거하고 있음을 엿볼 수 있다. 특히 그는 여기서 두 가지 그릇된 경향성을 염두에 두고 있다. 그 하나는 이따금 **관념론적인** 것이라 일컬어져온 것이다. 그것은 플라톤 사상의 초기에 성립한 것으로 이데아론에 표현되어 있다. 그것은 현실적인 것보다 관념적인 것을 우위에 두고, 나아가 그런 관념적인 요소에다 자기 충족적 존재성을 부여하는 경향성이다. 이런 경향성 속에는, 순수한 의식이나 순수한 감각과 같은 아주 추상적인 개념들에다 결정적인 중요성을 부여하는 성향을 갖고 있는 그런 일련의 철학적 논의들이 포함된다고 할 수 있다. 이들은 모두 "잘못 놓인 구체성의 오류"에 빠진 것들이다. 존재론적 원리의 목적은 형이상학적인 기술에서 이러한 기본적인 오류를 제거하려는 데 있는 것이다. 다른 하나의 그릇된 경향성은 세계에 대한 신의 완전한 초월성, 즉 신에게는 존재의 범주를 적용할 수 없다고 하는 그런 초월성에 대한 주장에 함축되어 있는 목적론적인 경향성이다. 이러한 경향성은 **무로부터의 창조**(creatio ex nihilo)라는 개념에서 출발한다. 그러나 이는 현실적 개체들의 가치를 파생적인 것으로 몰고 간다. 게다가 이따금 그것은 역사적 현실을 초월적 존재자의 자기 표현에 불과한 것으로 만드는 가운데, 종교적 경험을 자기모순에 직면케 한다. 존재론적인 원리는, 무로부터의 창조가 불가능한 것이며 우주 내의 모든 개체들은 일정한 현실적, 역사적인 원인을 갖는 것이라는 관념

인 설명요인을 갖는 것이라는 **철저한 경험론**(Radical Empiricism)의 믿음을 함의하고 있다. 이러한 믿음은 로버트(T. Q. Robert)가 잘 요약하고 있다. 그에 따르면, "경험은 그 자신의 징표이며 초경험적인 원천을 필요로 하지 않는다. 그것의 질서와 구조에 대한 만족스런 모든 설명은 내재적인 설명일 것이다. 철저한 경험론자에 따르면 철학은 경험에서 시작하여 경험으로 끝나며, 경험의 모든 특수사례들을 조명하고 포괄하는 일반관념들의 도식(scheme) 축조를 목표로 삼는다."16) 그렇기에 화이트헤드에게 있어 현상의 구제라는 과제는 현상에 내재해 있는 구조와 질서를 드러내어 보여주는 일이 된다. 화이트헤드가 철학의 방법이 "기술적 일반화"(descriptive generalization)(*PR* 10)여야 한다고 말하는 것은 이런 맥락에서이다. 그리고 이런 전략 하에서 집중적으로 기술되는 구체적 존재는 경험의 구성체인 현실적 존재들이다. 이렇게 기술되는 현실적 존재는 다른 모든 유형의 존재들의 근거가 되는 구체성의 전형이다. 그것은 구체적인 세계의 가장 구체적인 구성 요소라는 것이다.

그러나 현실적 존재가 구체성(concreteness)을 갖는다는 것은 무슨 의미인가? 우리가 그것을 직접적으로 경험할 수 있다는 것인가? 화이트헤드는 이따금 그렇게 말하고 있는 것처럼 보인다. 사실 그는 자기 자신에 대한 직접 경험(immediate experience)에서 현실적 존재의 모델을 찾아냈다. 그러나 이는 어디까지나 모델일 뿐이다. 화이트헤드가 직접 경험을 수시로 언급하긴 하지만, 이 또한 일상 언어의 논리나 범주 내지 추상적인 이론의 틀 아래서 이루어지는 경험과 대비되는 의미에서의 직접 경험이다. 그는 어디에서도 현실적 존재가 직접 경험되는 것이라고 명시적으로 말하고 있지 않다. 어쨌든 일반적으로 현실적 존재가 직접적으로 경험된다고 할 수는 없을 것 같다. 우리는 전자(電子)보다도 더 작은 입자

을 강조함으로써 이러한 전통의 경향성을 차단하기 위해 마련된 것이라고 할 수 있다.

16) T. Q. Robert, "James, Whitehead, And Radical Empiricism," *A Thesis submitted in partial fulfillment of the requirements for the Degree of Doctor of Philosophy* (The Pennsylvania State University, 1969), p.4.

들이 존재한다는 증거를 갖고 있으며, 많은 과학자들이 빛은 입자들로 구성된 것처럼 취급될 수 있다고 생각한다. 그러나 현실적 존재가 아원자적 (sub-atomic) 입자나 빛의 양자(quantum)와 유사한 것일 수 있다는 증거가 있다고 하더라도 우리는 이러한 현상 속에서 현실적 존재를 분리시켜 경험할 수 없다. 그것은 유비적으로 추론된 것, 또는 상상적으로 구성된 것이다.

그러나 유비적으로 추론, 구성된 것이 구체성을 갖는다는 것은 일견 이해하기 어려울 수 있다. 사실상 이 점은 일부 비판적인 논객들에 의해 지적되어 왔다. 이들이 제기하는 비판의 요지는 현실적 존재가 **잘못 놓인 구체성의 오류**의 한 사례라는 것이다.17) 화이트헤드의 논지를 따를 때, 그것은 가정된 것, 따라서 개념적인 것에 불과하다. 그럼에도 그것에다 구체적 존재성을 부여하는 것은 글자 그대로 명백히 잘못 놓인 구체성의 오류라는 것이다.

하지만 이런 비판적 시각은 화이트헤드 체계의 근본 성격에 대한 고려를 소홀히 한 데서 비롯되고 있는 것이다. 우선 무엇보다도 현실적 존재는 체계 내적인 의미에서 그 구체성의 의미가 모색되어야 한다. 화이트헤드의 범주적 도식(categoreal scheme) 체계는 일반화를 거쳐 얻어진 추상관념들, 즉 범주들의 체계이다. 이 체계에서 이들 범주는 현실적 존재라는 개념을 중심으로 상호 전제되는 가운데 합종연횡(合從連橫)하고 있다. 그런데 이처럼 범주들의 정합적인 결합에서 규정되고 있는 현실적 존

---

17) 예를 들어, 페츠(R. L. Fetz)는 다음과 같이 말하고 있다. "화이트헤드가 '현실적 존재'와 동일시하고 있는 궁극적인 단위 사건들의 모호성은 다음과 같은 점, 즉 그것들은 결코 주어지는 것으로 간주될 수 없다는 데 있다. 이 점은 우리의 주변 세계를 구성하는 '사건들'에 대해서 뿐 아니라 우리 자신을 구성하고 있는 것으로 간주되는 '사건들'에 대해서도 타당하다. 그것들은 오히려 미시 세계의 가장자리에 있는, 가설적으로 가정된 존재들이다. 그것들은 그들의 존재를 단순한 가정에 기초하고 있다. 왜냐하면 화이트헤드는 자연과학의 발견 성과에 대한 그의 해석에 근거해서, 계속해서 보다 작은 존재들로의 무한 퇴행은 불가능하다고 생각하고 있기 때문이다. …화이트헤드는 그 자신이 여기서 분명한 통일체들 대신에 모호한 다수성을 제기하고 있는 한, '잘못 놓인 구체성의 오류'를 범하고 있는 것이다."(그의 논문, "In Critique of Whitehead," trans. by J. W. Felt, *Process Studies*, Vol. 20[1991]: pp.1~9).

재라는 개념은 이들 하나 하나의 범주들과는 또 다른 의미에서 추상관념이다. 하나 하나의 범주들이 구체적 현실로부터의 추상이라면 현실적 존재는 이런 추상의 정합적 종합, 즉 구체성에 접근하기 위한 **가능태로부터의 추상**을 통해 규정되는 추상이다. 가능태로부터의 추상은 그 추상성이 증가할수록 구체성에 접근하게 된다.[18] 이것은 구체적인 개별적 존재일수록 많은 내포를 통한 기술이 필요하다는 일반 논리의 다른 표현이라 할 수 있다. 따라서 현실적 존재의 구체성은 일차적으로 그 체계 내적인 지위에 있어 구체성을 의미하며 체계 외적인 직접 경험의 대상이라는 의미에서의 구체성이 아니다. 그러므로 현실적 존재의 구체적 존재성은 화이트헤드의 우주론적 도식 밖에서는 정당화될 수 없는 것이며, 그렇기에 체계 밖에서 구체성의 상응자를 찾으려는 것은 애당초 빗나간 시도이다. 현실적 계기라는 개념의 적절성 여부는 이러한 뼈대 안에서 검토되어야 한다. 범주가 지칭하는 구체적인 직관적 사례를 구하여 그 의미를 확증한다거나 그 용법의 정당성을 구하려는 실증주의적 시도는 성공할 수 없는 것이다.

이런 일련의 논점은 현실적 존재 이외의 모든 범주적 존재에 해당된다. 체계를 구성하는 범주들은 하나 같이 상호 전제라는 관계 속에서만 그 구체적인 의미가 결정된다. 따라서 이런 상호 전제를 떠나 이들을 분리시켜 이해할 때, 그 온전한 의미는 손상될 수밖에 없는 것이다. 이런 의미에서 현실적 존재뿐만 아니라 모든 범주가 체계 내적인 의미와 정당성만을 갖는다고 할 수 있다. 따라서 현실적 계기를 포함하여 모든 범주에 대한 비판은 화이트헤드의 이론 체계 내에서 이루어져야 한다. 화이트헤드에게 있어 범주체계 자체의 정당성 여부는 그 체계가 추상적 지평의 다양한 경

---

18) 이 논제는 필자가 졸고 「화이트헤드의 철학과 추상의 역리」 (오영환 외, 『과학과 형이상학』, 서울: 자유사상사, 1991, pp.408~509)에서 검토한 바 있다. 구체적인 것을 충족적으로 기술하면 할수록 이 기술에는 보다 많은 추상관념들이 얽혀들게 될 것이다. 화이트헤드는 이런 종합의 과정을, 추상관념들을 특정한 방식으로 얽어 특정 존재의 기술에 집중시키는 가운데 그들 각자가 지니고 있던 순수한 가능성, 즉 완전한 일반성을 제한해 가는 과정이라는 의미에서 **가능태로부터의 추상**이라고 부르고 있다.

험들을 얼마만큼 정합적으로 구제하고 있는가에 의해 가름되는 것이다. 요컨대 그것은 그것의 설명력에서 가름되어야 한다. 그래서 우리가 그 체계에 의거하여 설명하지 못하는 경험에 직면하게 될 때, 그 체계는 수정될 수 있을 것이다. 이는 그가 범주체계를 구성하면서 염두에 두고 있던 것으로 보이는 가설 연역적 방법(hypothetico-deductive method)의 이념에 따르는 귀결이라 할 수 있다.19)

---

19) 이 단락의 후반부에 대한 논의는 오해를 낳을 수 있기에 부연이 필요하다. 우선 화이트헤드가 가설-연역적 방법을 철학의 주요방법으로 간주하지 않는다는 데 유의해야 한다. 그에게 있어 철학의 기본 방법은 **기술적 일반화** 또는 **상상적 일반화**이다. 이는 구체적인 사태와 이에 대한 구체적인 경험을 해명하기 위한 범주들의 추출과 이들의 체계화 작업으로 나타난다. 따라서 이 단락에서 범주적 체계가 설명력에서 정당화된다고 할 때의 설명은 화이트헤드의 철학에서 종속적인 방법이라 할 수 있다. 게다가 그가 말하는 설명은 구체적인 것에 대한 연역적 설명을 의미하지 않는다. 그는 구체적인 것은 단지 시험적 정식이라 할 수 있는 범주체계를 통해 기술적으로 해명될 수 있을 뿐, 결코 어떤 궁극적 원리로부터 연역적으로 설명될 수 있는 것이라고 보지 않았다. 그가 말하는 설명은 추상적 지평에서 이루어지는 명석 판명한 경험, 추상적인 원리나 추상적 도식과 같은 추상관념들에 대한 비판적 설명이다. 여기서 비판적 설명이란 추상관념들의 파생적인 존재론적 지위, 그 우연성, 그 한계 등을 보여주는 절차를 의미한다. 그런데 인간의 경험 일반을 놓고 볼 때 이런 비판적 설명의 대상인 동시에 기술적 일반화의 대상이 되는 경계선상의 경험이 있을 수 있다. 한편으로는 명석 판명하면서도 다른 한편으로는 모호한 경험이 얼마든지 있을 수 있기 때문이다. 이런 경험은 범주적 기술에서 해명되고 추상비판에서 설명되어야 하는 사례에 해당할 것이다. 이렇게 본다면 화이트헤드에게 있어 두 가지 방법적 전략에 해당하는 기술과 설명은 인간 경험의 개방이라는 공통의 목표를 놓고 접촉하고 있다고 할 수 있겠다.

제2장

미시적 과정: 파악과 합생

지금까지 우리는 현실적 존재의 존재론적 지위와 기본 성격을 살펴보았다. 이제 우리는 현실적 존재의 자기 창출 과정, 곧 미시적 과정으로서의 합생(concrescence)의 내부를 들여다볼 것이다. 과정철학의 핵심은 바로 이 합생의 공간에 뿌리내리고 있다. 그래서 『과정과 실재』의 거대한 기술 체계는 이 미시적 세계의 역동적인 과정을 세밀하게 그리고 있는 하나의 지도라고 할 수 있다. 우리는 우선 과정철학이 이 역동적인 과정을 분석적으로 기술하는 데 어떤 범주들을 동원하고 있는지를 살펴볼 것이다. 그리고 이런 범주들을 토대로, 현실적 존재가 과거의 여건으로부터 탄생하고, 이어서 이 과거의 제약에서 벗어나 새로움을 실현하는 과정이 어떻게 기술되고 있는지를 추적할 것이다.

1. 파악과 주체적 형식

현실적 존재는 객체에 대한 경험을 통해 자신을 구성해 가는 과정으로 존립한다. 이것은 가능태를 현실화시키는 과정이기도 하고, 주어진 여건을 자기화하는 과정이기도 하다. 현실적 존재는 이처럼 타자 의존적인 자기 구성의 과정이라는 점에서 **세포**에 비유되기도 한다(*PR* 219). 세포의 경우와 유사하게 현실적 존재는 그 자신의 생존의 기초로서, 그것이 생겨나 온 우주의 다양한 요소들을 사유화(私有化; appropriation)하여 자기를 구성하고 있는 것이기 때문이다. 화이트헤드는 이렇게 주체로서의 현실적 존재가 하나 하나의 객체적 요소들을 사유화하는 각각의 활동을 "파악"(prehension)이라고 부른다(*PR* 219). 그래서 **파악**이란 개념은 지금까지 우리가 **경험**이라는 일반적인 술어로 막연하게 통칭해 왔던 현실적 존재의 자기 구성 활동 하나 하나를 대변하는 기본 범주로 등장하고 있는 셈이다.

이 범주는 화이트헤드 자신이 명시적으로 밝히고 있듯이 근대 철학자들의 개념에 뿌리를 두고 있다. 그것은 그 의미에 있어 "데카르트의 정신적 '사유' 및 로크의 '관념'1)을 일반화시킨 것"(*PR* 19)이며, 베이컨이나 버클리의 지각작용을 변용하고 있는 개념(*SMW* 101)이다. 이들 개념은 모두 객체(대상)와 관계 맺는 주체의 기본적인 활동이라는 점에서 공통된다. 그리고 그 어원에서 보자면 파악은 라이프니츠의 **파악**(apprehension)이란 말에 기원을 두고 있다. 라이프니츠에게서 이 말은 **철저한 이해**를 의미하였다. 화이트헤드는 이런 인식론적 의미의 파악을 존재론적 지평으로 일반화시켜, "경험의 계기가 그 자신의 본질의 한 부분으로서 다른 존재들 — 다른 경험의 계기(occasion)이건 다른 유형의 존재이건 간에 — 을 포섭하는 일반적인 방식(*AI* 300)"을 일컫는 말로 사용한다. 이 의미 전환에서 **파악**(prehension)이란 말에는 당초의 인식론적 함의가 사라지고 그 구조적 특성만 남는다. 그래서 파악은 의식을 전제로 하는 정신활동이 아니라 의식 이전의 근본적인 존재 활동이며 표상적 지각으로 대변되는 현상의 수용 활동이 아니라 실재 자체를 주체 내로 끌어들이는 활동으로 변용되고 있는 것이다.2) 그렇기에 또한 파악

---

1) 여기서 **관념**은 **관념에 대한 감각**이라는 말의 약칭으로 이해하는 것이 좋을 것이다.

에 있어 유아론적 순수 현상이란 있을 수 없다. 모든 파악은 객체에서 주체에로의 전이(transmission) 과정 그 자체라고 할 수 있기 때문이다.

화이트헤드에 따르면 우선 하나 하나의 **파악**은 현실적 존재가 여건을 수용하는 가장 구체적인 단위 활동이다(*PR* 22). 그리고 이 때의 수용은, 근대 경험론에서의 **재현**(representation)처럼 전적으로 수동적인 것이 아니다. 거기에는 주체적 요인이 적극적으로 개입한다. 그래서 파악은 기본적으로 객체적 요소와 주체적 요소가 유기적으로 결합되어 있는 활동이다. 화이트헤드는 파악에 참여하고 있는 이 주체적 요소를 "주체적 형식"(subjective form)(*PR* 23)이라 부른다. 이는 주체가 그것에 주어지는 객체를 **파악하는 방식**을 일컫는 말이다. 바꿔 말하자면 주체는 그 주체적 형식을 통해, 공적(公的)으로 주어지는 객체를 **어떻게**(how) 수용할 것인 가를 사적(私的)으로 결정한다는 것이다. 그래서 파악에 있어 객체가 현실적 존재의 공적인 측면을 반영하는 것이라면, 주체적 형식은 현실적 존재의 사적인 측면을 반영하는 것이라고 할 수 있다(*PR* 22). 그렇기 때문에 현실적 존재를 구성하고 있는 **구체적인 사실**(concrete fact)인 **파악** 자체는 전적으로 공적이거나 전적으로 사적인 것일 수 없고, 언제나 그 양자의 결합으로서만 존립(*PR* 290)하는 것이다. 우리는 여기서 화이트헤드가 고전적인 실재론과 관념론의 구도를 모두 거부하고 있음을 발견할 수 있다. 전자는 객체를 경험 사태의 결정자로 간주했다면 후자는 주체를 경험 사태의 결정자로 간주하였다고 할 수 있다. 그런데 화이트헤드는 여기서 구체적인 경험의 사태가 주체-객체의 근본적인 결합의 산물임을 주

---

2) 사실상 라이프니츠에게 있어서 파악(지각)의 주체인 모나드(monad)는 내적인 원리에 따르는 순수한 능동적 존재이다. 여기서 **능동적**이라는 말은 다른 모나드를 자기 속에 실질적으로 끌어들인다거나 다른 모나드들에 의해 실제로 영향을 받는 가운데 수동적으로 이들에 의해 규정되는 일이 있을 수 없다는 것을 함의한다. 사정이 이렇기 때문에 지각의 경우에서조차도 모나드들 사이에 실재적인 인과적 관계는 존재하지 않는다. 다른 모나드들에 대한 지각은 지각하는 모나드 자신의 내적이고 자율적인 활동에 의해서, 그리고 바로 그 지각하는 모나드 안에서 발생하는 것이다. 그 결과 다른 모나드에 대한 지각은 지각자에게 있어 순수하게 주관적인 것이며, 따라서 필연적으로 현상적인 것이 되고 만다.

장하고 있는 것이다. 물론 이런 구체적인 경험의 사태는 반성적 의식에 의한 주객 분리 이전의 사태이다. 그리고 이 점은 화이트헤드의 시각이 **철저한 경험론**이 택하고 있는 중성적 일원론(neutral monism)과 맥을 같이 하고 있음을 보여주는 징표이다.

화이트헤드는 이와 같은 중성적 특성의 **파악**을 배경으로, 일상의 물리적 존재층을 설명해주는, 단순한 현실적 존재들의 물리적인 작용에서부터 인간을 구성하는 희귀한 현실적 존재들의 복잡한 지성 작용에 이르기까지 모든 활동을 분석적으로 기술해낸다. 따라서 화이트헤드의 존재 분석과 인식 분석을 이해하기 위해서는 파악에 관한 그의 복잡하고도 섬세한 개념놀이를 추적해 들어가지 않으면 안된다. 물리적 에너지의 단순한 전이(transmission), 식물적 감각과 동물적 감각, 의식적 판단 등은 기본적으로 모두 파악이지만, 파악의 방식인 주체적 형식과, 파악에 주어지는 여건의 다양한 특성에 따라 미묘하게 차별적으로 분석되어 기술되고 있기 때문이다.

화이트헤드는 파악의 다양한 유형을 분류함으로써 이런 분석적 기술의 토대를 마련한다. 여기서 가장 기본이 되는 것은 **느낌**(feeling)이라 불리는 "긍정적(positive) 파악"과, **느낌으로부터 배제**를 의미하는 "부정적(negative) 파악"(*PR* 23)이다. **긍정적 파악**, 즉 느낌은 "우주의 일부 요소들을, 그 느낌의 주체의 실재적인 내적 구조를 이루는 구성 요소로 만들기 위한 사유화(appropriation)" 기능을 하며, 따라서 "주체의 구조 속으로 다른 사물들이 짜여들어 가는 작용인"(*PR* 231)의 통로가 된다. 이에 반해 **부정적 파악**은 이와 정반대의 역할을 한다. 그것은 그 여건으로 하여금, 그 주체를 구성하는 데에 참여하지 못하도록 하는 기능을 갖는다.

화이트헤드가 여기서 긍정적 파악을 **느낌**이라는 심리적 함축을 지닌 술어로 약칭하는 까닭은 그 말이 **파악**이라는 범주와 **주체적인 형식**이라는 범주를 함께 표현해주는 특성을 갖고 있다는 데 있다(*AI* 299).[3) 객체에 대한 느낌은 객체 자체와 구별된다. 객체에 대한 느낌 속에는 **객체들 이상의 것**이 있기 때문이다(*AI* 297~98). 이 **객체들 이상의 것**은 바로 주체적인 것, 곧 주체적 형식이다. 그런데 이처럼 객체에 대한 느낌이 객체로 완전히 환원되지 않는다면, 소박한 실재론은 잘못이다. 경험에 포착된 객체는 이미 주체에 의해 어떻게든 변형된 것이기 때문이다. 그리고 이 변형의 기제가 바로 **주체적 형식**이다. 그것은 객체에 대한 경험에 수반되는 일체의 주체적 요소를 포함한다. 그래서 예컨대 **의식**이란 것이 느낌에 개입할 경우 그것은 주체적 형식 내의 요소로서이고, **공포**나 **기쁨**이 동반될 경우 이들 또한 주체적 형식으로서이다.

그러나 다른 한편 주체적 형식이 **객체들 이상의 것**으로서 주체에 속하는 요소이긴 하지만 **무(無; not-being)**에서 돌연히 주체 속에 출현하는 것은 아니다. 그렇다면 이는 **존재론적 원리**에 위배될 것이다. 그것은 객체에서 순수하게 가능적이었던 것을 주체가 현실화하고 있다는 의미에서 주체 속에 출현하고 있는 것이다. 이것은 주체적 형식이 일차적으로, 객체적 여건이 이미 지니고 있던 패턴을 단순히 재생시키는 가운데 탄생하는 것임을 의미한다(*PR* 233). 그리고 이렇게 여건에 순응하여 이를 자기 속에 그대로 반복 재생시키는 파악이 **긍정적 파악**이다.

긍정적 파악은 이처럼 여건에 순응, 재연하는 것이기에 적극적인 의미의 새로움을 창출하지는 못한다. 새로움은 긍정적 파악에 후속하는 느낌들에서 구현된다. 앞서 지적했듯이 현실적 존재는 **다자**로 주어지는 여건을 자기화하여 **일자**로 통일시켜 가는 과정으로 존립한다. 현실적 존재는 자신의 완결된 통일, 즉 일자로서의 자신을 목표로 하여 자신을 창출해 가는 과정 속에 있는 것이다.[4] 하지만 재생된 여건들 가운데는 상호 모

---

3) 화이트헤드는 **느낌**이라는 개념의 이런 용례를 브래들리(Bradley)에게서 발견한다. 그는 느낌에 관한 브래들리의 논의 가운데 일부 구절을 인용한다. "임의의 순간에 있어서의 나의 일반적인 느낌 속에는 나의 앞에 있는 객체들 이상의 것이 있으며, 객체에 대한 어떤 지각도 살아 있는 감정의 의미를 다 드러내지 못한다"(*AI* 297). 화이트헤드가 말하는 **주체, 객체 또는 여건, 주체적 형식**이라는 범주는 브래들리의 이 진술 속에 나타나 있는 **나, 내 앞의 객체, 살아있는 감정**을 각각 일반화하여 대치한 것이라고 말할 수 있다.

순되어서 동시에 하나의 통일체로 실현될 수 없는 것들이 당연히 있을 수 있다. 이럴 경우 우주 전체와 이에 연관된 모든 가능태가 긍정적 파악을 통해 일거에 파악된다면, 파악하는 현실적 존재는 통일성을 확보할 수 없게 될 것이다. 여기서 여건들 가운데 상호 양립 불가능한 것을 배제하는 부정의 작용이 요청된다. **부정적 파악**은 이런 요청에 부응하는 범주이다. 말하자면 현실적 존재는 부정적 파악에 의해, 자신의 통일을 저해하는 요인은 배제하는 것이다. 부정적 파악은 이런 배제의 통로인 셈이다.5) 그리고 이처럼 배제와 통합을 통해 일자로 통일되어 가는 가운데 현실적 존재는 그에 상응하는 느낌을 갖게 되는데 이런 느낌의 여건은 복잡한 "대비"(contrast)6)로 나타난다. 그리고 이에 대한 느낌의 주체적 형식은 **그런 방식으로 통일시키면서**가 된다. 이것은 대비에 대한 상응하는 느낌의 주체적 형식들이다. 이 주체적 형식들은 여건 내에 실현된 가능태나 이런 가능태와 직접 또는 간접으로 연관된 가능태를 평가 절상하거나 평가 절하하면서 생겨난다. 그리고 이런 주체적 형식을 통해 파악은 과거에 대한 단순한 순응이기를 그치고 새로운 요인을 현실 속에 끌어들이게 된다. 이것이 과정철학이 말하는, 새로움의 출현을 기술하는 가장 기본적인 범주적 도식이다.

---

4) 현실적 존재가 갖고 있는 이런 목표에 대한 느낌을 화이트헤드는 **주체적 지향**(subjective aim)이라 부르고 있다. 따라서 **주체적 지향**은 현실적 존재가 여건에 대한 각각의 파악들을 부분적으로 배제하고 부분적으로 통합하여 일자로 통일시켜갈 때, 이런 배제와 통합의 준거로 기능하는 목적인이라 할 수 있는 것이다. 이에 관한 자세한 논의는 이 장의 후반부와 다음 제5·8장을 참조할 것.

5) 화이트헤드는 이 부정적 파악, 즉 배제를 준거로 "최초의 여건"(initial data)과 "객체적 여건"(objective data)을 구별한다. 최초의 여건이란 새로운 계기에 주어진 전체로서의 현실 세계를 의미하며, 객체적 여건은 새로운 계기가 **긍정적 파악**을 통해 이끌어들여 자기 구성의 적극적 요소로서 삼는 현실 세계를 의미한다. 그래서 **객체적 여건**은 최초의 여건 가운데 **부정적 파악**에 의해 배제된 후 남아 있게 되는 양립 가능한 것들의 집합이라 할 수 있다.

6) **대비**는 존재의 범주 가운데 하나이다. 그것은 단순한 유형의 느낌들을 조화시켜 통일시킬 때 나타나는 존재이다. 이런 통일은 물론 그에 대한 느낌, 즉 **이런저런 방식으로 통일시켜서** 파악하는 느낌에서 이루어진다. 따라서 그것은 그것을 **그렇게 통일시켜** 느끼는 느낌, 즉 **그런 주체적 형식을 갖고서** 느끼는 느낌의 상관항으로 존립하는 것이다.

2. 현실적 존재의 양극성

우리는 **긍정적 파악**과 구별되는 **부정적 파악**이 필요한 까닭이 주체가
내적인 통일성을 필요로 한다는 사실에 있음을 보았다. 그런데 그렇다면
이 구별은 파악하는 주체의 특성이 요구하는 구별이라 할 수 있다. 이와
달리 파악은 그것이 파악하는 여건의 성격에 따라서도 구별된다. 이 경우
가장 기본적인 구별은 "물리적 파악"(physical prehension)과 "개념적
파악"(conceptual prehension)이다. 물리적 파악은 현실적 존재에 대
한 파악, 즉 그 여건에 현실적 존재가 포함되어 있는 파악이며, 개념적
파악은 현실적 존재의 한정 형식들(영원한 객체들; eternal objects)[7]에
대한 파악이다(*PR* 23). 물리적 파악은 여건에 대한 단순한 수용, 즉 순응
의 통로이다. 따라서 여기에는 부정의 개입이 없다. 부정의 개입은 개념
적 파악에서만 가능하다. 개념적 파악은 물리적 파악과 달리 그 여건에
순응할 필요가 없다. 그래서 현실적 존재가 개념적 파악을 갖는다고 하는
한, 기본적으로 그것은 여건에 대한 부정 내지 여건으로부터의 일탈로 특
징지어지는 자율성의 여지를 갖는다고 할 수 있다.

나아가 파악은 다시 여건의 복합성에 비례하여 복합적인 성격의 것이
된다. 복합적인 파악은 여러 가지 기본적인 유형의 파악들로 구성되는데
(*PR* 232), 이런 기본적인 파악에는 그 여건에 따라 구별할 수 있는 세
가지 유형의 파악이 있다. 그 중 하나는 위에서 설명한 개념적 느낌이고
나머지 둘은 "단순한(simple) 물리적 느낌"과 "변환된(transmuted) 느
낌"이다. 단순한 물리적 느낌은 그 최초 여건이 하나의 현실적 존재인 경
우이고, 변환된 느낌은 객체적 여건이 현실적 존재들의 "결합체"
(nexus)(*PR* 232)인 경우이다.[8] 이들 기본적인 유형의 느낌들은 현실적
존재가, 하나의 통일된 느낌이라 할 수 있는 완결, 즉 **만족**을 향해 나아

---

7) 이에 대한 논의는 다음 제3장을 참조할 것.
8) **결합체**에 관해서는 제6장을, 그리고 **변환된 느낌**에 대한 설명은 다음 제7장을 참고할 것.

감에 따라 점차 복합적인 유형의 느낌으로 통일되어 간다. 그리고 이에 상응하여 객체의 영역에는 현실적 존재와 영원적 객체 이외의 다른 범주적 유형의 존재들이 출현하게 된다. 이 때 출현하는 것들이 "명제"(proposition)나 "대비"와 같은 새로운 유형의 존재들이다(*PR* 219).

화이트헤드에 따르면 우선 "단순한 물리적 느낌은 하나의 현실적 존재를 그 최초의 여건으로 하면서, 이 현실적 존재가 품고 있는 느낌 가운데 하나를 그 객체적 여건으로 하고 있는 그런 느낌이다"(*PR* 236). 이 단순한 물리적 느낌은 모든 느낌의 시원이 된다. 현실적 존재의 탄생은 이 느낌에 가장 근원적으로 뿌리박고 있다. 뿐만 아니라 그것은 긍정적 파악의 전형으로서, 객체적 여건의 주체적 형식을 그대로 **재생**(reproduction), **재연**(re-enaction)하는 경향성이 강하다. 그래서 그것은 지금의 현실적 존재가 과거의 현실적 존재를 수용하는 가장 기본적인 통로라고 할 수 있는 것이다.

이 단순한 물리적 느낌은 다시 "순수한(pure) 물리적 느낌"과 "혼성적인(hybrid) 물리적 느낌"으로 세분된다. 순수한 물리적 느낌은 그 여건인 현실적 존재를 그것의 **물리적 느낌**들 가운데 하나에 의해 객체화하고 있는 느낌이다. 그래서 단순한 물리적 느낌의 주체적 형식이 여건의 **재연**을 특징으로 하는 것이라는 점을 고려한다면, 이는 물리적 세계에 있어서 에너지 전이, 또는 자연에 있어서의 물리적인 연속성을 설명하는 개념적 장치라고 할 수 있다(*PR* 245~46, *AI* 305). 다른 한편 혼성적인 물리적 느낌은 그 여건이 되는 현실적 존재를 그것의 개념적 느낌들 가운데 하나에 의해 객체화하고 있는 느낌이다.9) 따라서 개념적 느낌의 주체

---

9) **순수한 물리적 느낌**과 **혼성적인 물리적 느낌**은 다음과 같이 간단히 도식화될 수 있겠다. 하나의 현실적 존재 B가 과거의 현실적 존재 A를 파악할 때, 현실적 존재 B는 결코 현실적 존재 A 전체를 파악하지 않는다. 오직 A의 일부분만이 B의 실재적인 내적 구조에 포섭된다. 객체화는 부정적 배제를 수반하기 때문이다. 이것은 B가 그 자체 속에 오직 A의 어떤 부분만을 긍정적으로 파악한다는 것을 의미한다. 그런데 A의 부분들이란 A를 구성하고 있는 파악들의 일부분일 뿐이다. 여기서 B가 A의 물리적 파악들 가운데 하나를 파악함으로써 A를 파악할 경우 B는 A에 대한 **순수한 물리적 느낌**을 갖게 된다. 그런데 B가 A의 개념적 파악들 중의 하나를 파악함으로써

적 형식에 속하는 특징인 자율성의 요소를 고려할 때, 혼성적인 물리적 느낌은 에너지 발생과 같은 물리적 세계에서의 급격한 변화를 설명해준다(*PR* 246).[10]

그런데 각기 순응과 자율로 요약되는 특성을 대변하는 물리적 파악과 개념적 파악은 궁극적으로 현실적 존재의 물질성과 정신성을 설명하는 기본 범주로 기능한다. 화이트헤드에게 있어 물리적 파악은 현실적 존재의 물질성, 즉 **물리적인 극**을 이루며, 개념적 파악은 현실적 존재의 정신성(mentality) 내지 **정신적 극**을 이루게 된다(*PR* 240). 개념적 파악은 한정의 형식인 영원적 객체에 대한 파악이다. 그래서 정신성이란 한정 형식인 영원적 객체를, 그 특정한 실현 양태로부터 추상하여 하나의 대안적 가능태로서 영입하는 활동의 특성을 일컫는 말이다. 특히 이런 활동은 여건에 실현되어 있는 것과 무관하지는 않으나 그 자체로 실현되어 있지는 않은 그런 어떤 한정의 형식(영원적 객체)을 선택적으로 끌어들일 수도 있다. 그리고 반대로 개념적 파악들은 영원적 객체들을 그 여건으로 가지는 것이기에, 직접적인 과거에 순응, 재연해야 하는 물리적 느낌과 달리, 그 여건이 되는 영원적 객체들을 단적으로 무시하여 부정할 수도 있다. 결국 개념적 파악은 여건에 실현된 영원적 객체와는 다른 영원적 객체를 적극적으로 끌어들이고 있는 것일 수도 있고 그렇게 실현된 영원적 객체를 배제하고 있는 것일 수도 있다. 여기서 특히 전자의 경우를 화이트헤드는 "개념적 역전"(conceptual reversion)(*PR* 26, 249)으로 범주화한다. 그에 따르면 **개념적 역전**이란 **개념적 등재**에서 단순히 수용된 영원적 객체와 연관되어 있으면서도 그와 구별되는 그런 영원적 객체를 파악하는 활동을 말한다. 주어진 여건들로부터 파생되는 가능태들과는 상이한

A를 파악할 경우, B는 A에 대한 **혼성적인 물리적 느낌**을 갖게 되는 것이다(*PR* 245~46).

10) 이 부분의 논의는 어떻게 화이트헤드가 기본적인 물리학적 사실이라 할 수 있는 에너지의 발생과 전이를 자신의 체계 속으로 끌어들여 설명하고 있는지를 잘 보여주고 있다. 그런데 개념의 발생적 측면에서 보자면 순수한 물리적 느낌과 혼성적인 물리적 느낌이야말로 이런 에너지의 전이와 발생에 토대를 두고 있는 것이라고 말해야 할 것이다.

그런 가능태들에 개념적으로 접근할 수 있게 되는 것은 바로 이러한 **역전**의 작용에 의해서인 것이다. 그리고 이런 의미에서 현실적 존재는 개념적 파악에서 그 여건을 선택할 자유를 구가한다고 할 수 있는 것이다. 이런 선택의 자유는 현실적 존재가 과거와 달라질 수 있는 자유이다. 따라서 개념적 파악으로 이루어지는 정신성은 주체의 자율성과 주체의 새로움을 대변하는 특성인 것이다(*FR* 32~33, *PR* 184).

그렇기는 하지만 현실적 존재가 개념적 느낌을 갖게 될 때 그 여건이 되는 영원적 객체를 허공 속에서 발견하는 것은 아니다. 앞서 지적했듯이 모든 느낌의 토대는 물리적 느낌이다. 이런 의미에서 개념적 파악은 언제나 물리적 느낌에서 파생되는 것이다. 화이트헤드는 물리적 느낌으로부터 개념적 느낌이 발생하는 것을, **설명의 범주 iv**에서 물리적 느낌에 대한 "개념적 가치평가"(conceptual valuation)라 부른다(*PR* 26, 248). 여기서 발생한다는 것은 현실적 존재(또는 결합체)에 대한 물리적 느낌에서 그 현실적 존재의 한정자인 영원적 객체만을 여건으로 하는 개념적 느낌이 부수적으로 따라나온다는 것을 의미한다(*PR* 248). 그리고 이것은 여건에 실현되어 있는 영원적 객체를 단순히 수용하는 것이기에 "개념적 등재"(conceptual registration)(*PR* 248)라 불리기도 한다.

그런데 이 설명의 범주 iv는 정신성이 반드시 물리적 토대를 가져야 한다는 화이트헤드의 기본 신조를 구현하고 있다. 일상적인 용어로 표현하자면 그것은 "정신이란 감각적 경험으로부터 생긴다는 원리" 또는 "감각적 경험이 정신 작용을 일으킨다는 원리"를 담고 있는 것이다(*PR* 248).[11] 이것은 경험론 전통의 기본 신조를 요약한 것이며, 그래서 온갖 종류의 선험주의에 대한 불신을 내포하고 있다고 할 수 있다. 감각경험에 선행하는 개념적 사유란 있을 수 없다는 것이다. 그러나 다른 한편으로 화이트헤드

---

11) 이런 논점은 『과학과 근대세계』에서 다음과 같이 비범주적 술어로 기술되어 있다. "나로서는 공통의 사유세계가 어떻게 공통의 감각세계 없이 구축될 수 있는 것인지 도무지 이해할 수가 없다"(*SMW* 131). 이 진술은 화이트헤드의 경험론적 태도를 잘 보여주고 있다. 요컨대 감각경험에 뿌리를 내리고 있지 않은 개념이나 사유는 공허하다는 것이다.

는 개념적 느낌이 물리적 느낌에서 파생된다고 주장하는 가운데 전통 경험론의 표상주의를 극복하고 있다. 그에 따르면 "정신적인 극은 물리적인 극에 있어서의 작용이 갖는 개념적인 상관자"로서 생겨나는 것이며, 이 두 극은 그 발생에 있어 불가분적이다.[12] 그런데 고전 경험론의 표상주의는 이 개념적인 요소, 즉 관념들(ideas)을 경험의 유일한 여건으로 간주하였다. 이 입장은 물리적 극을 이루는 물리적 느낌들과 이들의 여건을 완전히 무시하는 것이다(*PR* 248).

다른 한편 이처럼 현실적 존재가 물리적인 극과 이로부터 발생하는 정신적인 극의 유기적인 결합으로 이루어져 있다(*PR* 248)고 한다면 정신과 물질의 존재론적 이원성도 해소된다. 현실적 존재에 있어 정신성과 물질성의 구별은 정도의 문제가 된다. 위에서 충분히 시사되었듯이 화이트헤드에게 있어 물질성과 정신성은 각기 실체적 지위에 있는 것이 아니다. 전자가 물리적 파악에서 구현되는 긍정성, 순응성, 안정성 등을 특징지우는 개념이라면 후자는 개념적 파악에 수반되는 부정성, 일탈성, 자율성 등을 통칭하는 개념이다. 그래서 정신성이라는 것은 개념적 파악의 성격에 따라 그 정도가 달라지는 것이다. 예컨대 정신성의 근원적인 토대인 **개념적 등재**(conceptual registration)는 단순 수용의 성격이 강하다는 점에서 물질성의 기본 특성인 순응성과 안정성에 이바지한다면 **개념적 역전**(conceptual reversion)은 단순 수용을 거부한다는 점에서 자율성

---

12) 우리는 결코 물리적 특수성 그 자체를 의식하거나 특징지을 수 없다. 왜냐하면 이는 그것을 또 하나의 개념적인 요소, 곧 보편적인 요소로 환원하는 것이 될 것이기 때문이다. 화이트헤드에 따르면 우리는 단지 이러한 특수성을 느낄 수 있을 뿐이다(*PR* 230). 이것은 지성적인 앎에 선행하는 경험이다. 지성적인 앎은 정신성에 힘입어 이러한 느낌에서 파생되는 것이다. 근원적 의미에서 보자면 그런 느낌은 동물적인 경험이다. 화이트헤드는 다음과 같이 말하고 있다. "지성은 냄새를 하나의 여건으로서 붙잡는다: 동물은 그것을 주체적 느낌들의 질적 규정으로서 경험한다. 우리의 발달된 의식은 감각여건을 여건으로서 붙잡는다: 우리의 기본적인 동물적 경험은 그것을 주체적 느낌의 한 유형으로서 영입한다. 경험은 냄새나는 느낌으로 시작되어, 정신성에 의해 그 냄새에 대한 느낌으로 발전한다"(*AI* 315). 이 진술은 화이트헤드가 말하는 근원적이고 초보적인 형식의 경험이 어떤 것인가를 잘 보여주고 있다. 근원적 형태의 경험에서는 경험의 행위 그 자체와 여건이 하나로 결합해 있는 것이다. 그래서 지성적인 앎의 내용에 들어오는 명석판명한 감각여건(특정의 냄새)은 이 근원적 형태의 경험(냄새나는 경험)에서 추상된 것이다.

과 일탈성을 본령으로 하는 정신성에 부응한다. 이 후자는 궁극적으로 인간에 있어 **상상**(imagination)의 가능성까지 설명한다. 상식적으로 보더라도 상상은 여건에 대한 단순한 수용적 재현을 넘어 창조적 변형을 추구하는 보다 고등한 정신 활동임에 틀림없다. 이런 의미에서 개념적 등재와 개념적 역전은 정신성의 정도를 차별화하기 위한 범주인 셈이다.

결국 현실적 존재들은 물리적 극이 지배적이고 정신적 극이 지극히 미미한 현실적 계기들로부터, 물리적 극이 미미하고 정신적 극이 지배적인 계기들에 이르기까지 점진적으로 차등화되어 있는 것이다. 물리적인 극이 지배적인 현실적 존재는 소위 빈 공간을 형성하는 존재들과 열등한 형태의(일상 용어로 표현하자면, 무기물을 구성하는) 현실적 존재들일 것이다. 이러한 존재들의 거시적 과정은 물리적 안정성으로 이해되는 무차별적인 존속에 의해 특징지워진다. 이에 반해 정신적 극이 지배적인 현실적 존재들은 자신이 그 고유한 환경 속에 직접 또는 간접으로 연관된 추상적 가능태들을 영입하고 자신의 목적에 비추어 그들 가운데 일부를 선택적으로 강화하거나 약화 내지 배제할 수 있다는 점에서 고등 유기체의 중추신경을 구성하는 현실적 존재들이라 할 수 있을 것이다. 이런 현실적 존재들은 기본적인 유형의 느낌들을 통합하고 재통합하는 가운데 보다 복잡한 느낌들을 확보할 수 있다. 화이트헤드의 표현으로 하자면 이들은 **보다 높은 경험의 여러 위상**(phase)을 향유한다. 우리가 제8장에서 검토하게 될 "명제적 느낌"(propositional feeling)이나 제9장에서 살펴볼 "의식적 지각"(conscious perception)과 "직관적 판단"(intuitive judgment) 등이 가능하게 되는 것은 바로 이런 위상에서이다. 이런 느낌들은 물리적 경험과 개념적 경험이 비교되고 통합되는 과정에서 생겨난다. 이들은 고등 유기체를 구성하는 현실적 존재들 가운데서도 상당히 고등한 현실적 존재들만이 가질 수 있는 느낌이다. 하지만 이런 논제에 관한 화이트헤드의 논의는 지극히 건조하고 형식적이다. 그렇기에 화이트헤드의 우주론에 녹아 있는 인식론적 논의의 다양한 함축

을 읽어내기 위해서는 이 건조한 형식에 상당한 정도의 색채를 구성적으로 덧붙여야 한다.13)

3. 합생과 그 위상들

현실적 존재는 여건에 대한 경험, 즉 파악들의 구성체로서 생성하는 동안 주체적으로 존재한다. 여건으로부터 탄생하고 이 여건들을 자기 목적에 비추어 통합해 가는 과정이 그 생성의 과정이다. 우리는 위에서 이 과정을 기술하기 위한 범주적 개념들을 소개하는 가운데 이들이 현실적 존재의 기본 성격과 관련하여 어떤 함축적 의미를 갖는지를 살펴보았다. 이제 이를 배경 삼아 미시적 과정의 내부로 들어가 보자.

화이트헤드는 다수의 파악들을 통일시켜 하나의 궁극적 파악(만족)으로 이끌어 가는 미시적 과정을 **합생**(合生; concrescence)(*PR* 211)이라 부른다.14) 그에 따르면 이 말은 **더불어(共在하여; together) 성장한다**라는 의미를 지닌 라틴어 동사로부터 파생된 말이다. 그래서 합생이라는 말에는, 다수의 사물들이 완전한 복합적 통일성을 획득한다는 관념, 요컨대 **공재(togetherness)의 산출**이라는 관념이 어원상으로 함의되어 있다(*AI* 303~304). 화이트헤드는 바로 이런 어원적 배경에 주목하여, 주체가 다수의 객체들을 통일시켜 일자로서의 자기 자신을 구성해 가는 과정, 그리고 우리가 지금까지 막연히 **경험의 과정**이라고 불러온 그런 과정을 지칭하기 위해 **합생**이라는 말을 사용하고 있는 것이다.

우리는 앞에서 현실적 존재가 경험의 과정을 통해 생성하고 그 완결과 더불어 소멸한다고 하였다. 이제 우리가 그 합생의 과정 내부로 들어가서

---

13) 이것은 내가 이 책 제7·8·9·10장의 상당한 지면을 이 논제에 할당하는 동기라면 동기이다.
14) 화이트헤드는 **합생**을 다음과 같이 정의하고 있다. "'합생'이란 다수의 사물들로 구성된 우주가, 그 '다자'의 각 항을 새로운 일자의 구조 속에 결정적으로 종속시킴으로써 개체적 통일성을 획득하게 되는 그런 과정을 일컫는 말이다"(*PR* 211).

발생론적 추이에 주목하게 될 때, 그것은 어떤 시간 폭을 점유하고 있는 것으로 나타난다. 그것은 발생의 여러 중간 단계인 순차적 위상을 거쳐 완결되는 것이다(*PR* 215). 말하자면 "합생의 과정에는 선행하는 위상에서의 파악들의 통합에 의해 새로운 파악들이 생겨나는 위상들의 계기 (succession)가 있는 것이다"(*PR* 25). 선행하는 위상의 산물인 파악들은 후행하는 위상의 기초인 동시에 그것에 주어지는 여건이 되어 후행하는 위상들에서의 파악에 의해 통합된다. 이런 통합의 과정은 앞서 이루어진 모든 파악들을 통합시키는 하나의 궁극적인 파악, 즉 **만족**에서 종결된다 (*PR* 220). 그러므로 적어도 발생론적인 측면에서 보자면 현실적 존재의 합생은 선행 위상을 토대로 하여 이들을 통합해 가는 일련의 후속 위상들로 분석될 수 있는 것이다(*PR* 154).

그런데 합생을 그 발생적 추이를 따라 분석할 때 드러나는 위상의 수는 정해져 있는 것이 아니다. 이는 현실적 존재 자체의 등위(열등하거나 고등할 수 있다)에 따라 차이가 있을 뿐만 아니라 그것을 분석하는 시각에 따라서도 달라질 수 있기 때문이다. 그렇기는 하지만 『과정과 실재』의 도처에 나타나있는 합생에 대한 화이트헤드의 분석을 따라가다 보면 그것은 기본적으로는 셋으로 구분되고 있음을 알 수 있다(*PR* 212). 왜냐하면 모든 현실적 존재는 아무리 열등한 것이라 할지라도 세 위상을 갖는 것으로 간주되기 때문이다. 그러나 보다 고등한 현실적 존재로 갈수록 이 위상들을 다시 세분되는 단계를 밟게 된다. 그래서 때로는 넷으로 구분되기도 하고(*PR* 164) 그 이상으로 세분되어 설명되기도 한다. 여기서는 논의의 편의상 네 가지 구별을 기본적인 것으로 간주하여 살펴보기로 하겠다. 합생을 네 위상으로 분석할 때 그것은 **호응적 위상**(responsive phase), **개념적 위상**(conceptual phase), **비교적 위상**(comparative phase), **만족**을 갖는 것으로 기술된다. 여기서 중간적 단계라 할 수 있는 개념적 위상(conceptual phase)과 비교적 위상(comparative phase)이 **보완적 위상**(supplemental phase)으로 통합되어 논의되는 경우 그 구별은 셋이 된다.

합생의 첫 위상인 호응적 위상은 주어진 현실 세계를 순수하게 수용하는 국면이다. 이 위상에서는 각각의 개별적인 경험의 중심이 되고 있는 존재들로 이루어진 결합체로서의 현실 세계를 단순히 수용하고 있을 뿐이다. 이때 느낌들은 외부의 여러 주체에 속하는 것으로 느껴지며, 이들을 느끼는 새로운 주체에 속하는 사태로 아직 환원되지 않는다(PR 212). 따라서 이 위상에서는 사적인 직접태(private immediacy), 즉 합생 주체의 주체성이 미처 생겨나지는 않았다고 할 수 있다. 다만 객체와 수적(數的)으로 구별되는 주체적 과정이 시작되고 있을 뿐이다. 우리는 이 호응적 위상을 두 가지 측면에서 분석해 볼 수 있다. 그 하나는 이 위상을 구성하는 느낌들의 특성을 통해 접근하는 것이고 다른 하나는 이 위상과 현실 세계와의 관계에서 접근하는 것이다.

우선 느낌의 측면에서 따라가 보자. 화이트헤드는 호응적 위상에서의 느낌을 "순응적 느낌"(conformal feeling)(PR 164, 238, AI 325~26)이라 부른다. 이는 이 위상에서의 느낌들이 여건에 순응한다는 것을 명시적으로 보여주는 개념이다. 순응한다는 것은 과거에 정착된 여건들을 현재에서 단순히 수용한다는 것이다. 여기에는 여건을 선별적으로 느낄 때 수반되어야 할 배제, 즉 **부정**이 개입하지 않는다. 이 위상에서 과거의 여건은 거부할 수 없는 완강한 사태로 주어진다. 이런 완강성에 대한 순응, 이것을 우리는 순수한 물리적 느낌이라 했다. 화이트헤드는 과거의 존재들이 이 느낌을 통해, 새로운 현실적 존재를 탄생시키는 작용인으로 기능한다는 점에서 이 느낌을 "인과적 느낌"(causal feeling)(PR 237)이라 부르기도 한다. 앞서 지적했듯이 그것은 기본적으로 과거와 현재의 물리적 연속성을 설명할 뿐만 아니라, 그것은 현실적 계기가 탄생하는 기점이 된다는 점에서, 과정철학이 전개하고 있는 다른 모든 종류의 느낌들의 기초이다. 또 나중에 보게 되겠지만 화이트헤드에게 있어 시간의 불가역성이라는 것도 이러한 인과적 느낌, 즉 원인에서 결과로의 누적적 관계에 근거하고 있다(PR 239).

그런데 앞서 언급했듯이 이런 물리적 느낌에서 단 하나의 현실적 존재가 객체화되고 있을 경우, 그것은 **단순한 물리적 느낌**이다. 이 단순한 물리적 느낌은 과거의 현실적 존재가 합생하는 현실적 존재에 내재하게 되는 기본적인 방식이다. 나중에 보겠지만 인식론적 맥락에서 이 느낌은 가장 근원적인 지각작용으로 번역된다. 그래서 화이트헤드에게 있어 지각작용은 단순한 인식 활동에 속하기에 앞서 근본적으로 존재 활동에 속한다. 지각은 객체(대상)에 대한 단순한 인식의 기반이기에 앞서 지각하는 주체의 존립기반이 되고 있기 때문이다(*PR* 117, 168~75).[15]

이제 단순한 물리적 느낌이 순응적 느낌이라 할 때, 순응(conformation)이라는 말에 함축된 의미를 좀 더 분석해보기로 하자. 글자 그대로 보자면 그것은 **같은 형식을 취함**이다. 이는 새로이 탄생하는 현실적 존재가 과거의 현실적 존재들의 형식을 **재연**(re-enaction), **재생**(reproduction)한다는 것이다. 이것은 무슨 말인가? 물리적 느낌의 여건은 과거의 현실적 존재이다. 이 현실적 존재는 완결된 존재, 즉 영원적 객체들에 의해 단적으로 한정된 존재이다. 재연이란 이런 여건의 한정자로서의 영원적 객체를 주체 자신의 한정자로 재생시키는 것을 말한다.[16] 따라서 이 때 영원적 객체는 객체의 한정자인 동시에 주체의 한정자로서 기능한다. 이것이 화이트헤드가 염두에 두고 있는 **순응**이라는 말의 의미이다. 이 때 한정의 형식인 영원적 객체는 여건의 한정자로서, 그리고 그에 대한 파악의 주체적 형식으로서 기능하는 가운데 관계적 요소가 되고 있는 것이다. 화이트헤드의 표현으로 하자면 그것은 "여건을 결정하고 주체적 형식을 결정한

---

15) 화이트헤드가 말하는 근원적인 지각과 이에 근거하는 모든 인식의 활동은 단순한 현상의 존립 기반에 그치는 것이 아니라 구체적인 주체의 존립 기반이 되고 있는 것이라 할 수 있다. 보다 자세한 논의는 제7 · 8 · 9장을 참조할 것.

16) 물론 영원적 객체에 대한 느낌은 합생의 둘째 국면인 **개념적 위상**에서 생겨난다. 그러나 그 느낌의 여건이 되는 영원적 객체는 최초의 물리적 느낌에 내재한다. 그것은 과거의 현실적 존재의 한정자로서, 그리고 이에 대한 순응적인 느낌의 주체적 형식으로서 합생 속에 이미 개입하고 있는 것이다. 갈랜드(W. J. Garland)는 그의 논문 "Whitehead's Theory of Causal Objectification"(*Process Studies* Vol. 12(1982): 180~91)에서 쉐번(D. W. Sherburne)을 비판하는 가운데 이 점을 잘 지적하고 있다.

다는 두 가지 기능에 있어 관계적인 것"(*PR* 164)이다. 요컨대 영원적 객체는 "한쪽에 있는 최초의 여건들과 다른 쪽에 있는 합생 주체를 관계시키는 기능"(*PR* 238)을 하고 있는 것이다.

그런데 한정의 형식인 영원적 객체가 관계적인 것이라는 말, 즉 여건을 결정하고 동시에 주체적 형식을 결정한다는 말은 부연이 필요하다. 형식적으로만 본다면 그것은 현재의 현실적 존재가 과거의 현실적 존재를 빨간 것으로 파악하고 있다고 할 때, 영원적 객체 **빨강**은 파악된 현실적 존재의 결정자가 되고 있을 뿐만 아니라 그것을 파악하는 방식의 결정자로서 기능하고 있게 된다는 것을 의미한다. 이 발상을 온전히 이해하려면 우리는 화이트헤드의 형이상학에 있어 영원적 객체가 기본적으로 명사나 형용사에 상응하는 기능을 갖는 것이 아니라, 부사에 상응하는 기능을 갖는다는 데 먼저 주목해야 한다. 사실상 명사나 형용사는 정태적 실체 철학에 부응하는, 아니 보다 정확히 말하자면 이런 실체 철학의 뿌리가 되었던 품사 형태들이다. 그래서 이들은 실체와 속성의 도식을 전제로 하여 기능한다. 그것들은 **무엇**(또는 어떤; what)에 상응한다. 그러나 영원적 객체는 부사적 양태인 **어떻게**(how)에 상응한다. 역동적인 생성의 과정을 근본적인 존재 양태로 파악하는 화이트헤드의 철학에 있어 근원적인 사태는 동태적인 것이며, 이런 동태성을 규정하는 것은 형용사적 속성일 수 없고 부사적 속성이야 한다는 것은 당연하다. 그것은 언제나 **어떻게**이지 **어떤**이 아닌 것이다. 과정철학에서 보자면 흔히 우리의 문법을 따라 **빨간 장미** 운운하지만, 빨간 장미는 **빨강**이라는 속성을 정태적으로 담지하고 있는 실체가 아니다. 그것은 **빨갛게** 동적으로 규정되고 있는 과정적 존재이다. 마찬가지로 **빨강**을 파악하는 인간의 눈에 속한 현실적 존재도 그것을 하나의 정태적인 성질로서 단순히 수용하는 것이 아니라 **빨갛게** 느끼는 것이다. 이 논점은 뜨거운 물체를 예로 든다면 보다 분명해질 것이다. 우리는 뜨거운 물체의 **뜨거움**을 정태적인 성질로서 먼저 느끼는 것이 아니다. **뜨거움**이 명사나 형용사에 상응하는 하나의 속성으로 분리되는 것은 개념적 추상의 결과, 화이트헤드의 표현으로 하자면 **개념적 가치평가**의 결과이다. 우리는 먼저 그 대상을 **뜨겁게** 느낀다. 이 느낌이라는 동적 과정과 **뜨겁게**라는 부사적 규정성은 불가분하게 얽혀 있는 것이다. 여기서 **뜨겁게**라는 영원적 객체는 뜨거운 물체와 우리의 손 양자 모두에서 기능하고 있다. 전자에서는 그 대상의 규정자로서, 후자에서는 그에 대한 느낌의 규정자로서 각기 기능하고 있는 것이다. 이것이 바로 화이트헤드가 말하는 영원적 객체의 관계적 기능이다. 영원적 객체의 이런 기능에 힘입어, 과거의 존재에 의해 향유된 느낌은, 그 느낌의 주체적 형식에 순응하는 주체적 형식을 지닌 새로운 느낌의 여건으로서 새로운 존재 속에 현재하게 되는 것이다(*AI* 235~36).

지금까지 우리는 호응적 위상을 그 느낌의 측면에서 분석해보았다. 이제 호응적 위상이 현실 세계와의 관계에서 갖는 기능을 통해 그것을 검토해 보자. 이 경우 우리는 우선 **최초의 여건**(initial data)에 선행하는 과거에 완결된 현실 세계 그 자체를 생각할 수 있다. 또 같은 맥락에서 새로운 존재가 그것에 상응해서 갖게 되는 위상도 생각해 볼 수 있을 것이다. 화이트헤드는 이런 현실 세계와 이에 상응하는 위상을 기술적(technical)으로 규정하여 논의하고 있지는 않지만 몇 몇 구절에서 이를 시사하고 있다(*PR* 65~67, 80). 예를 들어 다음의 구절을 보자. "임의의 현실적 존재와 관련해서 볼 때, 완결된 현실적 존재들로 이루어진 **주어진 세계**와 그 입각점을 넘어서는 창조성을 위한 여건인 **실재적 가능태**가 있다. 이 여건은 현실적 존재를 구성하는 과정에서의 시원적 위상(primary phase)이지만 느껴지는 과정을 위한 가능성이라는 성격을 띤 현실 세계 그 자체에 지나지 않는다"(*PR* 65). 이 구절에서 볼 때, **완결된 현실적 존재들로 이루어진 주어진 세계**는 우선 **특정한 입각점인 특정한 현실적 존재에 주어진 세계**이다. 이것은 호응적 위상에 상응하는 **최초의 여건**이다. 다른 한편 **완결된 세계**는 특정한 입각점을 떠나 임의의 현실적 존재에 여건으로 주어질 수 있는 **실재적 가능태**이다. 이것은 특정한 현실적 존재에 주어질 때 최초의 여건으로 현실화된다. 그리고 이 실재적 가능태에 상응하는 현실적 존재의 위상은 **시원적 위상**이다. 이를 현실적 존재의 미시적 지평에서 말하자면 시원적 위상의 여건은 완결된 현실적 존재 그 자체이고 호응적 위상의 여건은 합생하는 존재 속에 반복되어 참여한 현실적 존재이다. 그래서 시원적 위상을 이루는 것은 생성된 존재들의 공동체인 우주 그 자체라 할 수 있으며, 이는 후속하는 현실적 존재들의 산출을 위한 가능태이다. 이에 반해 호응적 위상에 내재하는 것으로서의 우주는 합생하는 현실적 존재의 첫 위상을 구성하는 것이기 때문에 현실태이다(*PR* 23, 65).[17] 그리고 이렇게 정리할 때 현실적 존재의 합생은 시원적 위상의 가능태를 호응적 위상의 현실태로 전환시키면서 시작되는 것이라고 말할 수 있다.[18]

---

[17] 시원적 위상과 호응적 위상의 이와 같은 구별은 현실 세계라는 개념의 이중적인 의미를 설명해 준다고 할 수 있다. 우선 완결된 계기들의 본래적인 측면으로 구성된 것으로서의 **현실 세계**가 있다. 이것은 전통적 의미의 실재이다. 다른 한편 완결된 계기들의 재생물로 구성된 것으로서의 현실 세계가 있다. 이는 합생하는 주체의 호응적 위상에 있는 최초의 여건으로 현상이라 할 수 있다. 그러나 이 후자는 전자의 반복이라는 점에서 현상과 실재 간의 이원성은 아직 나타나지 않는다. 나중에 보겠지만 이러한 이원성은 부정성을 동반하는 개념적 위상, 특히 개념적 역전의 위상에서 출현한다.

[18] 노보(J. L. Nobo)는 이런 전환 과정을 **객체화**로 해석하고 이것이 여건 자체에 의해 이루어지는 것이라고 주장한다. 그는 **객체화를, 작용인으로서의 과거의 계기가 결과로서의 새로운 계기 속에서 반복되는 것**(J. L. Nobo, *Whitehead's Metaphysics of Extension and Solidarity* [Albany: SUNY Press, 1986], p.81)으로 이해한다. 요컨대 그는 객체화를 작용인의 과정으로 간주하고 있는 것이다. 그는 다음과 같이 말하고 있다. "실재적인 가능태로서의 객체화된 현실적 세계는 전적으로 수동적인 여건이 아니다. 그것은 새로운 계기를 탄생시키는 작용인의 활동성을 갖고 있다(*PR* 236). 다시 말해 새로이 탄생된 주체 그 자체는 그의 현실적 세계 내의 달성된 현실태들에 의해 산출된 하나의 결과라는 것이다. 적어도 호응적 위상에 있어서의 계기는 전적으로 과거의 인과적 작용의 결과이며, 결코 그 자신의 원인자가 아니다. 따라서 각각의 주체는 결코 자유로운 선택을 통해 시작되는 것이 아니라, 그것에 객체화되는 특정한 현실 세계를 순응적으로 느끼는 가운데 시작하게 되는 것이다. 현실 세계가 그것을 산출하는 동시에 그것을 조건지우는 것이다. 그러므로 현실적 계기의 출발선에 놓인 한정성은 그 계기의 주체성에서 오는 것이 아니라 그 객체적 여건에서 오는 것이다. 그것은 **정착된 세계에 의해 '결단되고' 있는 것이다**(*PR* 150). 객체적 여건은 정착된 과거의 결단을 새로운 계기가 수용한 것이다"(*PR* 150)(앞의 책 p.79). 그러나 필자가 보기에 이런 이해는 개념적 측면에서 두 가지 점에서 문제가 있다. 우선 다음의 인용문에서 보듯이 화이트헤드는 객체화를 언제나 추상, 제거, 부정이 동반되는 것으로 기술하고 있다는 점에서 노보는 **객체화**라는 개념을 남용하고 있다고 할 수 있다. 화이트헤드에 따르면 "객체화는 서로 조정된 추상 작용 내

그런데 호응적 위상에서 발생하는 단순 물리적 느낌들은 순응적인 느낌이기에, 시원적 위상의 구성요소들은 재생시킨 것이다. 주체로서의 현실적 존재는 이런 느낌들을 느끼는 자(feeler)로서 탄생한다. 여기서 느낌의 주체로서의 현실적 존재가 먼저 존재하고 그 다음에 그것의 객체적 내용을 받아들이는 것이 아니다. 현실적 존재의 현존의 최초 위상과 그 계기의 객체적인 내용은 하나이자 동일한 것이다. 뿐만 아니라 현실적 존재의 초기의 주체적 직접태(subjective immediacy)는 그 객체적인 내용의 구체적인 구성요소들에 대한 비독창적인 반응에서 출현하는 것이다. 그리고 이런 반응에서, 시원적 위상을 구성하고 있는 개별적인 객체들의 특성에 대한 호응적인 순응으로부터 주체적인 형식들이 파생된다. 이렇게 파생된 주체적인 형식은 호응적 위상에서의 새로운 주체가 갖는 최초의 한정성을 구성한다. 이것이 새로운 현실적 존재가 시원적 위상과 호응적 위상이라는 초기 위상들을 통해 과거의 **반복, 재생, 재연**으로 탄생하게 되는 메커니즘이다(*AI* 325~28).[19] 그리고 화이트헤드가 원자론을 고수

___

지 제거 작용이며, 이를 통해서 현실 세계의 많은 계기들이 하나의 복합적인 여건이 된다. 종합에서 이루어지는 이러한 제거 작용은 때로, 그 합생의 관점에서 본 현실 세계에 대한 전망(perspective)이라 불린다"(*PR* 210). 화이트헤드에게 있어 추상이나 제거, 부정은 모두 주체가 자신의 주체적 지향에 따라 여건을 자율적으로 통합하는 과정에서 빚어지는 것이다. 그리고 노보는 실재적 가능태로서 객체화된 현실적 세계가 후속하는 계기를 제약하는 **활동성**을 갖는다고 말하고, 이런 주장의 근거를, 여건이 단순히 수동적인 것이 아니라는 화이트헤드의 진술에서 찾고 있지만, 이 또한 받아들이기 어렵다. 노보의 주장을 액면 그대로 받아들인다면 과거에 완결된 세계는 활동적인 작용인이다. 그러나 이를 시사하는 듯한 화이트헤드의 언급은 여건이 그 자체로 창조적 활동성을 지닌다는 의미로 새기기보다는 완결된 여건의 규정성이 새로운 계기의 창조적 활동성을 제약한다는 의미로 이해하는 것이 옳을 것이다. 그래서 호응적 위상에서 나타나는 창조적 활동성은 어디까지나 새로운 계기의 것이고, 그것이 수동적 소극적인 것으로 이해될 수 있는 측면이 있다면 이는 그것의 활동성이 여건(작용인)에서 주어지는 것이기 때문이 아니라 그것의 고유한 활동성이 여건의 한정성에 전적으로 순응하기 때문이라는 것이다(이에 관한 논의는 제5장을 참조할 것).

19) **호응적 위상**에서의 활동이 과거의 **재생** 내지 **반복**에 그치는 것이라 할지라도 새로운 주체가 탄생하는 것은 이 호응적 위상에서이다. 이때의 주체는 과거의 존재와 구별되는 과거의 반복이다. 이는 순응의 느낌이, "반복을 새로운 직접태로 변형시키는"(*PR* 137) 느낌, 즉 주체성이 적극적으로 개입하고 있는 느낌은 아니라 할지라도 "객체적 내용을 주체적 느낌으로 변형시키는"(*PR* 165) 느낌이기 때문이다. 어떤 의미에서 순응적인 느낌과 결부되어 있는 주체적인 직접태(subjective immediacy)는 단지 수적인 의미에서만 새로운 것이라 할 수도 있겠다. 그것의

하면서도 자연의 연속성을 설명하고, 주객의 구도를 전제하면서도 주객의 통일성을 주장할 수 있었던 것은 바로 이와 같은 메커니즘의 구성 인자인 순응적 느낌들을 통해서였다.

그러나 자연에는 물리적 안정성, 연속성만이 있는 것이 아니다. 보다 주목해야 할 특성으로 창조적 비약과 변이가 있다. 이를 설명하기 위해서 화이트헤드는 **보완적 위상**이 필요했다. 합생하는 새로운 현실적 존재에 주어지는 과거의 현실적 존재들 전체는 **최초의 여건**이다. 이 최초의 여건이 어떠한 수정도 없이 그대로 하나의 새로운 존재 속에 통합된다는 것은 불가능하다. 이미 지적하였듯이 여건들 간의 상호 충돌이 통합을 저해하기 때문이다. 그래서 새로운 계기가 내적인 통일성을 확보하기 위해서는 과거의 계기가 현재의 계기의 생성에 참여할 때, 그것을 규정하고 있는 한정성들 가운데 일부는 사상(捨象)될 수밖에 없다. 이것은 합생하는 현실적 계기가 과거의 현실적 존재 전체를 있는 그대로 포섭하여 반복 내지 재연할 수 없는 이유이며, 비약과 변이가 따르게 되는 이유이다. 그리고 이렇게 보자면 보완적 위상은 그의 체계가 필연적으로 요구하는 것이기도 했다.

앞에서 언급했듯이 새로운 주체가 이렇게 여건의 일부를 배제 또는 사상하는 통로는 **부정적 파악**이다. 화이트헤드는 이 부정적 파악에 의해 **최초의 여건**에서 그것의 일부 요소가 배제되어 새로운 주체 속에 남게 되는 것을 **객체적 여건**이라 부르고,20) 이처럼 새로운 주체가 최초의 여

직접태는 전적으로 파생적인 객체적 내용으로부터 파생된 파생적인 성질에 의해 한정된다. 여기서 파생적인 것이란 새로운 주체의 독창성에 기인한 것이 아니라는 것이다(PR 117). J. L. Nobo, 앞의 책, p.82 참조.

20) 최초의 여건과 객체적 여건의 이러한 구별은 절대적 관념론의 근본 구도에 대한 거부의 표현이라고 할 수 있다. 최초의 여건으로서의 과거의 현실적 존재가 결정적 전체로서 온전히 느껴진다고 할 경우, 우리는 후속하는 한 현실적 존재 속에 선행하는 모든 존재들의 완전한 내재, 즉 단 하나의 존재 속으로의 우주 전체의 귀속이라는 관념에 부딪치게 될 것이다. 이는 화이트헤드가 생각하는 다원론적 체계에 의해 거부되는 견해이다. 우리는 이 구별은 다음과 같이 간단히 도식화해 볼 수 있다. 이제 임의의 계기 B가 과거의 계기 A를 파악한다고 하자. 우선 이 전체로서의 A는 B에게 있어 최초의 여건이 된다. 그런데 B가 A를 파악할 때 B는 A의 구성요소, 즉 A

건에서 일부를 사상하고 남는 여건만을 수용하는 과정, 즉 "최초의 여건 으로부터 객체적 여건으로의, 제거에 의한 이행"의 과정을 "추상적 객 체화"(*PR* 221, 238)라고 부른다. 그렇다면 이 객체화의 준거는 무엇인 가? 그것은 여건들간의 단순한 논리적 조화일 수는 없다. 그렇다면 그것 은 주체의 선택이 개입할 여지도 또 그럴 필요도 없을 것이기 때문이다. 화이트헤드는 주체에서 이루어지는 자율적 선택의 준거로 **목적인**(final cause)의 개념을 끌어들인다. 현실적 존재는 호응적 위상에서 과거의 재연을 통해 탄생한다. 그리고 그것은 보완적 위상에 이르러, 순응적으 로 수용된 여건들을 적극적으로 조정 보완하는 가운데 진정한 의미의 자기 창조를 구현한다. 그런데 이때 조정 보완의 절차는 호응적 위상에 서 나타나지 않았던 욕구, 즉 사적인 이상(private ideal)에 의해 유도 된다. 이것이 목적인이다(*PR* 212). 이것은 현실적 존재의 합생에서 사적 인 직접태(private immediacy)가 작동하기 시작했다는 것을 의미하며, 그 존재가 진정한 의미의 새로운 개체로 자리하기 시작했다는 것을 의 미한다. 이 사적 직접태에서, 외래의 것으로서 파생적으로 느껴진 다수 의 느낌들은 이제 통일되어 사적인 것으로 직접 느껴지게 된다. 목적인 의 기능은 후속하는 **개념적 위상**을 거쳐, **비교적 위상**으로 나아가면서 한층 더 부각된다. 이들 위상을 거치면서 목적인은 점차적으로 특수하게 한정되어가고, 합생의 과정은 이렇게 한정되어 가는 목적인에 의해 점차 적으로 강력하게 통제된다. 이러한 통제가 강할수록 합생에 개체적인 창 시(individual origination)의 작용이 활발해지고 그만큼 새로움은 폭 넓게 구현된다. 이런 사례는 고등 유기체의 중추를 구성하는 존재들일 것이라고 우리는 추정해볼 수 있다. 그러나 이에 반해 목적인에 의해 유 도되는 보완적 위상에서의 느낌들이 미미한 것에 그치게 될 때, 새로운

의 느낌들 가운데 하나, 예컨대 Fa를 파악함으로써 A를 파악한다. 이 Fa가 객체적 여건이다. 이 때 Fa를 파악하는 B의 느낌, 예컨대 Fb는 Fa를 매개로 하여 A를 파악하는 것이라 할 수 있고, 역으로 A는 Fb에 힘입어 B에 내재한다고 말할 수 있다. 이것이 최초의 여건 A가 Fb의 객체적 여건인 Fa의 주체로서 B에 객체화되는 방식에 대한 간략한 도식적 설명이다(*PR* 236).

현실적 존재는 과거의 반복, 재생에 가까운 것이 되며 합생의 과정은 수동적으로 만족을 향해 나아가게 된다. 이는 합생에 개체적인 창시의 작용이 지극히 미약하다는 것을 의미한다. 이 때 현실적 존재는 계승된 느낌의 구조를 전달하기 위한 단순한 매체에 가까운 것이 된다(*PR* 213). 우리는 이렇게 이해되는 사례를 무기적인 물리적 세계에서 발견되는 것으로 추정해 볼 수 있겠다. 그러나 그렇더라도 이 둘째 단계의 개념적 위상을 거치지 않는 합생은 없다. 모든 창조적 충동에는 그 기본 요소로서 인과적인 물리적 느낌과 자율적인 개념적 느낌이 들어 있어서, 이들 두 유형의 느낌은 현실적 계기의 본질적인 양극성을 구성하기 때문이다.21)

그런데 모든 현실적 존재가 둘째의 개념적 위상을 향유한다는 것은 **창조적 과정**을 정립하려는 과정철학의 범주적 구도에서 중요한 의미를 지닌다. 이 둘째 위상에서 현실적 존재는 **원초적** 느낌의 두 가지 주요 종(種)을 이루는 단순한 물리적 느낌과 개념적 느낌을 확보한다. 후속하는 위상에서 생겨나는 다른 느낌들은 아무리 복잡한 것이라 해도 모두 이러한 원초적 느낌의 위상을 토대로 하여 시작되는 통합과 재통합의 과정에서 생겨나는 것이다(*PR* 239). 앞서 이미 살펴보았지만 이들 두 종의 원초적 느낌은 합생과 관련하여 상이한 관련성을 지닌다. 물리적 여건으로서의 현실적 존재는 후속하는 합생에 필연적으로 관여한다. 이에 반해 개념적 느낌의 여건으로서의 영원적 객체는 선택적으로 관여할 뿐이다. 논점의 핵심은 **선택적**이라는 관념에 있다. 임의의 한 주체의 현실 세계를 구성하는 현실적 존재는, 아무리 그것이 모호하고 미약한 것이라 할지라도, 단순한 인과적 느낌을 통해 필연적으로 그 주체의 합생에 개입한다.

---

21) 화이트헤드는 이런 양극성을 다음과 같이 기술하고 있다. "각 합생에는 창조적 충동의 이중적인 측면이 있다. 한 측면에는 단순한 인과적 느낌의 발생이 있고, 다른 한 측면에는 개념적 느낌의 발생이 있다. 대조되는 이 두 측면은 현실적 존재의 물리적 극과 정신적 극이라 불린다. 이 두 극은 현실적 존재들에 따라 그 상대적인 중요성이 달라지긴 하지만, 어떠한 현실적 존재도 이 양극 가운데 어느 하나를 결여하고 있을 수 없다"(*PR* 239).

우리는 앞에서 물리적 느낌에는 부정이 있을 수 없음을 지적했다. 그러나 영원적 객체의 경우에는 이러한 필연성이 없다. 임의의 합생 속에서 영원적 객체는 개념적 느낌에 의해 긍정적으로 포섭될 수도 있고, 부정적 파악에 의해 배제될 수도 있다. 과거의 현실태들은 "느껴져야 하는"것인 반면, 순수한 가능태들은 "거부될 수 있는" 것이다. 객체로서의 기능에 관한 한, 이는 현실적 존재와 영원적 객체 사이의 근본적인 차이이다. 전자는 피할 수 없는 완강한 사태이고, 후자는 어디까지나 가능태, 즉 실현할 수도 있고 그렇지 않을 수도 있는 선택적 사태이다(*PR* 239). 합생하는 모든 주체가 개념적 위상을 갖는다는 것은 정신성을 갖는다는 것이며, 이 정신성의 핵심은 특정한 영원적 객체들을 배제하기 위해 선택적으로 부정할 수 있다는 것이다.22) 그리고 또한 그것은 모든 현실적 존재가 궁극적으로 그 창조적인 자율성의 기반이 마련되어 있다는 것을 의미한다. 따라서 합생하는 존재가 개념적 위상을 갖는다고 할 때, 거기에는 아무리 미약하다 하더라도 과거의 인과적 힘에 저항하는 개념적 자율성과 정신성의 요소, 요컨대 목적론적 요소가 자리하고 있는 것이다. 그리고 이것은 유기체철학이 과거의 완벽한 무한 반복, 곧 시간 속에서의 무한 존속이라는 관념을 거부하고, 근본적인 실재를 **창조적 과정**으로 규정하는 범주적 토대이다.

화이트헤드는 이러한 창조성을 보다 세밀하게 기술하기 위해 개념적 위상을 다시 두 개의 하위 위상으로 나누어 고찰한다. 우선 개념적 위상이 단순히 개념적 반복(conceptual repetition)에 그치는 것이라면 개념적 위상은 호응적 위상과 구별된다고 할 수 없을 것이다. 우리가 흔히 무기물로 분류하는 물리적 세계의 경우 반복이 지배적이며, 그래서 새로운 개체의 자기 창조라는 것도 지극히 미미한 수준에 있게 된다. 화이트헤드는 합생 초기의 비독창적인 위상과 그에 후속하는 독창적인 위상을 각기 "개념적 재생(conceptual reproduction)의 위상"과 "개념적 역

---

22) 화이트헤드는 정신성(mentality)을 부정(negation)의 능력으로 이해한다(*PR* 5).

전(conceptual reversion)의 위상"(*PR* 249)으로 구별함으로써 반복 순응이 지배적인 무기물의 세계와 자기 창조적 성향이 지배적인 유기체의 세계의 차별성을 설명한다.

개념적 재생의 위상은 "개념적 가치평가(conceptual valuation)의 범주"(*PR* 26, 248)에 따라 발생한다. 앞에서 지적했듯이 개념적 가치평가의 범주에 따르면 각각의 단순한 물리적 느낌으로부터 영원적 객체를 여건으로 하는 개념적 느낌이 파생된다. 이 영원적 객체는 물리적 느낌의 객체적 여건, 즉 과거의 현실적 존재를 한정하고 있는 요소인 동시에 그 현실적 존재에 대한 물리적인 느낌의 순응적인 주체적 형식으로서 기능하고 있는 요소이다. 파생적인 개념적 느낌은 바로 이런 영원적 객체를 여건으로 하는 느낌이다. 그런데 이 영원적 객체는 객체적 내용의 결정자이자 그에 속한 주체적 형식의 결정자로서 이미 기능하고 있는 영원적 객체를 단순히 재생한 것이기 때문에, 이에 대한 개념적 느낌은 주체의 경험에 새로운 것을 전혀 끌어들이지 않는다. **개념적 재생**이 개념의 단순한 수용을 의미하는 "개념적 등재"(registration)(*PR* 248)라고 불리는 까닭도 여기에 있다.

개념적 새로움, 즉 새로운 영원적 객체의 실현은 개념적 역전의 위상에서 구현된다. 앞서 언급했듯이 **개념적 역전**은 개념적 재생의 위상에서 여건으로 주어진 영원적 객체와 부분적으로는 동일하고 부분적으로는 상이한 그런 영원적 객체들을 여건으로 하는 개념적 느낌의 발생을 기술하는 범주이다(*PR* 249). 말하자면 개념적 역전의 느낌은 단순한 물리적 느낌으로부터 파생되는 개념적 느낌에서 또 다시 파생되는 개념적 느낌이다. 그리고 이렇게 파생되는 개념적 느낌의 여건인 영원적 객체는 여건 속에 이미 실현되어 있는 영원적 객체로부터 파생되었기에 부분적으로 같지만 또 부분적으로는 다르다는 의미에서 새로운 것이다. 정신적 극을 이루는 첫째 위상인 개념적 재생의 위상에서 느껴진 영원적 객체들은 모두가 과거의 시간적인 세계를 구성하고 있는 현실태들 속에 예증되어 있는 것인 반면, 둘째 위상인 개념적 역전에서 느껴진 영원적 객체들은 시간적인 세계에 예증되어 있지 않은 것이기에 새로운 것이라는 말이다. 따라서 합생하는 주체는 이 두 개념적 위상을 거치는 가운데, 현실태의 시간적인 영역에서 파생된 것으로서의 영원적 객체에 대한 파악으로부터, 가능태의 비시간적인 영역을 구성하고 있는 것으로서의 영원적 객체에 대한 파악으로 소급해 가는 것이라 할 수 있다. 그리고 개념적 역전은 이러한 소급, 즉 실현된 가능태로부터 실현되어 있지 않은 가능태로 거슬러 올라가는 것을 의미한다. 따라서 개념적 역전의 위상에 있을 때, 주체는 그것에 주어진 시간적인 세계와 관련하여 진정으로 새로운 무엇인가를 최초로 경험하고 있는 것이다(PR 249). 이러한 역전에 선행하는 위상들은 물리적으로든 개념적으로든 새로움을 결한 것이다. 이것은 시원적 위상과 순응적 위상 및 개념적 재생의 위상이 비독창적인 것으로 간주되는 이유이다. 진정으로 새로운 독창적 위상은 개념적 역전의 위상에서 시작되는 것이다.23) 그리고 이런 의미에서 주체적 과정의 자율적인 단계는 정신적 극의 둘째 위상, 즉 개념적 역전의 위상과 더불어 시작된다고 할 수 있다. 바꿔 말하자면 주체에 있어 개념적 역전의 느낌들의 발생은 합생의 목적론적인 과정의 시작을 알리는 최초의 징표가 된다는 것이다.

이들 두 개념적 위상에 후속하는, 합생의 셋째 위상인 **비교적 위상** (comparative phase)은 글자그대로 호응적 위상과 개념적 위상에서 얻

---

23) 그런데 개념적인 역전의 위상에서 느껴진 영원적 객체들의 처소(germaneness)가 어디냐 하는 문제와 관련하여 **개념적 역전**은 범주로서의 그 지위가 약화된다. 모든 영원적 객체들의 처소는 신, 특히 신의 원초적 본성이다. 모든 영원적 객체들은 그들이 신의 영원한 개념적 파악의 객체들이라는 사실로부터 실재로서의 그들의 지위를 확보하는 것이다(PR 46). 이처럼 신의 원초적인 본성을 고려하게 될 때, 개념적 역전의 느낌은 궁극적으로 신에 대한 혼성적인 물리적 느낌에서 파생되는 것이 된다. 그래서 앞에서 지적했듯이 새로움을 설명하기 위한 장치로서인 한, **개념적인 역전의 범주**는 더이상 필요치 않게 된다. 화이트헤드는 이 점을 명시적으로 밝히고 있다. "시간적 주체에 있어서의 역전된 개념적 느낌은, 신의 경험에 있어서 개념적으로 질서지워진 관련항들에 대한 혼성적 물리적 느낌들로부터 범주 iv에 따라 파생된, 그 주체의 개념적 느낌 속에 귀속되지 않으면 안되는 것이다. 이런 식으로, 신이 창조적 작용에다 어떤 특성을 부여한다고 봄으로써 보다 완전한 합리적인 설명이 이루어진다. 이때 역전의 범주는 폐기된다"(PR 250). (이 인용문에서 **범주 iv**는 "범주적 제약 iv"로 규정된 **개념적 가치평가의 범주**를 가리킨다).

어진 느낌들을 대비시켜 통합해 가는 단계이다. 이러한 통합적 느낌들은 개념적 느낌들의 여건과 물리적 느낌들의 여건과의 비교로 구성된다. 화이트헤드에 따르면 비교적 위상은 모든 현실적 존재가 향유하는 것이 아니다. 흔히 고등 유기체로 분류되는 존재들의 중추를 이루는 현실적 존재들만이 이런 위상을 갖는다고 할 수 있다. 특히 동물류의 지각작용이나 인간의 지성작용은 이 비교적 위상에서의 복잡한 메커니즘으로 기술된다. 따라서 이 비교적 위상에 대한 검토는 지각과 인식에 관한 논의의 장으로 넘기기로 한다. 그러나 그렇다고 이런 지각과 인식을 설명하는 비교적 위상의 논의가 존재론적 토대를 떠나는 것으로 이해되어서는 안된다. 흔히 전통적으로 인식론적 논의에서 문제삼아온 모든 종류의 인식은 그것이 아무리 사변적인 것이라 하더라도 기본적으로 모두 인식주체 자체를 창출하는 존재론적 기능의 담지자라는 것은 여전히 사실이다.

그런데 비교적 위상과 달리 합생의 마지막 위상인 **만족**은 모든 계기가 예외 없이 갖게 되는 자기 완결의 경험이다. 모든 합생은 자신의 완결을 그 목적으로 하는데, 만족은 이런 목적의 달성을 의미하기 때문이다. 또 그런 점에서 만족에 선행하는 각 위상은 미완의 단계에 있는 것이고 만족은 그 합생의 완성, 즉 종결이라고 할 수 있다.24) 이 만족에서 현실적 존재는 그 자신의 우주 내에 있는 모든 항목을 확정적으로 파악한다. 초기와 중기의 위상들에 있어서 가능적이었던 통일은 만족에서 현실적인 통일로 전환된다. 따라서 만족의 위상에서 현실적 계기는 그 동일성이 완전히 결정된다.

그런데 엄격한 의미에서 보자면 **만족**은 합생의 최종 위상으로서의 성격만을 갖는 것이 아니다. 그것은 현실적 계기의 또 다른 측면, 즉 현실

---

24) **만족**은 다음과 같이 정의된다. "현실적 존재를 구성하는 합생 과정의 마지막 위상은, 완전히 결정된 하나의 복합적 느낌이다. 이 마지막 위상은 '만족'이라 불린다. 그것은 (a) 그 발생과 관련하여, (b) 그 초월적 창조성에 대한 객체적 성격과 관련하여, 그리고 (c) 그 우주의 항목 하나 하나에 대한 ― 긍정적 내지 부정적인 ― 파악과 관련하여 완전히 결정되어 있다"(*PR* 25~26).

적 계기의 **객체적 불멸성**의 측면으로 기능한다. 이것은 『과정과 실재』에서 **만족**이 합생의 과정에서 진정으로 성취되는 것으로 기술되기도 하고,25) 합생의 과정에 속하지 않는 것으로 기술되기도 하는26) 이유이다. **만족**이 이처럼 두 가지로 기술되고 있다는 것은 궁극적으로 **과정**이 두 가지 유형의 것으로 이해된다는 사실과 관계가 있다. 현실적 존재의 내적인 성장으로서의 **합생**과, 현실적 존재로부터 현실적 존재로의 **이행**(transition)이 그것이다(PR 151, 210). 현실적 존재의 내적인 성장의 측면에서 보자면, 만족은 그 성장의 최종 단계이다. 그것은 내적인 발전 과정의 완결이다. 그래서 이 경우 만족은 진정으로 확보되는 합생의 최종 위상이다. 굳이 말하자면 그것은 "완전히 결정된 하나의 복합적인 느낌"(PR 26)인 것이다.

그러나 다른 한편 현실적 존재에서 후속하는 다른 현실적 존재로의 **이행**의 측면에서 보면 만족은 전적으로 합생의 과정 밖에 있다. 여기서 현실적 존재의 만족은 그것이 후속하는 현실적 존재들에 의한 파악의 여건인 한에서만 그 존재의 특성일 수 있다. 주체적인 기능을 갖는 것으로서의 현실적 존재는 소멸하였다. 이 때의 만족은 후속하는 현실적 존재에 의해 파악된 현실적 존재의 동일성을 반영할 뿐이다. 후속하는 존재들에

---

25) 다음과 같은 구절이 이런 사례에 속한다고 하겠다. "합생이 해결할 문제는, 객체적 내용의 많은 구성요소들을 어떻게 복합적인 주체적 작용을 갖는 하나의 느껴진 내용으로 통합시켜갈 것인가 하는 것이다. 이 하나의 느껴진 내용이 '만족'이며, 이것에 의해 현실적 존재는 그 특정한 개체적 자기가 된다. 데카르트의 표현을 빌리자면, 이는 '존재하기 위해서 자기 자신 이외의 아무 것도 필요로 하지 않는 것'이다. 만족의 위상에 있는 현실적 존재라는 개념에 있어, 그 존재는 다른 사물로부터의 개체적 분리를 성취하고 있다"(PR 154). "그것(만족)은, 완고하게 피할 수 없는 여러 귀결을 수반하고 있는, 확정적으로 결정된, 정착된 사실로서의 현실적 존재이다"(PR 219).

26) 예를 들어 다음과 같은 구절들에서 그렇게 기술되고 있다. "합생의 과정은 완전히 결정적인 '만족'의 달성으로 종결된다. 또한 그럼으로써 창조성은 다른 현실적 존재의 합생을 위해 '주어진' 최초의 위상으로 넘어간다. 이 초월은 선행하는 존재를 완결시키는 결정적인 '만족'이 달성될 때 확립된다. 완결은 직접성의 소멸이다. '그것은 결코 참으로 존재하는 법이 없다.' 어떠한 현실적 존재도 그 자신의 만족을 의식하지 못한다"(PR 85). "유기체철학에 있어 현실적 존재는 완결될 때 소멸한다. 그 정태적인 생존을 구성하는 현실적 존재의 실용적인 용도는 미래에 있다. 피조물은 사라지지만 또한 불멸한다"(PR 81~82).

의해 파악된 것으로서의 만족은 분명히 합생의 과정 밖에 있는 것이다. 그것은 현실적 존재가 주체로서의 자신을 넘어서서 존재하는 방식이다. 그래서 그것은 "'합생의 과정'으로부터 추상된 '응결체로서의 존재'"를 의미한다. 그것은 "과정으로부터 유리된, 그래서 과정인 동시에 결실인 원자적 존재의 현실성을 상실하고 있는 결과물"(*PR* 84)이다.

그런데 이렇게 이해되는 만족의 두 측면은 임의의 현실적 존재의 합생에서, 그 현실적 존재가 후속하는 모든 존재들 속에서 어떻게 기능하게 될 것인가 하는 것이 예기된다는 사실과 연관된다고 할 수 있다. 현실적 존재가 만족에 이르게 될 때 다른 현실적 존재들에 의해 대치된다는 것은 화이트헤드에게 있어 형이상학적 필연으로 상정된다. 따라서 현실적 존재가 미래에 갖게 될 초월적인 역할에 대한 예기(anticipation)는 필연적으로 그 존재의 현재적 합생의 한 요소가 될 수밖에 없다. 그렇기에 합생 중에 있는 현실적 존재는 그것의 주체적 직접태가 사라지고 난 후, 즉 그것이 소멸한 후 초월적인 미래에서 그것의 동일성으로 기능하게 될 것으로 예기되는 그런 만족을 지향하고 있게 되는 것이다(*AI* 249~50).27) 그리고 이것은 완결된 존재가 후속하는 존재에 어떻게 영향을 미치게 될 것인가 하는 것이 그 완결된 존재의 선행 위상에서 이미 준비되고 있다는 것을 의미한다. 따라서 **예기**는 과정철학에서 자연의 안정성과 연속성을 뒷받침하는 또 하나의 개념적 장치라고 할 수 있다.

---

27) 화이트헤드는 현실적 존재가 그의 만족을 통한 미래에서의 그의 역할을 예기할 수 있는 특수한 메커니즘을 제시하고 있다. 『관념의 모험』에서 그는 모든 합생하는 현실적 존재는 그 만족의 위상에서 미래에 관한 **명제**, 특히 자신을 파악하게 될 미래의 존재들에 대한 명제와, 그 미래의 존재들 속에서의 그 자신의 역할에 관한 명제를 영입한다고 말하고 있다(*AI* 248~49). 이런 명제들에 의해 현재에서 합생하고 있는 존재는 미래에 있어서의 그 자신의 역할을 **예기**(anticipation)하는 것이다. 따라서 이런 명제들은 합생 속의 요소로서의 만족으로부터, 소멸된 존재의 초월적인 동일성으로서의 만족으로의 이행을 가능케 하는 메커니즘의 한 부분인 것이다. 이에 관한 상세한 논의는 제8장에서 **예기적 느낌**을 **명제적 느낌**으로 분석하고 있는 부분을 참조할 것.

제3장

형성적 요소: 창조성, 영원적 객체, 신

현실적 존재는 그것에 주어지는 가능태를 실현시켜 가는 과정으로서의 존재이다. 이 과정을 근원적·구조적으로 조건짓고 있는 실재들을 화이트헤드는 『종교의 형성』에서 "형성적 요소"(formative elements)라 부르고 있다. 그에 따르면 이들은 "시간적이고 현실적인 것을 분석할 때 드러나는 비현실적이거나 비시간적인 요소들"(*RM* 77)이다. 그래서 전통의 용어로 하자면 형성적 요소는 현실적 존재의 궁극적 규정자라 할 수 있는 것들이다. 화이트헤드가 형성적 요소로 제시하고 있는 것은 **창조성, 영원적 객체, 신**이다(*RM* 77~78).[1] 여기서 창조성은 현실적 세계에 새로움으로의 시간적인 추이라는 성격으로 나타나는 무규정적인 힘이다. 영원적 객체들은 이런 무규정성과 대비되는 한정성을 갖는다. 이들은 무규정적 힘의 규정자, 즉 한정의 형식으로 기능한다. 그래서 이들 양자는 그

---

1) 노보(J. L. Nobo)는 **형성적 요소**가 갖는 비시간적 실재성과 근원적인 규정자로서의 역할에 주목하고, 화이트헤드가 파생적 요소로 보고 있는 **연장적 연속체**(extensive continuum)를 형성적 요소 가운데 하나로 이해해야 한다고 역설하고 있다(J. L. Nobo, *Whitehead's Metaphysics of Extension and Solidarity* [New York: State University of New York Press, 1986], p.165). 필자는 몇 가지 이유에서 노보의 주장이 설득력을 갖고 있다는 데 동의하지만 그렇다고 해서 연장적 연속체가 반드시 형성적 요소로 이해되어야 한다고는 보지 않는다. 제4장을 참조할 것.

자체로서 볼 때 현실적인 것이 아니지만, 현실적인 모든 것에서 어떤 관련성의 정도에 따라 실현되는 그런 가능태이다. 그리고 신은 현실적이면서도 비시간적인 존재로서, 무규정적인 창조성과 영원적 객체들을 매개함으로써 이 창조성을 규정된 창조성으로 전환시키는 기능을 갖는다. 이것은 『종교의 형성』에 나타나 있는 화이트헤드의 견해이다. 『과정과 실재』에서는 형성적 요소들이 각기 그 위상에서 차별화되고 있긴 하지만, 그 기능에서는 동일한 것으로 남아 있다.

1. 창조성

과정철학에 있어 창조성은 **일**(one), **다**(many)와 함께 **궁극자의 범주**에 속한다. 그것은 과정이라는 궁극적인 사태를 특징짓는 무규정적 힘으로서, "보편자들의 보편자"(universal), 또는 "새로움의 원리"(*PR* 21)이다. 창조성이 **보편자들의 보편자**라고 할 때, 이는 체계 내의 궁극적 범주, 즉 **범주들의 범주**로 이해될 수 있다. 물론 체계 내의 모든 범주들은 현실 세계를 분석하기 위한 일반 관념들이다. 이 점에서는 궁극자의 범주도 예외가 아니다. 그러나 보편자들의 보편자로서의 창조성은 이런 범주적 존재들을 다시 규정하는 궁극적인 범주, 말하자면 다른 모든 범주적 존재들을 특징짓는 궁극적인 원리로서, 현실 세계의 분석에 개입한다.

새로움의 원리로 이해되는 창조성은 궁극자 범주의 요소들인 **일**과 **다**와의 상호 관련하에 규정된다. 이는 직관된 것으로서의 우주의 창조적 전진에 대한 궁극적인 범주적 기술이다. 화이트헤드에 따르면 이 때의 **창조성**은 "이접적(disjunctive) 방식의 우주인 다자를, 연접적(conjunctive) 방식의 우주인 하나의 현실적 계기로 만드는 궁극적 원리이다"(*PR* 21). 요컨대 그것은 **다자**(多者)를 **일자**(一者)로 통일시키는 원리라는 것이다. 그런데 일자로서의 현실적 계기는 그것이 통일하고 있는 다자 중의 어떠한 존재와도 다른, 새로운 존재이다. 창조성의 결실인 일자는 새로운 것이다. 창조성이 **새로움의 원리**로 이해되는 것은 이런 문맥에서이며, 이때 창조성은 다자로부터 새로운 일자를 탄생시키는 힘이라 할 수 있다. 여기서 우리는 창조성과 관련한 존재신학적 전통의 서구 철학, 특히 일자로부터의 연역을 시도하는 전통 형이상학과 근본적인 차별성에 직면한다. 전통 철학에서 창조성은 언제나 **일**로부터의 **다**의 출현이라는 구조를 갖는 것으로 이해되어왔다. 그러나 화이트헤드에게 있어 창조성은 근본적으로 다로부터의 일의 출현이라는 역전된 구조를 갖고 있다.2) 그리고 화이트헤드가 역설하는 **창조적 전진**이란 것은 이런 궁극자의 범주가 새로운 존재의 출현에 적용된 것에 불과하다(*PR* 21).

그런데 창조성이 이처럼 원리로 이해되는 한, 그것은 그 자체로 현현(顯現)하는 독자적 실체일 수 없다. 그것은 다른 존재를 규정하는 가운데

---

2) 화이트헤드가 사용하는 창조라는 말은 언제나 현실적 존재의 자기 창조를 일컫는다. 따라서 창조는 어떤 궁극자가 무로부터 무엇인가를 만들어낸다고 할 때 그 궁극자에 귀속되는 작용을 의미하는, 존재 신학적 개념이 아니라 과거의 다자에서 새로운 일자의 탄생이라는 표현에서 보듯이 혁신(innovation)이라는 의미가 강한 개념이다. 체계 내적인 범주적 시각에서 접근할 때 화이트헤드의 창조성은 궁극자의 범주에 속하는 보편적 규정자로서 그 자체는 가능태이다. 이는 창조성이 독자적이고 능동적인 작인이 아니라는 것이다. 이것은 창조성이 **다에서 일로의 과정**으로 규정되고 있다는 사실과 밀접한 관련이 있다. 존재 신학적 전통의 철학은 창조성 개념을 일자에서 다자가 출현하는 사태를 설명하기 위해 사용한다. 화이트헤드는 이 도식을 정반대로 뒤집어서 창조성을 **일**에서 **다**로가 아니라 다에서 일로의 과정으로 상정한다. 그가 보기에 **일에서 다로의** 구조로 이해되는 창조성을 배후에 깔고 존재의 궁극적 근거를 묻는 존재 신학적 물음은 아포리아로 이끌 뿐이다. 그것은 답할 수 없는 물음이고, 따라서 사이비 물음인 것이다. 존재는 다자로서 주어져 있고 우리는 그것이 궁극적으로 어떤 특성을 지니고 있는가에 대한 물음을 물을 수 있을 뿐이다. 그리고 화이트헤드가 보기에 이에 대한 가장 기본적인 답변은 존재가 다수의 여건을 수용하여 자기를 창조해 가는 과정으로서 존립하고 있다는 것이었다. 그래서 그는 이 과정의 구조를 가장 근원적으로 특징짓고 있는 것이 **다에서 일로의 창조적 전진**으로 규정되어 있는 **궁극자의 범주**라고 말하고 있는 것이다. 여기서 창조성은 과정, 즉 존재의 역동성을, 다와 일은 관계성을 대변한다. 따라서 창조성은 존재의 존립 방식을 특징짓는 개념이지 존재의 근원을 특징짓는 개념이 아니다. 더구나 그것은 일자에서 다자의 출현을 특징짓는 것이 아니라 다자에서 일자의 출현을 특징짓는 개념이라는 점에서 서양 형이상학의 주요 문맥 바깥에 있다. 이 점을 간과하는 화이트헤드에 대한 모든 이해는 잘못된 것이다. 그리고 일부 논객들이 시도하고 있는 것처럼 창조성을 독자적 작인으로 간주하고 이를 통해 세계의 시간적 존속성과 연대성을 설명하려는 것 또한 잘못이다. 필자는 이런 논점을 다른 글(「창조성과 궁극자의 범주」, 『화이트헤드 연구』 한국화이트헤드학회, 1998)에서 검토한 바 있다.

현실화된다. 화이트헤드의 체계에서 창조성이 그 자체로 현실적인 것일 수 없는 까닭은 창조성이 자신을 실현하고 있는 주체로서의 실재가 아니라는 데 있다. 과정철학에서 현실적인 것은 자기를 실현하고 있는 자기초월적 주체(superject-subject)뿐이다. **창조성**은 그것의 피조물이 현실적인 한에 있어, 그에 힘입어 파생적으로만 현실화되는 것, 그래서 그 자체로는 현실태와 대비되는 가능태이다. 이것은 화이트헤드가 창조성은 그 우연적인 구현에 의해 현실적인 것이 된다고 말할 때 염두에 두고 있던 것이다(*PR* 7). 창조성은 모든 현실적 존재의 생성에 의해 전제되고 또 그 속에 현현하는 가능적 실재이다. 그리고 또한 창조성이 가능태인 한, 그것은 영원적 실재라고 할 수 있다. 왜냐하면 창조를 위한 일반적인 가능태 그 자체가 창조된다고 말할 수는 없기 때문이다. 이는 창조성이 궁극자로서 모든 현실태의 생성에 필연적으로 포함되어 있지만 그 자체는 생성하지 않는다는 것을 의미한다. 이런 의미에서 창조성은 비시간적 비현실적인 실재라고 말할 수 있을 것이다(*RM* 77~80).

창조성은 보다 직관적 술어로 기술될 수도 있다. 이때 창조성은 상호 연관된 다수의 현실태들로 끊임없이 개별화하고 있는 형이상학적 힘, 즉 영원적 기체(substratum)(*SMW* 103, 154, 219, 255)로 이해된다. 그것은 창조의 일반적인 가능태로서, 그 각각의 개별적인 구현에 있어, 그에 선행하는 개별화의 결과에 의해 조건지어지고 있다(*PR* 65). 역으로 말하자면 각각의 현실태 내지 "각각의 개별적인 활동은 일반적인 활동이, 부과된 조건에 따라 개별화되고 있는 양태에 지나지 않는다"(*SMW* 255)는 것이다. 이런 의미에서 창조성은 스피노자의 **무한 실체**(infinit substance)와 유사하다고 할 수 있다. 그것은 각각의 현실적 존재에 있어 특정한 양태를 취하면서 그 모두의 기저에 놓여 있는 보편적인 형이상학적 특성이 되고 있는 것이다(*PR* 7, *SMW* 102~103, 255~56). 그러나 동시에 스피노자의 실체와 달리 창조성은 "우연적 것들(accidents)에 힘입어 현실적인 것이 되는, 어떤 궁극자(the ultimate)"로서 "이런 우연적 것들을 떠날 때 그것은 현실성을 잃게 된다"(*PR* 7).

그런데 화이트헤드에 따르면 창조성은 그 현실성뿐만 아니라 그 규정성까지도 이런 우연자, 즉 현실적 존재들에 의존한다(*PR* 7). 창조성은 현실적 존재들을 통해서만 그 특성이 규정될 수 있다는 것이다. 이는 창조성이 그 자체로는 가능태요, 또 가장 궁극적이고 보편적인 형이상학적인 특성이라는 사실에서 연유한다. 창조성은 개별자의 생성에서 특수화되어 구현되는 가능태이기에, 그 자체로는 비결정적인 것 내지 무형의 것일 수밖에 없다는 것이다. 그래서 그 자체에 있어서의 창조성은 그 자신의 특성을 지니지 않는 것(*PR* 31, *RM* 79~80), 오직 현실적 존재들 속에 구현됨으로써만 규정성을 갖게 되는 것이다. 이것은 화이트헤드가 "그 '피조물들'을 떠날 때 '창조성'은 무의미해진다"(*PR* 225)고 말하는 이유이다.

나아가 화이트헤드에게 있어 창조성이, 비록 그것이 궁극자이긴 하지만 **그것의 우연자들에게 귀속되는 실재성을 능가하는 궁극적인 실재성**을 갖는 것으로 간주되지 않는 것(*PR* 7)도 이런 문맥의 연장선상에서이다. 과정철학은 실체보다 양태를 우위의 것으로 이해함으로써 스피노자의 관점을 역전시키고 있다(*PR* 81). 이런 맥락을 따라 철학의 개념사를 거슬러 올라갈 때, 창조성은 아리스토텔레스의 제일 질료(primary matter)와 유사성을 지닌다고 할 수 있다. 화이트헤드는 이를 명시적으로 언급하고 있다. "아리스토텔레스의 '질료'가 그 자신의 성격을 갖지 아니한 것과 전적으로 동일한 의미에서 창조성은 그 자신의 성격을 갖지 않는다. 그것은 현실태의 근저에 있는 최고의 일반성을 지닌 궁극적인 관념이다. 성격이란 것이 모두 그것보다 특수하기 때문에, 그것은 어떤 성격으로도 특징지어질 수 없다. 창조성은 항상 여러 제약 속에서 발견되며, 제약된 것으로 기술된다"(*PR* 31). 우리는 이를 달리 말할 수도 있다. 즉 창조성은 존재가 아니라 존재의 원리이기에 존재를 한정하는 어떤 범주에 의해서도 규정될 수 없다는 것이다.

그리고 창조성은 그 무규정성에서와 마찬가지로 그 기능에 있어서도 아리스토텔레스의 제일 질료와 유사한 것으로 이해될 수 있다. 후자가 사물들이 **존재하는 이유**에 대한 설명으로 기능하는 것과 똑같은 방식으로, 전자는 사물들이 **생성하는 이유**를 설명하는 기능을 갖는다. 실체와 현실적 존재 모두에는 우연성이 있다. 어째서 실체나 현실적 존재가 존재하게 되었는가 하는 물음은, 본질적으로 **무로부터의 창조**를 논외로 하고 있는 아리스토텔레스와 화이트헤드에게 있어 합리적으로 답할 수 없는 존재론적 물음이다. 아리스토텔레스의 질료와 화이트헤드의 창조성은 모두 이러한 우연성에 대처하기 위해 마련된 것이라 볼 수 있다. 이들은 모두 형이상학적 체계에 의해 특징지어지는 존재론적 사태의 우연성을 설명하는 최종 원리3)로 설정되어 있는 것이다. 이따금 신학적 논의의 문맥에서 시도되고 있듯이 일에서 다로의 구도로 창조성을 이해하려는 전략은 화이트헤드 사유의 비서구적 특성을 은폐시킬 뿐 아니라 화이트헤드의 철학 전반에 대한 오해를 불러일으킬 수 있다.

---

3) 그런데 창조성이 지니고 있는 것으로 보이는 이런 일련의 특성들은 모두, 우리가 그것을 독자적인 궁극적 범주로 간주하여 고립시켜 고찰할 때 부각되는 것들이다. 그러나 이런 측면에만 한정해서 볼 경우 창조성은 다소간 현혹적인 관념으로 남는 경향이 있다. 일반적으로 궁극적인 원리라는 것은 엄밀하게 말하자면 한계 개념(limiting concept)이다. 그것은 설명될 수 없다. 왜냐하면 그것은 설명의 한계점이기 때문이다. 바로 이런 의미에서 궁극적인 관념으로서의 창조성은 언제나 소극적으로 이해될 수 있을 뿐인 것이다. 우리가 보다 적극적으로 창조성에 접근하는 길은 구체적인 경험적 징표를 매개로 할 때 열리는 것으로 보인다. 이는 플라톤이 말하는 궁극적인 설명 원리로서의 **선**(Good)이 두 측면에서 접근가능한 것으로 시사되어 있는 것과 유사하다. 플라톤에 따르면 존재의 피안으로서의 선의 이데아는 형상들의 세계, 즉 그것에 의해 설명되는 존재들과의 관계를 통해 이해될 수도 있고, 그런 초월적 실재를 직접적으로 감지하는 어떤 신비적인 직관 같은 것을 통해 파악될 수도 있는 것이다. 화이트헤드의 창조성도 이처럼 두 가지 측면을 통해 접근 가능한 것일 게다. 범주적 존재들을 설명하는 궁극적인 범주로서의 지위와는 별개로, 창조성은 구체적인 직관에서 예증되어 나타나기 때문이다. 화이트헤드에게 있어 구체적인 직관에 드러나는 "우주는 새로움에의 창조적 전진이다"(PR 222). "자연은 결코 완결적인 것이 아니다." 그것은 계속해서 새로워진다. "그것은 항상 자신을 넘어 가는 것이다"(PR 289). 이처럼 우주로 하여금 새로움을 향해 끊임없이 전진하게 하는 힘이 창조성이다. 그것은 "현실적 세계에다 새로움으로의 시간적 추이의 특성을 부여하는"(RM 77) 실재이다. 그것은 "순수한 활동성의 관념"(PR 31)으로 이해된다. 이것은 유동하는 세계에 대한 직관에서 포착되는 **새로움의 원리**로서의 창조성이다. 그러나 이렇게 직관적으로 포착되는 창조성이 기술적인 원리가 되기 위해서는 범주화되어야 한다. **궁극자의 범주**를 구성하고 있는 것이 바로 이렇게 범주화된 창조성이다. 여기서 창조성은 **일**과 **다**라는 상관 개념으로 규정된다. 이렇게 범주적으로 규정될 때 그것은 "다에서 일로의 창조적 전진"을 의미하는 기술적인(descriptive) 개념이 된다.

2. 영원적 객체

현실적 존재의 **무엇**을 결정하는 한정의 형식을 화이트헤드는 **영원적 객체**(eternal object)라 부른다. 그래서 영원한 객체는 동일성, 반복가능성, 추상성을 지니는 것으로, 전통 철학에서 흔히 **보편자**(universal)로 일컬어지는 존재를 대치하고 있다.

앞서 우리는 현실적 존재가 갖는 구체성은 그것에 주어지는 가능태로서의 다자(many)를 현실적인 일자(one)로 만들어 가는 구체화 작용(concretion)에 있다고 하였다. 이와 같은 구체화 작용을 떠날 때, 이들 가능태들은 상호 고립된 상태에 있게 된다(*RM* 80). 현실적 존재의 구체화 작용에서 이렇게 현실화되는 가능태는 기본적으로 **과거의 현실적 존재들**과 **영원적 객체들**이다. **순수 가능태**(pure potentiality)로서의 영원적 객체는 이 구체화 작용에 개입하면서 구현되는 **한정의 형식**(form of limitation), **이상적인 형상**(ideal form) 등으로 기술된다. 한정의 형식이라는 말은 이런 구체화에서 현실적 존재가 영원적 객체에 의해 한정된다는 사실을 시사한다. 이 경우 영원적 객체는 현실적 존재의 규정자인 셈이다. 이런 의미에서 화이트헤드는 임의의 특정한 현실적 존재에 있어 그것이 **존재한다는 것**은 **창조성**의 결과이지만 그것이 **무엇이냐 하는 것**은 기본적으로 그것이 구현하고 있는 영원적 객체들에 의해 결정된다고 말한다. 그러나 다른 한편 가능태로서의 영원적 객체가 이상적인 형상으로 기술되는 까닭은 그것이 현실태에 의해 결정될 가능성, 즉 미결정성[4]을 갖고 있다는 데 있다. 이런 미결정성은 영원적 객체가 특정 현실적 존재의 한정자로 기능하게 될 때 사라진다. 이런 의미에서는 현실적 존재가 영원적 객체의 결정자이다. 따라서 영원적 객체와 현실적 존재는 그 결합

---

4) 예컨대 추상으로서의 **빨강**은 보편자로서 현실 속에 구체적으로 존재하는 빨강과 구별된다. 그것은 특정의 사물 표면에 부속된 빨강으로 실현될, 즉 특정한 색조의 빨강으로 결정될 가능성을 갖는다. 미결정성이란 이처럼 특정하게 결정될 가능성을 일컫는 말이다.

에서 각기 상대방을 규정하고 있는 것이라 할 수 있다. 이것은 화이트헤드가 "구체화 작용에 있어서 피조물들은 이상적인 형상들에 의해 규정되며, 반대로 이상적 형상들은 피조물에 의해 규정된다"(*RM* 80)고 말할 때의 의미이다.

화이트헤드는 이런 **이상적 형상**을 **영원적 객체**라는 표현5)으로 범주화하는 한편 다른 여러 용어들을 사용하여 이를 지칭하는데, 이들 가운데 그의 체계에서 그것이 갖는 기능적 지위를 가장 잘 대변하는 것으로 보이는 용어는 **순수 가능태**(pure potentiality)라는 개념이다. 왜냐하면 그 말은 현실태로서의 현실적 존재와 대비되는 성격을 함의하고 있을 뿐만 아니라 과정 사상의 기본이념을 뒷받침하기 때문이다. 현실태, 즉 현실적 존재는 단적으로 결정적인 사실 그 자체일 뿐이다. 이에 반해 순수 가능태로서의 영원적 객체는 현실태에 의해 결정될 가능성의 담지자이다. 현실적 존재는 이런 가능태들의 실현 내지 현실화이다. 그런데 이 **가능태의 현실화**라는 관념은 과정철학에 있어 **과정의 전망**을 열어주는 토대가 된다. 과정이라는 관념은 그 의미론적 구조상 가능태의 관념을 필요로 하기 때문이다.6) 말하자면 현실적 존재는 가능태를 현실화하는 과정으로서 존

---

5) 화이트헤드가 후기의 여러 저술에서 수식어 없이 사용하고 있는 **객체**(object)라는 말은 보다 일반적인 의미를 지닌다. 단적으로 말하자면 객체라는 말은 주체라는 말의 상관 개념으로서, 경험의 구성요소가 될 가능태로서의 여건(data) 일반을 가리킨다. 물론 이때의 주체라는 말은 경험의 과정에 의해 구성되고 또 그 과정을 포함하는 존재이다. 그러므로 무엇이든 간에 그것이 경험의 여건이거나 여건일 수 있으면 객체이다(*PR* 88, 215). 그렇기에 또한 다양한 범주적 유형의 존재들이 객체로서 기능할 수 있는 것이다. 화이트헤드에 따르면 "객체에는 네 가지 주요 유형이 있는데, **영원적 객체, 명제, 객체화된 현실적 존재, 결합체**(nexus)가 그것이다"(*PR* 52). 이 외에도 **존속하는 객체**(enduring object)라는 것이 있으나 이는 결합체의 일종으로 간주된다(*PR* 34~35). 우리는 제6장에서 이를 검토할 것이다. 그리고 객체의 한 유형으로서의 영원적 객체에서 **영원적**이라는 말은 글자 그대로 시간 초월성을 나타내는 개념이다. 화이트헤드는 영원적 객체라는 말을 처음 사용하면서(*SMW* 126) 영원적이라는 말의 의미를 설명하고 있다. 그에 의하면 자연을 분석하려 할 때 우리는 변화(change)라는 사실과 지속(endurance)이라는 사실을 모두 정당하게 고려해야 할 뿐만 아니라 시간 내적인 특성이라 할 수 있는 변화 및 지속과는 구별되는 영원(eternality)을 고려해야 한다. 그가 이렇게 구별하여 이해하고 있는 영원이라는 말의 의미는 다음의 구절에 시사되어 있다. "산은 지속한다. …빛깔은 영원하다. 그것은 혼백처럼 때의 흐름을 따라다닌다. 그것은 나타났다가 사라진다. 그러나 그것이 나타날 때면, 그것은 언제나 같은 빛깔이다. 그것은 살아남는 것도 살아가는 것도 아니다"(*SMW* 126).

재하고 있는 것이며, 이 현실화 과정이 본래적인 의미의 **과정**이라는 것이다. 물론 이 때 순수한 가능태로서의 영원적 객체는 과정 중에 있는 현실적 존재가 실현하고자 하는 잠재적인 이상(理想) 속에 들어 있을 수도 있고, 그 존재의 실현된 특성으로서 들어 있을 수도 있다(*MT* 84). 그리고 이렇게 두 궁극적인 존재 유형이 얽혀 서로를 한정하고 결정해 가는 창조적 과정이 바로 현실 세계이다.

　그런데 후속하는 논의를 위해 여기서 **가능태**라는 개념을 보다 분명히 정리하고 넘어갈 필요가 있겠다. 이 절의 서두에서 잠깐 언급했듯이 화이트헤드에게 있어 단순히 가능태라고 하면 영원적 객체들만이 아니라 과거에 실현된 현실적 존재들까지도 포함하는 개념이다. 따라서 가능태는 크게 두 부류로 구별된다.[7] 일반적(general) 가능태와 실재적(real) 가능태가 그것이다. 일반적 가능태는 **순수 가능태**의 다른 표현으로서, 어떤 외적 관계도 부가되지 않는 하나 하나의 영원적 객체들 그 자체이다. 이 때 영원적 객체는 어떤 사태의 실현과 관련하여 전적으로 **미결정적인** 것이라는 의미에서 **순수한** 또는 **단순한**(mere) 가능태이다. 그것은 또 그 어떤 특정 사태에 의해서도 제약되어 있지 않다는 의미에서 **일반적인** 가능태이다.

---

6) 화이트헤드는 이 논점을 다음과 같이 진술하고 있다. "과정의 관념이 받아들여지자마자 가능태라는 관념은 존재의 이해에 있어 근본적인 것이 된다. …우리가 과정을 근본적인 것으로 보아 출발한다면, 현재의 현실태들은 과정으로부터 그들의 특성을 끌어내어 이들을 미래에 부여하고 있는 것으로 나타난다. 직접태(immediacy)는 과거의 가능태들의 실현이자 미래의 가능태들의 보고이다. 희망과 공포, 기쁨과 환멸은 사물들의 본성에 있어 본질적인 가능태들로부터 그 의미를 얻고 있다. 우리는 희망의 오솔길을 따라가기도 하고 공포에 쫓겨 도망치기도 한다. 직접적인 사실 속에 들어 있는 가능태들은 과정의 추진력을 형성하고 있는 것이다"(*MT* 99~100).
7) 이에 관한 화이트헤드의 진술은 다음과 같다. "우리는 가능태가 갖는 두 가지 의미를 항상 고려해야 한다. 즉 (a) '일반적'(general) 가능태. 이는 영원적 객체의 다수성에 의해 제공되는, 서로 무모순적이거나 선택적인 가능성들의 묶음이다. (b) '실재적'(real) 가능태. 이는 현실 세계에 의해서 제공된 여건에 의해 제약되어 있다. 일반적 가능태는 절대적이지만, 실재적인 가능태는 그것에 의해 현실 세계가 한정되는 그런 입각점으로 간주되는 어떤 현실적 존재에 대하여 상대적이다. '현실 세계'란 표현은 '어제'라든지 '내일'이라든지 하는 것과 같이, 그 입각점에 따라서 의미가 달라진다는 것을 기억해 둘 필요가 있다"(*PR* 65, cf. *MT* 94).

순수한 가능태의 한 사례로 **파랑다**라는 영원적 객체를 놓고 보자. 영원적 객체 그 자체에 관한 한, 이 파랑다가 특징지울 수 없는 현실적 존재는 없다. 그러나 현실적으로 볼 때 파랑다로 특징지워지는 존재들의 종류에는 한계가 있다. 예컨대 그것은 인간의 머리칼을 구성하는 현실적 존재들의 특성 가운데 하나일 수는 없는 것이다. 그렇기는 하지만 인간의 머리칼이 파란색일 수 없는 이유는 파랑다라는 영원적 객체 내에 있는 것이 아니라, 자연에 내재된 현실적인 조건에 있는 것이며, 궁극적으로는 신에 의해 파악된 영원적 객체들 사이의 관련 패턴에 있는 것이다. 그래서 머리칼이 파란색일 수 없는 이유는 그 파랑다의 본질에 외적인 것이다. 파랑다라는 영원적 객체 그 자체만을 놓고 보자면, 그 파랑다가 어째서 인간의 머리칼을 구성하고 있는 현실적 존재들의 특징일 수 없는 것인가에 대한 설명을 찾을 수 없는 것이다. 이 점은 현실적 존재만이 근거가 될 수 있다는 **존재론적 원리**(ontological principle)와 정합한다. 나의 머리칼이 어째서 검은색인가 하는 것은 나의 머리칼을 구성하는 현실적 존재들의 어떤 조합의 본성에 근거하고 있는 것일 뿐, 현실적 존재들과 유리된 **검다**라는 영원적 객체 자체로부터 귀결되는 것이 아니다.

이에 반해 **실재적 가능태**란 현실 세계에 관련되어 있는 가능태, 즉 현실 세계에 의해 제약되어 있는 가능태를 가리킨다. 단적으로 말하자면 그것은 임의의 현실적 존재에 여건으로 주어진 현실 세계에 실현되어 있는 영원적 객체들을 가리킨다. 현실적 존재에 여건으로 주어지는 과거의 현실 세계는 무제약적인 가능태들의 보고일 수는 없다. 그 현실 세계는 그 내적 패턴에서 제약되어 있으며, 이런 제약은 이 현실 세계를 여건으로 하는 현실적 존재에 있어 실제로 가능한 것을 결정짓는 요인이 된다. 인간의 머리칼이 파란색일 수 없는 것은, 인간의 머리칼을 구성하고 있는 현실적 존재들이 이어받고 있는 현실 세계의 내적인 패턴, 예컨대 인간의 신체적 구조나 생물학적인 법칙과 같은 요인에 기인하고 있는 것이다. 이런 의미에서 화이트헤드는 이런 실재적 가능태를 "자연적 가능태"

(natural potentiality)(*S* 36)라 부르기도 한다.

요약하자면 실재적 가능태는 현실 세계의 역사 속에서 변화될 수 있고 새로이 만들어질 수 있으며, 따라서 확대되어 가는 것이라 할 수 있다. 그러나 순수한 가능태는 현실의 역사 전개와 무관하다. 그것은 영원한 것이다. 이것은 화이트헤드가 "현실적 존재의 생성에서 새로운 파악, 결합체, 주체적 형식, 명제, 다양성, 대비가 생성되지만 새로운 영원적 객체라는 것은 있을 수 없다"(*PR* 22)고 말할 때 염두에 두고 있던 것이다.

이제 앞의 논의로 다시 돌아가 보자. 순수 가능태로서의 영원적 객체는 그것의 영원성과 연계되어 있는 다양한 논리적 인식론적 특성을 동반한다. 동일성, 보편성, 추상성 등이 그것이다.8) 이런 특성들은 모두 현실 세계의 거시적 특성들이 갖는 안정성, 반복성, 존속성 등의 존립에 본질적인 것일 뿐만 아니라, 우리가 이런 특성들을 인식할 수 있는 토대가 된다. 화이트헤드가 "현실 세계를 이해하기 위해서는 관념 세계를 끌어들여야만 한다"(*SMW* 228)고 말하고 있는 것도 이 때문이다. 사실 하나의 특수한 사례 이상에서 예증되는 어떤 동일성이 존재하지 않는다면, 인식은 결코 가능하지 않을 것이다. 인식은 인지(recognition)를 포함한다. 인지는 반복되는 동일성을 포착하는 것이다. 따라서 인지되는 것은 언제나 영원적 객체이다.9) 영원적 객체들은 이런 동일성을 제공함으로써 궁

---

8) 영원적 객체가 자기 동일성을 갖고서 다양한 현실적 존재들 속에 들어가는 것을 화이트헤드는 "영원적 객체의 진입"(ingression)(*PR* 23)이라고 부른다. 영원적 객체의 진입 방식은 경우에 따라 달라질 수 있지만, 영원적 객체 그 자체는 항상 동일한 것으로 남는다. 화이트헤드는 이를 "실현의 투명성(translucency of realization) 원리"(*SMW* 247~48)라 부르고 있다. 즉 특정한 현실적 존재들 속에서의 영원적 객체들의 다양한 예증 사례들은 그 영원적 객체의 동일성에 영향을 미치지 않는다는 것이다.

9) 그렇기는 하지만 우리는 영원적 객체를 이런 저런 구체적 존재 속에서의 실현을 매개로 하지 않고서는 인식할 수 없는 것이다. 플라톤은 비록 어렵기는 하지만 우리가 **형상**을 직접적으로 인식할 수 있다고 생각한다. 화이트헤드에게 있어서 영원적 객체에 대한 그와 같은 직접적인 인식은 불가능하다. 이것은 화이트헤드가 감각을 지성에 선행시키는 경험론의 전통 속에 있음을 보여주는 단적인 징표라 하겠다. 그래서 로크나 버클리에게서 그렇듯이 화이트헤드에게서도, 예컨대 **초록**이라는 영원적 객체, 즉 일반관념은 초록에 대한 직접적인 앎에서 오는 것이 아니라 초록색의 잎이나 초록색의 풀과 같은 구체적 사례로부터 얻어지는 것으로 간주된다. 이런 의미에서 영원적 객체들 자체는 추상이다. 기본적으로 화이트헤드가 말하는 추상이란 자연의 보다 구체적

극적으로 인식을 가능케 하는 것이다. 그것은 특정한 시공간 영역 속에 있는 것으로 지시되고 재차 지시될 수 있다. 그러나 이들을 포함하고 있는 현실적 존재는 반복되지도 지속하지도 않는다. 그것은 생성하고 이어서 소멸할 뿐이다. 인지되는 성질과 별개로 동일성을 유지하는 것으로 간주되는 물리적 존재나 인격체 같은 것은 자연언어의 논리에서 파생된 전통적인 실체 개념의 유산일 뿐이다.10)

영원적 객체들의 이러한 영속성과 동일성은 현실태들이 지니고 있지 않는 보편성을 수반한다. 각 현실적 존재는 그 자신에 제한되어 있다는 의미에서 진정한 개별자이다. 그러나 영원적 객체는 여러 현실적 존재들에 동시에, 또는 계기적으로(successionally) 진입한다. 예컨대 빨강이라는 특정한 색조, 분노와 같은 감정, 4라는 수, 임의의 기하학적 형태, 물리적인 에너지가 갖는 임의의 스칼라 형식 등이 그것이다. 그리고 이처럼 영원적 객체가 동일성과 보편성을 설명한다는 점에서 전통적으로 **보편자**(universals)나 **속성**(attributes)으로 거론되어온 요소들을 대변하고 있는 범주라고 할 수 있는 것이다.

3. 신

화이트헤드가 말하는 신은 기본적으로 앞서 고찰한 두 형성적 요소, 즉 **창조성**과 **영원적 객체들**을 매개하는 기능을 갖는다. 이 두 요소는 가능태이기에 스스로 무엇인가로 구현하지 못한다. 이들이 무엇인가로 구현되기 위해서는 이들을 매개하여 현실화하는 현실적 작인이 있어야 한다. 신은 바로 이러한 기능을 갖는 현실적 존재이다. 창조성과 영원적 객체가 피한정자와 한정자의 관계에 있다고 할 때,11) 신은 이런 한정과 피한정

인 사태의 구성인자로서만 존재할 수 있는 어떤 것을 의미한다(*CN* 171).
10) 이에 관한 세부적인 논의는 제6장을 참조할 것.

의 통로라 할 수 있고, 이런 의미에서 플라톤의 제작자(Demiurge)를 연상시키는 원리적 존재이다. 따라서 매개 원리로서의 신이 없다면 이 양자는 결합하여 새로운 존재를 창출할 수 없다. 이것은 화이트헤드가 "신의 개입을 떠날 경우, 세계에는 그 어떤 새로운 것도 있을 수 없고, 그 어떤 질서도 있을 수 없다"(*PR* 247)고 말할 때 염두에 두고 있던 것이다.

화이트헤드가 『과학과 근대세계』에서 신을 처음 도입했을 때, 신은 순수한 원리적 존재, 즉 세계를 질서지우는 "한정의 원리"(principle of limitation)(*SMW* 256)인 동시에 "구체화의 원리"(principle of concretion)(*SMW* 250)였다. 전자가 영원적 객체를 통해 창조성을 제한하고 한정하는 것을 의미한다면 후자는 영원적 객체를 현실 속에 구현시킨다는 의미를 담고 있다. 따라서 창조성과 마찬가지로 신은 합리성의 근거로서, 현실 세계를 설명하고 분석하기 위한 원리적 존재일 뿐, 그 자체는 설명되거나 분석될 수 없는 것이다. 그리고 이런 의미에서 신 그 자체는 비합리적인 존재이다.[12]

---

11) 화이트헤드 연구가들 가운데는 **영원적 객체와 현실적 존재**가 한정과 피한정의 궁극적인 상관항인 것으로 기술하는 사람들이 있다. 부클러(J. Buchler)가 그 중 한 사람이다. 그는 이런 구도하에서 현실적 존재와 영원적 객체가 존재론적으로 등위에 있는 것이라고 주장하기까지 한다. 그리고 이렇게 이해될 때, 현실적 존재는 영원적 객체들의 조합으로 완전히 환원될 위험이 있다. 부클러는 실제로 그렇게 주장한다(J. Buchler, "On a Strain of Arbitrariness in Whitehead's System," in *Explorations in Whitehead's Philosophy*. eds. L. S. Ford and G. L. Kline [New York: Fordham University Press, 1983], pp.280∼94). 그러나 필자가 보기에 이런 일련의 이해는 기본적으로 잘못이다. 현실적 존재는 창조성과 영원적 객체와의 결합으로 이루어지는 것이며, 역으로 말하자면 이 두 상관적인 궁극자는 현실적 존재에서 비로소 현실화되는 것이다. 여기서 현실적 존재는 현실태이며 영원적 객체와 창조성은 가능태이다. 따라서 현실적 존재는 그 자체로서 구체적인 존재이지만, 영원적 객체와 창조성은 그 자체로서 볼 때 추상적 존재 또는 원리적 존재이다. 그러므로 현실적 존재와 영원적 객체를 단순히 대비시키고, 이들이 존재론적으로 등위에 있다고 보는 것은, 창조성을 도외시하는 가운데 화이트헤드의 기본 구도를 오해한 데서 비롯되는 그릇된 주장이라고 보아야 한다.

12) 화이트헤드는 이를 『과학과 근대세계』에서 명시적으로 밝히고 있다. "신은 궁극적 한정이며, 그래서 신의 존재는 궁극적인 비합리성이다. 왜냐하면 신의 본성으로부터 부과되는 그와 같은 한정 자체에는 어떠한 근거도 주어질 수 없기 때문이다. 신은 구체적인 존재가 아니라 구체적인 현실태의 근거이다. 신의 본성에는 어떠한 근거도 주어질 수 없다. 왜냐하면 신의 본성이 바로 합리성의 근거이기 때문이다"(*SMW* 257).

그런데 『과정과 실재』에서 이런 원리적 존재로서의 신이 현실적 존재들 가운데 하나로 설정되면서 미묘한 개념으로 등장한다. 신이 현실적 존재인 한, 신은 범주적으로 분석될 수 있는 것이고, 또 이렇게 기술될 수 있는 한, 신은 더 이상 비합리적인 존재라 할 수 없는 것이다. 왜냐하면 신은 그것이 범주적으로 분석되고 기술되고 있다는 의미에서 사실상 명백히 합리화되고 있기 때문이다. 이것은 신이 한정자인 동시에 피한정자라는 것을 의미한다. 그리고 바로 이 점에서 『과정과 실재』의 신은 명백히 어떤 내적인 긴장을 수반하는 존재가 되고 있다고 볼 수 있다. 레클럭(I. Leclerc)은 신을 현실적 존재로 규정하고 있는 『과정과 실재』의 논의는 부당한 것이라고 주장한다.[13] 그에 따르면 신은 현실태의 사례인 현실적 존재인 동시에 현실태의 원리일 수 없다. 화이트헤드의 신은 아리스토텔레스의 신이나 플라톤의 제작자와 마찬가지로 현실태의 원리여야 하며, 현실적 존재이어서는 안된다. 신은 현실 세계를 분석하는 범주들에 의해 분석될 수 없는 것이어야 한다. 『종교의 형성』에 기술되어 있듯이 신은 영원적 객체 및 창조성과 함께 **형성적 요소**로 머물러 있어야 한다는 것이다. 크리스천(W. A. Christian)은 현실적 존재로서의 신이 화이트헤드의 범주 체계 내에서 정합적으로 기술될 수 있음을 길게 역설하고 있으나 이런 기본적인 난점을 근본적으로 해결하지는 못하고 있는 것으로 보인다.[14] 신 개념과 관련하여 최근까지 벌어지고 있는 논쟁이 그 증거이다. 이에 대해서는 다음 소절에서 정리하기로 하고 화이트헤드의 논의를 마저 따라가 보기로 하자.

13) I. Leclerc, "The Problem of God in Whitehead's System," *Process Studies* Vol. 14(1985): 301~15, I. Leclerc, "Process and Order in Nature," in *Whitehead un der Prozeßbegriff: Beiträge zur Philosophie Alfred North Whitehead auf dem Ersten Internationalen Whitehead-Symposium* 1981. eds. Harald Holz und Ermest Wolf-Gazo (München : Verlag Karl Alber Freiburg, 1984), pp.119~36.
14) W. A. Christian, *An Interpretation of Whitehead's Metaphysics* (New Heaven: Yale University Press, 1967), pp.283~413.

논객들의 평가가 어찌되었건 화이트헤드가 신을 현실적 존재로 설정한 데는 그 나름의 이유가 있었다. 그에 따르면 과거 철학자들은 **최고의 실재란 변화를 떠나 있는 것**이라고 가정하는 경우가 종종 있었다. 그럴 때면 변화하는 역사적인 우주는 불완전한 실재로 평가 절하되는 것이 상례였다(*MT* 80, *PR* 346~47). 화이트헤드는 이런 구도는 우리의 다양한 경험에 비추어 볼 때 전도되어야 한다고 생각한다. "우리는 소란스런 세계 속에 살고 있다"(*MT* 80). 이는 **우리 경험의 가장 명백한 특성**이다. 따라서 최고의 실재가 있다면 그것 또한 소란과 유동 속에 있는 것으로 간주되지 않으면 안된다. 현실태로 있다는 것은 활동 중에 있다는 것이다. 정태적인 현실태란 자기 모순이다. 따라서 신이 존재한다면, 그 또한 활동 중에 있는 현실태이지 않으면 안된다. 신은 하나의 현실적 존재여야 하는 것이다(*PR* 343). 그리고 또 그렇다면 신은 세계 내적인 존재들을 설명하는 범주나 원리들 가운데 하나가 아니라, 이런 범주나 원리들에 의해 분석되고 기술될 수 있는 세계 내적 존재 가운데 하나이어야 하는 것이다. 이것이 『과정과 실재』에서 신이 현실적 존재로 상정되는 배경이다.

결국 이렇게 보자면 『과학과 근대세계』에서의 신과 『과정과 실재』에서의 신은 분명히 다르다. 보다 정확히 말하자면 『과정과 실재』의 신은 『과학과 근대세계』의 신을 포함하면서 확대되고 있다. 왜냐하면 『과정과 실재』의 신은 현실 세계로 하강했음에도 계속해서 **제한의 원리**이자 **구체화의 원리**로 기능하고 있기 때문이다. 그리고 이것은 『과정과 실재』의 신이 두 가지 성격을 갖는 것으로 기술되고 있는 기본적인 이유가 된다. "원초적 본성"(primordial nature)과 "결과적 본성"(consequent nature)(*PR* 343~351)이 그것이다. 원초적 본성은 순수 가능태, 즉 영원적 객체들에 대한 무제약적 파악으로 구성된다. 이것은 어떠한 현실태에 의해서도 제한되지 않는 세계 내의 원초적 사실이다. 따라서 신의 본성에서 이러한 측면은 자유롭고 완전하며 원초적이고 영원하며 현실성을 지니고 있지 않다. 다른 한편 결과적 본성은 현실태, 즉 현실 세계에 대한 신의 파악이 원초적 본성과 통합되어 가는 과정으로 구성된다. 그래서 결과적 본성은 현실태의 결정성을 가지며 불완전하고 영속적이며 완벽하게 현실적이다.15)

결국 신은 그의 원초적 본성에서 영원적 객체들의 영역과 관계하고 결과적 본성에서 현실 세계와 관계한다고 말할 수 있다. 신의 "원초적 본성은 개념적이며, 결과적 본성은 물리적 느낌들이 신의 원초적 개념들 위에 짜여들어 간 것"(*PR* 345)이다. 그래서 다른 현실적 존재들과 마찬가지로 신도 그 본성에 있어 양극성을 지닌다(*PR* 36, 345). 그래서 신은 원초적 본성에 힘입어 원리로 기능하고, 결과적 본성에 힘입어 현실태가 된다 (*PR* 349).

그렇다면 신의 **원초적 본성**은 어떻게 원리로서 기능하는가? 앞서 우리는 신이 두 가능태를 매개하는 자, 즉 한정의 원리이자 구체화의 원리라고 하였다. 그런데 창조성을 규정하는 영원적 객체들 하나 하나를 놓고 볼 때 이들은 제각기 이들의 **개별적 본질**(individual essence)16)을 바탕으로 서로 고립된 채 이접적인 다자로 존재하고 있을 뿐, 그들 사이에 외적으로 부여된 어떤 특정한 구조도 갖고 있지 않다. 이런 영원적 객체들은 글자그대로 순수한 추상, 순수한 가능태이다. 이들이 현실태를 한정하는 질서의 원천일 수 있기 위해서는 그것들이 "관계적 본질" (relational essence)17)을 바탕으로 하는 내적인 질서에 의해 상호 연관

---

15) 화이트헤드는 이를 다음과 같이 말하고 있다. "신의 본성의 한 측면은 신의 개념적 경험으로 구성되어 있다. 이 경험은 그것이 전제하는 어떠한 현실태에 의해서도 제한되지 않는 세계 내의 원초적 사실이다. 그러므로 그것은 무한한 것으로서 어떠한 부정적 파악도 수반하고 있지 않다. 신의 본성의 이러한 측면은 자유롭고, 완전하며, 원초적이고, 영원하며, 현실성을 결하고 있고, 또 무의식적이다. 다른 한 쪽의 측면은 시간적 세계에서 파생된 물리적 경험과 더불어 생겨나고, 이어서 원초적 측면과 통합되기에 이른다. 그것은 결정되어 있고, 불완전하며, 결과적이고, '영속적'이며, 완벽하게 현실적이면서 의식적이다"(*PR* 345).

16) 영원적 객체 하나 하나의 고유한 속성. 예컨대 빨강, 삼각형, 환희, 분노 등등.

17) 임의의 한 영원적 객체가 다른 영원적 객체들과 갖는 가능한 관계를 결정하는 특성. 예컨대 삼각형은 빨강과 관계 맺을 수 있지만(빨간 삼각형) 환희나 분노와는 관계 맺을 수 없다(삼각형의 분노). 전통 논리에서 보자면 이는 범주의 적합성 여부에 관련된 것이라고 할 수 있을 것이다.

되어 있어야 한다. 영원적 객체들 사이의 내적 질서를 나타내는 "추상적인 위계조직"(abstract hierarchy)(*SMW* 241)이라는 관념은 영원적 객체들이 그들의 **관계적 본질**을 토대로 공재(共在; togetherness)하고 있다는 것을 함의한다. 이 때 문제는 추상적인 위계조직, 곧 영원적 객체들의 공재의 존재론적인 근거가 무엇이냐 하는 것이다. **근거**는 언제나 현실적인 것에 있어야 한다. 공재의 사태도 예외일 수 없다. 화이트헤드에 따르면 그것은 현실적 존재의 느낌에 근거한다. 현실적 존재가 갖는 느낌에서 다수의 여건이 하나로 통일되는 것이 공재이다. 신이 현실적 존재로 등장하게 되는 것은 이런 맥락에서이다. 말하자면 신은 영원적 객체들을 느끼는 가운데 이들의 공재를 가능케 하는 현실적 존재로서 도입되고 있는 것이다. 그리고 이 공재는 단순한 집합이 아니라 신이 자신의 이상적인 목적, 즉 **주체적 지향**(subjective aim)[18]에 비추어 정연하게 조직해 놓은 것이다. 영원적 객체들은 이렇게 질서 속에 정돈됨으로써 현실태를 한정할 수 있는 실재적 가능태로서의 지위를 얻게 된다.[19] 이렇게 볼 때 구체화의 원리로 기능하는 신이란 결국 이접적인 순수 가능태를 연접적인 실재적 가능태로 한정하고 있는 자로서의 신, 즉 원초적 본성으로서의 신을 일컫는 말이라 할 수 있다.

화이트헤드는 이러한 신의 원초적 느낌을 "다수의 영원적 객체들 전체에 대한 무제약적인 개념적 가치평가"(*PR* 31)라고 정의한다. 이 원초적인 가치평가에서, 현실화된 특정 조건 속에 실현된 가치나 이와 관련된 실현 가능한 가치의 위계조직이 확립된다. 이 때 이접(離接) 상태의 영원적 객체들은 연접(連接) 상태, 즉 이상적인 공재(共在) 상태에 있게 된

---

18) 이에 관한 논의는 제5장을 참조할 것.
19) 화이트헤드의 다음과 같은 언급이 이를 시사한다. "순수하게 고립된 다양성으로 이해되는 다수의 영원적 객체들은 어떠한 현존의 성격도 결하고 있다. 그것들은 신에 의한 그 개념적 실현 때문에 효과적으로 존재하는 것으로 이해되어야 할 필요가 있는 것이다"(*PR* 349).

다(*PR* 40, 87~88, 164, 207, 344). 바꿔 말하자면 신의 개념적 느낌에서 **다자**로서의 영원적 객체들은 **일자**로 통일되는 것이다. 그리고 이런 신의 개념적 느낌을 **원초적** 본성이라 부르는 까닭은 이런 느낌의 발생과 함께 신은 원초적으로 존재하기 시작한다는 데 있다. 신은 이런 느낌에 앞서는 존재가 아니라 영원적 객체들에 대한 파악과 함께 존립하기 시작하는 존재로 간주된다는 것이다. 이런 의미에서 신은 영원적 객체들을 파악함으로써 창조된 원초적인 피조물이라 할 수 있는 것이다(*PR* 31). 이렇게 보자면 신은 영원적 객체들이 신을 필요로 하는 것과 꼭 마찬가지로 영원적 객체들을 필요로 하는 존재이다(*PR* 257). 신은 영원적 객체들을 파악함으로써 창조되고, 영원적 객체들은 이 신의 본성 속에 있는 요소이기 때문에 실재성을 갖게 되기 때문이다. 이는 화이트헤드의 체계에서 범주적 존재들 간의 긴밀한 정합성을 증거하는 대표적인 사례들 가운데 하나이다.

결국 원초적 본성에 있어서의 신은 질서 속에 정돈된 순수 가능태들의 보고(寶庫)이다. 그리고 이처럼 가능태의 보고가 되고 있다는 점에서 신은 새로움과 질서의 원천이 된다. 신에 의해 원초적으로 설정되는 특정한 가능적 가치 체계에 힘입어 새로운 질서가 가능하게 되며(*PR* 46~48), 새로운 질서에 힘입어 새로운 현실적 존재와 새로운 현실 세계가 가능하게 된다(*RM* 90~91, 105~106)는 것이다. 그리고 이는 다시 새로운 질서의 토대가 된다. 새로운 현실적 존재와 새로운 현실 세계는 신에 의해 온전히 파악되어 그의 결과적 본성으로 들어가고, 이것이 다시 신의 개념적 파악과 통합되면서 새로운 이상적 질서를 유발하게 되기 때문이다. 그리고 이것이 창조성과 영원적 객체와 신이라는 형성적 요소를 통해 거시적으로 본 창조적 과정의 기본 골격이다.

그런데 앞서 지적한 레클럭(I. Leclerc) 유(類)의 비판적 시각이 설득력을 얻어 부상하게 되는 것은 바로 이 지점에서이다. 우선 무엇보다도 신이 영원성을 특징으로 하는 가능태의 근거이기 위해서는 그 자신이 영속(everlasting)해야 할 것이다. 신은 영속하는 현실적 존재여야 한다. 그러나 앞서 보았듯이 기본적으로 현실적 존재는 생성에 이어 소멸하는 미시적 존재로서 시공간적으로 극히 제한되어 있다. 그렇기에 그것은 시공간 속을 여행하는 동일자일 수 없다. 따라서 신은 비록 그가 **현실적 존재**라고는 하더라도 그 밖의 다른 현실적 존재와는 구별되는 지위에 있는 것으로 간주되지 않으면 안되게 된다. 화이트헤드가 현실적 존재와 **현실적 계기**(actual occasion)를 구별하는 것은 이런 이유 때문이다. 이 구별은 시공간적 연장성의 관련 여부에 따라 이루어진다. 화이트헤드는 "'현실적 계기'라는 용어가 '현실적 존재'와 동의어로 사용되긴 하지만, 주로 그것의 연장성이라는 특성 — 시간적 연장, 즉 '지속'이라는 형태의 연장성이건, 공간적 연장이라는 형태의 연장성이건, 아니면 시공적 연장이라는 보다 완전한 의미에서의 연장성이건 간에 — 이 문제의 논의와 다소간 직접적으로 관련되는 경우에 사용된다"(*PR* 77)고 말한다. 따라서 현실적 존재는 연장성과 직접 관련이 없는, 즉 시공간과 직접적 관련이 없는 현실태를 가리키는 말이 된다. 그리고 그렇다면 엄밀한 의미에서 **현실적 존재**라고 할 수 있는 사례는 신뿐이다.

신을 제외한 **현실적 존재**, 즉 **현실적 계기**는 그 자체 안에 물리적 시간을 포함하고 있지는 않으나 다른 현실적 계기와 시간적 선후 관계를 갖는다는 점에서 물리적 시간 속에 있다고 할 수 있다. 그것은 어떤 시점에서 생겨나고 그 다음 시점에서 소멸한다. 따라서 그것은 물리적인 과거와 물리적인 현재 사이의, 그리고 물리적인 현재와 물리적인 미래 사이의 **이행**(transition)을 의미하는 시간적인 경계를 갖는다.[20] 그러나 현실적 존재로서의 신은 이러한 방식으로 물리적인 시간 속에 있는 것으로 간주되지 않는다. 왜냐하면 신은 항구적인 현실태로서 항상 자기를 창출하는 가운데 있으며, 그래서 항상 주체적 직접태(subjective immediacy)를 향유

---

20) 물리적 시간이란 현실적 계기들 사이의 이행(transition) 관계에 토대를 두고 있는 것이다. 이에 관한 자세한 논의는 제4장을 참조할 것.

하고 있기 때문이다. 그래서 또한 신은 항상 달성 중에 있는 현실태이기에 임의의 다른 현실태의 과거에도 미래에도 있지 않다(PR 32, 343).21) 이것이 바로 신이 영원성을 특성으로 하는 가능태의 근거가 될 수 있는 이유이다.

우리는 화이트헤드가 이러한 신의 영속적 현실성, 즉 끊임없는 주체적 활동성이 그의 원초적 본성과 관련된 그의 주체적 지향에 뿌리를 두고 있는 것으로 이해될 수 있음을 시사하고 있는 구절을 찾아볼 수 있다. "그것의 현실성은 그것이 갖는 개념적 욕구의 무한성에 기초하고 있다"(MT 93)는 것이 그것이다. 이 구절을 구성적으로 해석하면 다음과 같은 논의가 가능하다.22) 우선 신의 주체적 지향은 그 성격에 있어 현실적 계기의 그것과 다소간 다르다. 무엇보다도 신의 주체적 지향은 무한하기에 결코 어느 한 시점에서 완벽하게 실현될 수 없을 것이다. 그 이유는 이렇다. 신의 원초적인 본성은 무수히 많은 영원적 객체들에 대한 직시 (envisagement)이다. 신은 이 모든 가능태들의 물리적 실현을 지향하며, 이런 물리적 실현에 대한 그 자신의 결과적 향유를 지향한다(PR 88). 그러나 모든 현실화(actualization)는 유한하다. 왜냐하면 창조적 과정은 대안적 가능태들을 배제하는 결단을 포함하고 있기 때문이다. 따라서 그 어떤 현실화를 통해서도, 모든 가능태들이 일시에 실현될 수 없다. 더구나 신에 의해 직시된 가능태들 가운데 일부는 상호 모순될 것이라는 점까지 고려한다면 이는 논리적 귀결이라 할 수 있다. 따라서 신은 무한한 주체적 지향의 실현을 위한 끊임없는 활동 속에 있게 된다. 신은 영원히 달성 중에 있는 현실태일 뿐, 결코 달성된 현실태일 수 없는 것이다. 그리고 또한 그렇기 때문에 신의 주체적인 직접태, 즉 주체적 활동성은 영

---

21) 다음 소절에서 검토하겠지만 어떤 의미에서 신은 다른 현실적 계기들과 공간적 관계는 물론이요 시간적 관계도 갖지 않기 때문에 신이 어떤 계기의 과거나 현재 또는 미래에 있다는 식의 표현은 부적절한 것이라고 할 수 있다.

22) 이런 구성적 이해의 가능성을 처음 언급한 사람은 크리스천(W. A. Christian)이다. 그의 책, *An Interpretation of Whitehead's Metaphysics*, p.338 참조.

속적인 것이 된다. 이것이 화이트헤드가 단편적으로 던지고 있는 구절들로부터 추정적으로 구성해 볼 수 있는 신의 영속적인 현실성이다.

그러나 레클럭 유의 시각에서 보자면 이런 일련의 신에 관한 논의는 신의 초월성과 내재성을 절충시키기 위한 궁여지책이라는 비난이 있을 수 있겠다. 화이트헤드는 신에다 현실성과 원리성을 동시에 부여하기 위해, 엄격한 의미에서 보자면 단 하나의 예증 사례밖에 없다고 할 수 있는 '현실적 존재'라는 개념을 끌어들이고 있는 셈이기 때문이다. 그에게 있어 주체적 활동성을 결한 존재는 현실성을 결한 존재이다. 신은 이러한 주체적 활동성을 갖고 있다는 점에서 현실성을 갖는 존재, 곧 현실태이다. 그러나 원리적인 존재로서의 신은 시공간적으로 무제약적이다. 즉 연장성을 갖지 않는다. 원리가 특정의 시점과 특정의 장소에 있다고 하는 것은 불합리하기 때문이다. 따라서 화이트헤드에게 있어 **현실적 존재**라는 개념은 바로 신에게 요구되는 이 두 가지 특성, 즉 비연장성으로 이해되는 초월성과 주체적 활동성으로 이해되는 현실성을 동시에 충족시키기 위해 마련된 것23)임에 분명하다.

이에 대한 최종 평가가 어떻든, 신이 현실적 존재로 간주되는 한, 그것은 다른 모든 현실적 계기들과의 상호 의존이라는 관계를 떠나 존립할 수 없는 것, 따라서 명백히 세계 내재적인 존재이다. 현실 세계의 다른 모든 계기들이 그렇듯이 신은 현실 세계의 모든 계기들을 파악한다. 그리고 이들 파악을 원초적 본성의 개념적 파악들과 통합해 가는 측면이 신의 **결과적 본성**이다. 그리고 현실 세계의 현실적 존재들은 이렇게 신에게 객체화되는 가운데 불멸성을 획득하게 된다. 바꿔 말하자면 "신의 결과적 본성은 신 속에서 객체적 불멸성을 획득하여 '영속적인' 것이 된 유동적 세계"(*PR* 347)인 것이다. 신은 "가능태들의 보고(寶庫)이며, 온갖 성취의 통합"(*MT* 94)이라고 말할 수 있는 것도 이런 맥락에서이다. 그

---

23) 화이트헤드는 이 점을 다음과 같이 명시적으로 기술하고 있다. "신의 개념은, 현실 세계에 내재하되 유한한 모든 우주시대를 초월하는 현실적 존재의 개념이다. …즉 현실적이면서도 영원하고, 내재적이면서도 초월적인 그런 존재인 것이다"(*PR* 93~94).

러나 또한 현실적 존재로서의 신은 보편적인 상대성 원리에 따라, 생겨나는 각각의 새로운 현실적 계기들에 의해 객체화된다. 그래서 하나 하나의 현실적 계기들도 신을 파악한다.

화이트헤드에 따르면 각각의 현실적 계기는 자신의 현실 세계와, 이런 통합으로서의 신을 인과적으로 객체화시키면서 탄생한다. 현실적 계기가 신을 인과적으로 객체화시키는 통로는 "혼성적인 물리적 느낌"(hybrid physical feeling)이다(*PR* 225). 일반적으로 혼성적인 물리적 느낌이란 임의의 현실적 존재를 그것의 개념적 느낌들 가운데 하나에 의해 객체화시키는 느낌을 말한다. 그래서 새로이 탄생하는 주체가 신을 객체화시키는 최초의 느낌은 신의 개념적 느낌들 가운데 하나를 그 객체적 여건으로 하여 신을 느끼고 있는 그런 느낌이다. 화이트헤드에 따르면 이 **혼성적인 느낌**은 물리적인 느낌의 일종이다. 그래서 개념적 가치평가의 범주(범주적 제약 iv)에 따라 이 혼성적인 물리적 느낌으로부터 파생되는 개념적 느낌이 그 새로운 주체 속에 생겨나게 된다. 이러한 파생적인 개념적 느낌은 신이 느끼고 있는 영원적 객체들의 대비와 그들의 가치를 재현한다. 그리고 이 파생된 개념적 느낌이 새로이 탄생하는 현실적 존재의 시원적인 한정성, 곧 "최초의 지향"(initial aim)(*PR* 224~25, 244)이 된다. 따라서 신으로부터 이러한 개념적 느낌이 파생되면서 새로운 계기가 탄생하게 되며, 이러한 파생의 위상이 현실적 계기가 갖는 최초의 위상, 곧 개념적 창시(conceptual origination)의 위상을 이루게 되는 것이다(*PR* 350). 화이트헤드가 "신이 각각의 시간적인 현실적 존재의 창조자"(*PR* 224~25)라고 말하고 있는 것은 바로 이런 의미에서이다.[24]

그렇기는 하지만 새로운 계기의 이러한 개념적 창시는 전적으로 신의 원초적 본성에 의해 결정되는 것이 아니다. 거기에는 제약이 따른다. 신은 현실적 계기를 탄생시키는 다수의 여건들 가운데 하나일 뿐이다. 그렇기에 우선 무엇보다도 신의 개념적 느낌들 가운데 어느 하나가 긍정적으

---

24) 이 단락의 논점은 제5장의 **주체적 지향**에서 다시 상론할 것이다.

로 파악되어 주체적 지향으로 기능할 수 있으려면, 이 느낌의 여건인 복합적인 영원적 객체가, 그 계기의 시간적인 현실 세계 속에 실현되어 있는 영원적 객체들과 양립 가능한 것이어야 한다(*PR* 247). 그리고 이런 의미에서 최초의 주체적 지향은 신에 의해 결정되는 것 못지 않게 선행하는 시간적 세계에 의해서도 제약되는 것이라 할 수 있다. 따라서 새로운 주체에 대하여 느낌을 위한 최초의 **유혹**(lure)으로 기능하는 것은 신을 포함한 여건 전체인 셈이다. 보다 정확히 말하자면 주체의 느낌을 위한 유혹의 대상이 되는 것은 신의 원초적 본성에서 개념적으로 실현되어 있는 영원적 객체들과, 그 주체의 시간적인 현실 세계를 형성하고 있는 현실적 계기들의 실재적인 한정자로서 도입되어 있는 영원적 객체들인 것이다. 이들 두 그룹의 영원적 객체들 사이에 차이가 있다면 그것은 전자의 영원적 객체들이 현실 세계 속으로 새로움의 요소를 끌어들이는 기능을 갖는다는 데 있다. 이는 **새로움**이 신의 개입을 통해서만 설명된다는 것을 함의한다. 즉 유혹의 대상이 시간적 계기들 속에 이미 구현되어 있는 영원적 객체들에 제한되지 않고, 그러한 계기의 한정성에 참여하고 있지 않은 영원적 객체들도 유혹의 대상으로 기능할 수 있게 되는 것은, 이런 영원적 객체들까지도 개념적으로 실현시키고 있는 신이 그 주체의 여건으로 기능하고 있기 때문이라는 것이다(*PR* 185). 그러므로 현실 세계에서의 새로움이 가능하게 되는 까닭은 모든 계기가 그 최초의 지향에서 신의 원초적 본성을 여건으로 갖는다는 데 있는 것이다. 이것이, "진보의 기초"가 "파생적이며 공감적인 개념적 가치 평가를 수반하고 있는, 신으로부터 파생된 새로운 혼성적 느낌"에 있는 것이라거나, "신의 개입을 떠날 경우, 세계에는 그 어떤 새로운 것도 있을 수 없고, 그 어떤 질서도 있을 수 없게 될 것"(*PR* 247)이라고 화이트헤드가 말하는 이유이다.

그런데 앞서 언급했듯이 이렇게 탄생하는 새로운 현실적 계기와, 그에 따르는 새로운 현실 세계는 결과적 본성에 있어서의 신을 새롭게 한다. 원초적 본성을 구성하는 느낌들의 여건인 영원적 객체들은 가능태이며 결코 실현된 사실이 아니다. 원초적 본성은 이접적인 순수 가능태를 연접시켜 파악하는 가운데 실재적 가능태로 바꾸어 놓고 있을 뿐이다. 따라서 이들 가운데 임의의 영원적 객체들이 결합하여 현실적 계기의 물리적인 구조 속에 진입하게 될 때, 근본적으로 새로운 무엇인가가 현실 속에 출현하게 된다. 이런 현실태는 그때까지 신에 의해서조차도 경험되어 본 적이 없는 것이다. 그래서 신의 결과적 본성은, 시간적인 계기들이 새롭게 완결되어 신에게 인과적으로 객체화될 때 그만큼 풍부해지고 또 새로워지게 된다. 그래서 신이 시간적 세계에 개념적인 새로움을 제공하는 것과 마찬가지로 시간적인 세계는 신에게 물리적인 새로움을 제공하는 것이다. 이런 의미에서 "신과 세계는 각기 상대편에 있어서의 새로움을 위한 도구인 것이다"(*PR* 349).[25]

4. 문제로서의 신

앞의 소절에서 우리는 신에 관한 화이트헤드의 논의를, 이에 관련된 여러 가지 쟁점들을 접어둔 채 가급적 체계 내적으로 정합하도록 구성하여 이해하고자 노력하였다. 이제 이들 쟁점으로 눈을 돌려보기로 하자. 이미 지적했듯이 문제의 원천은 화이트헤드가 신을 현실적 존재로 규정하고 있다는 데 있다. 이와 관련한 화이트헤드의 기본 시각은 그의 다음과 같은 표현으로 요약할 수 있겠다. "최고의 존재라는 관념은 합생의 과정 가운데 있는 현실태, 그러면서도 역사적 장 속의 그 어느 특정 시대의 여건만으로 제한되어 있지 않은 그런 현실태에 적용되어야 한다. 그것의 현실성은 그것이 갖는 개념적 욕구의 무한성에 기초하고 있으며, 그것이 지니는 과정의 형식은 이러한 욕구와, 세계 과정으로부터 수용한 여건을

---

25) 그런데 화이트헤드는 현실 세계에 새로움의 출현을 설명하기 위해 "개념적 역전(conceptual reversion)의 범주"를 도입하였었다. 이제 이 범주는 신의 기능 속으로 흡수된다(제2장 주 23 참조).

통합시키는 데에서 파생되어 나온다. 세계에 있어 이 최고 존재의 역할은 생기 찬 경험에로의 지향(aim)을 뒷받침하는 것이다. 그것은 가능태의 보고(寶庫)이며, 온갖 성취의 통합이다"(*MT* 93~94). 앞서 이미 언급했지만 이렇게 요약되는 현실적 존재로서의 신의 관념은 체계 내적으로 일관성을 결한 것이며, 따라서 화이트헤드의 체계는 그가 의도한 만큼 그렇게 정합적인 것으로 나타나 있지 않다는 비판을 불러일으켰다. 화이트헤드가 신을 영속하는 현실적 존재로 생각하는 이유는 분명하지만 이러한 주장은 신을 현실적 존재에 적용되는 형이상학적 범주와 원리들의 예외 사례로 만들고 그로 말미암아 체계 내적인 정합성이 깨어진다는 것이다.

여기서 다음과 같은 일련의 물음들이 제기된다. 우선 신이 존재이고 신의 합생이 끝나지 않는 것이라면 신이 만족에 도달하는 것은 어떻게 가능한가? 신의 만족이 불가능하다고 한다면 이는 적어도 모든 현실적 존재에 공히 적용되는 범주적 원리가 신에게는 예외가 된다는 것을 의미한다. 그리고 이 물음은 이와 연관된 또 하나의 물음, 즉 물리적 파악의 본성에서 파생되는 물음으로 이어진다. 시간적인 현실적 존재는 어떻게 신을 물리적으로 파악할 수 있는가 하는 것이 그것이다. 물리적 파악은 과거의 계기에 대한 파악이다. 현실적 존재는 그것이 파악하는 존재의 과거에 있지 않을 경우 물리적으로 파악되지 않는다. 그런데 신이 만족을 거쳐 과거의 것으로 객체화될 수 없다면 신은 물리적으로 파악되기 어려운 것처럼 보인다. 이런 난점은 물리적 파악이 갖는 또 다른 특성에 비추어서도 똑같이 제기될 수 있다. 물리적 파악은 물리적 사건이며, 따라서 시간을 필요로 한다. 그것은 시간 축을 따라 일어나는 사건이다. 그래서 동시적인 존재들은 상호간에 인과적으로 독립적이다. 그런데 신의 합생이 영속하는 것이라면, 그래서 신이 모든 시간에 걸쳐 있다면 신은 모든 현실적 존재들과 동시적인 것이 될 것이다. 그렇다면 시간적인 현실적 존재들은 어떻게 신을 물리적으로 파악할 수 있는가? 이것은 우리가 신을 어떻게 경험할 수 있는가 하는 물음이다. 사실 이 물음은 존슨(A. H.

Johnson)과의 대화에서 이미 제기되었지만 화이트헤드는 간단히 답하고 만다. "그것이 진짜 문제다. 나는 그것을 해결하려고 하지 않았다."[26]

이런 난점들은 화이트헤드의 신 개념에 들어 있는 비일관성 내지 심지어 비정합성을 시사하고 있는 것으로 간주되어왔다. 이것은 하츠혼(C. Hartshorne)과 그를 따르는 과정철학자들이나 신학자들로 하여금 현실적 존재로서의 화이트헤드의 신 개념을 수정하여, 신을 "인격적 질서(personal order)를 갖는 사회(society)"[27]로 이해하는 전략을 택하게 하였다.[28] 이렇게 수정된 화이트헤드의 신 개념은 앞서 제기한 문제들을 해결하고 있는 것처럼 보인다. 그러나 다른 한편 이러한 수정은 신의 개념과 신과 세계와의 관계에 관한 광범한 변형을 초래하고, 그래서 화이트헤드의 체계 자체의 원형을 흔들어 버린다. 우선 그것은 신을 시간의 추이에, 그래서 화이트헤드적 의미에서의 변화[29]에 종속시킨다. 그리고 그것은 화이트헤드가 시도한 신과 세계 사이의 체계적인 대비의 여러 가지 측면을 파괴한다. 화이트헤드에게 있어 세계는 시간적이며 신은 비시간적이다. 여기서 세계에 대한 신의 초월성이 있게 된다. 그러나 하츠혼을 따라 신을 현실적 계기들의 사회로 간주한다면, 현실적 계기나 사회가 시간적인 것과 같은 의미에서 시간적인 것이 된다. 하츠혼은 신의 초월적 특성을 주장할 수는 있겠지만 시간에 대한 신의 초월성을 주장할 수는 없게 되는 것이다. 화이트헤드에게서 세계는 변화하지만(한 현실적 계기에서 다른 현실적 계기로의 이행에서) 신은 영속적으로 합생할 뿐 변화하지 않는다. 그러나 하츠혼의 수정된 견해에서 신의 **초월적 본성**은 변하지 않

---

26) A. H Johnson, "Some Conversation with Whitehead Concerning God and Creativity," in L. S. Ford & G. L. Kline, eds. *Explorations in Whitehead's Philosophy*(New York: Fordham Univ. Press, 1983), pp.3~13.

27) **사회**란 현실적 계기들이 일직선적으로 잇따라 생성하는 가운데 특정의 한정 형식, 즉 영원적 객체(들)을 계승해 감으로써 동일성을 유지하는 파생적 존재를 말한다(제6장 참조).

28) C. Hartshorne, "Whitehead's Idea of God," in Paul A. Schilpp, ed. *The Philosophy of Alfred North Whitehead* (La Salle: The Open Court Publishing Co., 1941), pp.515~59.

29) 이에 관한 상세한 논의는 제4장을 참조할 것.

지만 신의 **구체적 현실성**은 세계와 함께 변화한다. 그렇기에 화이트헤드에서와 달리 하츠혼에게서는 신이 더 이상 세계와 대비되지 않는 존재가 되고 만다. 물론 하츠혼에게서도 신은 일자(一者)이다. 그러나 사회의 통일성은 현실적 계기의 통일성과 전혀 다르다. 전자는 파생적, 추상적 의미에서의 통일성인 반면 후자는 궁극적 구체적 의미에서의 통일성이다. 따라서 이러한 개념은 비록 하츠혼 자신의 철학에는 적절한 것일 수 있을지 모르지만 화이트헤드의 철학을 아주 심각하게 변질시키고 있는 것이다. 호진스키(T. E. Hosinski)는 "인격적 질서를 갖는 계기들의 사회"로서의 신의 개념은 **하츠혼 파**(Hartshornian wing)에 속하는 사람들의 것으로 간단하게 처리한다.30) 그는 이들이 신과 세계와의 관계에 대한 견해를 화이트헤드의 철학 내에 있는 견해와는 아주 다르게 재구성하고 있다고 주장한다. 필자가 보기에 이는 적절한 평가이다.

하지만 보다 순수하게 화이트헤드의 입장에서 현실적 존재로서의 신의 개념으로부터 파생되는 문제를 해결하고자 하는 과정철학자나 신학자들이 없는 것이 아니며 필자도 일단 이들과 입장을 같이 한다. 물론 이런 시도가 성공하려면 많은 구성적 작업을 필요로 할 것이다. 사람에 따라 차이가 있기는 하지만 일반적으로 이러한 해결을 모색하는 사람들은 화이트헤드의 철학에서 신은 **비시간적 존재**라는 점을 강조한다. 그래서 엄격하게 말하자면 신은 시간적인 현실적 존재들과 동시적이지 않다고 말할 수 있다. 왜냐하면 오직 시간적인 현실적 존재들만이 서로 동시적일 수 있기 때문이다. 또 오직 시간적 세계에서만 현실적 존재가 물리적으로 파악될 수 있기에 앞서, 만족되어야 할 필요가 있는 것이라고 말할 수 있다. 그래서 이러한 해석은 결국 영속적인 합생 가운데 있는 신이 현실적 존재들에 의해 물리적으로 파악될 수 있다는 주장이 화이트헤드 철학의 어떤 범주도 침해하지 않는다는 결론으로 나아간다.

---

30) T. E. Hosinski, *Stubborn Fact and Creative Advance*, Boston: Rowman and Littlefield Publishers, Inc., 1993, p.221.

그러나 이런 시도는 문제에 대한 해결이 아니라 해결의 방향을 시사하고 있을 뿐이다. 궁극적인 문제는 신의 개념과 범주 일반과의 충돌을 어떻게 피할 것이냐 하는 것이 아니라 오히려 이런 범주들을 온전히 활용하여 어떻게 신과 세계와의 관계를 정합적으로 회복시킬 것이냐 하는 것이다. 특히 여기서 핵심이 되는 것은 어떻게 현실적 계기가 신을 파악할 수 있는 것인가 하는 문제이다.

제4장

시간과 공간: 연장적 연속체와 생성의 획기성

우리는 앞의 제2장에서 현실적 계기의 합생에서 일어나는 여러 위상들을 분석적으로 고찰한 바 있다. 그런데 이처럼 현실적 계기가 여러 위상을 거쳐 완결되는 것이라는 사실은 그것의 합생이 점적인 순간에 이루어지는 것이 아님을 시사한다. 사실상 그것은 비록 지극히 미시적인 규모이긴 하지만 시공간적 폭, 보다 일반적으로 말하자면 **연장성**(extension)을 지닌다. 화이트헤드는 이런 연장성을 설명하기 위해 **연장적 연속체** (extensive continuum)라는 관념을 끌어들인다. 연장적 연속체는 합생하는 계기들이 실현하는 연장, 즉 **영역**(region)들을 관계항으로 하는 복잡한 관계체계이다. 그래서 현실적 계기는 그것이 연속체 내의 특정한 영역을 점유한다는 사실에서 연장성을 갖게 되는 것으로 기술되고, 반대로 이 때의 영역은 현실적 계기에 의해 점유됨으로써 원자적으로 현실화하는 것으로 간주된다. 그리고 실현 이전의 가능태로서의 영역은 가능태인 연장적 연속체의 복잡한 관계체계를 이루는 기본적인 관계항이다.

그런데 현실적 계기의 합생은 이처럼 연장적 영역을 점유 내지 실현하는 가운데 두 가지 부가적인 특성을 확보한다. 그 하나는 영역들 간의 본질적인 관계에 힘입어, 합생하는 계기가 다른 모든 현실적 존재와의 상호 초월과 상호내재라는 관계 속에 있게 된다는 것이다. 이것은 원자론적 세계관에서 개체들 간의 독립성과 연대성(solidarity)이라는 이율배반적인 사태를 설명하는 장치라고 할 수 있다. 그리고 다른 하나는 합생하는 계기가 특정의 영역을 점유함으로써 연장성을 현실화시키고, 이로부터 다시 물리적 시공간을 파생시킨다는 것이다. 이는 합생이 물리적 시공간에 존재론적으로 선행하는 사태임을 함축한다. 따라서 우리가 앞에서 고찰한, 합생에서의 그 내적인 위상들 간의 관계는 물리적 의미의 시간적 관계가 아니다. 화이트헤드는 합생의 이런 비시간성을, 합생하는 계기의 자율성의 토대로 간주하고 있다.

이 장에서는 연장적 연속체의 기본 특성과 물리적 시공간의 존재론적 지위를 검토하고, 화이트헤드가 말하는 현실적 계기들 간의 상호내재와 초월 및 자유의 가능성을 추적해 볼 것이다. 이 논의는 현실적 계기의 절대적 개체성과 상대적 개체성에 관한 기술을 완결하고, 나아가 현실적 계기의 자율적인 자기 창조성을 가능케 하는 기본 바탕을 확인하는 자리가 될 것이다.

1. 연장적 연속체

『과정과 실재』에 들어 있는, 연장적 연속체에 관한 화이트헤드의 기술들은 상당히 난해하다. 이에 대한 완전한 분석은 지극히 복잡하고도 기술적인(technical) 논의를 필요로 할 것이다. 따라서 우리는 화이트헤드 우주론의 기본 구도를 이해하는 데 필요한 것으로 보이는 한도 내에서 이 개념을 검토할 것이다.

연장적 연속체와 관련하여 비교적 분명한 것으로 보이는 구절에서 시작하기로 하자. 화이트헤드는 다음과 같이 말하고 있다. "물리적 세계는 이를 연장적 연속체로 구성해내는 일반적 유형의 관계성에 의해서 결합되어 있다. 이 연속체의 특성을 분석해 볼 때 우리는 그것이 두 가지 부류로 구분되고 있다는 것을 발견하게 된다. 그 중의 하나인 보다 특수한 부류는 다른 하나인 보다 일반적인 부류를 전제하고 있다. 여기서 보다 일반적인 유형은 '연장적 결합,' '전체와 부분,' '연장적 추상에 의해서 도출될 수 있는 다양한 유형의 기하학적 요소'라는 단순한 사실을 표현한다. 하지만 그것에는 직선을 정의할 수 있게 하며, 그래서 측정가능성을 이끌어들이는 보다 특수한 특성들은 포함되지 않는다"(*PR* 96~97). 이 구절에서 보면 연장적 연속체는 두 가지, 즉 보다 일반적인 것과, 이를 전제로 하는 보다 특수한 것으로 구별되고 있다. 전자는 **연장적 결합, 전체와 부분, 연장적 추상에 의해서 도출될 수 있는 다양한 유형의 기하학적 요소**로 특징지워지며, 후자는 이런 특성들 이외에 직선을 정의할 수 있게 하고, 그래서 측정가능성을 이끌어들이는 보다 특수한 특성들을 포함한다. 그러나 이런 일련의 표현은 연장적 연속체에 대한 지극히 일반적이고 형식적인 기술이자 구별에 불과하다고 할 수 있겠다. 이 기술이 구체적인 의미를 얻기 위해서는 연장적 결합, 연장적 추상, 다양한 유형의 기하학적 요소, 측정가능성과 같은 개념들의 의미가 분석적으로 해명되고 나아가 화이트헤드의 우주론에서 어떤 기능을 갖는지가 밝혀져야 한다. 전자의 과제는 수학적 기하학적 개념들을 통한 지극히 복잡하고 형식적인 논의를 필요로 한다. 따라서 여기서는 편의상 후자의 논제를 해명하는 우회로를 택하여 그 구체적인 의미를 추적해볼 것이다.

화이트헤드에 따르면 연장적 연속체는 기본적으로 "무한한 가분성과 끝없는 연장이라는 특성"(*PR* 66)을 지닌다. 그런데 이런 특성으로부터 곧바로 두 가지 존재론적 함의가 도출된다. 우선 그 하나는 연속체가 현실태가 아니라 가능태라는 것이다. 현실태는 철두철미 원자적이기 때문이다(*PR* 35). 그리고 이와 연관하여 또 하나의 함의, 즉 연속체는 현실 세계에 우선하는 사실일 수 없는 것이라는 함의를 끌어낼 수 있다. 이런 함축은 사실상 화이트헤드의 명시적인 진술로 나타나 있다. "연장적 연속체는 세계에 우선하는 사실이 아니다. 그것은 세계의 일반적인 성격에서 생기는 질서 — 즉 실재적 가능태 — 에 대한 최초의 규정이다"(*PR* 66, cf *PR* 76). 그런데 화이트헤드는 이 구절에서 연장적 연속체를 **세계의 일반적 성격에서 생기는 질서에 대한 최초의 규정**이라고 말하고 있다. 여기서 **질서**란 앞서 인용한 구절에 들어 있는 연장적 결합, 전체와 부분, 연장적 추상에 의해 도출되는 다양한 기하학적 요소 등을 통칭하는 말로 이해할 수 있다.

그렇다면 이처럼 가능적 질서로 상정된 연장적 연속체가 어떤 의미에서 두 유형으로 구별될 수 있는 것인가? 우선 다음의 구절에서 우리는 보다 일반적인 성격의 연장적 연속체에 관한 화이트헤드의 생각을 가늠해 볼 수 있다. "연장적 특성들의 일반적인 속성들 속에서 우리는 우리의 직접적인 우주시대를 훨씬 넘어서서 확대되고 있는 거대한 결합체의 한정 특성(defining characteristic)[1]을 식별하게 된다. 그것은 양립 불가능한 보다 특수한 특성들을 띤 다른 여러 우주시대를 그 자신 속에 내포하고 있다"(*PR* 97, cf. *PR* 288). 여기서 **거대한 결합체**는 특수한 여러 우주시대를 포함하는 것이므로 특정 우주시대를 넘어서는 형이상학적 지평의 존재이다. 그래서 일반적인 연장적 연속체는 이 거대한 결합체가 갖는 근원적 질서로서의 형이상학적인 연장적 연속체라고 말할 수 있다. 그것은 특정한 우주시대(cosmic epoch)를 넘어서서 모든 우주시대에 전제되는 것이라는 의미에서 궁극적인 형이상학적 질서인 것이다. 그것은 모든 우주시대에 전제된다는 의미에서 또한 필연적인 것이다. 그것은 가장 일반적인 사회적 관계성, 즉 **순수한 연장**에 도달하게 될 때까지 확대된 **사회적 질서**이다. 그것은 근원적인 질서의 유형이기에 극소수의 특성만을 지닌다. 이는 다음과 같은 화이트헤드의 진술을 토대로 한다. 즉 "현재의 우주시대를 넘어서는 그 완전한 일반성에 볼 경우, 연장

---

1) **한정 특성**은 결합체(정확히 말하자면 사회)의 내적 질서를 가리키는 개념으로서, 복합적인 영원적 객체로 분석, 기술된다.

적 연속체는 형태나 차원 또는 측정가능성 같은 것들을 포함하지 않는다. 이런 것들은 우리의 우주시대에서 비롯되는 실재적 가능태들의 부가적인 결정들이다"(*PR* 66).

그런데 이 구절의 마지막 문장은 특수한 연장적 연속체의 특성과 지위에 대한 기술을 함축하고 있다. 즉 지금의 우주시대에 실현되어 있는 연장적 연속체는 형태, 차원, 측정가능성 등을 지니는 실재적 가능태로서, 보다 일반적인 특성의 실재적 가능태인 형이상학적인 연장적 연속체를 부가적으로 결정함으로써 출현한 것으로 이해될 수 있다는 것이다. 그래서 그것은 단지 우리의 우주시대에 있어서만 근본적인 것으로 간주되는 질서의 패턴이다(*PR* 288).2) 이런 질서의 패턴을 실현하고 있는 우리의 물리적인 우주는 현실적인 연장적 연속체로 나타나며, 이 연속체는 "단순한 차원적 성격 — 특정한 차원 수를 떠난 — 과 측정가능성"(*PR* 91) 같은 특성을 갖고 있고 어떤 기하학적 공리들로 분석될 수 있다. 결국 이렇게 볼 때 우리의 우주시대에서 찾아볼 수 있는, 특수한 연장적 연속체에 관련된 특성들은 우리의 우주시대가 궁극적인 질서로서의 형이상학적인 연장적 연속체를 특정한 방식으로 한정한 데서 비롯된 것이라고 할 수 있다. 그리고 이 우주시대는 지금과는 다른 방식으로 연속체를 한정했던 이전의 세계 내지 우주시대를 대치한 것이며, 장차 지금과는 또 다른 방식으로 연속체를 한정하는 새로운 유형의 사회질서를 지닌 세계에 의해 대치될 것이다. 그러므로 우리의 세계, 우리의 우주시대는 형이상학적인 연장적 연속체를 어떤 방식으로 제한하면서 생겨난 실재적 가능태로서의 연장적 연속체를 현실화하고 또 이 가능태의 도식을 따라 생성하고 있는 것으로 이해될 수 있는 것이다.

그런데 화이트헤드에 따르면 우리의 우주시대의 근원적인 질서로 간주되는 사차원의 물리적 시공연속체는 이 특수한 실재적 가능태로서의 연

---

2) 이런 맥락에서 전자와 양성자로 이루어지는 질서의 패턴은 한층 더 파생적인 것이다. 그렇기에 이러한 일반성을 좁혀갈 때 우리는 생물학적 패턴, 인간 생명의 패턴, 20세기 어느 국가의 사회적 생활의 패턴을 순차적으로 목격하게 되는 것이라 할 수 있을 것이다.

장적 연속체를 현실화하여 나타난 것이다(AI 241~42, MT 155).3) 따라서 시공연속체는, 비록 그것이 우리의 세계 곧 우리의 우주시대의 근원적인 특성이긴 하지만, 우주의 형이상학적인 특성은 아니다. 우리의 우주시대가 그와 같은 시공연속체를 낳게 되는 것은, 이를 구현하고 있는 각각의 현실태들의 생성이 연속체 내의 특정 영역을 점유하는 가운데 그 연속체를 지금과 같은 방식(즉 현실태들에 의한 4차원의 시공적 충만)으로 현실화하고 있기 때문이다. 이를 보다 일반적인 방식으로 말하자면 우리의 우주시대에서 벌어지고 있는 연속성의 실현은 "우리가 당면하고 있는 우주시대를 구성하고 있는 피조물의 사회에서 생겨나고 있는 특수한 조건"(PR 35~36)이라고 할 수 있다. 그런데 이런 사실로부터 시공연속체는 두 가지 측면에서 이해될 수 있는 것이 된다. 그 하나는 물리적 시간이나 물리적 공간은 연장적 연속체라는 보다 일반적인 관계성을 전제로 하는 관념으로 간주될 수 있다는 것이다. 이렇게 이해될 때 "공간의 연장성은 실제로는 연장의 공간화이며, 시간의 연장성은 실제로 연장의 시간화"(PR 289)라고 말하는 것이 정확한 표현이 된다. 뿐만 아니라 "연장 그 자신은, 물리적 시간과 물리적 공간에 관해서 참이 되는 특정의 사실

---

3) 우리는 여기서 화이트헤드가 말하는 물리적인 시간을 실재적인 구체적 시간과 혼동해서는 안 된다. 후자의 시간은 우주의 형이상학적인 특성이며, 그것의 창조적인 전진으로 가장 잘 이해될 수 있다. 이러한 전진은 현실적 존재들의 대치를 가능케 하는 창조성의 기능이다. 이에 반해 물리적인 시간은 우리의 우주시대의 창조적 전진에 의해 생겨난 특수한 산물에 불과한 것이다. 화이트헤드는 이 점을 특히 시간과 관련하여 『상징작용: 그 의미와 효과』에서 명료하게 지적하고 있다. "시간은 우리의 경험 행위들의 계기(succession)로서 우리에게 인식되고, 그렇기에 파생적으로는 이들 행위 속에서 객관적으로 지각되는 사건들의 계기(繼起)로서 우리에게 인식된다. 그러나 이러한 계기는 순수한 계기가 아니다. 그것은 선행상태에 대한 후속상태의 순응성을 드러내 보여주는 상태로부터의 상태의 파생이다. 구체적인 것에 있어서의 시간이란 상태에 대한 상태의 순응이며, 선행자에 대한 후속자의 순응이다. 그리고 순수한 계기는 정착된 과거가 파생적인 현재에 대해 가지는 불가역적인 관계로부터의 추상물이다. 순수 계기의 관념은 색채의 관념과 유사하다. 단순한 색채라는 것은 존재하지 않으며, 붉거나 푸른 어떤 특정의 색채가 언제나 존재할 뿐이다. 이와 마찬가지로 순수 계기라는 것은 존재하지 않고 관계항들을 계기하게 하는 어떤 특정한 관계적인 근거가 언제나 존재할 뿐인 것이다. 정수는 하나의 방식으로 계기하고 사건은 또 다른 방식으로 계기한다. 그리고 계기의 이러한 방식들을 사상해버릴 때, 우리는 순수 계기가 이차적인 파생물이라는 것을 깨닫게 된다. 즉 그것은 시간의 시간적 성격과 정수의 수적 관계를 도외시한 유적인 추상관념인 것이다"(S 35).

을 결정하지 않는다"(*PR* 289). 그래서 예컨대 공간의 단순한 차원성은 원래 연장의 순수한 관념에는 포함되어 있지 않은 그런 추가적인 규정에 속하는 것이다. 또한 시간의 순차성(seriality)도, 단선적이건 복선적이건 간에 단순한 연장의 관념으로부터는 파생되는 것이 아니다. 그러므로 우리가 경험하는 "시간과 공간은 연장의 도식을 전제로 하는 자연의 특성," 그것도 부가적인 우연적 특성이라고 할 수 있는 것이다(*PR* 289).

다른 측면에서 보면 시공연속체는, 연장적 연속체가 우리의 우주시대를 구성하고 있는 현실적 계기들에 힘입어 현실화한 것(*PR* 72, 288~89)이라는 점에서 파생적인 질서로 이해될 수 있다. 형이상학적인 연장적 연속체 자체가 현실적 계기들에 존재론적으로 선행하는 것으로 간주될 수 있는 것과는 달리, 시공연속체는 현실적 계기들의 생성에 존재론적으로 후행하는 것, 그래서 현실세계로부터 파생되는 부산물로 간주될 수 있다는 것이다. 이는 시간과 공간이 경험의 행위로서의 현실적 계기들의 잇따르는 합생에 존재론적으로 의존하는 것임을 의미한다. 그리고 이런 의미에서 시공연속체는 실재에 있어 자립적인 요소가 아니라 의존적인 것이요, 별개의 것으로 고찰되는 시간과 공간은 이런 의존적이고 파생적인 실재로부터 다시 추출되어 구성된 추상관념에 불과한 것이 된다(*SMW* 96).

이런 견해는 시간과 공간을 이해하는 데 있어 연장적 연속성을 **현실적인** 것으로 보지 않는다는 점에서 라이프니츠의 생각과 유사하다. 그러나 라이프니츠는 연장적 관계까지도 **실재적인** 것으로 보지 않고 **현상적인** 것으로 보았다는 점에서 화이트헤드의 견해와 구별된다. 화이트헤드에게 있어 연장적 관계를 포함하는 모든 관계는 실재적인 것이다.4) 다른 한편 우리는 이러한 견해를 흄에 대한 비판적 수정으로 이해할 수도 있겠다. 로크의 사상을 철저화하면서 흄은 사유의 일차적인 소재가 감각인상, 예

---

4) 레클럭(I. Leclerc)은 그의 논문 "Whitehead and the Problem of Extension" (in *Alfred North Whitehead: Essays on His Philosophy*. ed. G. L. Kline [Englewood Cliffs: Prentice-Hall, Inc, 1963], pp.17~23)에서 이에 관해 상세히 논하고 있다.

를 들어 채색된 점이라고 말한다. 그러나 시간과 공간 그 자체는 감각이 아니다. 그래서 흄은 우리가 이런 점들이 어떤 방식으로 배치되어 있다는 사실로부터 공간이나 연장에 대한 관념을 얻게 되며, 이들에 대한 인식이 잇따라 일어난다는 사실로부터 시간에 대한 관념을 얻게 되는 것이라고 생각한다.5) 그러나 이런 이해 방식은 관념의 기원에 관련된 논점을 회피하고 있는 것이다. 왜냐하면 그것은 어째서 우리가 배치되어 있는 것으로서의 점들이나 계기하는 것들로서의 점들을 지각하게 되는지를 설명하지 않고 있기 때문이다. 이러한 난점을 안고서, 흄의 원자적 감각론을 받아들인 칸트는 시간과 공간은 정신 내의 선천적 형식이며, 따라서 시간과 공간의 기원은 인식하는 존재의 본래적인 구조에서 찾아져야 한다고 주장하는 가운데 **현상적인** 시공간 개념을 마련하였다. 화이트헤드는 연장적 연속체의 실재성을 주장함으로써 시공 개념에 실재적 토대를 제공하고 있는 것이다.

이제 요약하자면 이렇다. 화이트헤드에게 있어 **특수한 성격의 연장적 연속체**는 실재적 가능태로서, **일반적 성격의 연장적 연속체**, 즉 형이상학적 성격의 연장적 연속체에 대한 우연적인 규정의 산물이다. 그리고 시공 연속체는 후자, 즉 특수한 성격의 연장적 연속체가 현실 세계의 생성을 통해 현실화한 것이다. 따라서 시공 연속체는 그 궁극적 근거를 형이상학적인 연속체에 두고 있는 것이라고 할 수 있다.

그러나 그렇다면 우리는 다시 물을 수 있다. 형이상학적인 연장적 연속체 자체는 근거를 필요로 하지 않는 것인가? 우리는 앞서 이런 연장적 연속체가 우주에 선행하는 사실이 아니라 우주의 일반적 성격에서 생겨나는 **궁극적인 질서**로 간주된다고 하였다. 그러나 이런 주장은 일견 현실 세계가 형이상학적인 연장적 연속체를 규정하면서 출현한 것이라는 주장과 표면상 조화되기 어려운 것처럼 보일 수 있다. 그리고 이런 사실은 연장적

---

5) 흄은 다음과 같이 말하고 있다. "볼 수 있거나 만질 수 있는 대상들의 배치상으로부터 공간의 관념을 얻게 되는 것과 꼭 마찬가지로 우리는 관념과 인상들의 계기(succession)로부터 시간의 관념을 얻는다"(D. Hume, *A Treatise of Human Nature*, bk. II, pt. II, sec. 3).

연속체가 화이트헤드의 형이상학 체계에서 어떤 지위에 있는 것인가 하는 물음을 낳게 된다. 그것은 그 자체로 궁극적인 것인가 아니면 또 다른 근거를 갖는 것인가? 이 물음과 관련하여 가장 체계적으로 일관성 있게 답변하고 있는 사람은 노보(J. L. Nobo)이다. 그는 자신의 역저『화이트헤드의 연장과 연대성의 형이상학』(*Whitehead's Metaphysics of Extension and Solidarity*)에서 현실적 존재들의 연대성의 문제를 광범하고도 세밀하게 다루는 가운데 연장적 연속체의 개념에 의거하여 그 문제를 해결하고자 한다. 물론 이는 화이트헤드가 명시적으로 언급하고 있는 논점이다(*PR* 76, 309). 그러나 노보는 연장적 연속체를 궁극자, 즉 **형성적 요소**에 속하는 것으로 해석해야 우주의 연대성의 문제가 매끄럽게 처리될 수 있다고 역설6)함으로써, 화이트헤드의 도식 체계를 부분적으로 수정한다. 그러나 필자가 보기에 이는 필요 이상의 주장인 것 같다. 이제 노보의 이런 견해를 비판적으로 검토하는 가운데 연장적 연속체의 존재론적 지위와 기본 성격을 보다 분명히 해 보기로 하자.

노보는 우선 연장적 연속체의 의미를 몇 가지로 구별하여 정의하고 있다. 가장 기본적인 구별은 위에서 우리가 살펴본 **형이상학적인 연장적 연속체와 특수한 연장적 연속체** 간의 구별이다. 그에 따르면 이 후자의 연속체는 단일한 현실적 입각점일 수도 있고, 현실적 입각점들의 충만일 수도 있다. 노보는 여기에다 다시 두 가지 유형의 연속체, 즉 우리의 우주시대에 있어 현실태들의 충만으로부터 창출되고 있는 현실화된 연장의 시공연속체와, 현실적 존재 속에 객체화되는 것으로서의 연장적 연속체를 추가하고 있다.7) 물론 이 구별에서 노보가 가장 심혈을 기울여 논하고 있는 것은 형이상학적 연장의 연속체와 특수화된 연속체이다. 시공연속체

---

6) 노보(J. L. Nobo)는 다음과 같이 말하고 있다. "형이상학적인 연장적 연속체는 생성, 존재, 현실적 계기들의 연대성을 위한 우주의 영원적인 가능태의 한 측면 내지 요소로 이해되어야 한다. 화이트헤드의 용어로 하자면 그것은 시간적 세계의 형성적 요소이다"(그의 책, *Whitehead's Metaphysics of Extension and Solidarity* [New York: State University of New York Press, 1986], p.53).

7) J. L. Nobo, 앞의 책, p.241.

와, 임의의 현실적 존재에 객체화된 연속체는 특수화된 연속체의 파생물로 이해되기 때문이다.

그런데 노보는 이렇게 연속체의 의미를 세분하여 정리하면서 연장적 연속체에 관한 화이트헤드의 진술들이 불분명하다고 불평하고 있다.[8] 화이트헤드는 연장적 연속체라는 개념을 상이한 맥락에서 상이한 함축을 지닌 것으로 사용하면서도 이를 명확히 구별하여 정의하고 있지 않다는 것이다. 그리고 나아가 노보는 그 이전의 화이트헤드 논객들을 공박한다. 그들은 형이상학적 연속체와 현실화된 연속체를 구별하지 못함으로써 화이트헤드의 진정한 의도를 이해하지 못하였다는 것이다. 그러나 이런 두 가지 지적은 모두 다소간 과장되어 있는 것처럼 보인다. 우선 무엇보다도 노보의 주장과 달리, 우리가 이 소절을 시작하면서 인용했던 구절에서 보듯이 화이트헤드는 이를 명시적으로 구분하고 있다. 물론 그는 이를 명확히 구별하여 정의하지는 않았다. 그러나 이 점은 단순히 화이트헤드의 불찰에 기인하는 것이라 보기 어렵다. 왜냐하면 그에게 있어 모든 궁극적인 관념들은 한정적으로 정의할 수 없도록 되어 있는 것이기 때문이다. 왜냐하면 우리는 이런 궁극적인 관념들을 종(種) 개념으로 포섭할 수 있는 유(類) 개념을 생각할 수 없기 때문이다. 만일 이런 보다 궁극적인 유 개념을 생각할 수 있다면 문제되는 궁극적 개념은 이미 궁극적 개념이 아닌 셈이 될 것이다.

또한 화이트헤드의 연구자들에 대한 노보의 비난도 그다지 온당한 것이 아니다. 그는 다분히 자신의 주장을 부각시키기 위해 그 이전의 해석들을 소홀히 하고 있는 것처럼 보인다. 그에 따르면 예전의 화이트헤드 논객들이, 화이트헤드의 진술들 가운데 형이상학적인 연장적 연속체의 속성과 기능에 관해 때로는 묵시적으로 또 때로는 명시적으로 언급하고 있는 구절들 중 일부에 대해서는 지적한 바 있다고 한다. 그러나 그는 그들이 거의 언제나 이런 구절들을, 연장적 연속성의 파생적이고 우연적인 본

---

8) 위의 책, p.207.

성에 관한 화이트헤드의 기본적인 주장으로 간주되는 것과 충돌하는 것
으로 방치해 두고 있다고 비난하고 있다.[9] 노보는 자신의 이런 주장을
보충하는 주석에서 이런 사례들을 구체적으로 열거하여 비판한다. 그는
특히 존슨(A. H. Johnson)[10]과 로스(S. D. Ross)를 희생양으로 삼고
있다. 그러나 적어도 로스에게 가해지는 노보의 비난은 적절하지 않다.
노보는 로스의 『화이트헤드의 형이상학에 있어서의 전망』(*Perspective
in Whitehead's Metaphysics*)에 들어 있는 구절을 직접 인용한다.[11]
그러나 노보가 인용하고 있는 부분 밑에 계속되고 있는 로스의 진술을
들여다보면[12] 노보는 의도적으로 로스의 글을 간략하게 인용하지 않았나
하는 느낌이 든다. 왜냐하면 로스는 노보가 역설하고 있는 기본적인 구별
을 이미 완전한 형태로 제시하고 있었기 때문이다. 뿐만 아니라 이런 견

---

9) 위의 책, p.255.
10) 사실 노보의 지적대로, 존슨은 그의 책 『화이트헤드의 실재 이론』(*Whitehead's Theory of
Reality*)에서 연장적 연속체에 대한 화이트헤드의 논의가 명백히 혼동을 일으키고 있다고 말하
고 있다. 화이트헤드는 연장적 연속체라는 말에 상이하고도 모순되는 의미를 부여하고 있었다
고 보아야 한다는 것이다(p.57, 185).
11) 노보는 로스의 다음과 같은 진술을 인용한다(앞의 책, p.255, 각주 1, 또 같은 책, p.412 참
조). "나는 그 가장 완전한 의미에 있어서의 연장적 연속체는 하나의 우주 속에 있는 모든 현실
적 계기들의 전망과 공재를 위한 한정 조건이라고 말했다. 그것은 모든 생성에 의해 전제되며,
이런 의미에서 우리의 우주시대의 생성 내지 특수한 조건지음의 결과인 것으로 보이지 않는다.
이와 달리 택할 수 있는 대안은 화이트헤드의 이론에서 연장적 연속성에는 상이한 의미, 즉 하
나가 다른 하나보다 더 일반적인 것이 되고 있는 그런 상이한 의미가 있다고 보는 것이다"(S.
D. Ross, *Perspective in Whitehead's Metaphysics* [Albany: State University of
New York Press, 1983], p.170).
12) 로스는 노보가 인용하고 있는 부분 바로 밑에서 다음과 같이 말하고 있다. "화이트헤드는 또한
"연장적 연속성은 우리가 당면하고 있는 우주시대를 구성하는 피조물들의 사회로부터 생겨나고
있는 특수한 조건"(*PR* 36)이라고 말한다. 이러한 언명은 "연장은 다른 모든 유기적 관계들에다
배경을 제공하는 실재적 가능태의 가장 일반적인 도식"(*PR* 67)이라고 주장하고 있는, 연장적
연속체에 관한 논의와 조화되지 않는 것처럼 보인다. …그것은 모든 생성에 전제되며, 이런 의
미에서 그것은 생성의 결과라든가 우리의 우주시대의 특수한 조건이 아닌 것처럼 보인다. 여기
서의 대안은 화이트헤드의 이론에는 연장적 연속체의 상이한 의미가 있다고 보는 것이다. 즉 그
중 하나가 다른 하나보다 더 일반적인 것이라고 보는 것이다. 그래서 위 첫째 구절은 연장 일반
이 아니라 우리의 우주시대의 외적인 관계의 특수한 일반성을 표현하고 있는 것이다. 연장적 연
속체는 우주의 필수적인 구성요소인 반면, 대부분의 시공간적인 관계의 연속성은 우리의 특정
한 우주시대의 속성에 불과한 것일 수 있는 것이다."(S. D. Ross, 앞의 책, p.170).

해는 이들 두 사람보다 훨씬 더 앞서 활동했던 슈밋트(P. F. Schmidt)에게서도 찾아볼 수 있다.13) 따라서 이렇게 보자면 아무래도 연장적 연속체의 두 가지 의미 내지 패턴과 관련한 노보의 불평이나 비난은 정당한 것이라고 보기 어렵다 하겠다.

그러나 내가 보기에 노보의 주장 가운데 정녕 필요 이상의 것으로 보이는 사항은, 연대성을 설명하면서 연장적 연속체를 **형성적 요소**의 하나로 해석해야 한다는 도전적인 주장이다. 그의 이러한 주장은 형이상학적인 연장적 연속체의 기능에 대한 그의 다음과 같은 판단을 배경으로 하고 있다. 즉 영원적인 연속체는 창조성과 더불어 궁극적인 실재의 상이한 두 측면으로서, 이들은 결합하여, 생성, 존재, 현실적 존재들의 연대성 등을 위한 궁극적인 형이상학적 근거인 영원적인 연장-창조적 모체(extenso-creative matrix)를 구성한다는 것이다. 그렇기에 이 모체의 연장성이 갖는 성격과 기능이 완전히 이해되기까지는 모든 현실적 존재의 연대성을 충분히 해명할 수 없다고 보았던 것이다.14) 그에 따르면 여기서 "창조성은 우주의 본질적인 발생적 전개를 근거지우고 있는 역동적인 원리인 반면, 연장적 연속체는 우주의 본질적인 연대성을 근거지우고 있는 정태적인 원리이다." 그래서 "이러한 근거가 모든 생성의 수단이 되고 있는 한 그것은 '창조성'이라 불리며, 그것이 상호 연관된 모든 현실적 존재들의 장소가 되고 있는 한 그것은 '연장'이라 불린다."15) 그리고 이로부터 그는 다음과 같이 결론한다. 즉 "창조성과는 별개로 다루어

---

13) 슈밋트(P. F. Schmidt)는 『화이트헤드의 철학에서 지각과 우주론』(*Perception and Cosmology in Whitehead's Philosophy*)에서 다음과 같이 말하고 있다. "화이트헤드가 사용하는 연장적 연속체라는 말은 모호하다. 왜냐하면 어떤 맥락에서 그것은 모든 우주시대에서 타당한 연장성의 가장 일반적인 조건들을 가리키고, 다른 어떤 맥락에서는 우리의 우주시대에서 타당한 연장성의 특정 상태를 가리키고 있기 때문이다. …그러나 이 두 가지 용법은 논리적으로 양립 불가능한 것이 아니다. 후자는 전자에 특수한 하나의 사례로서 포함된다"(*Perception and Cosmology in Whitehead's Philosophy*[New Brunswick: Rutgers University Press, 1967], p.140).
14) J. L. Nobo, 앞의 책, p.54 (또 같은 책, p.166, 207도 참조).
15) 위의 책, p.256.

지는 연장에 관한 모든 논의 및 연장과는 별개로 다루어지는 창조성에 관한 모든 논의는 필연적으로 잠정적인 것이다. 연장과 창조성의 결합된 기능만이 우주의 역동적인 연대성을 충분히 설명해낼 수 있다."16) 노보가 이 일련의 진술에서 주장하는 것은 이렇게 요약될 수 있겠다. 즉 형이상학적인 연장적 연속체는 **창조성**과 등위에 있는 영원적인 모체이기에 형성적 요소로 간주되어야 한다는 것이다. 하지만 여기서 연대성의 문제를 잠시 접어둘 때, 우리는 노보가 연장적 연속체를 마치 하나의 통일적 **용기**(用器)의 개념으로 이해하고 있다는 인상을 받게 된다. 다시 말해 그가 말하는 **연장-창조적 모체**는 근대의 절대 공간-시간이라는 낡은 모체를 연상시키고 있다는 것이다.

연대성의 문제를 해결하려면 연장적 연속체가 모체여야 하는가? 앞서 언급했듯이 화이트헤드는 『과정과 실재』의 도처에서 우주의 연대성이 연장적 연속체에 기초한다고 말하고 있다(*PR* 76, 309). 그런데 연대성은 기본적으로 관계성의 다른 표현이다. 그리고 관계성은 화이트헤드의 범주적 도식을 따를 때 영원적 객체들의 관계적 본질로 환원된다. 그렇다면 우주의 연대성을 뒷받침하는 것으로 간주되는 연장적 연속체 또한 어떤 복합적인 영원적 객체로 환원될 수 있을 것이다. 그리고 사실상 우리는 화이트헤드의 기술에서 이를 시사하는 구절을 찾아볼 수 있다. 우선 연장적 연속체에 관한 중요한 기술로 널리 인용되는 구절(*PR* 66)을 보면 연장적 연속체는 "전체와 부분과의 관계, 공통부분을 갖게 되는 중첩의 관계, 접촉의 관계, 그리고 이러한 원초적 관계에서 파생된 다른 여러 관계들과 같은 다양한 관계들의 제휴에 의해 통일체가 된 존재들의 복합체(a complex of entities)"라고 되어 있다. 그리고 이어서 이 연속체는 "무한한 가분성과 끝없는 연장이라는 특성"을 지니며 "세계의 과정 전체를 꿰뚫고 있는 모든 가능한 관점의 연대성을 표현"한다고 한다. 이 일련의 구절을 요약해놓고 보면 실재적 가능태로서의 연장적 연속체는 모든 가

---

16) 위의 책, p.259.

능한 관점의 연대성을 표현하는 **다양한 관계**(complex relationship)들로 이루어진 **존재들의 복합체**(a complex of entities)이다. 여기서 **존재들**은 무엇이며 **관계**들은 무엇인가? 현실태가 아닌 한, 이들은 모두 영원적 객체일 것이다. 그렇다면 우리가 일반적 가능태로 이해하는 연장적 연속체는 이런 영원적 객체들 간의 근원적인 관계로 이해할 수 있다. 그리고 실재적 가능태로서의 연장적 연속체는 이런 형이상학적 가능태가 지금의 우주시대가 갖는 근원적 성격에 의해 제약된 것이라고 할 수 있을 것이다. 물론 이렇게 제약된 실재적 가능태 또한 하나의 복합적인 영원적 객체이며, 다만 일반적인 의미의 실재적 가능태보다 더 많은 제약을 동반하는 복합적인 영원적 객체일 것이다.

이와 같은 우리의 이해를 뒷받침하는 구절은 『과학과 근대세계』에서도 찾아볼 수 있다. "사건들의 현실적 경로가 표현될 수 있는 시공관계란 영원적 객체들 사이에 성립하는 이런 일반적인 체계적 관계 내에서 이루어지는 선택적인 한정에 지나지 않는다"(*SMW* 232). 이 구절의 의미는 분명하다. 연장적 연속체는 영원적 객체들 사이에 성립하는 일반적인 체계적 관계이고 시공관계는 이에 대한 어떤 한정의 산물이다. 화이트헤드 연구가 중에 연장적 연속체가 영원적 객체라고 명시적으로 주장하고 있는 사람은 프랭클린(S. T. Franklin)이다. 그는 다음과 같이 단언하고 있다. "연속성은 우주의 구체적 측면과 대립하는 것으로서의 개념적 측면으로부터 온다. 그것은 현실적 존재의 측면에 대립하는 것으로서의 영원적 객체의 측면에서 온다. 그리고 연장적 연속체는 추상적으로 고찰할 경우 영원적 객체라는 것을 잊어서는 안된다."17) 물론 그는 유감스럽게도 영원적 객체가 어떻게 연장적 연속체로 질서지워지는지, 그리고 그 존재론적 근거가 어디에 있는 것인지에 대해서는 명확하게 설명하고 있지 않지만, 이런 시각이 옳다면 형이상학적 연속체는 형성적 요소일 필요가 없다. 그

---

17) S. T. Franklin, *Speaking From the Depths* (Grand Rapids, Michigan: William B. Eerdmans Publishing Company, 1990), p.150, 또 pp.20~21도 참조.

것은 형성적 요소인 영원적 객체들로부터 구성되는 것이기 때문이다. 그리고 이렇게 이해될 때, 연장적 연속체는 **용기**나 **모체**로 표상되어서는 안되고 몇몇 소수의 관계를 한정하는 복합적인 영원적 객체, 곧 **복합적인 개념**(complex concept)으로 간주되어야 한다. 그리고 이 경우 모체나 용기와 같은 것으로 표상되는 연속체는 이런 개념이 현실화될 때 비로소 구현되는 것에 불과한 것이 된다.

이런 일련의 해석은 연장적 연속체가 **질서**로 이해되어야 한다는 측면에서 보다 확연한 설득력을 얻는다. 연장적 연속체가 하나의 궁극적인 질서라 할 때, 그것은 그것이 들어 있는 결합체의 한정 특성(defining characteristic)에 근거를 둔 것이다. 그런데 결합체의 한정 특성이란 복잡하게 관계 맺고 있는 복합적인 영원적 객체에 불과하다. 그리고 이 한정이 함의하고 있는 질서는 우리의 우주시대에 예증되어 있는 가장 일반적인 특징을 표현할 것이다. 혹자는 이런 연속체의 존재론적 근거를 물을 수도 있겠다. 그러나 이에 대한 답은 간단하다. 현실적 세계에 대한 파악을 결과적 본성으로 하고 있으면서 영원적 객체들을 하나의 영역으로 질서지우고 있는 현실적 존재, 곧 신을 그것의 존재론적 근거로 보는 것이다. 여기서 영원적 객체들은 신에 의해 근원적으로 질서지워지는 가운데 형이상학적 가능태로서의 연장적 연속체를 형성하게 될 것이다. 이런 해석이 적절하다면 연장적 연속체 자체는 궁극적인 실재일 수 없고, 또 그런 것이어야 할 필요도 없다. 그것은 신에 의한 영원적 객체들의 결합으로 이루어지고 있다는 의미에서 **파생적인** 실재이다. 그러나 그렇더라도 연대성이 관계적 질서에 기초하는 것으로 이해되는 한, 그것은 이 파생적인 실재에 의해 해명될 수 있다.

그리고 이러한 우리의 이해는 신이 **현실적 존재**로 특징지어지고 있다는 사실과 정합한다. 현실적 존재로서의 신이 연장성을 지니지 않는다는 것은 신이 연장적 연속체 내의 특정 영역을 점유하지 않는다는 것이다. 그런데 연장적 연속체가 신의 파악에서 성립하는 것이라고 한다면, 신은 당연히 그 연속체 밖에 있게 될 것이다. 노보가 주장하듯이 연장적 연속체를 형성적 요소로 볼 경우 신 또한 연장적 연속체의 지배에서 벗어날 수 없게 될 것이다. 결국 노보는 연장적 연속체를 형성적 요소로 간주함으로써 그가 문제삼고 있는 연대성의 문제를 일목요연하게 해결하고자 하였으나, 필자의 눈에는 그가 이 문제에 지나치게 주목한 나머지 연장적 연속체를 필요이상으로 과잉 해석하고 있는 것으로 보인다.

2. 영역과 상호 내재

앞에서 우리는 형이상학적인 연장적 연속체 속으로의 특정한 질서의 도래가 현실 세계의 탄생을 의미한다고 하였다. 물론 화이트헤드는 어떻게 지금의 우주시대가 정착하게 되었는지에 대해서는 답하지 않는다. 그는 세계의 시원의 문제에 관심을 보이지 않는다. 아니 보다 정확히 말하자면 그는 이 문제에 답할 수 없다고 보았다. 왜냐하면 그것은 우리의 경험 밖의 문제이기 때문이다. 그러나 모든 질서의 패턴은 현실태 내의 질서에 근거한다. 그리고 이런 의미에서 모든 유형의 연속체와 모든 유형의 질서는 궁극적으로 현실태와의 관련을 통해 해명되지 않으면 안되는 것이다. 그렇다면 현실태는 가능태로서의 연장적 연속체를 어떻게 현실화하는가? 이 양자의 관계는 어떤 것인가?

현실적 계기는 "시간의 한 지속 동안의 공간의 한 체적," 곧 연장성을 향유(enjoyment)하는 존재이다(*PR* 283). 여기서 연장성을 **향유**한다는 것은 문맥에 따라, 연속체를 원자적으로 분할하는 것을 의미하기도 하고 (*PR* 67, 72), 그 연속체 내의 특정 **영역**(region)을 **점유**(*PR* 63) 내지 **예증**(*PR* 76)하는 것을 의미하기도 한다. 따라서 우리는 현실적 계기가 연장적 연속체 내의 특정 영역을 독점적으로 점유 내지 예증하는 가운데 그 연속체를 현실화하고 있는 것이라고 새길 수 있다. 우리는 이를, 보다 직관적 용어로 다음과 같이 바꿔 말할 수 있겠다. 즉 **현실적 계기가 지금, 이곳**에 있다는 것은 그 계기의 직접적 경험에 속한다(*SMW* 102). 이 **지금-이곳**은 그것의 **입각점**(standpoint)(*PR* 67)이다. 그것은 **점**이나 **점-순간**(point-instant)이 아니라 두께(thickness)와 폭(spread)을 가지고 있는 것이다. 합생하는 계기의 연장성은 바로 이 두께와 폭으로부터 그 현실적인 의미를 얻는다.18) 그런데 임의의 현실적 계기가 주체적 직접태(subjective immediacy)에서 향유하는 **연장적 영역**은 연장적 연속체의 특정 부분, 보다 정확히 말하자면 이 연속체를 이루는 **관계항** 가운데 하나이다. 현실적 계기는 합생에서 이 연장적 연속체의 무수한 관계항 가운데 하나를 원자화시켜 점유하고 있는 것이다. 연장적 연속체가 현실화되는 것은 바로 이러한 점유의 충만을 통해서이다. 다시 말해 현실적 계기들이 연장적 연속체를 분할하여 차지함으로써 "이전에는 단지 가능적이었던 것을 실재적인 것으로 만들고 있는 것이다"(*PR* 72).19) 그리고 이렇

---

18) 이런 일련의 논점은 자연철학과 과학철학의 문제를 주제로 삼았던 중기의 과정철학에 뿌리를 두고 있다. 『자연의 개념』에서 화이트헤드는 **사건**을 **시간의 한 주기 동안의 장소**(a place through a period of time)로 정의한다(p.52). 후기 과정철학의 기점으로 간주될 수 있는 『과학과 근대세계』에서는 **사건**이 **시간의 한 지속 동안의 공간의 한 체적**(a volume of space through a duration of time)(p.103)으로 정의되고 있다. 그리고 과정철학의 정점을 이루는 저작 『과정과 실재』에서는 **사건**이라는 말은 두 측면으로 분화되어 대치되고 있다. 사건이라는 말이 지니고 있던 **시간의 한 주기 동안의 장소** 내지 **시간의 한 지속 동안의 공간의 한 체적**은 **영역** 내지 **연장적 영역**이라는 개념에 의해 대체되고, 자연의 궁극적인 단위 존재로서의 사건이라는 개념은 **현실적 계기**에 의해 대치된다.

19) 그러나 이때 가능태로서의 연장적 연속체와 그 영역들 자체는 생성하는 현실적 존재들에 의해 아무런 영향도 받지 않는다. 물론 연장적 연속체는 그것이 실재적 가능태인 한, 객체로서 기능할 수 있는 것이며, 따라서 현실적 존재에 의해 파악될 수 있다. 그리고 연속체 내의 요소들 가운데 일부는 그 현실적 존재의 영역으로 예증될 수 있다. 그러나 엄밀히 말하자면 이때 영역들과 그들의 관계 자체가 현실적인 것이 되는 것은 아니다. 영역은 현실적 계기의 특성이 될 뿐이다. 왜냐하면 현실적인 것은 전체로서의 현실적 계기이며 그것의 특성이 아니기 때문이다. 이 점은 노보가 잘 지적하고 있다(J. L. Nobo, 앞의 책, pp.207~208). 이는 영원적 객체가 한 정자로서 현실태에 진입할 때, 그 자체가 현실적인 것이 되는 것이 아니라, 단지 현실적 존재의 특성이 되는 것과 마찬가지다. 일반적으로 영원적 객체가 그들이 진입해 들어가는 임의의 현실적 존재와 갖는 관계는 외적인 관계인 반면, 영원적 개체에 대한 현실적 존재의 관계는 내적인 관계이다. 다시 말해 영원적 객체는 그것이 현실적 계기를 특징짓는다거나 특징짓지 않는다는 사실에 의해 아무런 영향도 받지 않는 반면(화이트헤드는 이를 '실현의 투명성 원리: Principle of Translucency of Realization' [*SMW* 247]라 부르고 있다. 제3장 주 8도 참

게 현실화되는 영역들의 정합적인 체계가 **현실태의 영역**이다(*PR* 67). 따라서 현실태의 영역은 계기들의 합생에 근거하여 그 현실성을 유지하는 것이라 할 수 있다. 한 계기가 그 합생을 종결하게 되었을 때, 즉 자기초월체가 되었을 때 그것은 현실적 세계에다 자신을 첨가하고 그럼으로써 그것의 낡은 세계를 새로운 세계로 변형시킨다. 여기서 그 계기는 그의 연장적인 입각점을 현실 세계의 현실화된 연장에 첨가한다. 그리고 이 새로운 세계는 다시 문제의 계기를 객체화시키는 어떤 새로운 계기에 여건으로 주어지게 된다. 이것은 과정철학에서 현실태의 확대 또는 현실태 영역의 확대라는 말이 의미하는 것이다.20)

이렇게 볼 때 현실적 계기의 합생은 가능적인 영역을 본질적인 조건으로 하고 있는 것이라 할 수 있다. 합생하는 계기는 그것이 다른 현실적 존재들을 파악하는 **입각점**(standpoint)인 지금-이곳으로서의 특정 영역을 전제로 하는 것이다. 그렇기에 또한 계기에 있어 자기 영역에서의 변화 내지 일탈이란 있을 수 없다. 경험의 행위로서 그것은 그 영역으로부터 유리될 수 없는 것이다. 화이트헤드가 임의의 한 계기에 있어 그 특정의 영역은 그 계기의 (로크의 용어를 사용하여) **실재적 본질**(real essence)이 되는 것이라고 말하는 것은 바로 이런 의미에서이다. 계기의

조), 현실적 계기는 그것이 어떤 영원적 객체에 의해 한정되느냐에 의해 그 성격이 달라진다는 것이다. 그리고 이런 관계는 영역과 현실적 계기 사이에도 성립한다. 영역 자체는 그것이 현실적 계기에 의해 점유된다거나 점유되지 않는다는 사실에 의해 아무런 영향을 받지 않는 데 비해, 그 현실적 계기는 특정의 연장적 영역을 점유하게 될 때, 그 자신의 연장성을 얻게 될 뿐만 아니라(*PR* 69) 지금의 그 자신이 될 수 있는 입각점을 확보하게 되는 것이다.

20) 앞의 제1장 **주 9**에서 이미 지적하였지만 다시 한번 확인하자. 여기서 **확대**라는 말을 직관적인 의미로 이해한 나머지 이를 공간적 팽창으로 새겨서는 안된다. 그것은 단지 물리적 존속을 의미하는 것으로 새겨야 한다. 이것은 특히 시간적 측면에서 보자면 보다 쉽게 이해될 수 있을 것이다. 시간이 지속된다는 것은 시간이 일직선적으로 뻗어나간다는 것이 아니라 **계속되는 현재가 있다**는 것을 의미할 뿐이다. 과거의 소멸은 실현되었던 시간과 공간의 소멸을 동반한다. 그래서 새로운 생성은 새로운 공간의 현실화이자 새로운 시간의 현실화이며 이런 생성의 계기(succession)가 물리적 존속을 가능케 하는 것이다. 물리적 질료의 팽창이나 공간의 기하학적 확장 같은 것은 있을 수 없다. 연속성의 생성(*PR* 35)이 존재한다는 것도 바로 이러한 의미로 이해되어야 한다. 그러므로 결국 화이트헤드에게 있어 우주가 팽창한다라는 말은 우주가 무화(無化)하지 않고 계속해서 존속한다라는 말과 동치라고 말할 수 있을 것이다.

추상적 본질은 그것을 한정하는 영원적 객체들의 조합으로서, 이들은 합생의 점진적 과정을 통해 배제와 조정, 통합을 거친다는 의미에서 변화를 겪는다. 뿐만 아니라 영원적 객체는 **실현의 투명성 원리**에 따르기에, 그 동일성을 유지하면서 다수의 상이한 현실적 계기에 진입할 수도 있다. 그러므로 둘 이상의 계기가 동일한 추상적 본질을 구현하고 있을 수 있는 것이다. 그러나 "동일한 실재적 본질을 갖는 현실적 계기는 오직 하나만 존재할 수 있다. 왜냐하면 실재적 본질은 그 존재의 위치(where), 즉 실재 세계에서의 그것의 자리(position)를 나타내기 때문이다"(*PR* 60).[21]

결국 현실적 계기는 연장적 영역을 점유하여 현실화시키는 가운데 실재적 본질, 즉 자기 동일성을 확보하고 있는 것이다. 이것은 우리가 앞의 제1장에서 고찰한, 현실적 계기의 절대적 개체성 내지 타자 초월성을 부분적으로 뒷받침한다. 위상에서 위상으로 진행되는 합생의 과정에 있어서의 통일성(unity)은 그것의 가변적인 한정성(definiteness)[22]의 기능이다. 그러나 그 내재적인 실재의 여러 위상 전체에 있어, 그리고 그 외재적인 실재의 모든 사례에 있어 현실태의 자기동일성(self-identity)은 그것의 불변하는 입각점, 즉 그것이 점유한 영역의 함수인 것이다. 그래서 현실적 계기의 위치, 즉 연속체 내에서 그것이 실현하고 있는 영역은 그 계기가 자기 내재적인 현존의 잇따르는 위상들을 통해 유지되는 궁극적 자기동일성의 근거가 된다. 그것은 그 계기의 근원적인 특성으로서 그것의 최초 위상인 순응적 위상에서 결정되는 것이다(*PR* 80).[23] 이에 비해

---

21) 이 점은 **어떠한 두 현실적 계기도 동일한 현실 세계를 가질 수 없다**(*PR* 210)는 사실을 설명해 준다. 한 현실적 계기에 주어진 **현실 세계**는 그 계기에 **상관적인 우주 내의 현실적 존재들의 결합체**(*PR* 23)를 의미한다. 다시 말해 한 계기의 현실적 세계는 그 계기에 기본적인 연장적 영역 내지 입각점에 상대적인 것(*PR* 65, 153, 283)으로, 이 입각점에 의해 한정된다는 것이다(*PR* 65). 따라서 어떠한 두 현실적 존재도 동일한 실재적 본질, 즉 동일한 입각점을 가질 수 없다면 그것들이 하나의 동일한 현실 세계를 가질 수 없다는 것은 당연하다.

22) 합생의 여러 위상을 통해 주체적 지향을 실현하려는 노력은 그 주체적 지향을 수정하는 주체의 내적 결단을 동반할 수 있다. 따라서 구체적인 합생의 과정에 있는 현실적 존재에 있어 한정성은 변화 가능하며 그렇기에 엄밀한 의미에서 말하자면 합생 중에 있는 현실적 존재의 동일한 한정성이란 이념적인 것이 된다고 보아야 할 것이다(보다 상세한 논의는 제5장을 참조할 것).

계기의 한정성은 그것이 그 후속하는 생성의 여러 위상에서 점차적으로 결정되어가는 특성이다. 그러므로 합생의 완결, 즉 자기초월체적 만족(superjective satisfaction)에서만 현실적 계기의 위치와 한정성은 똑같이 결정적인 것이 된다. 그리고 이는 현실적 계기에 있어 절대적 개체성의 성취를 의미한다.[24]

그런데 이처럼 계기가 점유하는 특정 영역이 그 계기의 실재적 동일성을 결정하는 요인일 수 있는 까닭은 그 특정 영역 자체가 연장적 연속체를 구성하는 관계항으로서, 이 관계적 복합체의 내적 관계에 의해 특징지어지고 있다는 데 있다. 따라서 현실적 계기의 동일성은 궁극적으로 이런 연장적 연속체라는 관계적 복합체를 전제로 하여 성립하고 있는 셈이다. 이것은 우리가 앞장에서 고찰한 현실적 계기의 상대적 개체성을 형이상학적으로 뒷받침한다. 앞서 살펴본 바에 따르면 임의의 한 현실적 계기가 지금의 그것일 수 있는 까닭은 또한 그것이 과거, 현재, 미래의 현실적 존재들과 특정하게 관계하고 있다는 데, 즉 상호 내재하고 있다는 데 있는 것이다. 그런데 지금의 맥락에서 보자면 이 특정한 관계의 형이상학적 기초는 바로 연장적 연속체에 있는 것이 된다. 이 점을 부연해보자.

기본적으로 화이트헤드의 범주 체계에서 **관계성의 구체적 사실**은 **파악**이다(*PR* 22). 그런데 임의의 한 계기가 갖는 파악은 과거의 현실적 계기들을 객체로 하고 있는 한, 대칭적 상호적인 것일 수 없다. 그것은 합생

---

23) 이에 대한 논의는 다음 소절 **합생의 획기성과 물리적 시간**을 참조할 것.

24) 현실적 계기의 근원적인 위치와 그것의 한정성 간의 이러한 구별은 유기체철학에서 중요한 의미를 지닌다. 이 구별은 현실적 계기들이 자율적인 자기 원인성을 갖고 있다는 것과, 현실적 계기들은 생성하지만 운동하거나 변화하지 않는다는 화이트헤드의 주장을 뒷받침하고 있다(*PR* 73, 80). 앞서 잠깐 언급하였고 제6장에서 상론하겠지만 과정철학에서 **변화**는 시간 축 위에서 가능한 사태이다. 따라서 그것은 시간 속을 여행할 수 있는 **결합체**(nexus), 즉 **사회**(society)만이 가질 수 있는 특성이다. 이때 변화는 **일정 유형의 어떤 사회에 속한** 잇따르는 현실적 계기들 사이의 질적인 차이로 이해된다(*PR* 79). 따라서 현실적 계기가 변화하지 않는다고 하는 주장의 의미는 현실적 계기란 자기완결의 자율적인 과정을 통해 점차 한정되어 가지만, 이러한 합생의 과정은 시간 속의 사태가 아니라는 것, 그리고 그 계기의 위치에 근거하고 있는 자기동일성은 바뀌지 않는다는 것이다.

중인 현재의 계기가 시간 축을 따라, 즉 인과적으로 과거의 계기를 흡수하는 일방적인 관계 활동이다. 따라서 이런 측면에서만 보자면 현실태들 간의 상호 내재는 애당초 불가능한 사태이다. 상호 내재란 시간 축에 구애됨이 없는, 과거와 미래의 계기들 간의 관계와, 동시적 세계의 계기들 간의 관계를 의미해야 할 것이다. 연장적 연속체가 이런 계기들 간의 상호 내재의 통로로 이해될 수 있는 것은 바로 이런 측면에서이다. 우선 형이상학적인 연장적 연속체는 영역들간의 관계로 이루어진 관계적 복합체[25])로서, 과거, 현재, 미래로 이어지는 현실화된 이 특정의 우주시대뿐만 아니라 모든 우주시대를 궁극적으로 조건지우고 있는 가능태이다. 현실적 계기는 다양한 유형의 가능태들을 파악한다. 그래서 그것은 당연히 가능태로서의 연장적 연속체 내의 분할된 영역이나 장차 분할될 영역들

---

25) 연장적 연속체가 이처럼 관계적 복합체로 간주되는 까닭은 그것이 가분성을 근원적인 특성으로 하고 있는 것이라는 데 있다(*PR* 288). 화이트헤드는 연속체의 이런 특성을 **영역**과 이들 간의 **연장적 결합**(extensive connection)이라는 개념으로 기술한다(*PR* 302). 화이트헤드에 따르면 이 연장적 결합은 관계적 복합체로서의 형이상학적 연속체가 지니고 있는 기본 특성 가운데 하나이다(*PR* 96). 그래서 연장적 결합은 **물리적 계기의 모든 우주시대에 항존하는 궁극적인 형이상학적 성격**(*PR* 288)으로 이해된다. 그렇기에 또한 여기서 **연장적으로 결합된** 또는 **결합된**이라는 관계는 궁극적인 것 내지 독자적인 것(*sui generis*)이어서 정의될 수 없는 것이다(*PR* 288). 이런 근원적인 결합관계는 우주시대의 형태론적 구조를 표현하는 영역들과 같은 관념들을 정의하는 토대가 되는 것이지만, 그 자체에 대해 말할 수 있는 것은 등위적 가분성에 따르는 형식적인 특성들뿐이다. 그리고 이 연장적 결합관계의 기본적인 관계항은 영역이다(*PR* 294). 여기서 영역이란 원자화된 영역뿐만 아니라 그것의 하위 영역까지도 함께 일컫는 술어이다. 이 **연장적 결합**에서 분석적으로 얻어질 수 있는 어떤 형식적 속성들 가운데 어떤 것이 형이상학적인 것이고 어떤 것이 우리의 4차원적인 시공간 특유의 것인지는 논의의 여지가 있겠다. 화이트헤드가 명시하고 있는 바에 따를 때, 보다 정밀한 기하학적 관계들은 보다 특수한 우주론적인 것이지만 결합, 포함, 중첩 등의 관계를 수반하는 등위적 분할은 형이상학적인 것이다. 연장적 결합의 도식, 즉 등위적 분할에서 나타나는 영역들 간의 상호 관계와 하위영역들 간의 상호 관계는 물리적 계기들 사이의 일차적인 관계로서, 다른 모든 관계들을 가능케 하는 것으로 간주되는 것은 이 때문이다. 형이상학적인 "연장적 연속체는 실재적 가능태의 가장 일반적인 도식으로서, 다른 유기적 관계의 배경을 제공한다"(*PR* 67)는 것이다. 화이트헤드의 다음과 같은 진술은 이런 문맥에서 이해될 수 있을 것이다. "우리의 우주시대에 있어, 다양한 특질을 갖는 연장적 결합은, 물리적 세계를 하나의 공동체로서 적절하게 기술할 수 있게 해주는 근본적인 유기적 관계성이다. 연장적 도식을 제외하고는 달리 중요한 물리적 관계는 아무 것도 없다. 물리적 세계에 속한 하나의 현실적 계기로서 있다는 것은, 문제의 존재가 그 연장적 결합의 도식 속의 한 관계항이 되고 있음을 의미한다"(*PR* 288).

도 파악할 것이다. 다시 말해 그것은 자신의 영역을 파악하는 가운데, 이 영역과 현실적으로 관계 맺고 있는 현실화된 연장적 연속체를 파악하며, 그 영역과 보다 근원적으로 관계 맺고 있는 형이상학적 연속체를 파악하리라는 것이다. 그래서 문제의 계기는 이렇게 연속체를 파악하는 가운데 또한 이 연속체 내의 모든 영역에 존재하는 모든 계기들을 파악한다고 할 수 있는 것이다. 요컨대 현실적 계기는 연속체의 체계적인 도식 내의 특정 영역을 점유하는 가운데, 그 체계적인 도식에 의해 한정되는 과거, 현재, 미래의 계기들을 경험한다는 것이다. 여기서 과거의 계기에 대한 현재 계기의 파악을 직접적 내재라고 한다면 그와 동시적인 다른 현재의 계기에 대한 파악은 연장적 연속체를 매개로 하는 간접적 내재라고 할 수 있다. 이것이 연장적 연속체가 계기들 간의 상호 내재 내지 연대성을 설명한다고 하는 것은 바로 이와 같이 연장적 연속체가 그 매개 요인으로 기능한다는 것을 의미한다.

이 점은 우리가 객체화에 있어서의 연속체의 역할에 대한 화이트헤드의 진술들을 검토해 볼 때, 보다 분명해진다. 화이트헤드는 연장적 연속체를, 현실적 계기의 경험에 객체화되는 여건들 가운데 들어 있는 가장 일반적인 조건 내지 도식으로 기술하고 있다. 그에 따르면 "연장적 연속체는, 단위 경험과 이에 의해 경험된 현실적 존재들이 하나의 공통 세계의 연대성에 있어서 결합되는, 경험 내의 일반적인 관계적 요소"(*PR* 72)로서, "그 본질상 모든 현실적 존재의 상호적 파악 속에 예증되도록 되어 있는 실재적 가능태의 도식이다"(*PR* 76). 요컨대 연장적 연속체는 경험하는 주체와 경험되는 모든 객체들 사이에 개입하는 가장 근원적인 조건이라는 것이다. 따라서 임의의 한 계기가 현실적이거나 가능적인 계기들을 파악한다고 할 때, 가장 근원적, 일차적으로 파악하는 것은 연장적 연속체가 된다. 이는 화이트헤드가 "연장적 연속체는 객체화에 있어서의 최초의 요인"(*PR* 76)이라고 말하는 이유이기도 하고, "연장적 연속체는 모든 가능적인 객체화가 그 속에서 자신들의 적합한 장소를 찾아내는 그런 하나의 관계적인 복합체"(*PR* 66)라고 말하는 이유이기도 하다. 그러므로 이제 임의의 한 계기가 자기 구성 중에 있다는 것은, 그 계기가 이미 연장적 연속체 내의 모든 영역에 존재하는 모든 가능적 객체와 상호 내재의 관계에 있다는 것이 된다고 할 수 있는 것이다.

그런데 화이트헤드는 이와 같은 상호 내재를 보다 적극적 명시적으로 기술한다. 다음의 진술을 보자. "그것(현실적 존재)은 연속체의 어느 곳에나 있다. 왜냐하면 현실적 존재의 구조는 현실 세계를 객체화시켜 포함하고 있으며, 그럼으로써 연속체를 포함하고 있기 때문이다. 또한 그 자신의 잠재적인 객체화는, 연속체가 그 연대성을 표현하고 있는 여러 실재적 가능태에 기여하고 있는 것이다. 이와 같이 연속체는 각각의 현실적 존재 속에 현재하며, 그 각각의 현실적 존재는 그 연속체에 널리 침투해 있다"(*PR* 67). 우리는 이 구절의 핵심이 되고 있는 것으로 보이는 명제, 즉 "현실적 존재는 연속체의 어느 곳에나 있다"는 표현의 의미를 다음과 같이 도식화해 볼 수 있겠다. 특정한 현실적 존재 A가 특정한 영역 R을 파악하는 한, 그것은 또한 R과 관계하고 있는, 연속체 내의 모든 영역들을 파악할 것이다. R은 그 연속체 내의 모든 영역들과 내적으로 관계 맺고 있기 때문이다. 이것이 연대성의 기본적인 토대이다. 그런데 이들 다른 영역들과의 이러한 관계들은 R 자체의 동일성의 부분이다. 그러므로 현실적 존재 A는 영역 R을 파악하는 가운데 연속체 내의 다른 모든 영역들과 R 간의 이러한 관계들을 또한 파악할 것이다. 그리고 R과 다른 영역들과의 관계는 또한 이들 다른 영역들을 구성하게 될 것이다. 그러므로 A가 R을 점유할 때, 그것은 또한 이들 다른 영역들에 있어 본질적인 관계적 요소들 가운데 일부를 예증할 것이다. R을 점유하면서 A는 연속체 내의 다른 모든 영역들과의, 고도로 추상적이면서도 완전히 결정되어 있는 어떤 관계들을 예증 또는 그런 관계들에 참여하게 되는 것이다. 그리고 이들 다른 영역들과의 관계들은 A 그 자체의 본성에 있는 요소일 뿐만 아니라 이들 다른 영역들의 본성에 속하는 요소들이기도 한 것이다.

A가 연속체 내의 도처에 현재한다는 것은 바로 이러한 의미에서라고 할 수 있겠다.

지금까지의 논의를 요약하자면 현실적 계기들의 절대적 개체성과 상대적 개체성 및 상호 내재와 초월의 관계는 모두 적어도 부분적으로 연장적 연속체에 의해 해명될 수 있다는 것이다. 우선 특정 영역에 대한 독점적 점유를 통해 실재적 본질을 갖게 된다는 점에서 절대적 개체성, 상호 초월성이 가능하게 된다. 그리고 다른 한편 이렇게 점유되는 영역이 연장적 연속체의 관계항 가운데 하나라는 사실에서 그 영역의 점유는 곧바로 다른 영역의 점유자들과의 관계 속에 들어가는 것이 된다. 그리고 이 근원적 관계가 상대적 개체성과 상호 내재의 가능성을 열어주는 것이다.

3. 합생의 획기성과 물리적 시간

우리는 연장적 연속체가 현실적 계기의 실재적 본질에 함의된 상호 초월성 내지 절대적 개체성을 부분적으로 설명한다고 하였다. 그런데 화이트헤드는 이런 초월성과 절대성을 보완하여 완결짓는 기제로 현실적 존재의 **획기성**(epoch)이라는 관념을 끌어들이고 있다. 사실상 어떤 의미에서 연장적 연속체 내의 특정 영역을 점유한다는 데 근거하는 타자 초월성은 외적인 관계에서 파생되는 성격의 것이다. 그래서 이런 초월성은 합생하는 계기의 자율과는 무관한 소극적인 의미의 것이다. 적극적인 의미의 타자 초월성은 그것의 자율적인 자기 창조성에 근거하고 있어야 한다. 합생의 획기성은 바로 이런 자율의 공간을 제공한다. 그리고 이런 자율성이 전제되는 한에 있어서만 현실적 계기는 자신의 합생에서 진정한 의미의 새로움을 주체적으로 창출할 수 있는 것이라고 할 수 있다.

현실적 계기의 합생은 위상에서 위상으로의 성장이라는 시간 폭을 갖는다. 여기서, 선행하는 위상은 후행하는 위상에 주어져서 부가적으로 규정되어가는 일종의 여건이다. 현실적 존재는 이와 같은 일련의 위상들을 통해 자신의 결정성을 획득해 가는 것이다. 따라서 한 위상은 어떤 방식으로든 다른 위상에 선행해야 한다. 그러나 화이트헤드는 위상에서 위상으로의 이러한 발생적 이동이 물리적 시간 속에 있는 것이 아니며 오히려 그와 정반대의 관점이 합생과 물리적 시간과의 관계를 표현하고 있다고 말한다(PR 283). 그렇다면 이런 위상들 간의 대치적 추이는 어떻게 이해되어야 하는가? 이 문제는 한 때 화이트헤드의 연구가들 사이에서 무시되거나26) 불가해한 것으로 폄하되었으나27) 최근에 이르러 비교적 명료하게 이해될 수 있는 것으로 간주되고 있다.28) 이 논점에 대한 이해는 현실적 존재의 자율과 자기 창조성, 나아가 시공간과의 관련 등을 명확히 하는 데 필수적이다.

기본적으로 화이트헤드가 말하는 현실적 계기의 비시간성은 그것의 생성이 하나의 전체로서 **일거에**(all at once) 이루어진다는 데 근거하고 있다. 그에 따르면 그것은 전체로서 생성하던가 아니면 전혀 생성하지 않던가 둘 중의 하나이다. 이런 그의 주장은 일견 당혹스러운 면이 없지 않다. 그것은 위상에서 위상으로의 진행이라는 관념과 조화될 수 없는 것처럼 보이기 때문이다. 이들이 어떻게 조화될 수 있는지를 살펴보기 위해서는 두 주장을 차례로 검토해볼 필요가 있겠다.

---

26) 예컨대 폴(E. Pols)은 **합생**을 시간 내적인 과정으로 이해함으로써 현실적 계기에 있어서의 자유의 가능성을 이해하지 못하였다(E. Pols, *Whitehead's Metaphysics: A Critical Examination of Process and Reality*. Carbondale, Ill.: Southern Illinois University Press, 1967).

27) 해머슈밋트(W. W. Hammerschmidt)가 그 대표적인 사례이겠다(그의 논문 "The Problem of Time," in *Whitehead un der Prozeßbegriff: Beiträge zur Philosophie Alfred North Whitehead auf dem Ersten Internationalen Whitehead-Symposium 1981.* eds. Harald Holz und Ermest Wolf-Gazo [München : Verlag Karl Alber Freiburg, 1984], pp.154~160 참조).

28) W. A. Christian. "Some Aspects of Whitehead's Metaphysics," in *Explorations in Whitehead's Metaphysics.* eds. L. S. Ford and G. L. Kline(New York: Fordham University Press, 1983), pp.31~44, J. L. Nobo, 앞의 책, pp.46~47, S. T. Franklin, 앞의 책, pp.44~45.

우선 **일거에 전체로서 발생한다**는 것은 무슨 말인가? 우리는 여기서 화이트헤드가 **전체로서의 발생**을 표현하기 위해 **획기**(epoch)라는 말을 끌어들이고 있다는 데 주목할 필요가 있다. 이 말은 그 어원적 의미에서 **정지**(arrest, to stop, to hold)를 뜻하지만(*SMW* 182~83), **주기**(period)라는 확대된 의미도 갖는다. 화이트헤드는 이 확대된 의미에 주목하고, 이 개념이 **진동 주기**라는 물리학적 의미도 포함하는 것으로 이해한다. 진동 주기라는 것은 자신을 드러내기 위해 그 주기 전체를 필요로 하며, 어느 한 순간에 있어서는 존립할 수 없는 것이다. 그러므로 **획기**라는 말에는 온전한 전체로서의 주기가 쪼개질 경우, 현실적 계기는 존재하지 않게 된다는 의미가 내포되어 있다. 즉 생성의 단위 과정을 쪼개놓은 각 순간에는 현실적 계기가 있을 수 없다는 것이다. 현실적 계기의 생성 자체는 불가분하며, 따라서 비연장적인 것이다. 이 논점은 화이트헤드가 "궁극적인 형이상학적 진리는 원자론이다"(*PR* 35)라고 말할 때 기본적으로 염두에 두고 있던 것이라 할 수 있다. 그러나 다른 한편 생성은 가능태인 연장성을 현실화한다. 연장의 생성은 바로 이런 현실화이다. 화이트헤드는 심지어 이런 현실화를 "연속성의 창조"(*PR* 35)라고 말하기까지 한다. 화이트헤드의 수수께끼 같은 표현, 즉 "연속성의 생성은 있지만 생성의 연속성은 없다"(*PR* 35)는 표현은 바로 이를 두고 하는 말이다. 우리는 이 일련의 논의를 화이트헤드의 표현으로 다음과 같이 요약할 수 있다. "모든 생성의 활동에는 시간적 연장을 갖는 어떤 것의 생성이 있지만, 그 활동 자체는 생성한 것의 연장적 가분성에 대응하는 생성의 전반과 후반으로 분할될 수 있다는 의미에서라면 연장적인 것이 아니다"(*PR* 69).

현실적 계기는 언제나 생성의 전체, 즉 **획기**로만 나타난다. 화이트헤드가 이따금 각각의 현실적 계기를 "획기적 계기"(epochal occasion)라 부르는 것은 이런 의미에서이다(*RM* 78). **획기적 계기**는 합생 중인 한, 쪼개질 수 없다는 의미에서 비연장적인 것이다. 그것은 글자그대로 "원자적인(atomic) 것"이다(*PR* 61). 그것은 "원자화된 연장량"(atomized quantum of extension)(*PR* 73) 내지 "전체로서의 양자"(quantum in solido)(*PR* 283)이다. 그리고 이것의 시간적 측면은 "시간적 양자" (temporal quantum)이다. 물리적 시간(또는 시간화된 연장)은 어떤 폭을 지니는 이런 **시간적 양자**들을 기본적인 단위로 하여 구성되는 것이다. 이런 의미에서 시간적 연속성은 계기(succession)하는 생성들로부터 산출되는 것이라 할 수 있다. 그렇기에 또한 "시간에 있어 지속이 없는 하나의 순간이란 상상에 의한 논리적 구성물이다"(*SMW* 95). 이것이 화이트헤드가 현실적 계기의 **획기성**이라는 개념을 통해 말하고자 하는 것, 즉 생성 그 자체는 연속적인 것이 아니며 연속적인 것은 생성을 통해 현실화하는 것이라는 논제이다.

그런데 화이트헤드가 이처럼 생성의 연속성, 곧 가분성을 거부하고자 고심한 데는 그 나름의 이유가 있었다. 그 이유는 대략 두 가지로 요약된다. 그 하나는 생성의 연속성, 따라서 가분성을 전제할 경우 **제논의 역설**로 널리 알려져 있는 논리적 난점에 부딪친다는 것이고, 다른 하나는 경험의 성립을 위한 최소한의 조건 자체가 무한가분성과 충돌한다는 것이다. 전자의 난점은 널리 알려져 있다. 그것은 추상적인 개념을 구체적인 것으로 오인하게 될 때 말려들게 되는 난점이다. 그런데 후자는 우리가 우리 자신의 경험 행위을 면밀하게 검토해 보면 우리의 경험이 불가분의 **덩어리**(lump)로 나타난다는 것을 발견하게 된다는 데 기초한다. 화이트헤드는 이를 다음과 같이 기술하고 있다. "실재에 관한 우리의 인식은 문자그대로 지각의 싹 내지 방울과 같은 것들에 의해서 확대된다. 지성적으로는 그리고 반성을 통해서는 이러한 싹이나 방울이 여러 구성요소로 분할될 수 있지만, 직접 주어진 것으로서 놓고 볼 때는, 하나의 전체로서 생기든가 아니면 생기지 않든가 그 어느 한쪽이다"(*PR* 68). 이 구절의 요지는 경험이 성립하려면 최소한의 어떤 지속이 필요하다는 것이다. 이러한 지속 이하의 순간에서는 경험 자체의 성립이 불가능하다. 다시 말해 이 단위 경험을 분할할 경우 경험은 사라지게 된다는 것이다.

경험의 이런 특성은 화이트헤드가 사용하고 있는 "외양적 현재" (specious présent)(*MT* 89)라는 개념에서 잘 드러난다. 화이트헤드는 경험에서 싹으로 나타나는 최소한의 단위시간을 **외양적 현재**라 부르고 있다. 이 말은 원래 제임스(W. James)가 『심리학 원리』(*The Principles of Psychology*)에서 사용한 개념이었다. 제임스에게 있어 **외양적 현재**란, 그 자신을 시간적 부분들의 총체로서 실현하고 있는 지속의 단위 내지 관찰된 단위를 일컫는 말이다. 현재는 그것이 단순히 지금-이곳의 순간이 아니라는 의미에서 **외양적인**(specious) 것이다. 그것은 오히려 과거의 기억과 미래의 예기를 포함하면서 걸쳐 있는 시간적 연장을 갖는다. 제임스에 의하면 "생각되는 모든 시간의 원형은 '외양적 현재'이다. 우리는 이것의 짧은 지속을 직접적으로 끊임없이 감각할 수 있다."29) 따라서 순간이라는 개념이 가능하게 되는 것은 오직 관념적인 추상으로서일 뿐이다. 우리가 경험하는 것은 짧은 지속으로서, 이 가운데 일부 요소들은 과거로서 경험되고 일부 요소들은 현재로서, 또 일부 요소들은 경험의 흐름을 따라 장차 일어날 것으로서 경험되고 있는 것이다. 제임스는 이를 다음과 같이 예시한다. "천둥소리에 대한 앎 속으로는 그 이전의 정적에 대한 앎이 개입하여 계속되고 있다. 왜냐하면 천둥소리가 울릴 때 우리가 듣는 것은 순수한 천둥소리가 아니라 정적을 깨뜨리면서 이와 대비되고 있는 천둥소리이기 때문이다."30) 여기서 **과거**(정적)의 요소들과 **현재**(천둥)의 요소들은 하나의 대비로서 경험된다. 따라서 이 완전한 대비가 느껴지기 위해서는, 다시 말해 천둥소리가 천둥소리로 포착될 수 있으려면 그들의 관계항인 과거의 경험과 현재의 대상이 공존하는 심리적 경험(co-present psychic experience)이 있지 않으면 안된다. 따라서 경험은 점적인 순간에서 이

---

29) W. James, *The Principles of Psychology*, p.631 (C. R. Eisendrath, *The Unifying Moment: The Psychological Philosophy of William James and Alfred North Whitehead* [Cambridge: Havard University Press, 1971], pp.48~49에서 재인용).

30) 위의 책, p.240.

루어지는 것이 아니라 최소한의 시간 연장인 단위 시간을 기반으로 하여 성립하는 것이다. 제임스가 말하는 **외양적 현재**는 바로 이런 유형의 경험적 사실에 근거를 두고 있다. 외양적 현재는 어째서 우리가 현재를 현재로 느끼는가를 분명히 해주고 있는 것처럼 보인다. 즉 현재는 우리의 지각적 앎의 곡선에서 정점인 바, 한 쪽 끝에는 경험의 여명이 있고 다른 한 쪽 끝에는 경험의 소멸이 있는 것이다. 그리고 화이트헤드가 말하는 **획기적 계기**란 이런 외양적 현재에 대한 경험을 현실적 계기의 기본 특성으로 일반화한 것이라 할 수 있다.

그런데 이제 우리에게는 답해야 할 또 하나의 물음, 즉 이렇게 이해되는 합생의 획기성이 합생에서의 위상들 간의 이행이라는 관념과 어떻게 조화될 수 있는 것인가 하는 물음이 남아 있다. 이제 잇따라 발생하고 있는 임의의 원자화된 연장량 A, B, C를 상정하고서, 물리적 시간과 현실적 계기의 합생 사이의 관계 및 합생하는 계기 내에서의 위상들 사이의 관계를 살펴보기로 하자. 이들 A, B, C는 잇따르는 현실적 계기들의 영역이다. 그래서 영역 A는 B의 과거에, 영역 C는 B의 미래에 있다. 그리고 다시 영역 B을 네 개의 하위 영역으로 나누어 보자. 이 때 각각의 하위 영역은 4차원의 입방체가 된다. 하위 영역 1은 하위 영역 2에 선행하며 하위 영역 2는 하위 영역 3에 선행하며 하위 영역 3은 하위 영역 4에 선행한다. 하지만 이들 하위 영역은 합생 내의 영역들이며 따라서 시간축을 함의하지 않는다. 그렇다면 여기서 **선행**이란 어떤 의미의 선행인가?

첫째 위상이 하위 영역 1을 점유하고 이어서 둘째 위상이 하위 영역 2를 점유하며 둘째 위상 다음에 셋째 위상이 하위 영역 3을 점유하는 것으로 생각해서 안된다는 것은 분명하다. 이렇게 이해할 경우, 예컨대 하위 영역 3이 점유될 때 그 앞의 두 하위 영역을 점유하고 있던 단계들은 더 이상 현존하지 않게 된다. 왜냐하면 그것들은 과거에 있기 때문이다. 게다가 넷째 하위 영역에서의 합생의 단계는 아직 존재하지 않게 된다. 왜냐하면 그것은 미래에 속한 것이기 때문이다. 따라서 이런 식의 접근은 합생의 과정이 물리적 시간 속에 있지 않다는 화이트헤드의 주장(*PR* 283)과 정면으로 충돌한다. 게다가 이런 식의 접근은 B의 하위 영역 1, 2, 3, 4 각각이 더 작은 하위 영역들로 분할될 수 있는 것으로 보지 않을 수 없게 만든다. 이렇게 될 때 이들 보다 작은 부분들은 상호간에 미래 또는 과거에 있게 된다. 사실상 이런 하위 분할의 과정은 무한히 계속될 수 있다. 그리고 영역 B를 연속적인 것으로 만드는 것도 이와 같은 무한한 하위 분할의 가능성이다. 우리가 이런 무한 가분성을 현실태로 볼 때, 제논의 역설에 말려들게 된다. 화이트헤드가 생성의 획기성을 주장하는 것은 바로 이런 역설을 피해가기 위함이었다는 것은 앞에서 이미 지적하였다.

화이트헤드는 이런 연속성 또는 무한 가분성을 가능태의 속성으로 이해한다. 현실태, 즉 합생은 연속적인 것이 아니기에, 합생에 의한 영역 B의 향유는 이들 부분들 가운데 하나가 현재할 때 다른 부분들이 과거나 미래에 있게 되고, 그래서 현재하지 않게 되는 그런 방식으로 존재하는 부분들로 나누어질 수 없는 것이다. 이런 의미에서, 현실적 계기가 연장된 시간적 지속을 실현한다는 사실에도 불구하고 그 시간의 현실적 양자는 불가분한 것이다. 따라서 합생이 그 영역을 하나의 전체로서 **일거에** 점유한다는 것은 합생이 그 최초의 위상에서 영역 B 전체를 실현시킨다는 것을 의미하는 것으로 이해되어야 한다. 합생의 둘째 위상은 첫째 위상을 전제로 하기에 둘째 위상 역시 영역 B 전체를 전제로 한다. 이렇게 보자면 영역 B의 하위 영역 1, 2, 3, 4는 합생에 있어 시간적인 선후관계 속에 있는 것이 아니다. 합생의 각 위상은 모두가 영역 B 전체를 전제로 하고 있는 것이다. 이것이 화이트헤드가 "발생 과정의 각 위상은 그 양자(量子) 전체를 전제로 한다"(*PR* 283)고 말할 때, 또 "합생을 지배하고 있는 과제는 전체로서의 양자(quantum in solido)의 현실화"(*PR* 283)라고 말할 때 의미하고 있는 것이다. 물론 이와 동일한 점이 합생에서 현실화되는 공간적 영역에 대해서도 지적되어야 할 것이다.[31] 그것은 모든 다른 영역들과 상호 얽혀있는 실재적 공간의 불가분한 단위이다. 왜냐하면 그것은 그것이 원자화하고 있는 연장적 연속체의 일반적인 도식적 관계를 현실화한 것이기 때문이다. 현실화로부터 추상될 때 임의의 영역은 가분적이다. 그러나 그것이 합생의 현실적 입각점이 될 때, 그것은 합생 그 자체가 갖는 실재적 본질의 한 축으로서 현실적인 불가분성을 얻게 되는 것이다.32)

　그런데 영역 A, B, C는 모두 판이한 현실적 존재들에 의해 제각기 일거에 점유된다. 이 각각의 점유는 각각의 단위 연장을 현실화한다. 물리적 시간은 이처럼 단위 연장들이 잇따라 현실화되면서 비로소 생겨난다.

---

31) 이렇게 현실화되는 영역은 합생하는 계기가 다른 현실적 존재들을 파악하는 **입각점**(standpoint)이다. 이 입각점으로서의 영역은 사차원적인 **체적**으로서, 시간의 지속을 관통하고 있는 공간의 체적적인 것이다. 그것은 시간과 공간에서 연장되어 있는 것이다. 그렇기에 화이트헤드의 철학을 단순히 시간적 원자성의 철학으로 특징지우는 처사(예컨대, 포드의 [L. S. Ford] *The Emergence of Whitehead's Metaphysics 1925~1929* [Albany: State University of New York Press, 1984], p.3을 보라)는 오해의 소지가 있다. 현실적 계기는 생성의 과정으로서 그것이 있는 **때**(when)가 비연장적인 또는 지속이 없는 순간일 수 없는 것과 마찬가지로, 그것이 있는 **곳**(where)도 비연장적인 점일 수 없다. 요컨대 그것의 생성은 **원자화된 (시공간적) 연장량**을 포함하고 있는 것이다.

32) 이처럼 합생이 그 최초 위상에서 **원자화된 영역 전체**를 일거에 점유하며, 그 각 위상이 그 영역 전체를 전제로 한다는 것은, 궁극적으로 그 합생의 주체가 자기 창조의 모든 위상에 내재한다는 것과 밀접한 관계가 있다. 즉 합생의 주체인 현실적 계기는 합생의 각 위상에서 유리되어 있는 어떤 것이 아니다. 그것은 호응적 위상에서의 특성들을 갖고 있다가 이를 버리고 보완적 위상에서의 특성들을 취하는 그런 성격의 어떤 것이 아니다. 새로운 계기에 있어 그 합생의 최초 위상은 하위 위상들을 위한 가능태인 동시에 이들의 여건인 것이다. 그것은 또한 계속되는 하위 위상에서 그 계기가 자기동일성을 창출하는 데 이용할 실재적 가능태들의 보고(寶庫)이기도 하다. 이들 가능태들은 과거의 존재들의 본성에 의해 조건지워져 있지만 완전히 결정되어 있는 것은 아니다. 이 가능태 가운데 **추상적 본질**을 구성하는 요소들은 잇따르는 위상에서 수정되어 간다. 즉 이런 자기동일성의 가능태들은 일부 선택되고 일부는 배제된다. 그러나 이 첫 위상에서 일거에 점유된 원자적 양자는 새로운 현실적 존재의 자기동일성의 부분으로 남아 있게 된다. 바꿔 말하자면 그 새로운 계기는 그 합생의 첫 위상에서 점유한 그 영역을 갖는 바로 그 존재로 영원히 남아 있게 된다는 것이다. 더구나 각각의 후기 단계들도, 예컨대 **만족**이라는 것도 정확히 합생의 그 초기 단계가 현재하고 있다는 사실로부터 자신의 동일성을 얻고 있는 것이다. 따라서 현실적 계기는 그 만족에서 완전히 결정적인 것이 되긴 하지만 현실적 계기의 동일성은 합생의 전 과정 속에 내재해 있는 것이다. 여기서 합생의 각 단계는 그 다음의 단계에 현재하며, 모든 단계는 전체로서의 새로운 현실적 존재 속에 함께 현재한다. 우리는 이 논점을 다음 제5장의 **주체적 지향**에서 상론할 것이다.

그래서 또한 A, B, C는 시간적인 선후관계 속에 있는 것이다. 그리고 현실적 계기가 분할될 수 있는 것으로 간주되는 경우는 그것이 완결되어 이런 시간 축 위에서 객체화될 때이다. 예컨대 C에 있는 존재는 B에 있는 존재를 1, 2, 3, 4로 명명되고 있는 부분들로 분할할 수 있는 것이다. 그리고 C에 있는 존재는 A를 그와 유사한 방식으로 분할할 수 있다. 게다가 C는 이들 하위 영역들을 계속해서 더 작은 부분들로 분할할 수 있다. 그래서 C는 연속적인 수학적인 시간을 구성할 수 있게 되는 것이다. 이것이 선행 계기의 "만족에 대한 등위적 분할" 가능성의 기초인 것이다. 그러므로 "영역의 가분적 성격은 만족의 성격에 반영되어 있는 것"(*PR* 284)이다. **만족**은 현실태로는 분할되어 있지 않으나 가능태로서, 즉 객체화에 있어서는 분할 가능한 것이다.

결국 원자적 생성은 시간을 통한 계속적인 성장이 아니라 시간에 선행하는 **하나의 전체로서의 발생**이다. 생성의 모든 활동은 하나의 **양자** (quantum)이며 부분들의 총화가 아니다. 합생은 물리적 시간에서 볼 때 원자적 활동이다. 그것을 양자 이하의 것으로 분할, 표현하려는 모든 시도는 오직 추상을 낳을 뿐이다. 생성의 내적 위상에서 이루어지는 위상에서 위상으로의 이동은 물리적 시간에 선행하며, 따라서 이 위상들 간의 관계는 시간적 관계일 수 없는 것이다. 그래서 현실적 계기의 위상들은 시간적 추이가 아니며, 오히려 시간적 추이가 현실적 계기들의 합생에서 파생되는 것이다. 우리는 이를 화이트헤드의 표현으로 다음과 같이 요약할 수 있다. "위상에서 위상으로의 이러한 발생적 이동은 물리적인 시간 속에 있는 것이 아니다. 도리어 그와 정반대의 관점이 합생과 물리적 시간과의 관계를 표현하고 있다"(*PR* 283). 그러므로 물리적 시간은 원자적 활동들의 계기에서 파생되며, 그런 의미에서 원자적 활동에서 원자적 활동으로의 이행은 시간적 선후관계에 있다. 화이트헤드는 합생의 잇따르는 위상들 간의 관계와, 잇따르는 현실적 계기들 간의 관계를 공히 **대치** (supersession)[33]라 부르고 있다. 그래서 후행하는 위상은 선행하는 위

상을 대치하며, 후행하는 계기는 선행하는 계기를 대치한다. 이런 개념
규정에 따를 때, 합생의 과정은 내적인 대치의 과정이요, 이 내적인 대치
의 과정은 시간적인 것이 아닌 반면, 계기들 간의 대치는 외적인 대치의
과정으로서 시간적인 것이라고 정리할 수 있겠다.34)

그런데 화이트헤드는 잇따르는 현실적 계기들 사이의 이와 같은 외적
인 대치 관계를 원인과 결과의 관계로 규정하고 있다. 이것은 약간 다른
맥락이긴 하지만 우리가 단순한 물리적 느낌을 검토하면서 이미 지적했
던 사항이다. 객체화되는 계기는 원인이요 이를 여건으로 하여 탄생하는
계기는 결과라는 것이다. 그렇다면 이제 외적인 대치의 과정은 시간적 과
정인 동시에 인과적 과정이라고 할 수 있다.35) 여기서 시간적 관계는 인
과적 관계와 그 외연이 동일하다. 화이트헤드에게 있어 시간의 누적적 성
격은 원인에서 결과로의 잇따르는 이행에 기초한다는 것이다(PR 237,
238).36) 그리고 시간적 과정과 인과적 과정이 동일한 것을 가리키기에
동시적 세계의 존재들은 인과적으로 관계하지 않는다. 동시적 존재들은
시간적으로 선후 관계에 있지 않기에 인과적으로 관계할 수 없는 것이다.

---

33) A. N. Whitehead, "Time," in *The Interpretation of Science: Selected Essays.* ed.
A. H. Johnson(New York: The Bobbs-Merill Company, Inc, 1961), pp.240~47.
34) 화이트헤드가 유동, 즉 **과정**을 **미시적 과정**과 **거시적 과정**으로 구별(*PR* 214)하는 것은 바로 이
런 논점의 요약이라 할 수 있다. 화이트헤드의 견해에 따르면 이러한 구별은 이미 로크에게 이
미 존재하지만, 그는 그것에 충분히 주의를 기울이지 않고 있다고 한다. 미시적 과정은 현실적
존재의 생성이다. 거시적 과정은 현실적 존재로부터 현실적 존재로의 이행(transition)이다. 미
시적 과정은 그 말의 정확한 의미에서의 생성, 즉 다수의 여건들로부터의 하나의 실재적인 존재
자의 생성이다. 그러나 거시적 과정은 전혀 생성이 아니다. 그것은 세계의 연속성의 기초이다.
왜냐하면 그것은 생성하는 현실적 존재가 그것의 밖에 있으면서 그것에 선행하는 존재들에 의
해 결정되는 과정을 가리키기 때문이다. 화이트헤드가 자주 사용하고 있는 **끊임없는 소멸**
(perpetually perishing)이라는 말은 본래 로크가 사용했던 것인데, 그가 이 말을 사용하면
서 염두에 두고 있는 것도 바로 이러한 거시적인 이행의 과정이다(A. N. Whitehead, 앞의
논문, p.240).
35) 우리는 제2장에서 **물리적 느낌**을 설명할 때도 다소간 다른 문맥에서이긴 하지만 이를 언급한
적이 있다.
36) 화이트헤드는 이를 여러 가지로 표현하고 있다. "결과로의 원인의 이와 같은 이행(transition)
이 시간의 누적적인 성격이다. 시간의 불가역성은 이러한 성격에 의존한다"(*PR* 237). "시간은
과거에 대한 직접적 현재의 순응이다"(*PR* 238).

이런 일련의 사실은 화이트헤드에게 있어 중요한 논점의 배경이 된다. 합생의 위상들 간의 관계는 시간적 선후 관계가 아니기 때문에, 시원적 위상에서 만족에 이르기까지의 이 양자 사이에서 일어나는 합생의 각 위상들은 그에 후행하는 위상에 작용인으로 기능하고 있지 않다는 것이 그것이다. 이것은 합생의 선행 위상과 후행 위상의 관계가 원인과 결과의 관계가 아니라 목적과 수단의 관계라고 이해할 여지를 열어놓는다. 물론 분명히 선행 위상의 부분적인 성취는 후행 위상을 조건짓는다. 그러나 그러한 조건지움은 질료인에 속하는 성격의 것이지 작용인의 성격의 것이 아니라고 볼 수 있다는 것이다.

여기서 우리는 **자율적인 자기 창조**와 관련된 중요한 한 가지 논점에 이르게 된다. 즉 합생의 획기성은 합생에서의 자율성의 토대가 되고 있다는 것이다. 이 자율성은 주체의 순수한 내적 과정이 어떻게 단순한 과거의 반복으로부터 벗어나 목적론적 과정이 될 수 있는가를 설명하는 요소이다. 창조적 과정이라 할 때의 **창조**의 진정한 의미는 바로 이러한 자율에 뿌리를 내리고 있는 것이다. 계기에 있어 합생의 각 위상은 시간 속에 있지 않기 때문에, 인과적 과정이 아니다. 따라서 거기에는 목적인(final cause)이 작용할 수 있는 공간이 자리하고 있는 셈이다. 그리고 이런 목적인이 작용할 수 있는 한, 계기의 합생 과정은 자기 완결을 주도하는 자율적인 창조적인 과정으로 이해될 수 있는 것이다. 결국 합생의 획기성은 현실적 계기의 자율적인 창조를 주도하는 목적인인 **주체적 지향**(subjective aim)이 도입될 수 있는 범주적 공간이 된다.

제 5 장

목적과 자유: 주체적 지향

    새로움(novelty)의 출현은 여건 속에 실현되어 있지 않던 것의 실현이다. 그것은 여건으로부터의 일탈을 함의한다. 그것은 현실적 계기의 자기원인성의 징표이다. 화이트헤드는 이런 자기원인성을 합생의 내적인 이상(ideal), 즉 **주체적 지향**(subjective aim)에 의해 설명한다. 따라서 주체적 지향은 시간적인 현실 세계에서 새로움을 끌어들이는 적극적인 작인(作因)으로 상정되고 있는 것이다. 그리고 이런 의미에서 주체적 지향은 과정철학이 새로운 존재의 출현을 설명하기 위한 개념적 장치로 마련하고 있는 것이라 할 수 있다. 이 장에서 우리는 어떻게 합생의 과정이 과거의 제약에서 벗어나 자기 성취, 곧 새로움의 창출을 위한 과정으로 기술되는지를 추적할 것이다. 이것은 과정철학의 우주론이 근대 이후 기계론적 세계관이 등장하면서 자취를 감추었던 목적론적 세계관을 부활시키고 있는 현장을 탐사하는 작업이 될 것이다.

1. 작용인과 목적인

새로운 계기는 그에 주어지는 여건을 경험하면서 탄생한다. 이것은 화이트헤드에게 있어 형이상학적 필연에 속한다. 이 필연성은 과정철학이 세계의 연속성과 안정성을 설명하려 할 때, 기본적으로 요구되는 형이상학적 조건 가운데 하나이기도 하다. 여건으로 기능하는 현실 세계는 그로부터 출현하는 새로운 계기를 근원적으로 조건짓는다. 그렇기에 현실적 계기는 전적으로 자율적인 과정일 수 없다. 그것은 부분적으로 여건을 반복, 재연하고 또 부분적으로 그 여건에서 벗어난다. 사실상 이와 같은 타자원인성과 자기원인성은 화이트헤드가 구출하고자 하는 경험 현상의 근본적인 두 측면이다.

화이트헤드에 따르면 경험은 순응이 지배하고 있는 많은 사례들을 증거한다. "직접적 과거에 대한 현재 사실의 이와 같은 순응성은, 유기체가 열등한 것일 때 외견상의 행위에 있어서나 의식에 있어서나 보다 뚜렷하다는 것이다. 꽃은 인간이 그런 것보다 훨씬 더 확실하게 빛을 따라 돌고, 돌은 꽃이 그런 것보다 훨씬 더 확실하게 외부 환경에 의해 정해진 조건에 순응한다"(S 41~42). 인간에게 있어 이는 결코 회피할 수 없는 **완강한 사실**(stubborn fact)로 나타난다. 그러나 그렇기는 하지만 아무리 열등한 물리적 세계에서라 하더라도 여건에의 완전한 **순응**(conformation)이란 없다. 거기에는 언제나 새로움의 창출 근거가 되는 자유의 요소가, 아무리 미약하다 하더라도, 숨을 쉬고 있다. 이런 사실은 물리과학에 시사되어 있다. 궁극적인 물질적 존재는 내적인 질서와 지속성을 띠고 나타난다. 거기에는 순응이 지배적인 요소가 된다. 그래서 과거의 반복과 재연이 그 내적 질서와 존속을 뒷받침하고 있다. 그러나 세계 속에 정태적인 것은 하나도 없다. 거기에는 항상 일탈이 있는 것이다(PR 238). 우주론의 체계는 이 양자를 조화시켜 끌어안아야 한다. 화이트헤드가 **순응**과 구별되는 **역전**(reversion)의 범주를 말하고, 궁극적으로는 **신**의 개입을 말하게 되는 까닭은 바로 이런 자연의 일탈성에 있다.

화이트헤드는 자연의 과정이 머금고 있는 것으로 보이는 일탈과 순응, 자유와 필연의 자리를 현실적 계기의 창출 과정에다 마련한다. 그가 제시하고 있는 과정의 두 유형, 즉 **합생**과 **이행**(transition)이 그 자리이다. 앞 장 말미에서 시사했듯이 전자의 과정은 자기원인의 목적론적 과정이요, 후자는 타자원인의 인과적 과정이다. "합생은 그것의 주체적 지향인 어떤 목적인을 향해서 나아가고, 이행은 불멸하는 과거인 작용인의 매체이다"(*PR* 210).

이 논점은 일견 간단하고 분명하다. 그러나 그것은 최근까지도 화이트헤드의 연구가들 사이에 쟁점이 되고 있다. 특히 노보는 작용인으로서의 거시적 과정을 역설하면서 이 문제를 새로이 부각시켰다. 우리는 노보의 주장을 비판적으로 검토하는 가운데 이 논제를 분명히 해 보기로 한다. 여기서 기본적으로 문제가 되는 것은 **이행**의 과정이 진정한 작용인으로 간주될 수 있는가 하는 점이다. 과거의 연구가들은 대체로 현실적 계기의 생성 과정 전체를 자율적인 목적론적 과정으로 이해하는 가운데, 이행을 독립적인 인과적 과정으로 간주하지 않는 경향이 있었다. 그래서 인과적인 객체화는 완결된 과거 계기의 결단의 산물로 이해되기보다는 새로이 탄생하는 계기가 갖는 결단의 산물로 대개 분석되었다. 크리스천(W. A. Christian)은 새로운 주체가 단순 물리적인 느낌에서, 선행하는 현실태의 한정성 가운데 일부를 그 자신의 경험의 직접태 속에 반복시킴으로써 그 선행하는 현실태를 받아들이고 있는 것으로 이해한다.[1] 게다가 그는 성질의 반복이 새로운 주체의 자율적인 결단에 의해 이루어지는 것으로 간주한다. 크리스천보다 앞서, **이행**을 단순한 합생의 산물로 명시하고 있는 전형적인 진술은 레클럭(I. Leclerc)에게서 찾아볼 수 있다.[2] 특히 레

---

1) W. A. Christian, *An Interpretation of Whitehead's Metaphysics* (New Heaven: Yale University Press, 1967), pp.130~44.
2) I. Leclerc, *Whitehead's Metaphysics* (New York: The Macmillan Company,

클럭은 계기의 과정 전체와 그것의 합생 내지 자기실현 과정을 동일시함으로써, 이행을 단지 "생성의 획기적(epochal) 활동들의 대치라는 파생적인 의미에서"3)만 과정에 속하는 것으로 이해하였다.

노보는 이러한 일련의 해석을 정면에서 반박하고 있다. 노보가 제기하는 반론의 요지는 대략 다음과 같다.4) **이행**은 **합생**과 구별되어야 할 생성의 또 다른 요소이다.5) 이행은 각각의 새로운 계기를 탄생시키는 인과적 과정이다. 그것은 과거를 현재 속에다 객체화시키고 현재를 과거에다 물리적 정신적으로 순응케 한다. 객체화는 합생하는 새로운 존재의 목적론적 과정에 귀속될 수 없다. 그것은 선행하는 현실태의 결단의 산물이다. 이 결단의 매체가 이행이다. 그것은 합생에 선행하는, 그래서 합생과 구별되는 과정이다. 만일 현실적 계기의 생성이 그것의 합생과 하나이자 동일한 것이라면, 이행은 어떠한 구성적인 기능도 갖지 못하게 될 것이며, 작용인은 무대에서 사라지게 될 것이다. 그리고 그렇게 될 때, 과거의 계기들은 기껏해야 질료인에 불과한 것이 되고 말 것이다. 따라서 과정 전체와 합생을 동일시하는 것은 작용인의 학설을 폐지시키게 되던가 이를 단순한 질료인의 학설에 지나지 않는 것으로 대치시키게 될 것이다.6) 노보는 이행과 합생의 차이를 다음과 같이 기술한다. "이행의 과정은 합생의 과정보다 대치적으로 선행하는 것으로서 — 새로운 계기를 탄생시키며, 그 속에다 상관적인 현실적 세계를 객체화시키고, 객체화된 세계에 물리적 정신적으로 순응케 함으로써 그 최초의 주체성을 탄생시킨다. 다른 한편, 합생은 자율적인 자기 실현의 과정이며, 이 과정 중에 있는 계기는 — 새로운 주체적 형식들을 획득함으로써, 그리고 그의 느낌들을 통합하고 또 재통합함으로써 자기를 완결지어 간다."7)

1958), pp. 68~71, 82.
3) 위의 책, p.81.
4) J. L. Nobo, 앞의 책, pp.61~164.
5) 위의 책, pp.139~40.
6) 위의 책, p.140.
7) 위의 책, p.150.

그런데 노보의 이런 견해는 다소간 과격해 보인다. 그는 **이행**을 **합생**에 선행하는 **생성의 과정**으로 이해하고 있다. 게다가 그는 합생과 마찬가지로 이행을 **진정한 창조적 과정**이라고 말한다.[8] 이런 해석은 과연 적절한가?

이제 화이트헤드가 합생과 이행을 명확히 구별하여 기술하고 있는 구절을 살펴보자. "과정에는 두 종류, 즉 거시적 과정과 미시적 과정이 있다. 거시적 과정은 달성된 현실태로부터 달성 중에 있는 현실태로의 이행인 반면 미시적 과정은 단순히 실재적일 뿐인 조건들을 결정적인 현실태로 전환시키는 것이다. 전자의 과정은 '현실적인 것들'로부터 '단순히 실재적일 뿐인 것들'로의 이행을 가능케 하며, 후자의 과정은 실재적인 것들로부터 현실적인 것들로의 성장을 가능케 한다. 전자의 과정은 작용인을 수반하며 후자의 과정은 목적인을 수반한다. …거시적 과정은 실재적으로 목표 달성을 통할하는 조건들을 제공하고, 미시적 과정은 현실적으로 달성되는 목표를 제공한다"(*PR* 214). 이 기술에서 보자면 이행은 **달성된 현실태로부터 달성 중에 있는 현실태로** 옮아가는 과정, 또는 **현실적인 것들**이 **단순히 실재적일 뿐인 것들**로 전환되는 과정이다. 그리고 이 실재적인 것들은 새로이 탄생하는 미시적 과정이 받아들여야 하는 조건이다. 이들은 미시적 과정에서 현실화하게 될 가능태이다. 그렇다면 이런 거시적 과정을 독자적인 생성의 과정, 즉 **진정한 창조적 과정**이라 할 수 있는가? 이에 긍정적으로 답하는 것은 필자가 보기에 과잉 주장이다. 우선 무엇보다도 이행은 새로운 계기가 그 최초의 위상에서 반드시 순응해야 하는 조건을 전달하고 있다는 의미에서의 작용인일 뿐, 적극적 능동적으로 새로운 계기를 창출한다는 의미에서의 작용인은 아니다. 그것은 **소극적** 작용인(이런 개념이 가능하다면)으로 이해되어야 할 것으로 보인다. 그러나 이것은 노보가 말하는 **질료인**과는 구별되어야 한다. 거시적인 과정이 제공하는 것은 결코 무규정적인 질료가 아니다. 우리는 화

---

8) 위의 책, p.139.

이트헤드가 **질료**(matter)를 두 가지로 구별하고 있다는 데 주목할 필요가 있다. 그는 아리스토텔레스의 순수 가능태와 자신이 말하는 **자연적 가능태**(natural possibility) 내지 **실재적 가능태**(real possibility)를 구별한다. 전자는 무규정적인 질료이다. 그러나 후자는 완결된 과거의 현실 세계에 의해 제약된 가능태, 곧 "현실적 사물들이 그로부터 생겨나게 되는, 형상이 부여된 질료이다"(*S* 36). 따라서 거시적 과정이 제공하는 것은 과거에 있어 완전히 규정되어 있는 여건들의 복합체, 곧 현실 세계인 것이다.

하지만 여기서 우리가 한 걸음 양보하여 이행이 독자적인 과정으로서 존재하는 것임을 인정한다고 해보자. 이 때 우리는 다음과 같이 물어볼 수 있겠다. 이행 과정의 존재론적 근거는 무엇인가? 존재론적 원리에 따르면 주체로서의 현실태만이 근거가 될 수 있다. 노보는 이를 **완결된 현실태들과 우주의 영원적인 창조성**[9]에서 찾고 있는 것으로 보인다. 그러나 우선 **창조성**은 현실태의 **원리**이지 현실태가 아니다. 그것은 현실태와 별개로 간주될 때 추상이다. 그렇다면 완결된 현실태가 이행의 존재론적 근거일 수 있는가?

이 물음에 대한 답변의 성격은 우리가 현실태를 어떻게 이해하느냐에 따라 달라진다. 화이트헤드에 따르면 현실태는 합생 중에 있는 계기이다. 그렇다면 만족에서 완결되어 객체화된 계기도 합생 중에 있다는 의미의 현실태로 이해될 수 있는가? 우리가 앞의 제2장에서 논한 바 있듯이, 현실적 계기의 만족이 현실태의 일부로 간주될 수 있는 것은 그것이 그 주체의 최종 위상일 때이다. 이것은 자기초월적 주체에 속하는 것으로서의 만족이다. 그러나 만족이 새로운 계기에 여건으로 주어질 때, 즉 객체화될 때 그것은 이미 가능태, 정확히 말하자면 불멸성을 지니고 나타나는 실재적 가능태이다. 그리고 가능태인 한, 그것은 능동적 활동을 결한 것이며, 따라서 그것은 적극적인 작용인으로 기능할 수 없는 것이다. 그러

---

9) 위의 책, p.140.

나 또한 그것이 **실재적인** 한, 새로운 주체는 그것을 피해갈 수 없다. 그리고 이런 의미에서 그것은 새로운 주체를 제약한다. 이것이 우리가 이행을 **소극적 작용인**이라고 말하는 이유이다.

결국 **이행**은 인과적 과정이긴 하지만 능동적이고 창조적인 과정은 아니다. 거시적인 과정 내지 이행이란 새로운 계기에 의한 완결된 계기의 대치를 일컫는 범주적 의미만을 갖는 것으로 간주되어야 할 것으로 보인다. 실재에 있어 그것은 **합생**의 과정에 귀속되어야 하는 것이다. 존재론적 원리상, 합생을 떠난 생성의 과정이란 있을 수 없다는 것이 필자의 기본 생각이기 때문이다. 따라서 이제 우리는 이행과 합생의 구별을, 순응과 재생의 위상에 있는 수동적인 과정으로서의 합생과, 주체적 지향에 따르는 능동적인 과정으로서의 합생 사이의 구별로 이해해 볼 수 있겠다. 아마도 이는 존재론적 원리와의 충돌을 피하면서 합생에서의 작용인과 목적인을 말할 수 있는 유일한 방안일 것이다. 전자에 있어 합생은 결정된 여건에 순응, 반복할 뿐, 그것의 활동은 전적으로 수동적인 것이다. 이런 의미에서 새로운 계기는 과거의 피조물이다. 반면 후자에 있어 합생은 능동적이고 자율적인 것이다. 그리고 이런 해석에 어느 정도의 정당성이 있다고 한다면, 노보가 비판적으로 언급하고 있는[10] 쉐번(D. W. Sherburne)의 견해는 보다 긍정적으로 평가되어야 할 것으로 보인다. 쉐번은 계기의 생성의 과정 전체와 계기의 자기 실현의 과정을 동일시한다. 그러면서도 그는 이행과 합생을 동일한 자기 실현 과정의 두 가지 상이한 측면으로 간주함으로써 이행이 갖는 작용인으로서의 입지를 열어놓음과 동시에 존재론적 원리와의 충돌을 피하고 있기 때문이다.[11]

사실 이 일련의 논란은 화이트헤드의 진술이 갖고 있는 모호성에서 기인하고 있다고 할 수 있다. 그러나 이 문제가 어떤 식으로 결말이 나든 간에 현실적 계기가 시종 자율적인 목적론적 과정이 아니라는 것만은 의

---

10) 위의 책, pp.139~41.
11) D. W. Sherburne, *A Whiteheadian Aesthetic* (New Haven: Yale University Press, 1961), pp.21~23.

심의 여지가 없다. 그것은 그에 상관적인 정착된 우주에 의해 제공된 실재적 가능태의 엄격한 한계와 제약 하에서 출현한다. 그것이 능동적 자율적 과정이 되는 것은 순응과 재생의 위상을 넘어서게 될 때이다. 이 때부터 그것은 자기 완결을 추구하는 목적론적 과정이 된다. 그리고 이 과정이 완결될 때, 그 계기는 그에 후속하는 계기를 위한 실재적 가능태로 전환된다. 결국 이런 의미에서 현실적 계기는 타자원인적인 동시에 자기원인적인 것이요, 타자의 원인자이기도 한 것이다.[12]

2. 주체적 지향

화이트헤드가 명시적으로 밝히고 있듯이 현실적 계기가 자기 원인적인 과정, 즉 목적인을 향유하고 있는 자율적인 과정으로 이해되는 것은 오직 능동적인 합생으로서일 뿐이다. **주체적 지향**은 이런 목적인에 대한 느낌이다. 여기서 주체적 지향은 합생에 생기를 불어넣고 한정해 가는 하나의 작인(作因)으로 기능한다(PR 85).[13] 그래서 또한 이 목적의 달성은 합생의 종결을 의미하게 된다(PR 223).[14] 따라서 합생 중인 현실적 계기를 지금의 그것으로 결정짓고 있는 요인은 그것의 주체적 지향이다. 그리고 그것이 지향하는 바의 것은 그 계기가 결정적인 한정성을 얻게 되었을 때의 바로 그 계기 자신 이외의 것이 아니다. 그것은 만족되었을 때의 그

---

12) 이 논점은 화이트헤드의 다음과 같은 진술로 정식화된다. "(i)그것은 과거에 의해 그것에 '주어진' 성격을 갖는다. (ii) 그것은 합생의 과정에서 지향하는 바의 주체적 성격을 갖는다. (iii) 그것은 초월적인 창조성을 규정하는, 특수한 만족의 실용적 가치인 자기 초월체적 특성을 갖는다"(PR 87).
13) **주체적 지향**은 다음과 같이 정의된다. "자기 창조 가운데 있는 현실적 존재는 개체적 만족과 초월적 창조자로서의 자신의 이상에 의해 인도된다. 이러한 이상을 향유하는 것이 '주체적 지향'이며, 이 때문에 현실적 존재는 하나의 결정적인 과정이 되고 있는 것이다"(PR 85).
14) 화이트헤드는 이를 다음과 같이 기술하고 있다. "한정성은 현실태의 생명이다. 독특한 한정성은 개별적인 과정에 생기를 불어 넣는 목적인이다. 그리고 그것의 달성은 그 과정을 멈추게 한다"(PR 223).

계기, 자기초월체로서의 그 계기이다.

여기서 우리는 "주체가 그 자신의 산출과정에 내재한다는 학설"(*PR* 224)과 만나게 된다. 이 학설(doctrine)에 따르면 주체의 생성 과정이 시작될 때, 자기초월체는 이미 거기에 있으면서 합생을 주도하는 하나의 조건으로 기능한다. 그리고 이런 사실은 합생 중에 있는 주체의 동일성(identity)과 통일성(unity)의 근거가 된다. 합생의 각 위상은 파악들로 구성되며 각각의 파악은 동일한 주체를 가지고 있어야 한다(*PR* 27, 221~24). 화이트헤드의 표현으로 하자면 "발생적으로 고찰된 파악은, 그것이 속해 있는 현실적 존재의 절대적인 원자성으로부터 결코 풀려날 수 없는 것이다"(*PR* 235). 그런데 이때의 주체는 전체로서의 현실적 존재 이외의 것이 아니다. 그러므로 주체, 즉 전체로서의 현실적 존재는 그 각 단계 모두에 현재해야 한다. 하지만 완결된 전체로서의 현실적 계기는 그 최종 위상에서 비로소 달성되는 것이다. 따라서 합생 중에 있는 주체는 완결된 동일성을 갖지 않는다. 그것은 다만 가능적인 동일성을 갖는다. 이 가능적인 동일성은 주체적 지향에 내재되어 있는 이상으로서의 자기초월적 주체이다. 그리고 주체적 지향이 그 합생을 주도한다는 의미에서 이 자기초월적 주체는 합생 속에 있게 된다. 주체가 합생의 모든 위상에 내재한다는 것은 이런 의미에서이다.[15] 그리고 또한 그렇기에 합생에 내재하는 주체의 동일성은 주체적 지향의 동일성에 다름 아닌 것이다. 자율적인 합생의 과정 전체가 지금의 그것일 수 있는 것은 그것의 주체적 지향이 지금의 그것이기 때문이라는 것이다. 그러므로 요약해서 말하자면 새로운 계기의 자율적인 합생은 주체적 지향을 통해 가능적인 동일성을 취하면서 시작되고, 또 그로부터 자신의 동일성을 얻고 있는 것이라 할 수 있다.

---

15) 이 일련의 논의는 화이트헤드의 표현으로 다음과 같이 요약될 수 있다. "주체가 그 자신의 산출과정에 내재되어 있다는 이 학설은, 주체적 과정의 최초 위상에 주체적 지향이 있다는 것을 전제로 한다. 물리적 느낌들과 그 밖의 다른 느낌들은, 초기 여건들을 처리하는 가운데 이 개념적 지향을 실현하기 위한 여러 중간 단계로서 생겨난다"(*PR* 224).

그런데 합생이 주체적 지향에 의해 한정되는 가능적 자기동일성을 가지고 시작된다는 사실은 합생의 여러 가지 측면들을 설명해 준다. 기본적으로 주체적 지향은 실재적 가능태인 여건 가운데 **무엇을, 어떻게** 실현시킬 것인가를 결정한다. 주체적 지향은 현실적 세계의 어떤 측면을 긍정적으로 파악하고 어떤 측면을 부정적으로 파악할 것인가에 대한 그 주체의 선택 근거가 된다. 말하자면 새로운 현실적 계기는 그 자신의 자기동일성에 대한 비전에 근거하여, 주어진 과거 세계의 어떤 측면들은 받아들이고 그 밖의 다른 측면은 배제한다는 것이다.

다른 한편 현실적 계기는 그 발전의 각 위상에서 볼 때 파악들의 정합적인 조합이다. 이 조합은 이들 파악의 주체적 형식들 간의 조정을 통해 이루어진다. 그리고 이 조정의 준거가 되는 것이 또한 주체적 지향이다. 주체적 지향은 파악의 주체적 형식 각각을 통제하는 준거가 됨으로써, 그 주체가 주어진 여건을 받아들이는 방식에 관여하는 것이다. 그것은 주체가 각각의 느낌에서 갖는 주체적 형식의 결정에 영향력을 행사하는 가운데, 다수의 느낌들을 정합적으로 조정하여 통일시킨다. 주체의 통일성이 있게 되는 것은 바로 여기서이다. 그렇기에 주체의 통일성 역시 주체적 지향의 효과이다.16) 화이트헤드는 이를 "주체적 통일성의 범주"(the category of subjective unity)(*PR* 26, 223)로 다음과 같이 정식화해 놓고 있다. "현실적 존재의 과정에 있어서 미완의 위상에 속하는 많은 느낌들은 그 위상의 미완결성 때문에 통합되어 있지는 않지만, 그 주체의 통일성 때문에 종합을 위해 양립 가능한 것들이다. 이는 '주체적 통일성'의 범주이다. 이 범주는 하나의 주체가 구성요소로서의 각 느낌들을 조건

---

16) 화이트헤드는 주체적 지향의 기능을 다음과 같이 다양하게 기술하고 있다. "현실적 존재의 결정적 통일성이 짜여지게 되는 것은, 여건의 여러 결정 및 미결정에 점진적으로 관계함으로써, 점진적으로 한정되는 어떤 이상을 향해 나아가는 목적인에 의해서이다"(*PR* 150). "주체적 형식들의 통합, 제거, 결정을 수반하는 파악들의 성장이 있다. 그러나 연속되는 여러 위상들에 있어서의 주체적 형식들 — 이 주체적 형식들에 힘입어 통합은 그것이 현재 소유하고 있는 성격을 갖게 된다 — 의 결정은, 파악들에다 상호 감수성을 부여하는 주체의 통일성에 의해 좌우된다"(*PR* 235).

짓는 최종 목표라고 하는 일반 원리의 한 표현이다. 따라서 자기 초월체는 각 느낌이 그 자신의 과정을 어떻게 처리하는가를 결정하는 조건으로서 이미 현재하고 있다."이 범주는 현실적 존재의 생성 과정이 어떻게 그 자신의 주체적 지향에 의해 통일성을 확보하게 되는가를 설명하고 있다. 다수의 여건들로부터 어떻게 하나의 통일된 존재가 탄생하게 되는가? 이 범주는 이 물음에 답변하기 위한 것이다. 그것은 또한 주체가 자기 자신의 산출과정에 내재한다는 학설, 요컨대 주체는 자기 원인자(causa sui)라는 학설의 또 다른 표현이기도 하다. 이는 화이트헤드의 기술로 다음과 같이 정리될 수 있다. "'자기 초월적 주체'는 느낌들을 창시하는 과정의 목적이다. 느낌들은 그들이 지향하는 목표와 유리될 수 없다. 이 목표는 느끼는 자(feeler)이다. 느낌은 그 목적인으로서의 느끼는 자를 지향한다. 느낌들이 지금의 그 느낌들인 것은 그것들의 주체가 지금의 그 주체일 수 있기 위해서이다. …이 목적인은 느낌에 내재하는 요소로서 그 느낌의 통일성을 구성한다. 현실적 존재는 지금의 그 현실적 존재가 되기 위해서 지금과 같이 느끼고 있다. 이런 방식으로 현실적 존재는, 실체란 자기 원인이라는 스피노자의 실체 개념을 만족시킨다"(PR 222).[17)]

그런데 화이트헤드는 이런 주체적 지향을 종종 "느낌의 유혹"(lure for feeling)(PR 25, 85, 185)으로 기술한다. 주체적 지향의 느낌은 유혹하는 요소에 대한 느낌이라는 것이다. 달리 말하자면 목적으로서의 이상(理想)은 주체를 유혹함으로써 그 이상을 느끼도록 한다는 말이 된다.[18)]

---

17) 이렇게 이해되는 **자기 원인**의 개념은 계기들 간의 상호 초월성 또는 절대적 개체성을 근원적으로 설명한다. 이를 시사하는 화이트헤드의 진술은 다음과 같다. "모든 현실적 존재는 이러한 자기 원인이라는 특성을 신과 공유하고 있다. 이러한 이유 때문에 모든 현실적 존재는 또한, 신을 포함하여 다른 현실적 존재들을 초월한다는 특성을 신과 공유하고 있는 것이다"(PR 222).

18) 이런 개념적 구도는 아리스토텔레스가 말하는 **부동의 동자**(Unmoved Mover)를 연상시킨다. 사실상 화이트헤드의 체계에 들어 있는 목적론적 구도만을 놓고 본다면 아리스토텔레스의 것과 상당히 유사하다고 할 수 있다. 차이가 있다면 그들이 목적인을 끌어들이는 이유에서이다. 아리스토텔레스가 목적인을 말하는 이유는 **작용인**이 변화(운동)의 궁극적 원천일 수 없다고 보았기 때문이고, 화이트헤드는 목적인을 말하는 이유는 작용인이 **창조적 새로움**의 원천일 수 없다고 보았기 때문이다.

화이트헤드에 따르면 일반적으로, 계기에 주어지는 이런 유혹 가운데 가장 강력한 유혹은 주어진 것에의 **순응**, 즉 객체적 여건 가운데 실현되어 있는 어떤 요소를 단순히 재연하는 것이다. 화이트헤드는 **느낌의 유혹**에 관한 기술의 문헌적 사례를 흄의 저술에서 찾아낸다(*PR* 86~87). 『인성론』(*A Treatise of Human Nature*) 제1절에서 흄은 다음과 같이 말한다. "처음에 출현하는 모든 단순 관념들은, 이들 관념에 대응하고 또한 이들 관념에 의해서 정확하게 재현되는 단순 인상들로부터 온다." 여기서 화이트헤드는 유혹으로 주어지는 **객체화의 여건**이 흄의 **단순 인상**과 가장 가까운 것임을 강조한다. 이것은 무슨 의미인가? 흄에게 있어 **인상**은 지각되는 최초의 여건이고 이것의 재현(representation)은 **관념**이다. 화이트헤드는 이 양자의 관계에서 전자를 유혹하는 인자로, 후자를 유혹 당하는 인자로 이해한다. 그리고 단순한 인상을 **최고의 유혹**, 즉 가장 강력하게 유혹하는 인자로 간주한다(*PR* 86). 따라서 최고의 유혹은 이제 객체적 여건으로서의 인상을 재현하는 데 있는 것이다. 재현은 화이트헤드의 용어로 표현할 때, 객체화된 현실태 속에 실현되어 있는 영원적 객체의 재연(re-enaction)이며, 객체적 여건에 대한 엄밀한 순응에서 이루어지는, 영원적 객체의 반복이다. 여기서 이 영원적 객체는 **개념적 유혹**으로서 주어지는 것이다. 그리고 이런 반복 내지 재연은 또한 유기체철학에 있어 영원적 객체가 현실태에 진입하는 기본적인 방식이다.

그러나 화이트헤드에 따르면 유혹은 순응하는 데만 있는 것이 아니다. 영원적 객체는 단순히 반복을 통해서만 현실 세계에 관여하는 것이 아니라는 것이다. 만일 그렇다고 한다면 현실 세계 속에 새로움은 불가능할 것이다. 화이트헤드는 새로운 영원적 객체의 진입 가능성을 예증하는 사례로, 흄이 위에서 제시한 엄격한 원리의 예외 사례에 주목한다. 흄이 들고 있는 예외 사례는 다음과 같다. "어떤 사람이 지난 30년간 시각을 사용해 왔고, 그래서 모든 종류의 빛깔을 완전히 판별할 수 있게 되었는데 다만 한가지, 예를 들어 파랑의 어떤 특정의 색조는 불운하게도 한번도

본 적이 없다고 가정해 보자. 그리고 지금 그의 면전에 이 하나의 색조를 제외한 다른 모든 색조의 파랑을, 가장 진한 것으로부터 가장 연한 것에 이르기까지 펼쳐 보인다고 하자. 분명히 이 때 그는 그 색조가 빠져있는 곳에서 공백을 지각할 것이고, 인접한 색채들 간의 간격이 그 장소에서는 다른 어느 곳보다도 크다는 점을 깨달을 것이다. 여기서 나는 다음과 같이 물어볼 수 있겠다. 그는 자기 자신의 상상력을 동원하여 이 결함을 보완하고, 감관이 문제의 색조를 아직껏 한번도 전달해준 적이 없는데도 저 특정 색조의 관념을 마음속에 떠올릴 수 있을 것인가? 아마도 그가 그럴 수 없다고 여기는 사람은 거의 없을 것이다. 그래서 이 사례는 결국 단순 관념이 언제나 이에 대응하는 인상으로부터만 나오는 것은 아니라는 증거가 되기에 충분할 것이다"(*PR* 86~86). 화이트헤드는 흄이 들고 있는 이 예외 사례를 통해, 여건 속에 실현되어 있지는 않지만, 그 여건과 근접성을 지니고 있음으로 말미암아 **객체적 유혹**(objective lure)을 조성하는 연관적인 가능태에 대한 파악 가능성에 주목하고, 이를 논거로 하여 유혹이 순응으로만 나타나는 것이 아니라는 주장으로 나아간다. 현실 속에 실현되어 있지 않은 요소가 유혹의 대상으로 기능할 수 있다. 여기서 논점의 핵심은 **현실 세계** 내의 **질서**가 이 질서와 연관되어 있으면서도 이 질서와는 구별되는 그런 파생적인 질서를 낳을 수 있다는 것이다. 그리고 이것을 정식화시켜 놓은 것이 바로 **개념적 역전**(conceptual reversion)의 범주이다. 합생은 이 **역전**에 힘입어, 주어진 것에 대한 엄밀한 순응, 반복, 재연에서 벗어난다. 화이트헤드가 "합생에 대한 분석은, 기초적인 여건과 밀접한 관련을 가지고 있음으로 해서 쉽게 느껴질 수 있는 것은 무엇이든지 받아들이거나 배제하는, 개념적 느낌이 성립하고 있다는 것을 보여준다"(*PR* 87)고 말하는 것은 이런 맥락에서이다. 그래서 이제 '역전'에서 여건으로 등장하게 되는 영원적 객체들, 즉 초기 여건과의 밀접한 관계와 관련하여 등급화되는 영원적 객체들도 느낌의 **개념적 유혹**으로 기능한다(*PR* 86). 그리고 이렇게 새로운 영원적 객체가 이미 실현된 영원적 객체와의 연관을 통해 그 객체에 내재한다는 의미에서, 그 영원적 객체도 객체적 유혹에 속하는 것이다(PR 87).

과정철학의 기본 이념에 따를 때 주체적 지향은 결코 동일한 것으로 반복될 수 없다. 그것은 과거의 것과 유사할 수는 있어도 동일할 수는 없는 것이다. 따라서 주체적 지향에는 **역전**이 개입한다. 그것은 역전을 통해 주어지는 영원적 객체를 본질적인 구성요소로 갖는다고 할 수 있기 때문이다. 말하자면 주체적 지향은 객체 속에 주어지는 개념적 유혹들 가운데 하나를 수용하여 목적으로 삼은 것이다. 따라서 주체적 지향은 주체의 합생을 주도하는 현실적 힘으로 작용하게 된 객체적 유혹인 셈이다. 화이트헤드가 주체적 지향을 **느낌의 유혹**이라 부르는 것은 이런 의미에서이다.

그런데 화이트헤드는 신과 연관시켜 주체적 지향을 논하는 자리에 이르러, 주체적 지향이 신에 대한 순응적 느낌에서 파생되는 것이라고 주장한다. 실현되지 않은 영원적 객체를 여건으로 하는 신의 개념적 느낌 가운데 하나를 순응적으로 느낀 것이 바로 주체적 지향의 느낌이라는 것이다. 그리고 여기서 새로운 영원적 객체에 대한 느낌의 가능성을 설명하기 위해 마련되었던 **역전의 범주**는 불필요하게 되고, 최고의 유혹은 순응이라는 앞서의 주장은 그만큼 더 일관된 설명력을 확보하게 된다. 그러나 보다 중요한 것은 주체적 지향이 신에 대한 느낌에서 파생된다는 것이다. 이것은 새로운 계기의 탄생에 신이 아주 중요한 요인으로 개입한다는 것을 의미하기 때문이다. 주체적 지향을 통한 신의 개입은 새로운 계기의 탄생에 어떤 의미를 갖는가?

우선 신의 개입과 관련한 화이트헤드의 진술에 따르면 기본적으로 "신은 각각의 시간적 합생에다 그것의 자기 원인 작용의 출발점이 되는 최초의 지향(initial aim)을 부여하는 현실적 존재이다"(PR 244).[19] 여기

---

19) PR 67, 224, 344도 참조.

서 **최초의 지향**이란 신에 대한 혼성적인 물리적 느낌에서 개념적 가치평가에 따라 얻어지는 최초의 개념적 느낌을 말한다(*PR* 189). 화이트헤드는 이를 "개념적 지향"(conceptual aim)(*PR* 225)이라 부르기도 한다. 이 개념적 지향의 여건은 신의 원초적 본성에서 직접 파생되는 것이기에, 새로운 계기의 시간적 현실 세계에는 예증되어 있지 않은 영원적 객체들이다. 따라서 개념적 지향은 그 계기의 정신적 극을 이루는 요소로서, 그 계기의 새로움을 가능케 하는 인자(因子)인 것이다.[20]

화이트헤드는 이처럼 주체적 지향의 최초의 단계가 "신의 본성 속에서 개념적으로 실현된, 사물들의 불가피한 질서로부터 그 주체가 계승한 기본 재산"(*PR* 244)이라는 의미에서, "신은 각각의 시간적인 현실적 존재의 창조자라 할 수 있다"(*PR* 225)고 말한다. 신은 자신의 질서를 통해 세계를 규정하고 있다는 의미에서 세계의 창조자라는 것이다. 이 창조의 메커니즘에서 핵심적인 기능을 하는 개념이 **유혹**이다. 신은 **느낌을 위한 유혹**에 있어 기본적인 요소가 됨으로 말미암아 새로운 계기를 창출하는 개념적 지향의 원천이 되고 있다는 것이다(*PR* 189). 그러나 유감스럽게도 화이트헤드는 신이 새로운 계기를 유혹함으로써, 그 최초의 지향을 제공하며, 이것이 합생을 출발시킨다고 말하고 있을 뿐, 그의 글 어디에서도 이와 같은 창조의 메커니즘을 분석적으로 기술하고 있지 않다. 이 문제는 신과 새로운 존재의 출현 사이의 관계 문제이다.

우리는 이런 메커니즘을 다소간 사변적으로 다음과 같이 구성해 볼 수 있겠다. 신은 현실적 존재로서, 각각의 새로운 현실적 계기를 탄생시키는

---

20) 다른 한편 시간적 현실 세계는 합생하는 새로운 계기에다 한정된 영역을 제공한다. 이 영역은 그 계기의 물리적 극으로서, 시간적 세계의 안정성과 연속성을 설명한다. 이런 의미에서 신, 특히 그의 원초적 본성과 실재적 가능태로서의 현실 세계는 새로운 합생을 조건짓는 근원적인 요인들이라 할 수 있다(*PR* 244). 요컨대 주체가 자리하는 입각점은 현실 세계로부터, 그리고 그 개념적 규정성(영원적 객체들)은 신의 원초적 본성으로부터 오고 있는 것이다. (우리는 제8장에서 주체적 지향이 명제적 느낌의 일종으로 분석될 수 있음을 논증할 것이다. 이렇게 분석될 때 입각점인 영역은 명제의 논리적 주어인 단순한 **그것**으로 기능하고, 신에게서 오는 영원적 객체들은 그 명제의 술어로 기능한다는 것을 보게 될 것이다.)

현실 세계의 부분이다. 그런데 새로운 현실적 계기는 그의 환경 속에 있는 모든 과거의 계기들의 어떤 측면을 긍정적으로 파악해야 한다. 따라서 새로운 계기는 그의 현실 세계에 있는 신을 긍정적으로 파악해야 한다. 그러나 새로운 존재가 그의 합생을 시작하기 전에, 신은 그 계기의 출현을 예기(anticipation)하고 있었다. 즉 신은 그 새로운 계기가 출현하기까지의 과거의 모든 현실적 계기들을 파악하고 있을 뿐 아니라, 그가 원하는 종류의 세계 출현을 예기한다는 것이다. 이것은 새로운 현실적 계기에 대한 일종의 예기적 느낌으로 구현된다. 그래서 이 때 신은 특정한 주체적 형식, 즉 그가 요구하는 가능한 동일성들의 패턴이 그 새로운 존재에 의해 구체적으로 실현되기를 바라는 그런 주체적 형식을 가지고 이 사태를 예기적으로 파악한다. 이 주체적 형식은 그 새로운 계기에 대한 신의 **의지**를 표현하는 것이다.

다른 한편 새로운 계기가 현실 세계에 출현하면서 갖게 되는 주체적 지향은 신에게 있는 이러한 예기적 파악에 대한 그 계기의 파악이다. 그런데 이런 파악은 신에 대한 혼성적인 물리적 파악이다(*PR* 225). 혼성적인 물리적 파악도 물리적 파악이다. 그런데 일반적으로 합생의 최초 단계에서 물리적 파악은 본질적으로 순응적 파악, 즉 앞서 이루어진 것의 반복이다. 그것은 여건을 반복할 뿐 아니라 그 여건을 느끼는 방식, 곧 주체적 형식을 반복한다. 따라서 신에 대한 새로운 주체의 혼성적인 물리적 파악도 반복을 기본으로 할 것이다. 그래서 주체적 지향의 여건은 신이 느낀 예기적 사태가 될 것이요, 그 주체적 지향의 주체적 형식은 신이 갖고 있던 주체적 형식이 될 것이다. 이런 일련의 추론이 옳다면, 그 새로운 존재에 대한 신의 욕구는 그 새로운 존재 자신의 욕구가 된다. 그래서 신에게서 느껴진 예기적 사태는 현실 세계 속에 온전히 실현되는 셈이다. 이것이 신의 질서와 의도가 현실 세계를 규정한다는 주장의 의미로 우리가 이해하는 것이다. 이러한 예기적 사태의 실현은 시간적인 세계에서 볼 때, 근원적인 의미의 창조적 새로움이다. 화이트헤드가 "파생적이며 공감적인 개념적 가치평가를 수반하는, 신으로부터 파생된 새로운 혼성적 느낌이 진보의 기초"(*PR* 247)라고 말하거나 "신의 개입을 떠날 경우, 세계에는 새로운 것도 있을 수 없고, 그 어떤 질서도 있을 수 없게 될 것이다"(*PR* 247)고 말하는 것도 바로 이런 의미에서라고 할 수 있을 것이다.

우리는 신에 의한 계기의 창조에 함의된 메커니즘을 구성적으로 해석해 보았다. 이런 해석의 적절성 여부와는 별개로, 새로운 계기가 신에게서 파생되는 질서를 주체적 지향으로 수용하여 재연함으로써 탄생하고 있다는 것은 분명하다. 그런데 이 때 신에게서 파생되는 주체적 지향은 그 자체로서 새로운 것이다. 왜냐하면 그 술어가 시간적 세계에서 파생되어 반복, 재연된 것이 아니기 때문이다. 게다가 이미 앞서 지적하였듯이 주체적 지향에 의해 도입된 이러한 개념적 새로움은 시간적인 계기로부터 파생된 개념적 재생의 주체적 형식에 영향을 미친다. 그것은 "계승된 주체적 형식의 호응적인 적응(responsive adjustment)을 교란시킨다"(*PR* 104). 그래서 각각의 개념적 재생의 여건은 순응적인 물리적 느낌으로부터 파생된, 따라서 주체의 선택에 의하지 않은 영원적 객체들이지만, 각각의 개념적 재생의 주체적 형식은 궁극적으로, 비록 그것이 순응적 느낌에 의해 영향을 받기도 하고 조건지워지고 있다고는 하더라도, 다른 개념적 느낌들과 정합하도록 주체적 지향에 의해 조정된다. "주체는 그 자신의 미완의 여러 위상에 대한 자기비판에 의해 합생의 과정에서 그 자신을 완결짓는다"(*PR* 244)는 화이트헤드의 진술이 이 논점을 함축한다. 그리고 이것이 바로 합생하는 계기가 주체적 지향에 힘입어, 현실 세계의 제약에서 부분적으로 벗어나서 새로움을 창출해 가는 진정한 의미의 자율적 과정이 된다는 말의 의미이다.

3. 신과 자유

하지만 이렇게 출현하는 새로운 계기의 새로움은 그 계기의 개체적 자유에 근거하는 것이라고 볼 수 없다. 그것은 진정한 의미의 개체적 자율의 산물이 아니다. 그것은 단순히 새로운 주체적 지향의 도래에 힘입어, 현실 세계에 지금까지 존재하지 않았던 계기가 출현했다는 데에 따르는 새로움일 뿐이다. 바꿔 말하자면 그것은 신에게서 파생된 예기의 실현에서 오는 새로움이다. 이 예기적인 사태는 신의 욕구와 결단의 산물이기에 그것의 실현에 따르는 새로움이란 **주어진** 새로움이라 할 수 있다. 따라서 이는 새로운 계기의 자율과는 무관한 새로움이다. 현실 세계에서의 새로움이란 것이 이런 의미의 새로움에 그치는 것이라면, 세계의 과정은 신의 욕구에서 연역되는 것이 되고 말 것이다. 화이트헤드는 이러한 구도를 거부한다. 그는 현실적 계기가 개체적 의미의 새로움을 창출한다고 생각한다. 그러나 이것이 가능하려면 어떤 의미에서이건 계기는, 신의 의도를 거부하거나 아니면 적어도 수정할 수 있는 자유를 갖고 있어야 한다.

화이트헤드에 따르면 우주에 있어 자유의 요소는 계기가 갖는 자기 원인성에 뿌리내리고 있는 것으로서, 그 계기의 한정성에 대한 그 계기의 자율적인 **결단**(decision)에서 구현되는 것[21]이라고 한다. 그의 말을 직접 들어보기로 하자. "자기 원인이란, 합생의 과정이, 느낌들로 이루어진 질적인 옷을 입는 것과 관련된 결단을 내림에 있어 그 자신이 그 결단의 근거가 된다는 것을 의미한다. 합생의 과정은 어떤 느낌에의 유혹이건 이를 유효하게 만드는 저 결단에 대해 궁극적으로 책임이 있다는 것이다.

---

21) 일반적으로 화이트헤드가 사용하는 대부분의 술어가 그렇듯이 여기서 **결단**이라는 말은 의식적인 선택이나 의식적인 판단을 포함하는 한층 더 일반적이고 근원적인 의미의 작용이다. 이 말은 **잘라내다**(cut off)라는 어원적인 의미에서 취해진 것으로서(PR 43), 특히 가능태를 이것으로 실현시키기 위해 저것으로서의 가능태를 잘라내거나 배제하는 것을 의미한다. 화이트헤드가 "'현실태'는 '가능태' 사이에서의 결단"(PR 43)이라고 말하는 것도 이런 의미에서이다.

우주에 내재하는 자유는 이러한 자기 원인의 요소로 구성되어 있다"(*PR* 88). 이 진술에서 우리는 주체의 자유가 그것이 궁극적으로 여건의 구성 요소들에 대한 그의 느낌들을 어떤 주체적 형식으로 규정지을 것인가를 자율적으로 결단하고 나아가 그것의 초기 느낌들이 후기 느낌들에 의해 어떻게 통합되어야 할 것인가를 결단하는 데 함의된 자유임을 알 수 있다. 그래서 궁극적인 한정성을 구현하기 위해 점진적으로 이루어지는 결단의 과정이 자율적인 목적론적 과정으로서의 합생이다. 이 궁극적인 한정성이 그 계기의 자율적 결단을 지배하는 목적인이다.

그런데 이런 결단이 진정한 자율적 결단이라면 그것은 주체적 지향의 통제하에, 또는 적어도 그것의 어떤 간섭 하에 이루어지는 것이어서는 안된다. 왜냐하면 그럴 경우 합생은 목적론적 과정일 수는 있으나 진정한 의미의 자율적인 과정일 수는 없을 것이기 때문이다. 전정한 의미의 자율은 **주어진** 결단들, 즉 **신의 결단**과 **과거 현실 세계의 결단**을 놓고 이루어지는 **계기 자신의 결단**에서 구현되어야 하는 것이다. 과거의 시간적 세계에 대한 계기의 결단은 신의 결단에서 파생된 주체적 지향의 통제하에 이루어진다. 따라서 문제되는 것은 과연 새로운 계기가 자신의 주체적 지향 그 자체를 놓고 결단할 수 있는가 하는 점이다. 계기가 자신의 주체적 지향을 수정할 수 있는가? 이는 계기가 신의 욕구에서 벗어날 수 있는가 하는 문제이다. 이런 수정이 가능할 경우에만 계기는 진정한 의미의 자기 원인자가 될 수 있을 것이다. 주체적 지향이 합생하는 주체에 불변적인 요소로서 주어지는 것이라면, 그 때 자유는 궁극적으로 신의 자유가 되고 말 것이다. 화이트헤드는 이런 수정의 가능성, 즉 계기 자신에 의한 최종 결단의 가능성을 『과정과 실재』의 몇몇 구절에서 시사하고 있다. 주어진 조건들은 항상 주체의 "직접적인 결단의 여지를 남기는 우연성"(*PR* 284)을 지니고 있다는 것이다.22)

---

22) 이는 화이트헤드의 다음과 같은 보다 온전한 진술로 보완될 수 있겠다. "결단된 조건들은 결코 자유를 축출해버리는 성격의 것이 아니라는 데 주목할 필요가 있다. 그것들은 자유를 제한할 따름이다. 항상 직접적인 결단의 여지를 남기는 우연성이라는 것이 있다"(*PR* 284).

우리가 바로 앞의 소절에서 보았듯이 주체가 지향하는 것은 장차 완결될 자기 초월체이다. 이것은 주체적 지향을 실현한 것 이상도 이하도 아니다. 그리고 이렇게 실현될 때 그것은 결정된 "위치"(position)와 "한정성"(definiteness)으로 분석될 수 있다(*PR* 25). 여기서 위치는 합생이 점유하는 **영역**(region)이고 한정성은 합생을 질적으로 규정하는 복합적인 영원적 객체이다. 그래서 전자는 합생하는 주체의 실재적 본질을, 후자는 이런 주체의 통일성을 설명한다. 그런데 그렇다면 이런 주체적 지향의 변화는 어떤 의미에서건 주체의 동일성과 통일성에서의 변화를 수반하게 될 것이다. 그러나 특정한 이상적 자기를 목표하여, 더구나 그것의 통제하에 합생하는 계기가 그 목표를 수정한다는 것은 어떤 의미에서 자기 모순 아닌가?23)

문제의 핵심은 다음과 같은 화이트헤드의 진술을 어떻게 이해할 것인가에 달려 있다고 볼 수 있다. "각 합생은 일정한 자유로운 시발(initiation)

---

23) 화이트헤드에게서는 이 물음에 관련된 어떤 시사도 찾아볼 수 없다. 그러나 필자 개인의 생각이 긴 하지만, 일견 자기 모순의 사태를 동반하는 것으로 보이는 이 **결단**이라는 개념은 화이트헤드의 체계가 함축하고 있는 중요한 철학적 이념, 그러나 화이트헤드가 한번도 명시적으로 언급한 적이 없는 그런 이념을 상징하고 있다. 무엇보다도 화이트헤드에게서 결단이라는 개념은 결코 합리화될 수 없는 존재의 내면을 드러내 보여주는 술어라는 데 주목할 필요가 있겠다. 현실적 존재의 결단은 더 이상 범주적으로 분석될 수 없는 궁극적 작인으로 등장하고 있기 때문이다. 현실적 존재가 결단을 통해 자신의 주체적 지향을 거부할 수 있는 한, 그래서 스스로 자기 동일성의 근거까지 위협할 수 있는 한, 그것은 상관 범주들의 집합으로 완전히 환원될 수 없는 것이다. 그것은 결단의 순간에 단독자로서 자유를 누린다. 이 자유로운 단독자의 절대적 개체성은 화이트헤드가 구체적인 것은 기술될 수 있을 뿐, 설명될 수 없다고 했을 때 부분적으로 드러났던 것이긴 하지만, 지금의 문맥에서는 그로 말미암아 구체적인 것은 남김없이 기술될 수조차 없는 것으로 나타나고 있다는 데 문제의 심각성이 있다. 혹자는 이런 결단이 현실적 존재 속에 **개별화된 창조성**으로 간주될 수 있고, 따라서 범주화될 수 있는 것이라 말할지도 모르겠다. 하지만 창조성 자체는 개별화의 요인을 갖고 있지 않다. 그래서 그것만으로는 상이한 존재에서 상이한 결단이 작동하는 이유를 설명하지 못한다. 사실상 이 주체적 결단의 요소를 별개로 한다면 화이트헤드의 체계는 현실적 존재를 온전히 합리적 술어로 기술해내고 있다고 할 수 있다. 합리주의적 이상을 중시했던 화이트헤드가 합리주의적 이상에 도전하는 존재의 궁극적 우연성을 대변하는 결단을 존재의 자기 창조 과정의 핵심에 놓고 있다는 것은 결코 우연이 아닐 것이다. 적어도 필자가 보기에 그는 결단이라는 개념을 통해, 경험적 사태의 순수 소여성(givenness 또는 완강함 stubbornness)을 역설하는 전통 경험 철학의 핵심 이념과 19세기말을 전후하여 합리주의 철학을 신화적 이야기로 돌리며 등장하여 오늘날 **해체론**의 주요 뿌리 가운데 하나로 작용한 비합리주의의 이념을 상징적으로 끌어안고 있다.

및 일정한 자유로운 종결과 연관되어야 한다. …최초의 사실은 원초적 욕구(primordial appetite)이며, 최종적 사실은 궁극적으로 **만족**을 창출하는 강조의 결단이다"(*PR* 47~48). 여기서 **자유로운 시발**에 함의된 자유란 신의 자유를 의미하는 것일 것이다. 그렇다면 **자유로운 종결**에서의 자유는 합생하는 계기의 자유일 것이다. 전자의 자유는 최초의 개념적 지향을 결단하여 새로운 계기에 제공하는 데서 구현되는 것이라고 이해할 수 있다. 그렇다면 이 후자의 자유는 어떻게 구현될 수 있는 것인가? 이것은 자유로운 시발에서 주어진 것을, 자율적인 결단에 의해 수정하는 데서 구현되는 자유이어야 할 것이다. 주체의 동일성을 해치지 않으면서 나타날 수 있는 주체적 지향의 수정이란 것은 어떻게 이해될 수 있는 것인가?

이제 주체적 지향의 가변성을 시사하고 있는 것으로 흔히 거론되고 있는 두 구절을 계속해서 인용해 보기로 하자. "지향의 최초 단계는 신의 본성 속에 뿌리를 내리고 있으며, 그 지향의 완결은 자기 초월적 주체의 자기 원인 작용에 의존하고 있다"(*PR* 244). "주체가 그 자신의 산출 과정에 내재되어 있다는 학설은, 주체적 과정의 최초 위상에 주체적 지향에 대한 개념적 느낌이 있다는 것을 전제로 한다. 물리적 느낌들과 그 밖의 다른 느낌들은, 초기 여건들을 처리하는 가운데 이 개념적 지향을 실현하기 위한 여러 중간 단계로서 생겨난다. 이 기초적인 개념적 느낌은 합생의 계속되는 여러 위상에서 단순화를 겪게 된다. 그것은 조건지워진 여러 대안에서 시작되고, 잇따르는 여러 결단에 의해 정합성으로 환원된다. 책임성에 관한 학설은 이러한 수정과 전적으로 관계된다"(*PR* 224). 프랭클린은 이 두 진술에 들어 있는 **지향의 최초 단계**라는 표현과 **단순화를 겪는다**는 표현을 실마리로 하여 주체적 지향의 가변성을 역설한다.24) 그가 생각하는 바에 따르면 **지향의 최초 단계**라는 표현은 그것이 지향의 최종 단계와 구별되는 것임을 함의하며, 따라서 주체적 지향이 변할 수 있다는 것은 의심의 여지가 없다. 그렇다면 이런 변화는 어떤 성격의 것인가? 그

---

24) S. T. Franklin, 앞의 책, pp.56~57.

는 변화의 성격을 **단순화를 겪는다**(suffer simplification)는 말에서 찾는다. 그는 다음과 같이 말하고 있다. "발전의 첫 단계에서 주체적 지향은 여러 가지 가능한 자기동일성들을 지향한다(이런 동일성들 가운데 일부는 다른 것들보다 더 소망스런 것이다). 그리고 합생이 진행됨에 따라 주체적 지향은 보다 적은 수의 가능한 자기동일성들을 지향하게 된다."[25] 이 진술에서 볼 때 프랭클린은 주체적 지향이 그 최초 단계에서는 다수의 가능한 동일성으로 이루어져 있으나, 최종 단계에서 이들 가운데 어느 하나로 점차 한정되어 가는 것으로 이해하고 있다. 따라서 프랭클린에게 있어 **단순화를 겪는다**는 표현은 다수의 동일성에서 소수의 동일성이 선택되어 가는 것을 의미한다. 그는 이 단순화의 과정을 다음과 같이 부연한다. "술어 속의 기본적인 요소는 이상적인 자기동일성이다. …이들 동일성들 가운데 하나는 소망스런 선택지로 느껴질 것이고 다른 것들은 다소간 덜 소망스런 선택지들로 느껴질 것이다."[26]

나아가 그는 이러한 단순화가 신의 욕구에 대한 **수정**으로 이해될 수 있는 측면을 다음과 같이 추정하고 있다. "새로운 존재가 신으로부터 그 최초의 지향을 받아들일 때 그 존재는 하나의 가능한 동일성을 가장 소망스런 것으로 느낄 것이다. 또한 첫 단계가 완전히 호응적인 단계라는 사실은 전제로 할 때, 새로운 존재가 이 첫 단계에서 가장 소망스런 것으로 간주하는 동일성은 그에 앞서 신이 가장 소망스런 것으로 느꼈던 동일성일 것이다. 이와 마찬가지로 새로운 존재가 보다 덜 소망스런 것으로 발견하게 되는 동일성은 그에 앞서 신이 보다 덜 소망스런 것으로 느꼈던 동일성일 것이다. 그러나 합생이 그 첫 단계를 넘어서서 진행됨에 따라 새로운 존재는 신이 시사해준 동일성(그리고 그 자신이 첫 단계에서 가장 소망스런 것으로 느꼈던 그런 동일성)을 거부하는 선택을 하게 되고, 나아가 그 새로운 존재는 신이 덜 소망스런 것으로 간주했던 다른 동

---

25) 위의 책, p.53.
26) 위의 책, 같은 쪽.

일성을 가장 소망스런 것으로 선택할 수 있다."27) 이 진술에서 프랭클린은 합생하는 계기가, 주체적 지향을 통해 신이 그에게 요구한 동일성을 버리고 그 지향 속에 잠재해 있는 다른 동일성을 자율적으로 선택하는 가운데 그 주체적 지향을 수정해 나가는 것으로 이해하고 있다. 따라서 결국 그가 생각하는 주체적 지향의 가변성은 여러 동일성들을 놓고 주체가 자유로이 선택하거나 취소하는 가운데 어느 하나를 취할 수 있다는데 근거하는 것이다.

그런데 주체적 지향이 이런 식으로 변하는 것이라고 한다면, 합생 주체의 동일성이나 통일성을 설명하기가 어렵게 된다. 왜냐하면 앞서 살펴보았듯이 주체의 동일성과 통일성은 주체적 지향의 동일성을 떠나 존립할 수 없는 것이기 때문이다. 우리가 이런 충돌을 피하려 한다면 기본적으로 최초의 지향이 근본적 전면적으로 수정될 수 있다고 생각해서는 안될 것으로 보인다. 필자가 보기에 여기서 생각할 수 있는 유일한 대안은 **양립 가능한 가능태들의 동일적인 패턴**28)으로서의 최초의 지향은 변하지 않으며, 다만 주체의 자율적 선택에 따라, 이 패턴이 부분적으로 현실화되는 것이라고 이해하는 것이다. 주체의 자율적인 결단은 최초의 지향을 수정함이 없이 다만 동일성 내의 가능태들을 선택적으로 현실화한다고 보는 것이다.

프랭클린은 "화이트헤드가 'development of subjective aim'(PR 167)이라고 말할 때 주체적 지향의 가변성을 분명히 전제로 하고 있다"고 주장한다.29) 그는 여기서 "development"를 **발전**의 의미로 이해하고 있는 것으로 보인다. 그러나 여기서 "development"는 발전이 아니라 **전개**로 이해되어야 할 것 같다. 왜냐하면 화이트헤드는 이 표현이 들

---

27) 위의 책, p.57.
28) 여기서 필자가 사용하는 패턴(pattern)이라는 말은 **술어적 패턴**(predicative pattern)이라는 화이트헤드의 개념을 염두에 둔 표현이다. 화이트헤드는 이 개념을 통해, 명제의 술어가 영원적 객체들의 복합체로 이루어지는 것임을 시사하고 있다.
29) S. F. Frankline, 앞의 책, p.56.

어 있는 바로 다음 문장에서 그것이 **이념의 헤겔적 전개**와 동일한 의미라고 말하고 있기 때문이다. 그리고 그렇기에 또한 우리는 화이트헤드가 말하는 전개를 가능태의 외화, 곧 현실화를 의미하는 것으로 이해할 수 있는 것이다.

이런 방식의 해석과 부분적으로 유사한 견해는 노보에게서 찾아볼 수 있다. 그는 특히 **자율적인 결단**을 역설하는 가운데 이 문제에 접근하고 있다. 그는 위에 우리가 인용하여 열거한 화이트헤드의 진술들을 토대로, "주체가 그 최초의 주체적 지향을 수정하는 데서 갖는 자율성"(PR 245, 255)이라는 화이트헤드의 구절에 주목한다. 그리고 다음과 같이 말하고 있다. "주체적 지향은 그 계기가 기꺼이든 마지못해서든 간에 불가피하게 현실화시켜야 하는 고정된 결정적 이상이 아니다. …최초의 주체적 지향은 선택지적인 구성요소들의 범위를 제공하기는 하지만, 보다 넓은 복합적인 패턴이 어떤 특정의 구성요소들을 실현시킬 것인가를 상세히 규정하지는 않는다. 따라서 주체적 지향은 너무 모호하고 일반적이기 때문에 그 계기의 생성의 통합적인 위상들을 효과적으로 주도할 수 없는 것이다. 유혹으로서의 그것의 효과적인 기능은, 자신의 자유로운 결단에 의해 어떤 구성요소를 가지고 어떤 강도로 어떤 패턴을 실현시킬 것인가를 궁극적으로 규정하는 그런 자율적인 주체를 전제로 하는 것이다. 이런 자유로운 결단은 최초의 주체적 지향을 점진적으로 보다 상세한 지향으로 변형시킨다. 이렇게 변형된 지향은 잇따르는 세부적인 규정의 각 단계에서 특정한 위상에서 산출되는 창조와 통합을 효과적으로 주도한다"(PR 224).[30] 일견하자면 이런 일련의 주장은 우리의 생각과 대체로 일치한다. 그러나 우리가 노보와 달리 보고자 하는 점은 최초의 지향에 대한 해석에서이다. 앞에서 우리는 신에게서 파생되는 최초의 지향이 **가능태들의 동일적인 패턴**이라고 하였다. 이 패턴은 하나의 동일성으로 주어진다. 그래서 이 패턴 내의 가능태들은 양립 가능한 선택지들이다. 따라서 이 가

---

30) J. L. Nobo, 앞의 책, p.115.

운데 어느 하나의 실현은 다른 모든 것을 논리적으로 배제하는 것이라고 생각할 필요가 없다. 그런데 노보는 최초의 지향이 다수의 가능적인 **동일성의 패턴들**을 갖고 있는 것으로 이해하고 있다. 그는 이렇게 말하고 있다. 즉 "신으로부터 직접적으로 파생된 것으로서의 주체적 지향은 한정성의 복잡한 여러 패턴들 가운데 임의의 패턴을 실현하고자 하는 욕구이다. 이런 한정성의 패턴들 하나하나는 계기가 계승한 한정성과의 종합을 위해 이와 양립할 수 있는 것들이지만, 이들 모두가 그 계기 속에서 실현될 수 있도록 상호간에 양립하는 것들은 아니다."[31] 이런 주장은 프랭클린의 생각과 마찬가지로 주체의 동일성 및 통일성이라는 관념과 조화되기 어렵다.

필자는 주체적 지향의 수정을, 최초의 주체적 지향에 들어 있는 **가능태들의 패턴**에서 보다 소망스런 것으로 보이는 가능태를 주체가 자유로이 결단하는 데서 빚어지는 것으로 이해해야 한다고 생각한다. 이는 수정이 동일성 내에서의 수정으로 이해되어야 한다는 것을 의미한다. 기본적으로 최초의 주체적 지향의 동일성은 수정될 수 없는 것이라고 보아야한다. 그것은 가능태들의 특정한 패턴으로서의 동일성을 지니고 있는 것이다. **단순화를 겪는다**는 표현은 글자그대로 **단순화된다**는 의미로 이해되어야 하며, 적어도 주체적 지향의 동일성이 **변화한다**는 의미로 이해되어서는 안된다는 것이다.

이제 우리는 이 소절에서 논의된 쟁점의 해소 방안을 다음과 같이 정리해 볼 수 있겠다. 새로운 계기가 신으로부터 그 최초의 지향을 받아들이면서 합생을 시작할 때, 그 계기는 **양립 가능한 가능태들의 패턴** 속의 특정한 요소를 소망스런 것으로 느낄 것이다. 그런데 이 첫 단계에서 가장 소망스런 것으로 간주되는 가능태는 그에 앞서 신이 가장 소망스런 것으로 느꼈던 가능태일 것이다. 왜냐하면 최초의 위상은 완전히 순응적인 것이기 때문이다. 그러나 후속하는 위상에서 주체는 자율적인 결단을

---

31) 위의 책, 같은 쪽.

통해, 동일한 패턴 내의 다른 가능태를 보다 소망스런 것으로 보아 선택할 수 있을 것이다. 계기가 갖는 결단의 자유, 자기 원인성은 이러한 선택에서 구현되고 있는 것이다. 그러나 이것은 최초의 지향의 근본적인 수정이 아니다. 최초의 지향은 가능태들의 패턴, 즉 정합적인 조합으로서 최종적 위상에서도 그 전체로서의 동일성은 변하지 않기 때문이다. 따라서 계기의 결단은 자기동일성을 해체시키는 무제약적 자유를 동반하는 것일 수 없다고 해야 할 것이다. 그것은 한계 내에서의 자유, 제약된 자유이다.32) 그리고 이런 의미에서 계기가 끌어들이는 새로움 또한 제한된 의미의 새로움이 될 것이다.33)

---

32) 화이트헤드가 생각하는 도덕적 논의의 가능성은 이런 자유를 바탕으로 하고 있다. 이에 관한 그의 진술을 보자. "현실적 존재는 아직 충분히 한정적인 것이 아닌 과정의 상태에 있으면서, 그자신의 궁극적인 한정성을 결정한다. 이것은 도덕적 책임의 핵심이다. 이러한 책임은 여건의 한계와 합생의 범주적 조건에 의해 제약되고 있는 것이다"(*PR* 225). "직접적인 경험이 우리에게 가장 완전하게 열려 있는 현실태들, 즉 인간의 경우, 주체적 지향의 최종 수정을 구성하는, 직접적인 자기 초월적 주체의 최종 결단은 책임, 시인이나 반대, 자찬과 자책, 자유, 강조 등에 대한 우리의 경험의 기초가 된다. 경험 내의 이러한 요소는 단순히 잘못된 구성물로 제쳐놓기에는 너무나 큰 요소이다. 그것은 인간 삶의 색조 전체를 좌우한다"(*PR* 47). 그런데 이러한 자유 내지 자율성은 폴(E. Pols)에 의해 부정된 적이 있다(*Whitehead's Metaphysics: A Critical Examination of Process and Reality*. London: Feffer & Simons, Inc., 1967). 그의 주장의 요지는 다음과 같다. 화이트헤드는 한편으로는 주체적 지향이 합생의 과정에서 수정된다고 주장하면서 다른 한편으로는 수정되지 않는 것으로 주장한다. 게다가 현실적 존재는 합생의 과정의 끝에 가서만 진정한 주체가 되기 때문에 합생 중에는 자유로울 수 있는 어떤 것이 존재하지 않는다. 따라서 화이트헤드의 체계에는 어떠한 자유의 여지도 없다. 그러나 폴의 이러한 두 가지 비판적인 지적은 그가 기본적으로 과정의 두 유형, 즉 **이행과 합생** 사이의 기본적인 차이를 무시한 데서 비롯되고 있다. 폴은 합생을 물리적 시간 속의 과정으로 간주하고 있다. 그래서 그는 합생에서의 위상들 간의 발생적인 대치를 명료하게 이해하지 못하고 있는 것으로 보인다. 그 결과 그는 합생의 행위에 관련되어 있는 내재적인 변화와 물리적 시간에 포함되어 있는 외재적 변화를 혼동하였다. 우리가 자연에서 발견하는 물리적 시간에서의 변화는 합생과 무관하다. 물리적 시간에서 보는 한, 명백히 합생은 변화와 무관하다. 현실적 존재가 **일거에** 그의 영역을 점유한다는 사실과, 그 존재의 모든 위상들이 그 영역 전체를 전제로 한다는 사실에 근거하여 화이트헤드는 합생의 행위를 **시간 밖에 있는 것, 또는 변화 너머에 있는 것**으로 기술한다. 다른 한편 합생의 내적 전개를 놓고 볼 때, 그것은 주체적 지향에 대한 자율적인 결단을 통해 내적인 이상을 선택적으로 강조할 수 있다는 의미에서 수정 가능하다. 그러나 이는 그 계기의 동일성의 변화는 아니다. 그것은 시간적 지평에서의 변화를 설명하기 위한 토대이다. 그것은 외적으로 동일한 것이다.

33) 그런데 마틴(M. J. Martin)은 주체적 지향의 가변성을 고려함이 없이, 합생에 우연성이 개입하게 되는 상황을 가정하고 있다. 이런 일이 가능하다면 자유 또한 주체적 지향의 가변성과 관

이제 요약해보자. 주체의 합생은 그 자신이 아무런 통제력도 행사할 수 없는 **이행**의 과정에서 시작된다. 이러한 이행은 그 주체에다 그것의 객체적 내용, 즉 그것의 단순 물리적 느낌과 그것의 최초의 주체적 지향을 제공한다. 새로운 주체는 이 양자의 결합으로 출현한다. 그러나 이러한 출현 자체는 자기원인의 산물이 아니다. 이는 여건에 대한 철저한 순응의 산물이다. 그러나 주체는 이처럼 양극적인 방식[34]으로 일단 창조되고 나면, 그 주체적 지향의 완결을 추구하는 목적론적 과정이 된다. 이 과정에서 계기는 자신의 주체적 지향에 비추어, 여건에서 온 가능태들을 부분적으로 통합하고 부분적으로 배제해 간다. 여기서 그 계기는 자신의 합생의 자율적인 주재자가 된다(*PR* 245). 그것이 갖는 자기결정의 내재적인 자유는 절대적인 것으로서, 그에 외적인 어떤 것에 의해서도 강요, 제약되지 않는다. 물론 그것은 그것이 그의 현실적 세계로부터 받아들인 객체적 내용과 최초의 느낌들을 회피할 수는 없다. 이런 의미에서 "절대

계없이 가능한 것으로 이해될 수 있을 것이고, 새로움의 출현 또한 그럴 것이다. 그는 주체적 지향이 명제적 느낌의 일종이라는 전제하에(이에 관한 논의는 제8장을 참조할 것) 다음과 같이 말하고 있다. "명제의 논리적 주어는 합생하는 현실적 계기, 즉 합생의 과정을 마무리했을 때의 현실적 계기이다. 명제의 술어는 하나 또는 그 이상의 영원적 객체이다. 이 영원적 객체들이, 그 현실적 계기가 합생을 마무리했을 때 그 현실적 계기가 예시하게 되는 영원적 객체들과 언제나 동일한 것일 수 있는지는 분명치 않다. 다시 말해 현실적 계기가 언제나 그 주체적 지향을 성취해내는 것인지 그렇지 못한 것인지가 분명치 않다는 것이다. 화이트헤드는 생성의 과정을 지배하는 주체적 지향에 관해 이야기한다. 그러나 이러한 지배가 완벽한지 어떤지는 분명치 않다"("The Views of Whitehead and Wittgenstein on Propositions in *Process and Reality* and *Tractatus Logico-Philosophicus.*" A Dissertation Submitted for the Degree of Doctor of Philosophy [Southern Illinois University, 1978], p.121). 나아가 마틴은 이러한 시각에서 명제가 오류와 새로움을 끌어들이는 요소로 기능할 수 있다고 주장한다. 그러나 우리가 마틴의 이런 주장을 액면 그대로 받아들일 경우, **주체의 통일성**과 **주체의 동일성**에 관한 화이트헤드의 모든 진술은 그의 체계에서 설 자리를 잃게 될 것이다. 적어도 주체의 그런 특성들은 주체적 지향에 의해 설명될 수 없게 될 것이다. 마틴은 여기서 주체가 지향하는 명제의 술어를 양립 가능한 가능태들의 복합체로 간주하지도 않고, 주체적 지향의 가변성도 검토하지 않은 채, 명제가 단순히 새로움과 오류의 원천으로 기능할 수 있다고 보고 있는 것이다. 물론 미래에 관한 명제는 오류 가능하다. 그렇지 않다면 언제나 참인 명제들의 집합만이 있게 될 것이기 때문이다. 그러나 우리가 앞서 행한 분석이 옳다면, 주체가 지향하는 명제인 경우, 이런 오류는 있을 수 없다. 왜냐하면 만일 이러한 오류가 가능하다면 종결되지 못하는 계기가 생겨날 수 있게 될 것이기 때문이다.

34) 개념적 느낌으로서의 주체적 지향과 물리적 느낌은 계기의 최초 위상에 있어 양극성을 이룬다.

적인 자유라고 하는 것은 없는 것이다"(*PR* 133). 그러나 그것이 받아들인 이들 요소를 어떻게 사적인 느낌의 궁극적인 통일성 속에 흡수할 것인가 하는 것은 그 자신의 **자율적인 결단**에 달려 있는 것이다. 그런 한 걸음 더 나아가 근본적인 측면에서 보자면 주체적 지향을 준거로 하는 이러한 결단은 주체 고유의 자율성에 근거하는 결단과 구별되어야 한다. 이 후자의 결단은 주체적 지향 자체에 대해 내리는 어떤 결단이어야 한다. 이것은 주체적 지향으로 주어진 영원적 객체들의 어떤 동일적인 패턴을 놓고 벌이는 선택적 결단이어야 하는 것이다. 결국 이렇게 볼 때 새로움의 출현은 일차적으로 신의 예기적 느낌에 새로운 계기가 순응하는 데 근거하고 있는 것이지만, 최종적으로는 이 예기적 사태에 들어 있는 미결정성을 제거함으로써 이를 결정적인 현실태로 빚어내는 합생 주체의 자기 원인성, 즉 자율적인 결단에 근거하고 있는 것이라 할 수 있다. 그리고 이렇게 출현하는 새로움이 **창조적 과정**의 궁극적인 구성인자인 것이다.

제6장

거시적 과정과 인간: 결합체와 사회

우리는 지금까지 여러 장의 논의를 통해 화이트헤드가 **진정한 존재**(*res vera*)로 제시하고 있는 현실적 존재(계기)를 고찰하였다. 이 진정한 존재는 주체적 과정으로 존립하는 미시적 존재(microscopic entity)로서, 인간의 외감에 붙잡히는 존재가 아니다. 그것은 인간 자신을 포함하는 일상적 의미의 모든 존재를 구성하는 단위 존재이다. 감각적 지평에서 전개되었던 전통의 실체 개념은 진정한 의미의 존재가 아니라 이 미시적 존재들로 구성된 것이다. 그러나 인간의 감각적 인식에 상응하는 전통적 의미의 범주들은 실천의 공간에서 타당성을 갖는다는 것을 부인하기 어렵다. 화이트헤드 역시 이런 범주들의 실천적 타당성과 유용성을 인정한다. 그래서 그는 진정한 존재들로부터 이런 거시적 존재(macroscopic entity)들이 어떻게 구성되어 나오는지를 보여주고자 한다. 이것은 구체적인 실재의 실상에 대한 기술로부터 파생적이고 추상적인 존재를 비판적으로 설명하여 새롭게 정초하려는 화이트헤드의 사변철학적 의도가 가장 극명하게 드러나 있는 논제이다. 그리고 이런 비판적 설명을 위한 개념적 도구로 등장하는 범주가 **결합체**(nexus)와 **사회**(society)이다.[1] 우

---

1) 따라서 이들 범주에 대한 검토와 더불어 독자들은 지금까지 우리의 시야를 묶고 있던 미시적 지

리는 이제 이들이 전통의 존재범주들을 어떻게 떠 안고 있는지를 일반적 맥락에서 기술하고, 나아가 인간을 사회의 범주로 해명할 때 빚어지는 인격적 동일성(personal identity)과 관련한 쟁점들을 비판적으로 검토하는 가운데 이 논제가 어떤 가능성과 과제를 안고 있는지를 조망하고자 할 것이다.

1. 결합체와 사회

현실적 존재의 합생은 다자(多者)를 일자(一者)로 통일시키는 과정이다. 역으로 말하자면 **다자**로서의 현실적 존재들은 임의의 현실적 존재에 객체화될 때 **일자**로서 통일된다. 화이트헤드는 이렇게 다자가 일자로 통일되어 존재하는 것을 **공재**(共在; togetherness)라 부른다. 그리고 이 공재의 가장 기본적인 형태가 **결합체**(nexus)이다. 따라서 결합체가 존립하기 위해서는, 그것을 그것으로 느끼는 어떤 느낌이 필요하다(*PR* 231). 이는 현실 세계가 이를 느끼는 주체를 떠날 때 추상으로 전락하게 되는 것과 마찬가지다.

그러나 다른 한편 결합체가 이처럼 그것을 느끼는 현실적 존재에 의해 존립하게 되는 것이긴 하지만, 그 나름의 동일성이 전혀 없는 것은 아니다. 예를 들어 임의의 현실적 존재가 경험하는 현실 세계는 범주적으로 말할 때 결합체인데(*PR* 77), 이 결합체는 그 현실적 존재의 물리적 느낌을 위한 객체적 여건으로서 통일되어 있다. 이 경우 그 현실적 존재를 그 결합체에 대한 시원적인(original) 지각자라고 할 때, 다시 이 시원적인 지각자를 그 자신의 현실 세계 속에 포함하고 있는 그런 임의의 다른 현실적 존재를 생각할 수 있다. 그렇다면 이 다른 현실적 존재도 또한 지금

평에서 벗어나 돌연 거시적 지평으로 비약하는 느낌을 받게 될 것이다. 그러나 이 거시적 존재들이 미시적 존재들과 단절적으로 논의될 수 있는 것이 결코 아니며 따라서 우리는 수시로 후자에 대한 기술로 되돌아가야 한다.

말한 결합체를 자기 자신의 현실 세계의 일부로 포함하고 있게 될 것이다. 이런 의미에서 각 현실 세계는 그 시원적 지각자로부터 부분적으로 독립해 있는 결합체라고 할 수 있다(*PR* 230). 여기서의 독립성은 특정의 현실적 존재의 파악에 전적으로 의존해서 존립하는 것이 아니라는 의미에서의 독립성이다. 이런 독립성은 궁극적으로 그 결합체의 구성원들 간의 상호파악에 근거한다. "결합체란, 현실적 존재들 상호간의 파악에 의해서 구성되는, 혹은 — 동일한 사실을 역으로 표현한 것인데 — 그것들이 상호간에 객체화됨으로써 구성되는 관계성의 통일 속에 있는 한 조의 현실적 존재들이다"(*PR* 24, cf. *AI* 258).

그런데 결합체가 그 구성원들 사이의 공통된 한정성(definiteness)에 힘입어 어떤 통일된 기능을 갖고서 그 구성원들에게 일정한 영향력을 행사하는 것이 될 때, 그것의 동일성은 한층 부각되기에 이른다. 화이트헤드는 이런 특성을 지니는 결합체를 **사회**(society)라 부르고 있다.2) 이 경우 그런 공통의 한정성은 그 구성원들이 후속하는 구성원들에 객체화되는 데 관여함으로써, 그 사회적 환경 속에서 생겨나는 새로운 구성원들의 특성을 제약한다. 새로이 생성하는 구성원들은 그들이 계승한 한정성을 그들 속에 재생시키고, 나아가 그것을 미래의 구성원들에다 부과하는 가운데 한정성 자체는 연이어 계승된다. 그리고 이런 계승을 통해 그 사회는 동일한 한정성을 유지시켜 나간다(*PR* 89). 화이트헤드는 이런 한정성, 즉 **공통된 형상**을 "한정 특성"(defining characteristic)이라 부른다. 이는 그 사회의 각 성원에 공히 예시된 복합적인 영원적 객체이다. 사회에

---

2) **사회**는 **결합체**의 일종으로 정의된다. "결합체는 다음과 같은 경우에 '사회적 질서'(social order)를 향유한다. (i) 그것에 포함되어 있는 현실적 존재들 각각의 한정성에 예시되어 있는 공통의 형상이 있고, (ii) 이 공통의 형상(form)이, 그 결합체의 각 성원이 그 결합체의 다른 일부 성원들을 파악함으로 말미암아 그 자신에 부과되고 있는 조건들에 근거하여 그 각 성원에서 생겨나고 있으며, (iii) 이런 파악들이 그 공통 형상에 대한 긍정적 느낌을 포함하고 있음으로 해서 재생(reproduction)의 조건을 부과하고 있을 때이다. 그러한 결합체는 '사회'라 불리며, 그 공통의 형상은 그 사회의 '한정 특성'(defining characteristic)이다"(*AI* 260~61, cf. *PR* 34, 89).

있어서의 이와 같은 공통의 영원적 객체는 그 사회의 구성원 상호간의 발생적 관계에 힘입고 있는 것이다. 그래서 **한정 특성**은 그 사회의 도처에서 계승되고 있는데, 이는 그 각 구성원이 자신의 합생에 앞서는 사회의 다른 성원으로부터 그 한정 특성을 이어받는 방식으로 이루어진다(*PR* 34). 그래서 사회는 그것을 구성하고 있는 계기들의 상호 내재와 이에 근거하는 한정 특성의 동일성에 힘입어 존립하는 것(*AI* 262)이라 할 수 있겠다.

그리고 이처럼 한정 특성들이 공유, 계승되는 데서 근원적인 의미의 **질서**가 출현하게 된다. 그래서 **사회**라는 개념은 질서를 동반하고 있는, 현실적 존재들의 결합체를 의미하는 범주적 술어라고 할 수 있다(*PR* 89). 그렇기에 또한 **사회**라는 개념은 과정철학이 **질서의 여러 유형과 질서의 발생적 전파**를 해명하는 근거가 되기도 한다. 전통적인 술어로 하자면 이는 근원적인 의미에서의 자연의 제일성(齊一性)을 뒷받침하는 개념이다. 이것은 화이트헤드가 "사회의 각 구성원의 견지에서 볼 때 사회란 그 자신 속에 어떤 질서의 요소를 갖고 있는 일종의 환경"(*PR* 90)이라고 말하는 이유이다.

사회는 그 계기하는(successive) 구성원들 간의 동일성의 계승과 이에 근거한 내적 질서의 유지에 힘입어, 결합체에는 없는 자존성을 확보한다(*AI* 261). 그리고 사회의 이런 자존성은 곧바로 그것의 시간성을 설명한다. 사회가 자존한다는 것은 기본적으로 계승, 재생, 전달이 일어나는 시간 축을 따라 존립한다는 것을 의미하기 때문이다. 따라서 상호 동시적인 계기들의 집합은 온전한 의미의 사회를 구성할 수 없다. 동시적인 것들의 집합은 그와 같은 발생적 조건을 충족시킬 수 없기 때문이다. 물론 동시적인 것들의 집합이 사회에 속할 수는 있다. 그러나 전체로서 놓고 볼 때 사회는 계기(繼起)하는 구성원들을 포함하고 있어야 한다. 그리고 이런 시간 축 위에서 존립하는 자존성은 존속(endurance)이라는 특성으로 나타난다. 우리가 존속하는 것으로 발견하는 현실적 사물들은 과정철학에서 모두 **사회**로 간주된다. 이들은 현실적 존재, 즉 진정한 의미의 존재가 아니다. 화이트헤드는 그리스시대로부터 유럽의 형이상학을 왜곡시켜 왔던 것은 바로 이러한 잘못, 즉 현실적 계기들인 완전한 실재적 존재와, 이들로부터 구성되는 파생적 존재인 사회를 혼동하는 처사였다고 주장한다. 사회는 변화하는 환경 속에서 부분적으로 자신을 변화시켜가면서 존속한다. 곧 시간성을 지닌다(*AI* 260~62). 그러나 앞의 제4장에서 상론했듯이 현실적 계기는 그러한 시간성을 갖지 않는다. 그것은 결코 변화하지 않는다. 변화는 물리적 시간 축 위에서만 가능한 사태이기 때문이다. 물리적 시간에 존재론적으로 선행하는 현실적 계기는 단지 생성하고 소멸할 뿐이다. 변화는 생성 소멸하는 "계기들 사이의 차이"(*PR* 73)이다. 따라서 단적으로 말하자면 과정철학에 있어 시간 축을 따라 일어나는 존속과 변화는 모두 **사회**에 귀속되는 특성들이다.

전통 철학에 비추어 본다면 **사회**의 범주는 실체의 범주를 대신하고 있으며(*AI* 262), 그 **한정 특성**은 아리스토텔레스의 실체적 형상(substantial form)을 시사한다(*PR* 34). 그리고 이런 맥락에서 우리는 화이트헤드가 이 **결합체**와 **사회**라는 범주를 끌어들이고 있는 주요 의도 가운데 하나를 엿볼 수 있다. 그가 이들을 끌어들이고 있는 기본적인 이유는 감각하기 어려운 미시적이고 원자적 존재들로부터 일상의 감각에서 만나는 거시적 존재들의 출현을 설명하려는 데 있다고 할 수 있다. 그렇기에 이들 범주는 인간의 의식적 지각을 토대로 하는 인식론적 논의 지평에서 중요한 상관항으로 기능한다.

다른 한편 **사회**가 자존성을 갖는다고는 하지만 어디까지나 상대적인 자존성일 뿐, 절대적 자존성을 갖는 것은 아니다. 기본적으로 화이트헤드는 **단순 정위된** 자족적인 존재라는 것을 인정하지 않는다. 그에 따르면 **존재하기 위해 그 자신 이외의 다른 아무것도 필요로 하지 않는** 것은 아무것도 없다. 신조차도 그런 존재일 수 없다(*RM* 94). "모든 존재는 본질적으로 사회적인 것이어서, 존재하기 위해서는 사회를 필요로 하는 것이다"(*RM* 93~94). 또한 "고립된 사회도 있을 수 없다"(*PR* 90). 모든 사회는 보다 큰 구조물, 보다 큰 사회 속에 존재한다. **사회**는 그것의 특수화된 특성들의 유지에 필요한 보다 일반적인 특성들을 제공함으로써 그것의 존속을 뒷받침해 주는 그런 사회적 질서의 배경을 필요로 하고 있는 것이다. 안에 포함되어 있는 사회의 성원들은 또한 보다 큰 사회의 성원들이며, 그들의 개체적 특성은 보다 큰 사회의 보다 일반적인 특성에 의존하고 있다. 보다 큰 사회의 경우에도 마찬가지다(*PR* 90, *AI* 264).3) 따라서 현실적 존재의 세계는 위계적 구조를 갖는 여러 층의 다양한 사회적 질서를 지닌 하나의 결합체, 하나의 사회로 간주될 수 있으며, 이 위계의 각 층을 구성하는 사회의 한정 특성들은 우리가 그 배경을 확대함에 따라 더욱 광범하고도 일반적인 것으로 규정되는 것이라고 할 수 있다(*PR* 90).

그런데 사회의 이런 환경의존성은 사회의 역사성을 결과한다. 그것은 무한 존속, 즉 영속할 수 없다. 사회가 어느 정도의 성장을 거쳤을 때, 그것의 보다 넓은 환경이었던 유리한 배경은 소멸하거나 그 사회의 존속에 더 이상 유리한 것으로 작용하지 않게 된다. 이렇게 될 때 그 사회는 그 성원들의 재생력을 서서히 상실하게 되며, 궁극적으로는 일정한 쇠퇴의 단계를 거친 후 소멸하게 된다. 이는 궁극적으로 사회가 그것의 영속을 보장해 줄 수 있는 이상적인 질서를 확보할 수 없기 때문이다. "언제나 부분적으로는 지배적이면서도 부분적으로는 와해되고 있는 질서의 형식들이 있을 뿐이다. 질서는 결코 완결적인 것이 아니며 와해도 또한 결코 완결적인 것이 아니다. 지배적인 질서 내에는 변화가 존재한다. 그래서 새로운 형식의 질서에로의 변이(transition)가 있게 되는 것이다. 이

---

3) 이에 관한 화이트헤드의 진술은 다음과 같다. "우주는 사회들의 사회들 속에, 그리고 사회들의 사회들의 사회들 속에 통합되어 들어감으로써, 그것의 여러 가치들을 달성한다. 따라서 군대는 부대들의 사회이며, 부대는 인간들의 사회이고, 인간은 세포, 혈액, 뼈대들의 사회이며, 세포는 양자와 같은 보다 작은 물리적 존재들의 사회인 것이다. 또한 이들 사회 모두는 사회적인 물리적 활동의 환경적 공간을 전제로 한다"(*AI* 264).

러한 변이는 기존의 지배적 질서의 와해를 의미한다"(*MT* 87). 그러므로 한 사회의 존속 및 동일성은 시간적 한계를 갖는 것, 따라서 역사적인 것이다. 그렇기에 또한 자연과학의 법칙들을 가능케 하는 자연의 질서라는 것도 역사적인 것이다. "자연의 법칙들은 우리가 어렴풋이 식별하고 있는 자연 활동의 광대한 역사시대 속에서 어쩌다 주도적인 역할을 하게 된 자연활동의 형식들"(*MT* 87)에 불과한 것이다. 물론 장구한 세월에 걸쳐 주도권을 행사하고 있는 질서의 형식들이 있긴 하다. 그러나 이들의 본성에는 어떠한 필연성도 없다. 그것은 당대의 우주라는 사회의 우연적인 특성에 기초하고 있는 것이다.4)

화이트헤드는 우리가 추적해 볼 수 있는 현실적 존재들의 가장 넓은 사회를 **우리의 우주시대**(our cosmic epoch)라 부른다. 이 **우주시대**는 전자적인 현실적 계기, 양성자적인 현실적 계기, 그리고 에너지의 양자(量子)에서 희미하게 식별될 수 있는 훨씬 더 궁극적인 현실적 계기 등으로 특징지어진다. 전자기장에 관한 맥스웰의 방정식은 방대한 수의 전자와 양성자를 근거로 하여 작동하고 있다. 여기서 각 전자는 전자적 계기들(occasions)의 사회이며, 각 양성자는 양성자적 계기들의 사회이다. 이러한 계기들이 전자기적 법칙의 근거가 되고 있는 것이다. 그리고 사회로 이해되는 전자나 양성자로 하여금 긴 생명을 갖게 하고 새로운 전자나 새로운 양성자를 성립케 하는 그 계기들의 재생 능력은, 다시 그것이 속해 있는 사회의 한정 특성, 즉 전자기적 법칙에 근거하고 있다.5) 그러

---

4) 화이트헤드에 따르면 우주론의 주제는 우주의 질서이다. 그러나 화이트헤드는 질서가 무질서 보다 근원적인 것이라고 보지 않는다. "질서가 혼란보다 더 근본적인 것이라는 주장에는 어떠한 근거도 없다"(*MT* 50)는 것이다. 그는 질서는 무질서와 대비되는 것으로, 이 무질서 또한 주어져 있는 것이며(*PR* 83), 따라서 질서와 무질서는 언제나 상관적인 것으로 간주되어야 한다고 주장한다.

5) 화이트헤드는 이 점을 다음과 같이 명시하고 있다. "사회적 환경을 지배하는 인과 법칙은 그 사회의 한정 특성의 산물이다. 그러나 그 사회는 어디까지나 그 개별적인 성원을 통해서만 유효할 수 있는 것이다. 따라서 사회의 성원이 존재할 수 있게 되는 것은 오로지 그 사회를 지배하고 있는 법칙 때문이며, 또한 이 법칙은 오직 그 사회 성원들의 유사한 성격에 근거해서 성립되고 있는 것이다"(*PR* 90~91).

나 그 법칙들이 완전히 지켜지지 않는다는 의미에서, 또 그 재생이 성공적으로 이루어지지 못하는 경우가 종종 발생한다는 의미에서 무질서가 생겨난다. 그래서 현존하는 자연법칙들을 대신하여 점차적으로 지배력을 행사하면서 뒤이어 등장하는 새로운 유형의 질서에로의 점차적인 변이가 있게 되는 것이다(PR 91).

그러나 이러한 변이는 경우에 따라 장구한 세월을 거쳐 일어난다. 그것은 한 우주시대를 존속하기도 한다. 화이트헤드는 이런 장구한 시간적인 존속의 가능성을 설명하기 위해 사회적 질서의 한 종(種)으로서 "인격적 질서"(personal order)(PR 34)라는 개념을 끌어들인다.6) **인격적 질서**란 임의의 사회에서 그 구성원들이 한정 특성의 일직선적인 전파를 통해 한 방향의 계열로 배열될 때 성립하는 질서이다. 그래서 인격적 질서를 지니고 있는 사회란 "어떤 한정 특성이 각 계기(occasion)에 의해 그 선행자로부터 계승되는, 역사적 경로(historic route)7)를 형성하고 있는 현실적 존재들의 일직선적인 계기(succession)"(PR 198)로 이루어지고 있는 것이다. 물론 여기서 시간의 경과를 통해 존속하는 것은 현실적 존재가 아니라 사회, 보다 정확하게 말하자면 사회의 한정 특성, 즉 현실적 존재들의 줄기 속에서 반복되고 있는 영원적 객체들이다. 이런 한정 특성에 힘입어 경로 속의 각 존재는 그의 과거를 압축시킬 수 있게 된다. 화이트헤드는 이러한 인격적 질서의 담지자를 "존속하는 객체"(enduring object)(PR 34, 198)라 부르고, 이를 가장 단순한 유형의 사회로 분류하고 있다.8) 그리고 이런 단순성에 비추어 우리는 그것이 장구

---

6) **인격적 질서**를 갖는 사회는 다음과 같이 정의된다. "결합체는 (a) 그것이 '사회'일 때, 그리고 (b) 그 성원들간의 발생적 관계성이 성원들을 '순차적으로' 질서화시킬 때, '인격적 질서'를 향유하게 된다"(PR 34).

7) **경로**라는 말은 현실적 계기들이 계승과 반복을 주조로 하여 잇따라 일어나면서 하나의 줄기를 이루고 있는 상태를 가리키는 말이다. 예컨대 의자는 잇따라 일어나고 있는 현실적 계기들의 경로로 이루어지는 사회이다. 쿤츠는 이를 화이트헤드의 중기 철학의 개념인 **사건**(event)이라는 개념을 대치하고 있는 말로 이해하고 있다(P. G. Kuntz, *Alfred North Whitehead.* Boston: Twayne Publishers, 1984, p.112).

8) 다음은 **존속하는 객체**에 대한 정의이다. "'사회'란 사회적 질서를 갖는 결합체를 말한다. 그리

한 세월을 존속하는 것이라고 추정해볼 수 있다.

그런데 화이트헤드에게 있어 존속하는 객체는 여전히 미시적 차원에 속하는 것으로 상정되어 있다. 화이트헤드가 이 개념으로 설명하고자 하는 것은 일차적으로 전자, 양성자, 에너지의 양자와 같은 물리학적 존재들인 것처럼 보인다. 그래서 우리가 흔히 경험하는 거시적인 사물은 부가적인 한정 특성에 의해 짜여져 있는, 존속하는 객체들의 사회적 조직체이다. 화이트헤드는 이런 조직체를 "입자적 사회"(corpuscular society)라 부른다.9) 그것은 "i) 사회적 질서를 누리며, ii)그 요소들인 '존속하는 객체들'로 분석 가능한 결합체"(*PR* 35, 198)이다.

결국 존속하는 객체와 이런 객체들로 구성되는 **입자적 사회**, 그리고 입자적 사회를 구성원으로 갖는 보다 큰 사회는 하나같이 시간과 공간을 통하여 변화의 모험을 향유하는 지속적 존재들이다. 이들은 원자에서 나타나는 인격적 줄기들의 단순한 통합으로부터, 분자, 결정체, 세포, 유기체 등으로 대변되는 보다 고등한 사회들에 속한 단순한 입자적 사회들의 복잡한 집단에 이르기까지 그 복합성에서 다양하게 나타나는 것이라고 볼 수 있다.

2. 문제로서의 인간10)

그런데 궁극적 단위 존재인 **현실적 계기**와, 이들의 상호 결합과 계기(succession)로 이루어지는 파생적인 존재인 **사회**라는 두 범주를 기반으로 하고 있는 화이트헤드의 존재 기술은 인간의 존재론적 지위와 속성을

고 '존속하는 객체' 또는 '존속하는 피조물'이란, 그 사회적 질서가 '인격적 질서'라는 특수한 형태를 취하고 있는 그런 사회이다"(*PR* 34).

9) 화이트헤드는 이를 다음과 같이 명시하고 있다. "우리가 보통 고려하고 있는 대상은, 많은 가닥의 존속하는 객체들이 발견될 수 있는 보다 넓은 사회, 즉 '입자적 사회'이다"(*PR* 198).

10) 이 절과 다음 절의 논의는 대부분 필자의 졸고 「화이트헤드의 과정철학에서 인격적 동일성의 문제」(『철학』 제53집)에서 전재한 것이다.

분분한 논란거리의 하나로 등장시킨다. 화이트헤드도 이미 자신의 범주적 기술이 인격을 "인간의 경험의 계기들(occasions) 사이의 발생적 관계로 약화"(*AI* 239)시킨다는 점을 분명히 의식하고 있었다. 그러나 또한 그는 이 문제를 그의 우주론이 끌어안아야 할 중요한 항목, 즉 **설명되어야 할 하나의 사실**로 고려하고 있었다.11) 그러나 그는 **인격적 사회**(personal society)가 인격으로 정의되는 인간일 수 있음을 단언할 뿐(*PR* 34~35, *AI* 267), 세부적인 구성적 논의는 하지 않는다. 왜냐하면 그는 인간과 자연을 범주적으로 구별하지 않기 때문이다. 그의 다음과 같은 진술은 인간을 이해하는 이러한 방향과 일맥상통한다. "인간의 본성은 그의 존재적 본질에 의해서가 아니라 돋보이는 그의 우연적인 속성에 의해서 기술되어 왔다. 인간의 본질에 대한 기술은 태아나 요람 속의 유아에 적용될 수 있어야 하며, 수면 상태나 의식이 거의 닿지 않는 광범한 배경의 느낌에도 적용될 수 있어야 한다. 명석한 의식적인 식별행위는 인간 존재에 있어 우연적인 속성인 것이다. 그것은 우리로 하여금 인간일 수 있도록 해준다. 그러나 그것은 우리로 하여금 존재할 수 있도록 하지는 않는다. 그것은 인간성의 본질에 속한다. 그러나 우리의 존재에서 보자면 그것은 우연적인 속성이다"(*MT* 115~16). 결국 이렇게 볼 때 **사회**의 범주를 토대로, **설명되어야 할 사실**로서의 인격적 동일성을 설명하고 "변화 속에 부분적 동일성을 한시적으로 유지해 가는 인간"(*PR* 90, 119, *AI* 241, 265, 267)을 구성해내는 일은 화이트헤드가 우리에게 남겨놓은 과제라고 할 수 있다.

이런 구성 작업은 정통 화이트헤드 학자군(群)을 대표한다고 할 수 있는 하츠혼(Charles Hartshorne)에 의해 시도된 적이 있다.12) 하지만

---

11) 화이트헤드는 다음과 같이 말하고 있다. "설명되어야 할 하나의 사실이 있다는 것은 명백하다. 그 어떤 철학이든 간에 인격적 동일성에 관한 어떤 학설을 제시해야 한다. 어떤 의미에서 각 인간의 생애 속에는 그의 출생시부터 사망시까지 동일성이 있다고 할 수 있다. 자기 동일적인 영혼 실체의 관념을 가장 끈질기게 거부했던 근대의 두 철학자는 흄과 윌리엄 제임스이다. 그러나 그들에게도 유기체의 철학의 경우와 마찬가지로, 주변의 소용돌이 속에서 그 자신을 유지시키는 이 명백한 인격적 동일성을 적절하게 설명해야 하는 문제가 남아있었다"(*AI* 239~240).

화이트헤드의 입장을 충실히 대변하면서도 다소간 소박한 차원에 머물고 있는 하츠혼 유(類)의 구성은, 『과정연구』(*Process Studies*)의 여러 지면을 통해 수 차례 제기되어온 비판들에서 확인할 수 있듯이, 인격적 동일성을 충분히 설명하지 못하는 것으로 평가되고 있다. 특히 일부 비판적인 논객들은 인격적 동일성에 대한 과정철학의 기술이, 실천적 문제와 연관된 담론의 토대를 근본적으로 무너뜨릴 뿐만 아니라, 인식 자체에 대한 설명마저 위태롭게 한다는 점에서 받아들이기 어려운 것이라고 주장한다. 동일적 주체의 해체는 도덕적 개념의 근거를 모호하게 하고 인식 그 자체의 가능성을 설명할 수 없게 할 것이기 때문이라는 것이다.

우리는 다음 소절에서 화이트헤드의 현실적 계기와 이들의 계기 (succession)로서의 사회를 토대로 하여 일부 정통 화이트헤드 학자들이 시도하고 있는 구성적 논의에 참여한다거나 이런 구성적 논의의 설득력 여부를 문제삼기보다는 화이트헤드의 체계 내에 천착하고 이에 비추어 이들 구성적 논의와 그에 대한 평가의 배후를 검토할 것이다. 이런 맥락에서 우선 필자가 지적할 수 있는 것은 인격을 현실적 계기들의 사회로 기술할 경우 그로부터, 인간의 행위와 인식에 관련된 불합리한 결론이 도출된다는 점에 주목하여 이런 기술 자체를 비판하는 귀류법적 논의는 다소간 성급한 것일 수 있다는 것이다. 하지만 이런 나의 지적은 어디까지나 잠정적일 수밖에 없다. 왜냐하면 과정철학의 기술을 토대로 하여 인격체와 그 다양한 활동을 구성적으로 설명하거나 이런 설명을 평가하기 위해서는 순수한 형이상학적 상상을 넘어서는 다양한 실증적 정보들, 특히 상당량의 심리학적, 생리학적 정보들이 필요할 것이기 때문이다. 이것은 또한 내가 인격적 동일성에 관한 화이트헤드의 기술을 구성적으로 보완하는 작업을 후일의 과제로 남겨둘 수밖에 없는 이유이기도 하다.

하지만 우리는 인격적 동일성과 관련한 과정철학의 논의가 성공적인

---

12) Charles Hartshorne, "Personal Identity from A to Z," *Process Studies* Vol. 2(1972): 209~215.

결실을 맺기 어렵다고 보는 여러 비판적 시각들의 배경에 공통으로 놓여 있는 것으로 보이는 하나의 확신은 보다 적극적으로 문제삼을 수 있을 것이다. 직접적인 자기 경험에 비추어볼 때 화이트헤드나 하츠혼이 제시하는 자아는 구체적 자아가 아니라 오히려 추상물이라는 확신이 그것이다. 이런 유의 확신은 기본적으로 인격적 동일성에 대한 비판적 논의에만 작용하고 있는 것은 아니다. 그것은 화이트헤드의 우주론 기술 전체에 대한 전반적인 부정적 평가, 보다 정확히 말하자면 화이트헤드는 전통철학의 추상개념이 간과하고 있는 **구체적인 것**을 기술한다고 하면서 이를 다시 극단적인 추상개념으로 대체하고 있다는 부정적 평가를 배후에서 선도하고 있는 확신이다. 내가 보기에 이것은 명백히 잘못된 확신이다. 그렇기는 하지만 이런 비판은 화이트헤드의 우주론이 갖는 결함의 핵심을 가장 잘 집약하고 있는 것으로 간주되어 반복적으로 제기되어 왔다.[13] 사실 우리는 과정철학을 비판적으로 평가하는 글인 경우 그 행간에서 거의 예외 없이 이런 확신을 읽어낼 수 있다. 그리고 이런 확신은 화이트헤드가 의도하고 있는 바에 대한 무지와 만날 때면 한층 원색적인 색조를 띠고 나타난다. 내가 보기에 이런 확신과 무지가 가장 두드러지게 작용하고 있는 논제가 바로 **인격적 동일성의 문제**이다. 화이트헤드의 인격적 동일성 논의가 자아에 대한 직관적 앎과 충돌한다는 것은 재고의 여지가 없이 명백하다는 것이다. 사정이 이런 까닭은 아마도 자아에 대한 직접 경험이 심리적 명증성을 동반한다는 데 있을 것이다. 그리고 이런 확신이 다양한 논거를 통해 손쉽게 강화될 수 있는 것처럼 보이는 까닭도 또한 이와 무관하지 않을 것이다. 그러나 필자가 보기에 화이트헤드의 체계 내적인 개념을 그에 상응한다고 여겨지는 직관적 경험에 대면시킴으로써

---

13) R. C. Neville, *The Highroad Around Modernism*, Albany: SUNY Press, 1992, Chap. 4, R. L. Fetz, "Aristotelian and Whiteheadian Conceptions of Actuality: I." *Process Studies* Vol. 19(1990): 15~27, "Aristotelian and Whiteheadian Conceptions of Actuality: II." *Process Studies* Vol.19(1990): 145~155, "In Critique of Whitehead"(trans. by James W. Felt), *Process Studies* Vol. 20(1991): 1~9.

그 부당성을 지적하려는 이와 같은 일련의 시도는 기본적으로 화이트헤드의 우주론의 성격을 이해하지 못한 데서 비롯되고 있는 것이다. 그렇기에 화이트헤드가 사용하는 특정의 범주적 개념을 그의 우주론에서의 체계 내적인 지위로부터 분리시켜, 직관적 경험의 내용에 비추어 그 부적절성을 지적함으로써 과정철학 전체의 시도가 수정되어야 한다고 결론하는 처사야말로 수정되어야 한다는 것이 필자의 생각이다.

그런데 그런 비판적 시각들이 설득력을 갖춘 것으로 받아들여질 때, 인간은 또 다른 종류의 궁극적 존재로 간주되어야 한다는 수정적 입장으로 자연스럽게 연결된다. 이것은 화이트헤드의 사변적 구상에 대한 잘못된 진단에서 나온 오도된 처방에 불과하다. 잘못된 확신에 근거한 일련의 비판에 후속하는, 인격체에 대한 그 어떤 대안적 설명이나 기술도, 기본적으로 비판적 논객들의 앞서와 같은 지적이 정당한 것이라는 전제에서 이루어지고 있는 한, 그만큼 공허한 것일 수밖에 없기 때문이다. 뿐만 아니라 필자는 그렇게 제시되는 대안으로서의 인격적 동일성에 대한 기술이라는 것도 대개의 경우 고전 실체철학이 안고 있던 난제, 즉 개체존재에 있어서의 변화와 동일성을 합리적으로 조화시켜야 하는 난제를 고스란히 물려받을 수밖에 없을 것이라고 생각한다.

3. 인격적 동일성

과정철학에서 유추되는 **인격적 동일성**이라는 개념에 대한 비판적인 견해들을 검토하기에 앞서, 과정철학에서 인격의 개념이 어떻게 구성될 수 있는지를 간단히 살펴볼 필요가 있겠다. 이를 위해서는 화이트헤드의 의도를 가장 정통적인 입장에서 대변하고 있다고 평가되는 하츠혼의 구성적 논의가 적절한 통로가 될 수 있을 것으로 보인다.

하츠혼에 따르면 절대적인 동일성을 유지하는 **지속적인 자아**란 존재하지 않는다. 자아는 선행하는 현실적 계기들이 후속하는 계기들에 의해 파악되는 가운데 상호 연관되어 있는 계기들의 결합체이다. **지속하는** 자아는 일시적인 자아들(momentary selves)의 결합에서 탄생하는 파생적인 통일체(derivative unification), 즉 화이트헤드의 범주로 **사회**이다. 앞서 지적했듯이 파생적 존재로서의 사회는, 이를 구성하는 계기들 간에 계승되는 **한정 특성**에 힘입어 **발생적 동일성**(genetic identity)을 유지하면서 한시적으로 시간 속을 여행한다. 물론 고전적인 실체철학자들이라고 해서 모두 어떤 엄격한 동일성을 주장했다고 보기는 어려울 것이다. 그러나 하츠혼은 적어도 그들이 실재적이고 수적인 의미에서 비동일성이 있다는 점을 모호하게 하거나 동일성과 비동일성 사이의 관계를 잘못 이해하였다고 주장한다. 그에 따르면 그들은 동일성 속에 차이성이 있다고 보았고 그래서 동일성이 차이성보다 더 결정적이고 구체적인 실재라고 생각하였다. 하츠혼은 동일성(존재)은 차이성(생성) 가운데 깃들어 있는 것이며 동일성 그 자체는 추상이라고 말한다. 그리고 현실적 존재들의 계기(繼起)로서의 **사회**는 바로 이와 같은 **차이성 속에 있는 동일성**을 적절히 개념화하고 있다고 하츠혼은 생각한다. 차이성을 대변하는 것은 사회 속에서 생성 소멸하면서 계기하는 현실적 존재들이고 동일성을 대변하는 것은 사회 자체의 **한정 특성**이다. 따라서 비동일성은 현실적 존재인 완전한 실재와 관계가 있고, 동일성은 파생적 실재인 사회가 그 구성요소로 갖는 한정 특성과 관계가 있다는 점에서 인격적 동일성은 궁극적 실재에 속하는 것이 아니라 파생적인 실재에 속하는 것이다. 화이트헤드의 용어를 사용하자면, 인격적 동일성은 "지배적인 일직선적 사회를 내포하고 있는 고도로 복잡한 신체적 사회 속에서의 어떤 한정 특성의 존속에 근거하고 있는 것"(*PR* 35, 89)으로, 이 한정 특성의 생성, 변화, 소멸과 운명을 같이하는 것이다. 그렇기에 과정철학에서 말하는 인격적 동일성이란 사실상 부분적인 동일성이요, 따라서 부분적인 비동일성이다.

그런데 하츠혼의 논의를 통해 과정철학에서 간추려볼 수 있는 이런 인격적 동일성의 개념은 그로부터 귀결되는 것으로 보이는 불합리한 결론 때문에 신랄한 비난의 대상이 되어왔다. 베르토치(Peter A. Bertocci)는 인격적 동일성에 대한 하츠혼의 이와 같은 구성적 논의가 인격적 지평에서의 경험에 충분한 주의를 기울이지 않고 전개된 것이라고 주장한다.14) 베르토치는 바운(Borden Parker Bowne)의 인격주의를 논거로 삼아, "계기(succession)에 대한 경험이 없이는 경험의 계기도 있을 수 없다"고 말한다. 그래서 예컨대(A. C. Campbell의 예), 한 사람이 열 번의 종소리를 들을 수 있으려면, 그가 종소리를 계기하는 것으로 경험할 때 그 자신은 자기 동일적 연속체인 통일체(unity)이어야 한다는 것이다. 이런 유의 지적은 기억과 인격적 동일성 간의 관계 문제에 주로 초점을 맞춰 하츠혼의 논의에 비판적으로 다가서고 있는 샬롬(Albert Shalom)의 글에서도 찾아볼 수 있다.15) 샬롬은 하츠혼이 제안한 해결은 **일시적인 자아**(momentary self)라고 할 수 있는 이론적 구성물을 구축하고 이런 일시적 자아들을 단일한 묶음으로 묶어내는 결합자로서 기억의 고리를 제시하고 있으나, 이는 전도된 설명이라고 주장한다. 기억은 인격적 동일성을 전제로 하는 것이기에 인격적 동일성이 기억에 의해 설명될 수는 없다는 것이다.

내가 보기에 이런 비판들은 상식의 논리를 충실하게 대변하고 있으며, 그런 한에서 상당한 설득력을 갖추고 있다고 생각된다. 그리고 또한 그렇기 때문에 일상의 심리적 용어인 **기억**과 같은 개념을 통해 인격적 동일성을 형이상학적으로 재구성하고 있는 하츠혼 유의 소박한 시도는 일단 결함을 지닌 것으로 평가될 수밖에 없을 것으로 보인다. 그러나 그렇기는 하지만 이런 소박한 지평의 구성적 논의가 안고 있는 결함 자체가 곧바로 과정철학의 한계로 이해되어서는 안된다는 것이 필자의 생각이다. 앞

---

14) P. A. Bertocci, "Hartshorne on Personal Identity: A Personalistic Critique," *Process Studies* Vol. 2(1972): 216~221.

15) Albert Shalom, "Hartshorne and the Problem of Personal Identity," *Process Studies* Vol. 8(1978): 169~176.

서 언급했듯이 인격적 동일성에 관한 과정철학의 논의가 정당하게 평가될 수 있으려면 **인격적 사회**(personal society) 내의 현실적 계기들 간의 관계에 대한 보다 세밀한 구성적 논의가 선행되어야 할 것이기 때문이다. 여기에는 인간 유기체와 관련된 다양한 생리학적, 심리학적 정보가 동원되어야 할 것이며 또 이런 정보를 사변적으로 담아낼 수 있는 새로운 실험적 개념체계가 마련되어야 할 것이다.16) 물론 실증적 정보에 대한 세심한 반성에 토대를 둔 이런 개념체계가 마련된다고 하더라도 그것이 과연 **현실적 계기들의 계기(succession)에 대한 경험** 가능성을 설명할 수 있는 성공적인 보완 작업으로 평가될 수 있을지는 미지수이다. 사실 비판적 논객들이 지적하듯이 현재의 계기가 그 직전의 계기만을 파악하는 것이라면 **계기(succession)에 대한 경험**이 불가능할 것이다. 그러나 화이트헤드가 말하는 현실적 계기는 그에 선행하는 과거의 모든 현실적 계기들을 직접, 간접으로 파악한다. 과거의 현실적 계기들은 현재에 직접적, 간접적으로 파악되는 가운데 현재 속에 유기적으로 통합되어 공생한다(*PR* 226). 현재는 과거 전체를 직접적으로 파악하는 동시에 직전의 과거를 통해 간접적으로 그 과거의 과거, 그리고 다시 그 과거의 과거를 연쇄적으로 파악한다. 따라서 인격적 동일성에 관한 과정철학의 사변적 논의를 보완하는 작업에서 해야 할 것은 이중적이고 연쇄적인 파악을 통해 이루어지는 현재에서의 과거 전체의 통일과정을 세부적으로 구성해내는 일이다. 이런 보완적 논의가 지극히 빈약한 지금의 상황에서 우리가 할 수 있는 것은 그 대체적인 방향을 짐작해 보는 일 정도일 것이다. 하지만 여기서 분명하게 지적할 수 있는 것은 이런 구성적 작업에 대한 전망 자체를 상식적 직관이나 기성의 개념적 이해체계에 근거하여 미

---

16) 화이트헤드는 자아의 지속성이나 의식적 경험의 연속성을 획기적 계기들의 연쇄적 파악으로부터 파생되는 것으로 설명하고 있다. 그렇기 때문에 이런 자아와 의식적 경험의 기초가 되는 파악의 연쇄나 현실적 존재들의 계기(succession)는 의식적 경험에 포착될 수 없도록 되어 있다. 이것은 우리가 현실적 계기들 간의 파악과 연쇄를 기술하는 데에 기존의 심리학적 개념이나 생리학적 개념을 일의적으로 사용할 수 없는 이유가 된다.

리 차단하는 것은 성급하다는 사실이다.

계기하는 자아에 대한 가설이 빚어내는 불합리한 결론에 비추어 비판을 한층 강화하고 있는 대표적 인물인 몰랜드(J. P. Moreland)에 대해서도 같은 말을 할 수 있다. 그는 인식론적 측면에서 과정철학의 인격적 동일성의 논의를 비판한다. 그는 루이스(H. D. Lewis)와 이윙(A. C. Ewing)에 의해 강조되어 온 논증을 택하여 접근하면서, **지속하는 나** (enduring I)에 대한 거부는 인식 그 자체의 가능성을 무너뜨린다고 주장한다.17) 현실적 계기들의 연쇄(the chain of occasions) 모델 위에서는 우리가 사유 속에서 일련의 추론을 거쳐 결론을 이끌어내는 식의 완전히 성숙된 인식 행위를 확보할 수 없다는 것이다. 그리고 이에 덧붙여 그는 연쇄모델이 옳다면, 우리가 아주 복잡한 명제에는 주의를 기울일 수조차 없다고 말한다. 왜냐하면 그러한 행위는 동일한 자아가 그 과정의 처음에서 끝에 이르는 길이의 시간 동안 존속해야 하기 때문이다. 그는 이를 다음과 같이 단언한다. "자아가 복잡한 명제나 논증을 파악하기 위해서는 시간이 필요할 뿐만 아니라 명제에 주의를 기울이는 데에는 단 하나의 자아에서의 의식의 통일된 행위가 요구된다. 그러한 행위는 인격의 단계들이 주목하는 계기하는 시간적 순간들의 단순한 더미와 동일한 것일 수 없다."18) 몰랜드의 이런 지적도 직관적으로 명료한 것처럼 보인

---

17) J. P. Moreland, "An Enduring Self: The Achilles' Heel of Process Philosophy," *Process Studies* Vol. 17(1989): 193~199.

18) J. P. Moreland, 앞의 논문. 몰랜드는 인식론적 논증에 앞서 이와 유사한 구조를 지니고 있다고 생각하는 도덕적인 측면에서 반박사례를 들고 있다. 그에 따르면 "책임과 처벌에 관한 우리의 기본적인 직관은 존속하는 자아를 전제"로 하고 있는 것처럼 보이며, 또 이와 유사하게, 연쇄 모델 위에서는 누군가 미래를 두려워한다는 것이 정당화되기 어렵다고 한다. 그러면서도 몰랜드는 자신의 이와 같은 이런 일련의 논증에 대해 어느 정도의 반론은 가능할 것이라고 말한다. 그에 따르면 우리는 처벌이라는 것을 사회를 보호하기 위한 것으로 정초할 수 있고, 연쇄모델과 양립가능한 보다 약한 종류의 책임성과 연속성을 그 근거로 제시할 수도 있을 것이다. 또 우리가 미래의 고통에 대한 합리적인 정당화에 필요한 것은 오직 나의 현재 기억을 갖게 될 누군가에게 고통이 유쾌하지 못할 것이라는 신념뿐이라고 반론할 수도 있을 것이다. 하지만 몰랜드는 이런 제안의 구체적인 내용이 무엇이건 간에, 연쇄모델은 이 문제에 관한 우리의 직관을 보다 약한 종류의 직관으로 대치하는 잘못을 범하고 있다는 것은 사실이라고 주장한다. 몰랜드의 이러한 지적은 실천적 지평에서 정당한 것처럼 보인다. 그러나 우리는 여기서 화이트헤드가

다. 그러나 인식 가능성을 위해 그가 필요하다고 주장하는 통일은 의식행위의 통일로 족하다고 할 수 있을 것 같다. 선행하는(과거의) 의식행위들이 후행하는(현재의) 의식행위에서 계속해서 유기적으로 통일되는 데서 인식작용이 가능한 것으로 이해할 수 있다는 것이다. 몰랜드의 주장에서 보듯이 이런 의식행위의 통일을 다시 하나의 동일적 자아에 근거지우려 하는 것은 실체론적 선입견에서 비롯되고 있는 것이 아닌가 여겨진다. 뿐만 아니라 그는 자아에 대한 화이트헤드의 논의를 지나치게 피상적으로 단순화시켜 이해하고 있는 것처럼 보인다. 위 인용문의 마지막 문장이 이를 잘 보여준다. 화이트헤드의 우주 속에 들어 있는 과거에 대한 경험으로서의 계기들은 결코 과거의 단순한 더미나 집적이 아니다. 앞서 지적했듯이 그것은 이중의 경로를 통한 과거 전체의 유기적 종합 과정이다. 더구나 이제 문제의 상황을 바꾸어, **내적 직관에서** 포착되는 주관적 사실로서의 인식 과정을 **반성적 시각에서** 검토하고 있는 것이 아니라, 누군가가 인식하는 동안 그의 인격체에서 일어날 것으로 추정되는 고도로 복잡한 생리적 심리적 작용들을 **객관적 시각에서** 들여다보고 있다고 생각해 보라. 이 과정을 어떻게 미시적으로 분석하고 또 구성하여 기술해낼 것인가 하는 것이 문제로 남는다는 점은 이미 앞에서 언급했다. 그러나 여러 정황을 놓고 보건대 누군가의 인식 과정을 이렇게 객관적 시각에서 미시적으로 접근할 경우, 거기서 일정 시간 동안 연속하는 어떤 동일자를 발견해낼 가망은 거의 없다.

그러나 몰랜드는 단순히 이런 커류법적 비판에 그치지 않고 이를 토대

현실적 존재들과 이들의 계기를 통해 보여주고자 하는 것이 우리가 자아에 대해 갖는 직관(의 내용) 그 자체가 아니라 직관(의 내용)에 대한 합리적 기술이라는 점에 유의해야 한다. 우리의 의식적 직관을 통해 파악한다고 생각하는 동일자로서의 자아는 이미 현실적 계기의 차원을 넘어선 **사회**의 범주에 속한다. 이와 유사한 맥락에서 사회적 관습적 도덕적 가치의 근거나 개념에 관한 논의도 사회적 전통과 관습에 속하는 논의, 따라서 인간의 막연한 직관 자체를 토대로 하는 거시적(감각적) 지평의 논의이다. 따라서 이들 또한 **사회**라는 범주를 매개로 하여 기술되고 해명되어야 할 논제들이지, 미시적인 현실적 계기들에 근거하여 직접적으로 해명될 수 있는 논제들이 아니다.

로 보다 적극적으로 동일적 주체를 역설하는 데로 나아간다. "경험의 계기하는 순간에 있어 나는 이들 계기하는 자아에 대한 인식을 갖게 될 뿐만 아니라, 각각 순간에서 동일하고 지금의 나의 자아와도 동일한 나를 인식한다"는 것이다. 아마 이 **인식의 동일적 주체가 되는 나**는 샬롬이 말하는 **기억의 전제가 되는 나**일 것이다. 자아에 대한 직관적 경험에서 주요 논거를 마련하고 있는 베르토치가 이 **나**를 가장 그럴듯하게 표현하고 있다. 그는 "계기에 대한 경험의 조건으로서의 나는 변화 가운데 있는 자기동일적인 통일-연속체"(a self-identifying unity-continuity in change)라고 말한다. 그렇다면 이때 **변화 속에서 자기동일성을 유지하면서 연속하고 있는 나**는 어떻게 분석적으로 이해될 수 있는 것인가?

베르토치는 **변화 가운데 있는 자기 동일적 통일-연속체**란 복합 개념이 **자기 의식적 경험에서 드러나는 것**의 주요 골격을 명료하게 **기술**하고 있다고 생각하는 것 같다. 하지만 문제는 변화, 동일성, 통일성, 연속성과 같은 용어들은 부연 없이 결합되기 어려운 개념이라는 데 있다. 이들 개념은, 적어도 단순히 나열되는 데 그치는 한, 상보적이라기보다 상충적이다. 베르토치 자신은 인격체는 매순간마다 그의 환경과 상호작용하며, **자기 동일적**(self-identifying)이라는 말과 **연속하는**(continuing)이라는 말에 의미를 주는 방식으로 그의 본성을 보존할 수 있는 **복잡한 통일체**라고 덧붙이고 있다. 일견 이 진술은 직관적 경험에서 충분히 정당화될 수 있는 무엇인가를 전달하고 있는 것처럼 보이지만, 사실상 분석적인 기술 내용이 없다. 오히려 이 주장은 무엇인가를 정합적으로 기술하거나 설명하고 있다기보다 설명되어야 할 사태를, 다분히 상충되는 개념들의 단순한 나열을 통해 지칭하고 있을 뿐이다. 그는 이와 유사한 주장을 그의 글 곳곳에서 반복 열거하고 있지만 이들 구절은 하나같이 동어반복의 수준에 머물러 있다.19)

---

19) 예컨대 다음과 같은 베르토치의 진술들을 보라. "내가 존재하는 한, 나는 나의 동시적인 환경 속에서 나의 활동과 조화되는 것을 선택하여 받아들이고는 종합하는 활동이다." "나의 인격적 동일성은 생성-존재의 선택적이고 창조적인 역사로서 내가 존속할 수 있다는 데, 즉 자신의 존

화이트헤드도 이런 진술들이 우리의 막연한 직관을 전달하고 있는 것으로 이해되는 한 잘못된 것이라고 보지 않을 것이다. 그럼에도 그가 이런 직관과 외견상 충돌하는 것처럼 보이는 현실적 존재들의 계기(繼起)를 구상하게 된 것은 이렇게 직관되는 자아 연속체를 어떻게 합리적으로 기술할 것인가 하는 과제를 해결하기 위한 방편을 마련하기 위해서였다. 여기서 문제의 핵심은 변화와 동일성이 인격체 속에서 어떻게 공존할 수 있는 것인가 하는 것이다. 현실적 계기의 **생성**, 사회의 **변화**(사회를 구성하는 현실적 계기들 간의 차이), **동일성**(사회의 한정 특성) 등에 초점이 맞춰져 있는 화이트헤드의 사변적 기술은 바로 이처럼 자연언어의 논리나 개념으로는 함께 담아내기 어렵지만 상식적 직관에서는 명백히 공존하는 것으로 드러나는 사태를 미시적으로 분석하여 기술하려는, 요컨대 합리화하려는 시도이다. 따라서 이처럼 의식에 떠오르는 직접 경험을 설명하기 위해 그런 경험 이전의 지평을 분석하는 데 사용되고 있는 형이상학적 존재 개념을 그대로 다시 의식의 직접적 경험과 대결시켜 실증적으로 평가하려는 것은 명백히 빗나간 시도이다. 그렇기에 또한 비판적 논객들이 이구동성으로 말하고 있는 바와 같이[20] "어떤 한 순간에서도 자아는 단위 사건들의 계기로 경험되지 않는다"는 따위의 지적도 이런 자아의 구성원으로 상정되어 있는 **현실적 계기** 개념에 대한 비판의 근거가

재를 변화시키고 자신의 존재와 조화되는 방식으로 주변의 것들로부터 선택하고 변화시킬 수 있다는 데 있다." "나는 자신의 경험을 계기하는 것으로 인식하고 상기할 수 있는 자기 동일적인 통일체이다"(P. A. Bertocci, 앞의 논문).

20) 예를 들면 다음과 같다. "나의 인격적인 비순간적 직접 경험에서 나는 내 자신이 단위 존재들의 계기라는 것을 발견하지 못한다." "나 자신에 대한 경험 가운데는 내가 나 자신을 계기하는 모멘트들의 종합이라 부르는 것을 정당화해주는 것이 아무것도 없다. 나는 계기들의 종합 내지 집합이 아니다." 이것은 베르토치의 주장이다(앞의 논문). 샬롬도 "지금 이 10분의 1초에서 글을 쓰고 있는 '나'가 몇 시간 전에 이 글을 쓰기 시작한 '나'와는 어떤 의미에서 다른 '나'라고 주장할 어떠한 경험적 증거도 나로서는 갖고 있지 않은 것처럼 보인다"고 말한다. 오히려 그와 반대로 "나는 이 글을 쓰기 시작할 때의 나와 동일한 인격체임을 알고 있다. 또한 나는 그 때와 지금 사이에 감각, 느낌, 감정, 관념, 신체적인 과정 등에서 복잡하고 다양한 변화를 겪어왔다는 것을 알고 있다"고 그는 주장한다(앞의 논문). 또 페츠의 글 "In Critique of Whitehead"도 참조할 것.

될 수 없다. 물론 화이트헤드가 인격적 경험을 모델로 하여 경험의 계기(occasion)로서의 현실적 존재를 구상하였다는 증거는 많다. 그러나 화이트헤드가 구상한 현실적 존재들은 인간이 갖는 경험의 계기와 유비적 관계에 있을 뿐, 실증적 대응관계에 있는 것이 아니다. 그렇기에 단순히 개념적 구상의 원천에 대한 언급을 근거로, 존속하는(enduring) 자아를 구성하는 단위 존재들의 계기가 의식 속에 확연하게 직접적으로 경험되는 사태를 기술하고 있다고 보는 것은 잘못이다. 결국 미시적이고 사변적인 지평의 존재를 투명한 의식적 경험에 비추어 실증적으로 검토하려는 처사는 화이트헤드의 추상적인 우주론 체계가 갖고 있는 기본 성격을 이해하지 못한 데서 비롯된 것이다. 말하자면 그런 시도들은 모두 화이트헤드의 우주론에 들어있는 사변적 기술인 현실적 계기에 대한 규정과 상식적으로 직관되는 사태와의 관계에 대한 오해의 산물인 것이다.

다른 한편 **나**를 통일적인 연속체로서 인식한다고 할 때 내재되어 있는 논리적 문제를 지적해볼 수도 있을 것이다. 몰랜드가 확언하듯이, 우리는 과연 우리 자신의 자아를 인식할 수 있는가? 논리적으로 나는 나 자신을, 적어도 어떤 실재적 연속체로 간주되는 나인 한, 온전히 직관할 수 없다. 이런 직관적 인식은 인식하는 나를 항상 **이상한 타자**(a strange Other)[21]로 머물게 한다. 이는 자기인식의 역설에 속하는 사태이다. 칸트는 통각의 통일로서의 주관, 인식의 기점이자 가능 조건으로서의 주관을 요청함으로써 이런 역설을 피해간다. 하지만 이 때의 주관은 칸트 자신이 인정하고 있다시피 텅 비어있는 논리적 주관일 뿐, 실체적 주관이 아니다. 따라서 실체적 자아에 대한 직접적이고 온전한 인식의 가능성을 논하는 모든 학설은 어떤 식으로든 이 역설에 답해야 한다. 화이트헤드는 직접적인 자기인식의 가능성을 부정함으로써 이를 피해간다.[22] 화이트헤드에 따르면

---

21) Dean Wooldridge, *Mechanical Man: The Physical Basis of Intelligent life*(New York: McGraw-Hall, 1968), pp.84~86, 158~162.
22) 화이트헤드에게 있어서의 자기인식과 자기의식의 문제는 베넷(J. B. Bennet, "A Suggestion on 'Consciousness' in *Process and Reality*," *Process Studies* Vol. 3[1973]:

"어떤 현실적 계기도 그 자신의 만족(satisfaction)[23])을 의식할 수 없다.

41)과 쉰들러(Stefan Schindler, "'Consciousness' in Satisfaction as the Prereflection Cogito," *Process Studies* Vol. 5[1975]: 187~190)에 의해 논의된 적이 있다. 제9장에서 상론하겠지만 화이트헤드에게 있어 의식은 느낌(feeling)이 갖는 주체적 형식 (subjective form)이다. 느낌은 언제나 객체와 주체 사이의 관계로 정의된다. 그리고 객체는 언제나 과거의 것이다. 따라서 원칙적으로 주체는 현재의 자신에 대한 의식적 인식을 가질 수 없다. 그런데 베넷은 화이트헤드의 주장을 보완하여, 만족(satisfaction)을 의식적으로 경험되는 것으로 이해할 수 있다고 주장한다. 왜냐하면 의식은 합생(concrescence)의 일부 위상에서 어떤 느낌이 갖는 주체적 형식인데 합생의 초기 위상(phase)에서의 느낌의 주체적 형식들은 후기 위상에서 단적으로 배제될 수 없기 때문이라는 것이다. 이는 화이트헤드의 다음과 같은 언급에 의해 뒷받침된다. "임의의 느낌 내의 요소로서 발생하는 주체적 형식들은 궁극적으로 모든 느낌들의 통일성 내에 참여하는 만족 속에 있게 된다. 모든 느낌은 조명의 몫을 의식에서 얻는다"(*PR* 267). 이런 맥락에서 그는 우선 화이트헤드가 여기서 말하고자 하는 것은 만족이 동일한 합생 내에 있는 의식적 느낌의 여건(data)일 수 없다는 것이라고 이해한다. 그러나 그렇기는 하지만 그는 화이트헤드에게서 만족 그 자체가 주체적 형식을 갖는 느낌임에 분명한데 바로 이때의 주체적 형식은 의식을 포함하고 있을 수 있다고 생각하고 있는 것이다. 그래서 베넷은 궁극적 결단에도 앎(awareness)이 있다고 이해한다. 물론 이때의 앎은 수반적 앎 (awareness with)이며 대상적 앎(awareness of)이 아니다. 그것은 자기 구성의 최종적 행위의 방식(how)을 특징짓는 것, 즉 부사적인(adverbial) 것이요 대상적인(datal) 것이 아니다. 이런 베넷의 견해는 쉰들러에 의해 보완되고 있다. 쉰들러는 사르트르의 견해를 참고로 한다. 사르트르는 그의 『존재와 무』에서 Cogito 그 자체(pour soi as thetic consciousness of the world)와 전반성적(prereflective) 코기토를 구별할 때 유사한 구별은 한다(Introduction, Part I Chap. 2, Section 1, 3, Part II, Chap. 1, Ssection 1). 코기토 그 자체는 여건적인(datal) 것이다. 그것은 그것의 대상을 정립적(positional) 또는 지향적(intentional) 앎의 여건(datum)을 정립한다(posit). 여건적 양태에서 의식은 그것이 의식하는 대상에 대한 정립적(thetic), 지향적 관계에 있다. 그래서 그것이 의식하는 것은 앎의 대상으로서 그것에 초월적이다. 반면에 전반성적 코기토는 **부사적**이다. 그것은 그것이 의식하는 대상과 비정립적 (nonthetic) 비지향적 관계에 있다. 그것이 의식하는 것은 코기토 자신이다. 그것은 앎의 초월적 대상이나 분리되어 구별되는 어떤 것이 아니라 그것의 생생한 체험의 순간에 있는 그 자신이다. 여기서 쉰들러는 베넷의 **수반적 앎**과 **대상적 앎**의 구별이 사르트르의 **비정립적 앎**과 **정립적 앎** 사이의 구별과 일치한다고 이해한다. 화이트헤드가 현실적 존재는 자신의 만족을 의식할 수 없다고 했을 때의 의식은 정립적 대상적 의식이다. 그러나 이들에 따르면 현실적 존재는 이처럼 그 자신의 합생의 어떤 위상의 주체적 형식으로서의 정립적, 대상적 의식을 가질 뿐만 아니라 이들 위상에서의 느낌과 그 최종 만족의 느낌에서 비정립적 비대상적 의식, 즉 자기 앎을 갖는 것으로 이해될 수 있다는 것이다.

하지만 화이트헤드는 의식이라는 말을 언제나 대상적 인식과 동의어로 사용한다. 게다가 사르트르 류의 비정립적 자기 앎이라는 것이 화이트헤드의 논의로부터 구성적으로 추출될 수 있다 해도 지금 여기서 문제되고 있는 동일자로서의 자신에 대한 의식적이고 직관적인 인식이 화이트헤드에게서도 가능한 것이라고 할 수는 없을 것 같다. 왜냐하면 몰랜드가 말하는 인식은 아무래도 대상적 자기 앎에 속하는 것처럼 보이기 때문이다.

23) 현실적 존재의 **만족**이란 현실적 계기의 최종 위상(phase), 즉 결정체로 완결되는 마지막 국면을 일컫는 술어이다. 따라서 여기서 현실적 계기가 자신의 만족을 의식할 수 없다는 말은 현실

왜냐하면 그러한 인식은 과정의 구성요소가 될 것이고 그래서 그 만족을 변경시킬 것이기 때문이다"(*PR* 85). 모든 인식은 현재의 행위이며 인식되는 것은 과거의 것이다. 따라서 직접 인식되는 것으로서의 자기는 과거의 자기일 뿐, 지금 인식하고 있는 자기는 아니다.

그런데 미시적으로 잇따라 생성하는 현실적 계기만을 **진정한 존재**로 간주하는 한, 인격적 동일성과 관련된 문제에 성공적으로 답할 수 없다는 이와 같은 일련의 비판은 인격을 또 다른 의미의 진정한 존재, 즉 미시적인 현실적 계기와 구별되는 **현실적 계기**로 간주하려는 시도24)의 배경이 된다. 역사적으로 볼 때, 인격체를 **하나의** 현실적 계기로 이해하려는 시도는 현실적 계기의 시공간적 규모와 관련된 논란으로 이어져왔다. 특히 월럭(F. B. Wallack)과 부클러(J. Buchler)는 이런 논란의 한 축을 이루고 있다. 이 양자는 인격체뿐만 아니라 시간과 공간의 다양한 규모에 놓여 있는 거의 모든 사물이 다 현실적 계기로 간주되어야 한다고 역설한다.25) 야누츠(Sharon Janusz)와 웹스터(Glenn Webster)는 이런 견해의 연장선상에서 인격적 동일성의 문제에 대처한다. 그 두 사람은 공동으로 작성한 한 소논문26)에서 과정철학의 기술은 인격에 해당하는 모종의 새로운 현실적 계기를 인정하지 않으면 안된다고 주장한다. 이들은 시간철학과 물리학에 대한 통찰을 이용하여, 현실적 계기와 미시물리적인 양자사건(quantum event)을 동일시하는 한편, 폴(Edward Pols)이 논증

적 계기가 자신을 온전한 전체로서는 의식할 수 없다는 것, 그것이 의식하는 것은 언제나 타자, 즉 이미 완결된 과거의 현실적 계기와 연관된 것, 또는 달리 말해서 자기 자신의 구성부분이 되고 있는 것일 뿐이라는 의미로 새길 수 있다.

24) 이런 시도의 사례는 다음과 같은 글에서 찾아볼 수 있다. Edward Pols, "Human Agents as Actual Beings," *Process Studies* Vol. 8(1978): 103~113; Sharon Janusz and Glenn Webster, "The Problem of Persons," *Process Studies* Vol. 20(1991): 151~161.

25) 그러나 필자의 개인적인 견해로는 이들의 주장은 고전적인 실체철학이 풀지 못했던 난제, 즉 변화와 동일성을 조화시켜야 하는 문제 또는 달리 표현하자면 제논의 패러독스에 말려들기 쉽다. 나는 이와 관련하여 졸고 「아리스토텔레스의 실체와 화이트헤드의 획기성 이론」(『철학연구』 제38집)에서 검토한 바 있다.

26) Sharon Janusz and Glenn Webster, 앞의 논문.

하고 있듯이[27] 거시적 지평의 인격체는 진정한 의미의 행위 주체이기에, 그것 또한 현실적 계기, 즉 **진정한 존재**로 간주되지 않으면 안된다고 주장한다.

우선 야누츠와 웹스터는 양자사건이 현실적 계기의 구체적인 사례가 될 수 있다고 생각한다. 현실적 계기와 양자사건은 시공간적 규모에서 비슷하다. 그리고 양자사건들은 우리가 시공간과 관련하여 현실적 계기에 대해 기대하고 있는 특징들을 가지고 있다. 그 중에서도 특히 이 두 존재 모두 전반부와 후반부의 계기(succession)로서가 아니라 일거에 생성한다(come to be at once)는 데서 일치한다. 화이트헤드도 『과정과 실재』의 여러 곳에서 우리의 우주시대를 **전자기적 사회**(electromagnetic society)라 부르고 있을 뿐만 아니라 곳곳에서 이런 해석을 충분히 뒷받침하는 것으로 읽어낼 수 있는 표현들을 사용하고 있다. 그러나 필자가 보기에 이들 두 사람의 이해는, 결정적으로 잘못되었다고는 할 수 없다 해도, 화이트헤드의 본래적인 의도와는 상당한 거리가 있다. 화이트헤드는 그의 저술 어디에서도 현실적 계기와 양자사건 사이의 1 : 1 대응이나 현실적 계기의 실증적인 사례를 명시적으로 언급하고 있지 않다. 양자(量子)와 현실적 계기 사이의 관계는 언제나 추정적이고 가설적이다.[28] 이는 내가 앞에서 밝혔듯이 현실적 계기가 일상적인 경험에서 발견되는 존재가 아니라 이런 경험과 존재를 사변적, 분석적으로 기술하기 위한 범주적 존재로 상정되어 있다는 사실의 연장선상에 있다.

---

27) Edward Pols, 앞의 논문.
28) 이는 그가 현실적 계기를 어떤 방식의 의식적 경험으로도 확인하기 어려운 존재로 간주하고 있었다는 것을 시사한다. 의식적, 실증적으로 확인되는 것, 즉 인간의 의식적 지각의 대상은 **사회**의 수준으로 넘어가야 한다. 이는 화이트헤드가 **변환**(transmutation)의 범주를 통해 인간의 의식적 지각을 설명하고 있다는 데서 간접적으로 확인할 수 있다. 그러나 **현실적 계기와 사회**는 인식론적인 범주가 아니다. 따라서 야누츠와 웹스터가 우려하듯이 그것은 단순히 전통적 의미의 실재와 현상에 대응하는 범주가 아니다. 물론 화이트헤드가 사회를 현실적 사물이라 할 때 (*AI* 262), 사회는 결코 근원적 존재를 의미하지 않는다. 그러나 또한 이것이 사회가 전통적 의미의 현상임을 의미하는 것도 아니다. 사회는 주관에 의존하는 객체가 아니라 그 자신의 근거를 갖는 객관적 실재이다(*PR* 89).

어쨌든 야누츠와 웹스터는 현실적 계기와 양자사건 사이의 대응성을 천명하고 나서, **현실적 계기들만으로 인격을 설명할 수 없다**고 추론한다. 우선 이들은 **개별적인 계기(occasion)가 아니라 전체로서의 인간이 행위한다는 것은 분명해 보인다**고 일단 전제한다.[29] 그런데 화이트헤드에 따르면 궁극적으로 실재하는 것만이 자기 창조라는 의미에서의 주체적 활동성(subjective activity)을 가질 수 있으며, 주체적 활동성을 갖는 것만이 근원적 의미에서 **현실적**이다(*PR* 222). 그러나 양자사건에 상응하는 것으로 여겨지는 미시적 지평의 현실적 계기만이 이러한 현실성을 지닐 수 있다고 한다면 인간의 주체적 행위는 설명할 수 없게 된다.[30] 왜냐하면 인격체와 양자사건 사이에 존재하는 현격한 규모의 차이에 비추어 볼 때 인격체는 결코 **하나의** 현실적 계기일 수 없기 때문이다. 따라서 우리가 인간이 주체적으로 행위할 수 있다는 것을 인정한다면 우리는 또한 인간이 현실적임을 인정해야 한다고 야누츠와 웹스터는 주장한다.[31] **행위 주체로서의 인간**은 현실적 존재, 즉 **진정한 존재**여야 한다는 것이다. 그리고 이로부터 그들은 화이트헤드의 형이상학에 대한 이해에서 어떤 근본적인 변화 없이는 인격의 문제가 해결될 수 없다고 결론한다.

---

29) 이들은 행위자(agency)에 대한 폴의 논의(*Process Studies* Vol. 8: 103)를 이 전제의 논거로 삼고 있다.

30) 브랙큰(Joseph A. Bracken, S. J.)은 그의 논문 "Energy-Events and Fields"(*Process Studies* Vol. 18[1989]: 153~165)에서 인격이 그를 구성하고 있는 계기와 똑같이 실재적이라는 점을 인정함이 없이, **집합적 행위자**(collective agency)라는 관념을 통해 이 문제를 해결하려 한다. 그러나 야누츠와 웹스터는 **장**(field)의 개념을 사용하려는 브랙큰의 시도는 시사적이지만 성공적인 것으로 보기 어렵다고 말한다. 그들에 따르면 우선 집합적 행위자는 인격에다 충분한 통일성과 현실성을 제공하지 못한다. 마찬가지로 브랙큰의 **장**이라는 관념은 통일성의 문제를 해결하기보다는 오히려 더 어려운 것으로 만드는 결과를 낳는다고 주장한다. 왜냐하면 장은 인격이라는 개념보다 훨씬 더 현혹적이고 무정형한 개념이기 때문이라는 것이다.

31) 그들은 인격체와 양자사건을 구체적으로 비교 기술하는 가운데 이를 역설하고 있다. "물리학에 따르면 양자사건은 10조 분의 1초 정도 지속한다. 반대로 인격이 현재로서 경험하는 순간은 훨씬 더 오래 지속된다. 나아가 인간과 현실적 계기 사이에는 시간에서 현저하게 다를 뿐만 아니라 공간에서도 상당한 괴리가 있다. 양자역학은 양자사건의 크기를 10조 분의 1 입방센티미터 정도라고 생각하고 있다. 이 양자사건의 크기와 인간 존재가 점유하는 1 입방미터 정도의 크기를 비교해 보라"(Sharon Janusz and Glenn Webster, 앞의 논문).

그러나 우리는 다시 물어볼 수 있다. 인격체가 진정한 현실적 존재로 간주될 경우 이 현실적 존재는 어떻게 합리적으로 특징지울 수 있는 것인가? 야누츠는 앞의 논문에서 "무지개가 어느 특정한 물방울 속에 있는 것이 아닌 것과 마찬가지로 인격체는 어떤 현실적 계기 속에 있는 것이 아니며 그 구성요소가 되고 있는 어떤 특정의 사회에 있는 것도 아니"라고 주장한다. 그는 "시간의 한 순간에는 자연이 존재하지 않는다"(*SMW* 53~54)는 화이트헤드의 기본 신념을 곡해하여, "하나의 현실적 계기나 인격체의 구성요소가 되는 하나의 사회에는 인격체가 없다"고 결론한다. 하지만 이런 주장이 옳다 해도 이것은 문제의 시작이지 문제의 종결이 아니다. 인간을 구성하고 있는 여러 현실적 존재나 사회들 밖에 있는 것으로 추정되고 또 그런 것으로 요청되는 인격체가 어떻게 분석적으로 기술될 수 있는 것인가 하는 문제는 여전히 남기 때문이다. 이것은 사실상 이들이 말하는 대안이라는 것이 공허한 개념놀이로 끝나고 있음을 의미한다. 야누츠와 웹스터는 **인격체는 다양한 지평에서 상호작용하고 있는, 주체적으로 실재하는 다수의 유기적 통일체들로 구성되어 있다**고 덧붙여 말하고 있기는 하다. 그러나 이런 진술은 베르토치의 **연속체**와 마찬가지로 지극히 상식적이면서도 선언적인 언명에 불과하다. 뿐만 아니라 이런 거시적 규모의 인격체가 **진정한 존재**라면 그것은 고전 실체철학의 난제, 즉 실체에 있어 변화와 동일성을 조화시키는 문제에 또 다시 말려들 것이다.[32] 여기서도 물론 우리의 제안은 잠정적일 수밖에 없다. 그러나 적어도 하츠혼의 다음과 같은 언급은 시사적이다. "사건들이 개체들보다 더 결정적이라고 할 수 있다. 다시 말해 나의 정신 물리적 역사를 구성하는 현실적 사건들의 총체가 이런 정신 물리적 사건들이 연관될 수 있는 어떤 단일한 **나**보다 더 결정적이라고 보는 것이다. 따라서 **내**가 행위의 경로에 관한 결정을 내리는 것처럼 보인다 해도 이 결정행위는 **나**에 귀속되지 않는다. 그것은 사건들 자체에 귀속되어야 한다. 이런 의미에서의 결정행위

---

[32] 앞의 주 25를 참조할 것.

는 일상적인 의미에서의 결정행위로 이해될 수 없다. 그것은 **나**라는 역사
적 사건을 구성하는, 심리적으로 혼합되어 있는 시공간적 사건들에 의해
내려지는 무수한 하부결정의 누적된 결과로 이해되어야 한다."[33]

하지만 샬롬이나 야누츠와 웹스터는 자연언어의 논리에 비추어, 하츠
혼의 이런 구성적 이해를 받아들이려 하지 않는다. 샬롬은 이것이 사실이
라면 인간의 의도(intention)와 관련된 모든 술어들은 자의적인 철학적
관심 하에서, 사실상 그것들이 속하지 않은 영역에 귀속됨으로써 그것들
의 특수한 의미를 박탈당하고 있는 셈이 될 것이라고 말한다. 야누츠와
웹스터도 인격체와 행위와의 관계를 논하면서 이와 유사한 성격의 문제
점을 지적한다. 그들은 인격체가 그 구성요소들에 영향력을 행사할 수 있
는 힘을 갖고 있다는 사실은 "행위와 의도에 관한 인간의 언어에 의해
전제되고 있는 것"이라고 말한다.

사실상 하츠혼의 진술만 놓고 본다면 이렇게 해석될 소지가 있다. 그
러나 우리는 여기서 다시 화이트헤드의 본래 의도에 주목할 필요가 있
다. 우선 인간의 일상언어는 의식되는 세계의 존재들을 전제로 하는 것
이며 이 거시적 지평에 관한 한, 화이트헤드에게서 달라지는 것이 아무
것도 없다는 점을 지적할 수 있겠다. 화이트헤드도 일상적 삶의 공간에
서 행위 주체가 인간이라거나 인간의 의도에 관련된 자연언어가 이런
인간에 토대를 둔 것이라는 데에는 전적으로 동의하리라는 것이다. 그러
나 화이트헤드에 따르면 바로 그렇기 때문에 인간의 자연언어는 **사건**보
다는 **개체**의 세계, 미시적 생성의 실재 세계보다는 명석 판명한 감각의
세계, 따라서 구체적 실재의 세계보다는 **이미 추상된 세계**를 전제로 하
고 또 이를 강화할 뿐이다. 그것은 실천적이고 감각적인 지평에서의 삶
에는 유용하다. 그러나 그것은 실용적 가치를 가질 뿐, 실재에 대한 기
술적(descriptive) 가치를 갖지 못한다. 달리 말하자면 인간의 자연언어
는 **진정한 존재**에 토대를 둔 것이 아니라 인간 의식의 산물인 추상의

---

33) C. Hartshorne, 앞의 논문.

세계에 근거를 둔 것이다. 따라서 자연언어의 전제는 사변적 기술을 토대로 하여 설명되어야 할 추상인 것이다. 그렇기에 또한 자연언어를 실재 그 자체의 구조에 근거지우려. 하거나 반대로 자연언어의 전제라는 미명하에 그 논리를 따라 실재 자체를 재단하려 하는 것은 잘못이다.

나아가 하츠혼의 언급 속에 들어있는 **사건**들과 이들이 갖는 **결정성**이란 자연언어가 간과하고 있는 보다 근본적이고 보편적인 실재의 특성을 말한다. 이들은 자연언어의 범주 밖에 있는 것이다. 따라서 이들은 자연언어와는 구별되는 언어로 기술되어야 한다. 화이트헤드가 상당수의 개념들을 인위적으로 만들어 사용하는 이유도 바로 여기에 있다. 설령 화이트헤드가 인간의 의도나 행위를 떠받치고 있는 것으로 가정되는 미시적 세계를 사변적으로 분석하고 기술하면서 빈번하게 사용하고 있는 용어들이 심리학적, 생리학적, 물리학적 함축을 지니고 있다 해도 이들 용어들은 사실상 이미 감각적 지평에서의 특수한 의미가 상당 부분 사상된 보편적인 구조적 특성만을 물려받고 있는 것이다. 따라서 화이트헤드의 사변적 용어들은 그 어느 것도 감각적, 의식적 지평의 존재나 규정성과 구체적이고 직접적인 연관을 갖지 않는다. 그리고 화이트헤드는 이런 용어들에 의한 사변적 기술을 통해 거시적, 일상적 지평의 인간과 세계를 미시적이고 보편적인 모습으로 환원시켜 보여주며, 또 이를 통해 자연언어의 전제, 즉 자연인이 무비판적으로 받아들여온 신념이 감각적 추상에 근거한 것임을 보여준다. 바꿔 말하자면 화이트헤드는 일상언어와 의식적 인식이 공통으로 갖는 추상성을 드러내 보이고, 우리가 이들을 활용하는 가운데 부지불식간에 궁극적인 것으로 전제하고 있는 관념들을 형이상학적 지평에서 해체시키고 있는 것이다. 따라서 과정철학의 기술에서는 인간의 의도와 관련된 술어들이 그 특수한 의미를 박탈당한다는 샬롬의 지적은 부분적으로 옳지만, 그렇기 때문에 화이트헤드의 사변적 기술을 받아들이기 어렵다는 그의 지적은 역시 화이트헤드의 사변적 기술의 지위와 기능에 대한 오해에서 비롯된 것이다. 화이트헤드가 과정철학에서 목표로 하고 있는 것 가운데 하나가 바로 사변적 기술을 통해 전통 철학의 개념이나 자연언어의 추상성과 모호성을 비판하고 설명하는 데 있었기 때문이다.

그런데 **행위 주체로서의 인격체**에 관한 과정철학의 기술이 어떻게 평가되든 간에, 기본적으로 야누츠와 웹스터가 주장하듯이 인격체를 설명하기 위해서는 현실적 계기를 두 종류로 구별하여야 한다고 보는 시각에는 심각한 비일관성이 도사리고 있는 것처럼 보인다. 어째서 그들은 자연사태에 대한 기술에서는 물리학적으로 논의되는 가설적이며 이론적인 존재, 즉 양자사건(quantum event)으로 간주되는 현실적 계기의 역할을 인정하면서 인간 유기체에 대한 기술에서는 이를 거부하는 것인가? 직관적 경험 때문인가? 그러나 감각적, 직관적 경험을 통해 발견되는 것에만 주목하자면 우리는 인간에서보다도 자연물에서 오히려 순간 존재들의 계기를 포착하기가 어렵지 않은가? 자연물에 대한 직관적 경험은 대개의 경우 인격에 대한 자기 의식적 경험보다 훨씬 더 안정되어 있다. 적어도 필자가 보기에 자연사태가 미시적 존재의 이론적 구성을 통해 기술되고 또 이를 토대로 감각적 사태가 비판적으로 설명될 수 있는 것이라는 점을 인정하는 한, 인간에 대한 미시적인 가설적 기술의 가능성과 이에 근거한 인간 행태(behavior)의 비판적 설명가능성 역시 인정하는 것이 일관된 태도라 할 수 있을 것 같다.

이제 마무리해 보자. 화이트헤드는 계속되는 변화 속에서도 동일성을 유지하고 있는 것으로 보이는 자아, 요컨대 흔히 직관적으로 파악되는 것으로 간주되는 자아를 결코 부정하려 하지 않는다. 오히려 화이트헤드는 현실적 계기와 사회라는 두 범주를 활용하여, 자아가 갖는 변화와 동일성을 사변적 지평에서의 기술을 통해 합리적으로 매개하려 한다. 이 기술에서, 의식에 동일적인 것으로 경험되는 것인 한에 있어 자아는 **한정 특성**에 주목하여 바라다본 **사회**이며, 가변성을 지닌 것으로 경험되는 한에 있어 그것은 계기(succession)하고 있는 것으로 간주되는 현실적 계기들이다. 이것이 화이트헤드의 과정철학에서 **직관되는 자아**가 완전히 부정되고 있다는 비판에 대해 우리가 할 수 있는 답변이다.

나아가 인격적 동일성의 내적 구조를 현실적 계기들의 계기(succession)로 규정하고 있는 과정철학의 기술은 의식 속에 직관되는 자아와 충돌한다는 지적에 대해서도 우리는 다음과 같이 답할 수 있을 것이다. 과정철학의 우주론 체계에 근원적인 존재로 등장하고 있는 현실적 계기는 사실상 인간의 경험 일체를 구제하기 위한 기본적인 범주적 장치이며, 다른 모든 범주적 언명들은 이 범주적 장치를 규정짓기 위해 정합적으로 얽혀있다. 그래서 **체계 내적**으로 볼 때, 현실적 계기는 가장 추상적인 개념으로 나타나 있다.[34] 의식에 포착되는 거시적 규모의 세계는 이 미시적이고 추상적인 존재 기술을 바탕으로 하여 구성적으로 설명되고 비판된다. 여기서 구성되는 일차적 존재는 **사회**이며, 이 사회는 감각적 의식적 경험에서 예증사례를 갖는다. 따라서 사회는, 비록 모두가 그렇다고 할 수는 없지만, 그에 상응하는 것으로 간주되는 경험적 사물이나 현상에 의거하여 그 의미가 검토될 수 있다. 그러나 사회의 토대가 되는 실재로서의 현실적 계기에 대한 의미확정은 실증적인 인식의 차원에서 이루어질 수 없다. 현실적 계기 하나 하나는 의식에 있는 그대로 떠오르지 않기 때문이다. 뒤에서 상론하겠지만 화이트헤드는 의식이란 실재의 단순한 수용이나 재현의 능력이 아니라 실재로부터의 추상능력(*MT* 123), 또는 실재에 대한 선별적인 배제라는 의미의 부정 능력(*PR* 5, 254)이라고 특징지움으로써 이 점을 분명히 하고 있다. 화이트헤드는 의식적 인식이 실재, 즉 현실적 계기들의 미시적 생성 과정으로서의 실재를 있는 그대로 부여잡을 수 없는 것임을 천명해두고 있는 것이다.[35] 따라서 화이

---

34) 화이트헤드의 우주론 체계 내에서 현실적 계기는 가장 구체적인 실재를 대변하고 있는 것으로 상정되어 있다. 그래서 그 체계 내의 다른 모든 범주들과 개념들은 이 개념을 규정하기 위해 합종연횡하고 있다. 그리고 바로 이 점에서 현실적 계기라는 개념은 **체계 내적**으로는 가장 추상적인 개념이 된다. 바꿔 말하자면 그 개념은 화이트헤드의 『과학과 근대세계』에 개진되어 있는 **가능태로부터의 추상**의 극단에 위치한다. 화이트헤드가 말하는 추상의 의미에 대해서는, 필자가 「화이트헤드 철학과 추상의 역리」(『과학과 형이상학』, 서울: 자유사상사, 1993)에서 체계적으로 검토한 바 있다(제1장 주 18도 참조할 것).

트헤드가 스스로 인정하고 있듯이 그의 우주론 체계는 그것이 소화할 수 없는 경험 현상과 충돌할 경우 마땅히 수정되어야 하겠지만, 이 때의 충돌이란 것이 적어도 현실적 계기와 의식적 경험에 떠오르는 어떤 사물과의 직접적인 충돌일 수는 없다. 현실적 계기라는 범주적 존재가 갖는 의미는 의식적, 실증적 경험에서 확보될 수 있는 것이 아니다. 그것의 의미는 그것이 우주론 전체에서 차지하는 체계 내적인 지위와 성격을 통해 이해되어야 한다. 그렇기에 또한 그것의 적절성 내지 정당성에 대한 평가도 실증적 지평에서가 아니라 그것이 갖는 설명력에 비추어 이루어져야 한다. 자아를 구성하는 것으로 간주되는 현실적 계기들의 경우도 마찬가지다.

---

35) 제9장에서 상론하겠지만 화이트헤드에 따를 때 의식적 인식은 존재를 있는 그대로 파악하지 못한다. 그에게 있어 의식은 인간 정신이 갖는 선택, 추상, 부정 등의 기능을 대변하는 것으로 분석된다(*PR* 243, 273). 이런 맥락에서 우리는 앞서 인용된 적이 있는 다음과 같은 화이트헤드의 주장을 보다 잘 이해할 수 있을 것이다. "철학의 임무는 그러한(의식의) 선택으로 말미암아 불분명하게 되어버린 전체를 회복하는 데 있다. 철학은 높은 차원의 감성적 경험에서 가라앉아 버리는 것, 그리고 의식 그 자체의 최초의 작용에 의해 더욱 깊숙이 가라앉아 버리게 되는 것을 합리적 경험 속에다 복원시킨다"(*PR* 15).

제7장

지각: 인과, 예기, 현시, 상징적 연관

생성은 **새로운** 단위 존재의 출현 과정이다. 그것은 다양한 유형의 가능태를 세계 속에 끌어들여 현실화시켜 가는 미시적 과정이다. 그리고 세계는 이런 미시적 단위 존재들로 구성되는 거시적 과정이다. 과정철학은 전자를 진정한 의미의 존재인 현실적 계기로, 후자를 이에 근거하는 파생적 존재인 결합체 내지 사회로 각각 범주화하고 있다. 그래서 현실적 계기와 결합체는 기본적으로 존재론적 범주에 속한다. 하지만 제2장에서 언급했듯이 합생 내의 여러 위상에 대한 화이트헤드의 존재론적 기술은 결합체라는 범주에 의해 보완되면서, 전통적으로 인식론에 속하는 것으로 간주되어 온 온갖 개념과 쟁점들에 대한 해명의 작업을 포섭하고 있다. 이하의 여러 장에서는 합생하는 단위 존재가 그 여러 위상을 통해 새로움을 빚어내는 내적인 활동 하나하나, 즉 느낌들을 분석적으로 기술하는 가운데 이것들이 어떻게 인식론적 범주로 번역되는지를 살펴볼 것이다.

과정철학에서 존재와 인식의 연계성을 가장 구체적으로 보여주는 술어는 **지각**(perception)이라는 말이다. 화이트헤드가 사용하는 지각이라는 말은, 주체가 그 객체를 받아들여 자기를 구성하는 활동을 일컫는 존재론적 범주인 **파악**을 인식론적 문맥에서 대신하는 비범주적 술어이다. 따라서 기본적으로 화이트헤드에게 있어 지각은 완결된 주체가 갖는 객체 인식의 통로가 아니라 합생하는 주체가 갖는 자기 구성활동, 즉 객체를 자기화하는 존재론적 활동으로 간주된다. 그리고 이런 의미에서 그의 지각론 전체는 합생의 여러 위상에서 나타나는 파악, 즉 느낌들을 인식론적 술어로 분석해 놓은 것에 지나지 않는다고 할 수 있다. 화이트헤드의 과정철학에서 인식과 존재 사이의 범주적 구별이 사라진다는 것도 이런 의미에서이다. 지각작용과 존재의 자기구성 활동이 범주적으로 구별되지 않기 때문이다.

이 장(章)의 논의는 화이트헤드에게서 인식론적 논점들의 토대가 어떻게 그의 존재론 속에 녹아있는지, 그리고 이로부터 인식론적 논의가 어떻게 추출, 구성되고 있는지를 검토하는 자리가 될 것이다. 우리는 근원적 유형의 지각이 존재의 자기 창출 과정의 인자로 간주되는 현장을 추적하고, 이들을 기초로 생겨나는 보다 복잡한 유형의 지각적 느낌들을 차례로 검토할 것이다. 흔히 판명한 의식을 수반하는 것으로 간주되는 **지성적 인식**(intellectual knowing)은 이런 느낌들을 대비적으로 종합하면서 탄생한다. 이는 제9장의 논제가 될 것이다.

1. 지각론

지각에 대한 전통적인 설명은 크게 두 갈래로 나타나 있다. 그 하나는 현상적 설명이고 다른 하나는 인과적 또는 생리학적 설명이다.[1] 화이트헤드에 따르면 흄이 전개시키고 있는, 지각에 대한 현상적 설명은 경험에 대한 **설명**이 아니라 **기술**이다. 그것은 이러한 경험의 원인이 어디에 있는가 하는 것을 설명하는 데에는 전혀 관심을 갖지 않는다. 사실상 흄과 그

---

1) R. H. Kimball, "The Incoherence of Whitehead's Theory of Perception," *Process Studies* Vol. 9(1979): 94~104.

의 추종자들은 직접적인 경험에서 어떠한 원인도 발견할 수 없었기 때문에 경험의 원인에 대한 탐구는 원리상 잘못된 것이라고 주장하였다. 이는 그들이 직접적인 경험에 주어진 것은 절대적으로 확실하며, 그러한 직접성에서 일단 떨어져 있는 모든 양태의 인식(예컨대 경험으로부터의 추론)은 의심스러운 것이라고 믿고 있었기 때문이다. 현상적 설명에 따르면 경험에서 찾아볼 수 있는 것은 기하학적인 영역(region)과 그들 속에 자리해 있는 감각 성질들이 전부이다. 따라서 현상적 입장에서 보자면 지각은 애당초 설명될 수 있는 것이 아니다. 그것은 **미지의 원인들**로부터 발생하는 것이다. 그래서 지각을 놓고 할 수 있는 것은 명석하고 판명하게 지각되는 영역과 감각여건들(sense data)을 기술하는 일뿐이다.

지각에 대한 인과적 설명은 현상적 설명과 반대로 지각된 것에 대한 **기술**이 아니라 **설명**이다. 설명의 세부적인 내용은 어떤 과학을 지각에 관한 가장 적절한 정보를 제공하는 것으로 간주하느냐에 달려 있다. 대개의 경우 그것은 물리학과 생리학이다. 전형적인 설명은 물리적 대상의 존재, 어떤 길이의 광파의 반사, 대상으로부터 관찰자의 지각기관(빛의 경우는 눈)에로의 이들 광파의 전달, 이들 광파와 망막의 시신경 세포와의 상호 작용, 뇌에로의 신경줄기를 통한 신경박동의 전달, 궁극적으로 시감각의 산출 등을 열거한다. 물론 이것은 지각에 대한 생리학적 설명으로부터 대충 추상한 것이다. 그러나 철학적 관점에서 볼 때, 세부적인 이론적 규명은 중요하지 않은 것이다. 중요한 것은 이런 설명이, 결과를 산출하는 역동적 구조를 드러내기 위해 **무대 뒤로** 우리를 이끌어간다는 데 있다. 그래서 이런 유형의 이론은 그 어떤 형태의 것이건 간에 지각에서 직접적으로 경험되는 것의 배후에 주목하는 가운데, 지각 경험을 지각되지 않는 선행 원인들의 연장선상에서 해명하려 한다. 그리고 직접적으로 경험되는 것은 그것을 산출시킨 배후의 인과적 메커니즘에 비해 비교적 중요하지 않은 것이라고 생각한다. 이와 같은 인과적 설명에 따르면 우리는 대상을 직접적으로 지각하지 않는다. 그러한 가정은 소박한 것이다. 우리는 복잡한 매체를 통해 지각한다. 일상적이고 무반성적인 경험에서 이러한 매체는 눈에 들어오지 않는다. 지각에 대한 인과적 설명의 과제는 이러한 매체에 주목하여 그것이 어떻게 대상을 변형시키는지를 보여주고 나아가 그것이 어떻게 지각에서 경험된 결과들을 산출하는지를 설명하는 데 있는 것이다.

화이트헤드의 지각론은 지각에 대한 인과적 설명의 전형이다. 그의 지각론(사실상 인식에 관한 그의 논의 전체2))은 지각 경험의 성립과정, 즉 지각 경험을 낳고 있는 인과적 메커니즘을 해부하는 데 치중하고 있다. 이런 작업은 기본적으로 하나의 형이상학적인 믿음, 즉 "지각의 유력한 토대는 전달과 증대의 경로를 통해 경험들을 넘겨주는 여러 신체 기관의 지각"이며, "인간 신체는 복잡한 증폭기로 간주될 수 있는 것"(*PR* 119)이라는 믿음을 전제로 하는 것이다. 신체는 내부와 외부로부터의 신호들을 증폭시킨다. 신체적 경로에서 증폭되고 고양(enhancement)3)되고 있는 것은 벡터적 느낌들, 즉 내적 또는 외적 경로 속에서 인과적으로 객체화되고 있는 과거의 계기들이다.

이렇게 접근할 때 우리의 경험의 직접적인 환경은 외부의 물리적인 세계가 아니라 그 세계로부터 계승된 물리적 자극을 포함하고 있는 우리의 신체가 된다.4) 이런 의미에서 기본적으로 "동물신체란, 그것의 지배적인

---

2) 다음에 계속되는 논의에서 밝혀지겠지만 화이트헤드는 전통 인식론에서 묵시적으로든 명시적으로든 늘 전제되어왔다고 볼 수 있는 감각(지각)과 이성의 이원성을 인정하지 않는다. 그는 단순 감각에서 고도의 추상적 인식(심지어 상상적 사유)에 이르기까지 모든 인식의 활동을 본질적으로 지각적 구조를 갖는 것으로 해명하고 있다.

3) 화이트헤드가 종종 사용하는 **고양**(高揚; enhancement)이라는 말은, 경로 속에 있는 계기들의 작용으로부터 생겨나는 새로운, 즉 **역전된** 감각여건들의 증가에 힘입어, 지각된 감각여건의 근원적인 상응물인 물리적 자극을 강화시켜 보충하는 것을 의미한다. 화이트헤드는 이런 물리적 자극이 신체를 통해 전달되는 동안 고양되어 다양한 유형의 감각적 성질 — 동시적인 공간영역을 특징짓는 소리, 색, 느낌 등 — 로 분화되는 것이라고 생각한다(*PR* 315).

4) 일반적으로 화이트헤드에게 있어 "환경이란 말은 우리의 개인적 경험에 어떤 중요한 방식으로 '객체화되어'(objectified) 이 경험의 구성 요소가 되는 다른 현실적 사물들을 의미한다"(*S* 17). 따라서 모든 경험에서 가장 근접 거리에 있는 환경은 신체 자체에 속하는 계기들로 이루어진다고 할 수 있다.

현실적 계기 — 이는 궁극적 지각자인데 — 에서 보자면 일반적 환경의 보다 고도로 조직화된 직접적인 부분에 지나지 않는다"(*PR* 119~20)고 할 수 있다. 그러므로 외부 세계에 대한 우리의 인식은 신체 안에서 일어나는 사건에 절대적으로 의존하고 있는 것이다. "신체는 유기체로서, 그 여러 상태가 세계에 대한 우리의 인식을 규제한다"(*SMW* 132~33)고 보아야 할 것이기 때문이다. 신체에 가해지는 미세한 조작도 우리의 지각을 크게 동요시킬 수 있는 것이다. 그렇기에 또한 감각지각으로부터 도출되는 정보에 관한 모든 학설은 이와 같은 이중적인 관련성, 즉 외적인 관련성과 신체적인 관련성을 염두에 두지 않으면 안된다(*MT* 153).

지각에 대한 이러한 접근에서는 자연과 인간의 이원성, 신체와 정신의 이원성이 더 이상 문제되지 않는다. 사실상 "데카르트는 우리가 신체를 갖고 있고, 정신을 갖고 있으며, 이들이 별개로 연구될 수 있다고 말할 때, 어떤 점에서 분명히 옳았다. 우리도 일상 생활에서 흔히 그렇게 한다"(*FR* 88). 그러나 문제는 신체와 정신 사이의 구별이 우리의 경험의 가장 구체적인 구조를 표현하고 있는가 어떤가 하는 것이다. 화이트헤드는 경험의 직접적인 행위를, 정신적인 것으로 드러나게 될 요소와 신체적인 것으로 드러나게 될 요소로 분리시킬 수 없다고 주장한다. 지금-이곳의 경험 행위는 정신적인 것과 신체적인 것의 종합이며, 이 종합 속에서의 그들 사이의 관계는 일차적이며 구체적인 것이다. 그러므로 데카르트에게는, 정신적인 것과 신체적인 사이의 구별을 **코기토**에 선행하는 것으로 만들고, **지금-이곳의 나**는 가장 구체적인 의미에서 정신일 뿐, 신체가 아니라고 말할 권리가 없었다. 나는 육체와 정신이 통일되어 있는 하나의 복합체이다. 나의 육체적 경험은 내 존재의 기초이다(*MT* 114). 나아가 이런 **나**는 자연과도 엄격하게 구별되지 않는다. "어디서 나의 육체가 끝나고 외부 세계가 시작되는가? 예컨대 나의 펜은 외부에 있는 데 반해 나의 손은 내 육체의 부분이며 나의 손톱도 내 육체의 부분이다. 또한 숨결은 내 입과 목을 통해 들락거리는 가운데 육체와의 관계에 있어 수시로 변화하고 있다. 육체와 외부 세계와의 구별이 지극히 모호한 것일 수밖에 없다는 것은 분명하다. 사실상 그것은 단지 그 밖의 다른 자연적 대상들 가운데 하나일 뿐인 것이다"(*MT* 114). 요컨대 육체는 인간의 경험의 각 계기가 긴밀하게 상호 협력하고 있는 자연의 부분이다. 여러 요소들이 육체의 현실태와 인간의 경험 사이를 오가고 있어서 이 양자는 서로 상대방의 존재에 참여하고 있다(*MT* 115). 화이트헤드는 이런 일련의 논거를 통해, 신체와 정신의 구별 및 인간의 신체와 자연 속의 물체의 구별이 **범주적인 구별**일 수 없으며, "신체는 각별히 친밀한, 세계의 한 부분에 지나지 않는다"(*PR* 81)고 주장한다.

2. 인과적 효과성에 있어서의 지각

화이트헤드에 따르면, 지각인식의 토대가 되는 "신체적 경험의 근원적 형태는 정서적(emotional)이다. 그것은 다른 어떤 계기에서 느껴졌던 것을 순응적으로 사유화(私有化)한 맹목적 정서이다. 말하자면 그것은 공감(sympathy), 즉 타자에 있어서의 느낌을 느끼는 것이요, 타자와 더불어 순응적으로 느끼는 것이다. 물론 우리는 예컨대, "정서적 특성으로서의 '녹색'이라는 관념을 의식 속에 떠올리는 데 어려움을 겪는다"(*PR* 162). 이는 우리가 **녹색의 풀**이라는 고도의 추상을 생각하는 데 익숙해 있기 때문이다. 하지만 이런 공감적인 순응적 지각은 우리의 내적 또는 외적 경험을 이루고 있는 근원적 요소이다. 우리는 이 근원적 지각에서 우리 자신의 신체 기관에 순응하고, 또 그 기관들을 넘어선 막연한 세계에 순응한다(*S* 43).

그런데 이처럼 순응적 지각에 주어지는 환경적 요인은, 엄밀하게 말할 때, 과거의 것이다. 순응이란 과거의 힘, 즉 효과(efficacy)에 대한 순응이다. 그래서 화이트헤드는 이 근원적 지각을 "인과적 효과성의 양태에 있어서의 지각"(perception in the mode of causal efficacy)(*PR* 120)이라 부른다. 이것이 근원적인 까닭은 그것이 보다 세련된 모든 지각의 원천이 된다는 데 있다. 그것은 완결된 과거의 세계와 "인간 신체의 선행부분을 객체화"(*PR* 118)하고 있다. 그것은 의식적 지각에 있어서의 지각 주체와 지각 객체간의 실재적 관계의 토대이다. 물론 그것은 의식의 지평에서 보자면 지극히 모호한 것이다. 그러나 그것이 없다면 감각지각은 꿈이나 텔레비전 수상기에 나타나는 영상들과 마찬가지로 그 실재적 객체성을 상실하게 될 것이다. 나아가 과거의 작인들에 대한 **인과적 효과성의 지각**에서 현재의 우리는 과거와 미래의 한복판에 있음을 느낀다. 인과적 효과성의 지각은 현재의 우리가 과거의 작인(作因)을 현재에서 향유하고 미래를 예견하는 통로가 되고 있는 것이다. 일상 용어로 표현하자면 그것은 "우리가 타자 속의 한 항목으로서 역동적인 현실 세계 내에 현존하고 있다는 데에 대한 우리의 일반적인 감각이다"(*PR* 178). 여기서 **일반적 감각**이란 감각기관을 통한 명석판명한 감각과 대비되는 모호한 신체적 느낌을 의미하며, 그런 의미에서 화이트헤드는 이를 **비감각적 지각**(nonsensous perception)이라 부르기도 한다(*AI* 233).

화이트헤드는 이러한 일반적 감각을 뒷받침하는 구체적인 사례로, 명료한 감각에 수반되는 신체의 기능에 대한 모호한 느낌을 여러 가지로 제시하고 있다. 그는 철학사에 들어 있는 문헌과 우리가 흔히 겪는 일상적인 경험에서 그 사례를 찾아내고 있다. 화이트헤드가 보기에 우리가 우리의 손으로 의자의 표면을 느끼고 있다는 명백한 증거가 있다. 어째서 우리는 책상의 표면을 우리의 손과 연관시키고, 우리의 발과는 연관시키지 않는가? 화이트헤드에 따르면 그 까닭은 우리가 우리 자신의 손으로부터 오는 효과성의 느낌을 갖는 데 있다. 그러나 데카르트는 오직 감각여건, 즉 현상에만 주목하고 신체로부터의 효과성에 대한 감각을 무시함으로써 신체와 정신의 형이상학적 이원성에 빠져들게 되었다. 왜냐하면 우리가 물리적 세계에 대해 지각하는 것이 감각여건들로 구현되는 연장

뿐이라고 한다면, 인간 신체를 감각여건의 매개자로서 고려할 필요가 없어질 것이기 때문이다(*PR* 122~23). 사실상 데카르트에게 있어 손에서 오는 인상과, 의자에 대한 시각에서 오는 인상은 모두 실체적 정신의 부수 현상적인(epi-phenomenal) 우연자들이다. 그렇기는 하지만 데카르트도 사실상 이 신체적 효과성의 느낌을 부지불식간에 인정하고 있다. 그가 『성찰』I에서 **이 손과 이 신체는 나의 것이다**라고 말할 때, 그는 신체적 효과성의 느낌을 토대로 하고 있는 것이다. 나의 신체를 나의 것이라고 주장할 궁극적인 경험적 토대는 명석 판명한 지각일 수 없다. 이런 지각은 가볍고 변덕스런 것이다.

한편 흄도 이따금 **우리는 눈으로 본다**라든가 **우리는 혀로 맛본다**는 식의 주장을 한다(*PR* 81, 122). 화이트헤드에 따르면 흄의 이런 주장은 감각지각에 있어서의 신체의 선행적 작용에 대한 직접적 인식의 존재를 증언하는 것이다. 사실상 우리는 우리의 눈으로 보지만 우리의 눈을 보지는 못한다. 그럼에도 우리는 우리가 눈으로 보고 있다는 것을 안다. 왜냐하면 우리는 그것을 느끼기 때문이다. 그리고 이때의 느낌은 감각지각에서의 우리의 눈의 인과적 기능에 대한 느낌, 즉 인과적 효과성에 대한 느낌에 다름 아니다(*MT* 158~59).

결국 신체가 주변 세계에 대한 지각의 출발점이 되는 것임을 증거하는 것은 바로 이 **~으로**(~을 가지고; with)이다. 여기에 매개체로서의 신체의 역할이 있다. 흄과 데카르트는 직접적 지각에 관한 그들의 이론에서 이 신체를 **가지고**라는 느낌을 도외시하였다. 그 결과 그들은 객관 세계와의 유대를 상실하고 유아론적 상황으로 빠져들게 되었다. 이런 유아론적 상황을 벗어나려면 원초적인 지각, 즉 **신체를 기능하고 있는 것으로서 느끼는** 지각이 적극적으로 고려되어야 한다. 이것은 과거의 세계에 대한 느낌이며, 느낌의 복합체로서의 세계를 계승하는 것이다(*PR* 81). 화이트헤드에 따르면 인간의 경험에서 나타나는 인과적 효과성의 지각의 가장 명백한 사례는 우리 자신의 직전의 과거에 대한 우리의 인식이다. 직전의 과거(이를테면 0.1초와 0.5초 전의 사이에 있는 우리의 과거)는 지나간 것이면서도 아직 여기에 있다. 그것은 우리의 현재적 자아의 부분이자 우리의 현재적 현존의 기초인 것이다(*AI* 233).

나아가 화이트헤드는 이런 지각에서 작용하는 힘의 요소에 주목하고,[5] 기본적인 의미에 있어 인과적 효과성은 이러한 힘의 작용을 달리 표현한 것에 지나지 않는다고 생각한다. "지각의 문제와 힘의 문제는 동일하다" (*PR* 58)는 것이다. 말하자면 이때의 지각이나 힘은 모두 벡터(vector) 구조로 이해될 수 있다는 것이다. 이러한 힘의 관념은 로크와 플라톤에게서 찾아볼 수 있다(*MT* 119). 그것은 현재적 과정으로 하여금 완결되어 주어진 과거에 순응하도록 하는 힘이다(*AI* 234~36). 그것은 신체적 환경과 외부 자연 환경으로부터 밀려들어오는 압력으로 느껴진다. 이런 의미에서 효과성의 지각은 과거로부터 현재로의 힘의 계승이라고 할 수 있다 (*PR* 119). 화이트헤드는 이를 다음과 같이 예시하고 있다. "어둠 속에는 막연한 공포를 느끼게 하는, 분명치 않은 무엇인가가 있다. 정적 속에서는 거역할 수 없는 자연의 인과적 효과성이 우리를 짓누른다. 곤충들이 낮게 울어대고 있는 8월의 삼림지의 막막함 속에서는, 우리를 둘러싸고 있는 자연으로부터 여러 가지 느낌들이 우리에게 들어와서 우리를 압도한다. 비몽사몽간의 희미한 의식 속에서는 감각의 현시(presentation)가 사라져버리고, 주위의 막연한 사물들로부터 오는 막연한 영향에 대한 여러 가지 느낌만이 우리에게 남아 있게 된다"(*PR* 175). 이처럼 우리를 짓누르는 느낌은 느껴진 인과적 요소들의 명확한 기하학적 배치구조를 수반하지 않으며, 명석 판명한 대상들의 결정적인 공간적 위치에 대한 분별도 수반하지 않는다. 그것은 다만 중요한 영향력의 원천이 되고 있는 모

---

5) 화이트헤드는 일상적으로 겪는 경험 가운데서 **힘**에 대한 지각으로서의 신체적 효과성에 대한 지각 사례를 찾아낸다. 이제 누군가가 어두운 방안에 있다 해 보자. 전등이 갑자기 켜지고 그의 눈을 깜박거린다. 그는 자신의 경험을 다음과 같이 설명할 것이다. "섬광이 나를 깜박이게 했다." 그리고 그의 말을 의심한다면 그는 다시 말할 것이다. "나는 그것을 안다. 왜냐하면 나는 그것을 느꼈기 때문이다." 즉 그는 섬광과 눈의 깜박거림 사이의 인과적 관계를 느낀 것이다. 그는 인과성의 경험을 가졌던 것이다(*PR* 174~75).

호한 벡터적 영역을 수반하고 있는 육중한 **주변성**에 대한 느낌으로 나타날 뿐이다.

이렇듯 객체화의 보다 원초적인 양태는 정서적 색조(emotional tone)를 통한 것이며, 단지 예외적으로 고등한 유기체의 경우에만 명석한 감각을 통한 객체화가 부수된다. 우리가 세계를 파악하게 되는 것은, 근원적으로는 정서적 색조의 직접적 매개를 통해서이며, 오직 부차적, 파생적으로만 감각의 매개를 통해서이다(*PR* 141). 그러므로 "우리의 실질적인 경험을 명석하게 파악된 세부사실에 대한 반응으로 보는 것은 전적으로 잘못된 것이다. 이 관계는 전도되어야 한다. 세부사실들은 전체에 대한 반응의 결과인 것이다. 그것들은 명확성을 추가한다. …그것들은 해석된 것이지 본래적인 것이 아니다. 본래적인 것은 모호한 전체이다"(*MT* 109). 예컨대 우리가 어떤 방으로 들어갈 때 이미 우리는 전체적이고 감성적인 경험을 지니고 있게 된다. 이어서 우리는 가구의 모양과 빛깔에 매료된다. 방에 대한 감각경험은 이미 지니고 있는 활동들의 느낌에다 선명성과 방향성을 추가한다. 그러나 이와 같은 명석 판명한 지각은 고등 동물에게서나 가능한 것이다. 그것은 "추상화의 극치이기 때문이다. 이러한 추상화는 선택적인 강조를 진척시켜 가는 가운데 이로부터 발생한다"(*MT* 72~73).[6]

근대의 인식론자들은 근원적인 형태의 지각을 무시하였다. 흄이 말하는 지각은 근원적 지각에서 파생되는 보다 고등한 지각 형태에 속하며, 우리의 의식에 명석하고 판명하게 나타나는 이들의 대상은 근원적인 신체적 경험으로부터 추출하여 세련시킨 것에 지나지 않는다. 그러나 근대 인식론자들은 명석 판명성을 강조하는 가운데 원천과 파생의 관계를 전도시켜버렸다. 명석 판명한 지각에 수반되는 정서적 효과는 그것 이외의 다른

---

6) 화이트헤드는 인간의 현존에 있어 **현시적 직접성의 지각**이 지극히 피상적인 요인이라는 점을 그의 저술들 곳곳에서 역설하고 있다. 한 구절만 예로 들자면 다음과 같다. "판이하게 구별되는 감각자료들은 우리의 삶에 있어 가장 변덕스런 요소라는 점에 주목해야 한다. 우리는 눈을 감을 수도 있고 영원히 장님이 될 수도 있다. 그러나 그때도 우리는 역시 살아 있다"(*MT* 111~12).

반응들을 일깨울 때 얻어지는 이차적인 파생물로 간주되었다(*MT* 72). 근원적이고 일차적인 것이 파생적이고 부차적인 것으로 간주되었던 것이다. 그 결과 시공간적인 형식들이 감각경험을 지배하게 되었다. 이런 경험에서 우리는 이런 경험 자체를 해석하는 데 이용할 수 있는 자료들을 확보하지 못한다(*MT* 133). 정서적 측면에서 보자면 과도한 주지주의적 편견의 소산인 이들 감각경험은 냉담한 것이다. 이들을 통해서 나타나는 자연에는 생기도 충동도 없다. 그것들은, 그것들 자신이 각기 구현하는 공간적 영역들을 서로 분화시키고 있는 그런 감각여건들의 무미건조한 전개로 귀착되고 만다. 이들 영역과 감각여건들은 그 어떤 것과도 의미관계(signification)를 가질 수 없다. 왜냐하면 의미할(signify) 것이 아무 것도 없기 때문이다(*PR* 142). 실재는 순간적인 자아 앞에 영역들을 예시해 주는 감각여건들의 순간적인 전개로 환원되어 버린다(*AI* 170). 예시된 영역들은 상호간에 외적으로 관계하며, 현실적 과거나 가능적 미래의 현존에 대해서는 개별적으로나 집단적으로나 아무 것도 말해주지 못한다. 이처럼 현실적 과거와 가능적인 미래가 **연장적인 결합의 도식**(scheme of extensive connection)으로부터 유리되는 한, 감각여건을 매개로 해서 자아가 알 수 있는 것은 현재 순간의 사태 이외에 아무 것도 없게 된다. 이것은 화이트헤드가 **인과적 효과성의 지각**을 통해 벗어나고자 하는 **현재 순간의 유아론**(solipsism of the present moment)(*PR* 81)이다.

물론 근대 인식론자들의 견해가 전적으로 허황된 것은 아니다. 화이트헤드는 그들의 부분적인 정당성을 인정한다. 문제는 그들이 인식론적 논의에서 명석 판명한 지각을 강조하는 가운데 신체와 정신, 세계와 인간을 존재론적으로 분열시켰을 뿐만 아니라 이를 심화시켰다는 데 있다. 이는 **잘못 놓인 구체성의 오류**에서 비롯되는 귀결이다. 흄이 기술하고 있는 것은 구체적인 지각이 아니라 추상이다. 그래서 흄의 기술은 제한된 범위의 경험, 특히 고도로 정확하고 완벽하게 통제되는 관찰에 적용될 때, 또는 우리의 의식적 경험에서 명확하게 부각되는 요소들에 적용될 때, 완전히 참이다. 바꿔 말하자면 흄의 분석은 인간 경험 일반의 모든 요소들에 대한 설명으로 이해될 경우에만 그릇된 것이 된다. 그러나 화이트헤드에 따르면 이상적인 형이상학은 우리의 경험의 모든 요소들을 해석하고 설명할 수 있는 하나의 체계를 제공해야 한다. 따라서 흄의 분석은 형이상학의 토대일 수 없다.

우리는 이제 화이트헤드가 말하는 인과적 효과성에 있어서의 지각의 특성을 인식론적 측면에서 다음과 같이 정리해볼 수 있겠다. 인과적 효과성의 지각은 전체적이고 모호하며 육중하고도 희미하며 다산적이면서도 혼란스런 경향이 있다(*PR* 169~70, *S* 55). 그래서 인과적 효과성의 양태로 느껴진 것은 엄격하게 자리 매김하기 어렵다. 그러나 그것은 과거 세계의 완강한 사실에 대한 우리 경험의 기초이다(*S* 36~37). 그것은 그 밖의 모든 양태의 경험을 조건짓는다. 그것은 또한 우리가 역사 속에 존재한다는 인식의 기초이기도 하다.

3. 단순 물리적 느낌으로서의 인과적 지각

우리는 전통적인 인식론의 지평에서 화이트헤드가 말하는 근원적 지각의 성격을 살펴보았다. 여기서는 이 근원적 유형의 지각이 그의 범주 체계에서 어떻게 분석되고 있는지를 간략하게 검토하기로 하겠다. 이 과정에서 우리는 근원적인 유형의 지각에 대한 이해를 체계 내적으로 심화시킬 수 있을 것이다.

화이트헤드는 근원적 지각으로서의 인과적 효과성(causal efficacy)의 지각을 "물리적 지각"(physical perception)(*PR* 239), "비감각적 지각"(nonsensous perception)(*AI* 231~33) 등으로 다양하게 부르고 있다. 그러나 단적으로 말하면 이들은 모두 **단순한 물리적 느낌**이라는 체계 내적 술어로 번역될 수 있는 일상적 표현들이다. 물론 개념의 발생론적 측면에서 말한다면 단순 물리적 느낌은 인과적 효과성의 지각을 형이상학적 지평으로 일반화한 것이다. 위에서 지적하였듯이 인간의 의식의 영역에 있어, 인과적 효과성의 지각의 주요 사례는 그의 현재의 자신 속에 그의 직접적인 과거의 자신이 잔존한다는 데에 대한 그의 경험이다. **단순 물리적 느낌**은 이와 같은 **현재 속의 과거의 잔존**에 대한 우리의 경험을 모든 현실적 존재의 기본적 경험으로, 유비를 통해 일반화한 것이다. 이런 일반화는 "인간의 육체가 자연 속에 있는 현실태들 간의 상호작용에 가장 근접해 있는 경험을 우리에게 제공해 준다"(*MT* 115)는 그의 기본적인 믿음에서 오는 것이기도 하다. 이런 맥락에서 그의 지각론은 우주의 범주적 해명의 토대가 되고 있으며, 반대로 그의 범주적 해명은 그의 지각론에 그대로 되풀이되고 있다. 다만 범주적 술어들이 지각론의 술어들을 정교한 체계적 구도 하에 대치하고 있을 뿐이다.7)

인과적 효과성의 지각은 과거의 현존 또는 과거의 힘에 대한 느낌, 곧 인과적 지각이었다. 마찬가지로 단순한 물리적 느낌도 인과적 느낌 또는 인과 작용으로 기술된다(*PR* 236). 그렇기에 화이트헤드가 아무런 전제 없이 인과적 효과성의 지각이라는 말을 사용할 때도 그 개념은 단순히 인식론적 함의만을 지니지 않는다. 그것은 모든 현실적 존재가 갖는 경험이라는 의미에서 존재의 보편적인 활동이라 할 수 있다. 그것은 존재를 구성하는 근원적인 활동을 가리킨다. 따라서 이런 지각활동을 떠나서는 **존재**가 있을 수 없는 것이다.8) 화이트헤드는 이 점을 이미 『상징작

---

7) 이는 인간의 경험을 가지고 물리적 사실을 유비적으로 해명하고 다시 물리학적 사실에 의해 인간의 경험을 유비적으로 해명해낸다고 하는 화이트헤드의 기본 전략에 따르는 귀결이다. 이런 의미에서 그의 형이상학적 범주들은 이 두 영역이 공유하고 있는 것으로 보이는 보편적 특성을 기술하기 위한 것이라 할 수 있다. 화이트헤드의 진술을 보자. "살아 있는 신체가 물리적 우주의 다른 여러 부분들에 관하여 알려진 것에 따라 해석되어야 한다는 것은 물리학에서 승인되고 있는 학설이다. 이는 건전한 공리이지만 양날의 칼과 같다. 왜냐하면 그것은 우주의 다른 여러 부문이 인간 신체에 대해 우리가 알고 있는 것에 따라 해석되어야 한다는 역추론을 수반하기 때문이다"(*PR* 119).
8) 이런 점에서, 인과적 효과성의 학설은 데카르트 시대 이래로, 세계를 개관하고 그 실재성과 정합성을 평가하는 데 있어 **아르키메데스의 점**으로 기능해 온 의식적 자아를 결정적으로 해체시

용: 그 의미와 효과』에서 명시해 놓고 있다. "우리는 지각을 현실적 존재의 계기의 자기 산출에서 최초의 위상을 이루는 것으로 간주해야 한다"(*S* 8). 따라서 인과적 효과성의 지각이라 부르는 단순한 물리적 느낌은 "과거로부터 여건을 계승하는 통로"가 되는 하나의 사태를 가리키는 것이며, 이 사태는 인식론적 활동을 함의하고 있는 존재론적 사태이다. 화이트헤드의 표현으로 하자면 그것은 "감각여건에 의해 제공된 특정의 형식으로 싸여 있는 일정한 에너지의 약동을 전달하고 있는 것"(*PR* 116~17)으로 볼 수 있는 것이다.

화이트헤드에 따르면 이런 지각은 무기적인(inorganic) 현실적 계기들에서 나타나는 지배적인 특성이다. 무기적인 계기들에서 우리는 **과정**에 있어서의 보다 높은 독창적인 위상, 즉 **비교적 느낌**(comparative feeling)을 동반하는 **보완적** 위상을 찾아보지 못하게 된다. 이런 위상은 우리의 관찰 가능한 범위 내에서 무시될 수 있다는 의미에서 사라지고 있는 것이다. 무기적인 계기들은 오로지 인과적인 과거에 의해 그것의 거의 모든 성격이 결정되고 있는 것이다. 그래서 "무기적 존재는, 수용되어, 원상 그대로 비축되고 가감 없이 복원되는 그런 매체이다"(*PR* 177). 이 마지막 구절의 의미는 앞의 제2장에서 이미 설명되었다. 간단히 재론하자면 무기적 존재에서 지배적인 요인이 되는 단순한 물리적 느낌은 **재연, 재생, 순응** 등과 같이 여러 가지로 기술되는 특성을 향유한다. 단순한 느낌의 주체적 형식은 느껴진 느낌의 주체적 형식을 재연한다. 그 두 느낌의 여건도 동일하다. 그래서 말하자면 원인으로부터 결과로의 느낌의 흐름이 존재하게 되는 것이다. 물리학에서 이것은 에너지의 전이라 불리는 것이다. 이런 의미에서 그것은 과거를 계승하여 복원하는 매체인 것이다.

화이트헤드는 이렇게 이해되는 단순한 물리적 느낌을 다음과 같이 간

키고 있다고 할 수 있다. 타자성에 있어서의 세계가 자아의 토대가 된다는 것이다. 합리적이고 의식적인 자아는 이 자아를 구성하고 있는 일부 현실적 존재들의 우연적인 성취물이다. 각각의 자아는 그 기원에 있어 복합적이고 다원적이며, 그것의 통일성은 경험의 결과일 뿐, 경험에 앞서, 즉 선험적으로 자리하고 있는 것이 결코 아니다.

략하게 도식적으로 설명하고 있다. "계기 B는 A를, 정서적 강도를 가지고 어떤 감각여건을 경험하고 있는 선행하는 주체로서 파악한다. 또 B의 정서의 주체적 형식은 A의 주체적 형식에 순응되어 있다. 따라서 거기에는 A로부터 B로, 어떤 감각여건에 대한 정서적 느낌의 벡터전달이 있다. 이렇게 해서 B는 이 감각여건을 A로부터 파생되는 것으로 느끼며, 또 그것을 A로부터 파생되는 정서적 형식을 가지고 느낀다"(*PR* 315). 우리는 이 간략한 도식을 화이트헤드의 범주체계에 비추어, 다음과 같이 구성적으로 보완하여 이해해 볼 수 있을 것이다. 현실적 계기 A에서 시작해 보자. A는 어떤 감각여건을, S(영원적 객체)라는 주체적 형식을 가지고 느낀다. 이 느낌을 F라 하자. A는 이제 B에 의해 파악된다. B는 A를 구성하고 있는 느낌 F를 통해 A를 느낀다. 이 때 A는 최초의 여건(initial data)이 되고, F는 객체적 여건(objective data)이 된다. 그리고 S는 느낌 F의 주체적 형식으로서, A에 대한 B의 느낌의 주체적 형식으로 재연된다. 마찬가지로 B는 C에 의해 느껴지고 또 여기에는 B에 대한 C의 느낌의 주체적 형식으로서의 S의 재연이 있게 된다. 그리고 다시 C는 D에 의해 파악된다. D는 A를 직접적으로 파악할 수도 있고 B와 C를 통해서 파악할 수도 있다. 이런 방식으로 과거의 계기에 의해 향유된 것으로서의 느낌은, 이 느낌의 주체적 형식에 순응하는 주체적 형식을 지닌, 새로운 계기의 느낌의 여건으로서 그 새로운 계기 속에 현재한다. 화이트헤드에 따르면 주체적 형식의 이러한 계승에 근거하는 연속성은 자연의 연속성을 위한 일차적인 근거이다. 화이트헤드가 들고 있는 구체적 사례를 보자. "분노에 찬 사람의 경우를 고찰해 보자. 그의 분노는 어떤 여건을 느끼는 그의 느낌의 주체적 형식이다. 4분의 1초 후 그는 의식적으로든 무의식적으로든 간에 그의 과거를 현재 속의 여건으로서 구현하고 있으며, 과거로부터의 여건인 분노를 현재 속에 유지시키고 있다. 그 느낌이 의식의 조명하에 들어오는 한, 그는 과거의 감정에 대한 비감각적 지각을 향유한다. 그는 이러한 감정을 과거에 속한 것으로서 객체적으로

(objectively) 향유하는 동시에 현재 속에 연속되는 것으로서 형상적으로 (formally) 향유한다. 이러한 연속작용은 자연의 연속성이다"(*AI* 236).[9]

인과적 효과성의 지각 경험에서의 이러한 순응성과 연속성은 앞서 보았듯이, 근대 인식론의 도식을 뒤엎는다. 우선 경험의 계기에 있어 파악의 효력을 결정하는 정서적 색조는 먼저 그 파악의 여건으로부터 파생되는 것이지, 경험하는 계기 그 자체로부터 파생되는 것이 아니다. 근대의 감각주의는 정서적 경험을 경험의 여건에 대한 주관적인 반응에 속하는 것으로 이해하였다. 그러나 화이트헤드는 그 여건에 대한 주체의 정서적인 반응은 근원적으로 여건들 그 자체에서 온다고 주장하고 있다. 다음으로 인과적 효과성의 지각이 근원적인 지각 경험으로서 물리적 느낌이라는 사실은 우리의 경험이 의식적 주체를 전제로 요청하는 것이 아니라는 주장을 함의한다. 왜냐하면 나중에 보게 되겠지만, 화이트헤드에게 있어 의식은 단순한 물리적 느낌들을, 이로부터 파생되는 다른 여러 느낌들과 통합해 가는 후기 위상에서 복잡한 비교적 느낌의 주체적 형식으로서 출현하는 것이기 때문이다(*PR* 236).

화이트헤드는 인과적 효과성의 지각에 대한 이와 같은 일련의 분석을 통해, 철학의 전통이 갖고 있는 하나의 묵시적인 가정을 거부하고 있다. 그것은 "경험의 기본적인 요소가 의식, 사고, 감각지각이라는 세 가지 요인 가운데 하나 또는 그 전부에 의해서 기술되어야 한다"는 가정이다. 화이트헤드에 따르면 "이 세 가지 구성 요소는, 물리적 경험에서이건 정신적 경험에서이건 간에 비본질적인 요소들이다. 이들 요소는 적어도 그것들이 적극적인 의미로 개입할 경우, 합생의 파생적인 '불순한' 국면에 속한다"(*PR* 36).

---

9) 이 진술에 들어 있는 **객체적으로**와 **형상적으로**라는 술어는 다음의 242 페이지 주 29에서 정리할 것이다.

4. 예기적 지각과 현시적 지각

경험은 물리적 여건에서 시작된다. 물리적 여건은 과거로부터 온다. 따라서 명석 판명한 지각 경험과 이에 기초한 판단뿐만 아니라 반성적, 상상적 인식까지도 하나같이 과거의 물리적 여건을 토대로 하여 성립하는 것이다. 그리고 이런 의미에서 근원적 지각인 인과적 효과성의 지각은 다른 모든 인식 작용의 근간을 이룬다. 이는 그것이 우리가 일상적으로 과거를 인식하는 토대가 되고 있을 뿐만 아니라 동시적 세계와 미래를 인식하는 토대가 되기도 한다는 것을 의미한다. 이 소절에서는 인과적 효과성의 지각이 어떻게 동시 세계와 미래 세계에 대한 우리의 지각적 인식의 기초가 되고 있는지, 그리고 이 동시 세계에 대한 **현시적 직접성의 지각**(perception in the mode of presentational immediacy)과 미래 세계에 대한 **예기적 지각**(anticipatory perception)이 어떻게 이해될 수 있는지를 차례로 검토하기로 한다. 물론 우리는 **연장적 연속체**를 검토하면서 현실적 계기들 간의 상호 내재가 어떤 성격의 것인지를 살펴본 바 있다. 거기서 우리는 영역들의 관계적 복합체로서의 연장적 연속체라는 개념을 토대로, 계기들 간의 상호 파악의 가능성을 타진했다. 여기서는 이 가능성을 지각론에 적용함으로써, 과거와 현재 및 미래에 대한 지각의 가능성을 검토할 것이다.

화이트헤드가 말하는 **파악**은 일견하자면, 합생 중인 현실적 존재가 완결된 과거의 현실적 존재를 받아들이는 활동이기에, 현재 속에 미래의 내재는 물론이고 동시적인 현실적 계기들 간의 상호 내재도 설명할 수 없는 개념인 것처럼 보인다는 점은 앞서 지적하였다. 슈밋트(P. F. Schmidt)는 특히 전자와 관련된 난점에 주목하여, 『과정과 실재』에는 현재 속의 미래의 내재에 관한 언급이 없으며, 이러한 결함은 지각론과 관련하여 미해결의 문제를 남겨놓았다고 말한 바 있다.10) 그러나 이는 성급한 지적이었다. 화이트헤드는 『과정과 실재』에서 이를 명시적으로 언급하고 있다. 그의 말을 직접 들어보자. "합생하는 주체의 직접적 느낌들 가운데 들어 있는 하나의 요소는 직접적 사실과의 관계에서의 초월적 미래에 대한 예기적 느낌(anticipatory feeling)들로 이루어져 있다. 이는 현실태의 본성에 내재해 있는 객체적 불멸성(objective immortality)의 느낌이다. 이러한 예기적 느낌들은 신의 원초적 본성에서 결단된 것으로서의 영원적 객체들의 관련성의 실현을 포함하고 있다"(PR 278).11) 이제 이 구절만을 놓고 보더라도 화이트헤드가 말하는 **파악**은 단순히 과거가 현재 속에 내재하는 통로로만 기능하는 것이 아님에 분명하다. 만일 그렇지 않다면 동시적인 현실적 존재들 사이의 관계나 현재의 계기와 미래의 계기 사이의 관계는 기본적으로 불가능하게 될 것이기 때문이다. 게다가 화이트헤드는 이미 『과학과 근대세계』에서 상호 내재의 개념을 염두에 두고 있었던 것으로 보인다. 그는 『과학과 근대세계』에서 다음과 같이 말하고 있다. "하나의 사건은 여러 동시 존재자들을 갖는다. 이것은 한 사건이 그 동시 존재자들의 여러 양태를, 그때 막 이루어진 완성의 표현으로서 그 자신 속에 반영한다는 것을 의미한다.12) 또한 사건은 과거를 갖는다. 이것은 사건이 그에 선행하는 사건들의 여러 양태를, 그 자신의 내용으로 들어오는 여러 기억으로서 그 자신 속에 반영한다는 것을 의미한다. 그리고 또 사건은 미래를 갖는다. 이것은 사건이, 미래가 현재

---

10) P. F. Schmidt, *Perception and Cosmology in Whitehead's Philosophy* (New Brunswick : Rutgers University Press, 1967), pp.131~32.

11) 또 PR 215에도 다음과 같이 쓰고 있다. "미래가 현재 속에 객체적 실재성을 갖는다." 본문에 인용된 구절에 들어 있는 **신의 원초적 본성에서 결단된 것으로서의 영원적 객체들**이란 신이 품고 있는 미래에 대한 예기적 느낌의 개념적 규정성을 가리킨다고 할 수 있다(이에 대한 상세한 논의는 제8장을 참조할 것).

12) 여기서 **사건**이라는 말은 미시적인 현실적 존재를 두고 하는 말이 아니다. 그것은 미시와 거시의 구별이 없었던 중기 자연철학의 용어이다. 따라서 하나의 사건이 동시적인 여러 사건들의 양태를 이제 막 이루어진 완성의 표현으로 그 자신 속에 반영한다고 할 때의 사건은 **사회**에 가까운 것으로 이해되어야 한다. 그러나 지금의 문맥에서 중요한 것은 화이트헤드가 이미 이 시기에 동시적인 것들이 어떤 방식으로든지 간에 상호 관계하는 것으로 보고 있었다는 사실이다.

에 의존하고 있는 여러 양상을, 다시 말해 현재가 미래에 관하여 결정해 놓은 여러 양상을 그 자신 속에 반영한다는 것을 의미한다. 그래서 사건은 미래를 예기한다"(*SMW* 106~107). 그리고 이런 논점은 『관념의 모험』에서 보다 체계적으로 재론되고 있다. "현실적 계기들의 임의의 집합은 그들 상호 간의 내재에 의해 결합된다. 그들이 결합되어 있는 한 그들은 서로를 제약한다. 분명히 두 계기의 이러한 상호 내재와 상호 제약은 일반적으로 대칭적인 것이 아니다. 왜냐하면 동시적인 것들을 별개로 할 때, 하나의 계기는 다른 것의 미래에 있게 될 것이다. 따라서 앞의 것은 작용인의 양태에 따라 뒤의 것에 내재하게 될 것이며, 뒤의 것은 앞의 것에 예기의 양태에 따라 내재하게 될 것이기 때문이다"(*AI* 254). 따라서 과거는 인과적으로, 즉 인과적 객체화를 통해서 현재에 내재하며, 미래는 예기적으로, 말하자면 예기적 객체화를 통해서 현재에 내재한다고 할 수 있는 것이다.

한편 동시적인 현실적 계기들은 "생성의 일치"(unison of becoming)(*PR* 124, 320) 가운데 있는 것이기 때문에 인과적으로 상호 관계할 수 없다.[13] 이는 화이트헤드가 "자기 창조의 직접적 활동은, 동시적인 것들인 한에 있어 사적인 것으로서 서로 분리되어 있다"(*AI* 195)고 말할 때의 의미이다. 따라서 "동시적 존재들은 그 어떤 느낌을 통해서도 상대방의 구조에 개입하지 않는다"(*PR* 318). 그렇기는 하지만 "동시적 계기들은 …

---

13) 계기들이 **생성의 일치** 가운데 있다는 것은 계기들이 상호 동시적으로 합생 중에 있다는 것이다. 그래서 이런 계기들은 시간적인 선후 관계에 들어 있지 않기 때문에 인과적으로 상호 독립한다. 화이트헤드에게 있어 이러한 인과적 독립성은 사실상 동시성의 기본적인 의미이다. "현실적 계기 A와 B가, A와 B 모두에게 있어 여건이 되는 시공간적 연장성의 가능적 도식 내의 원자적 영역이 된다는 사실을 제외하고는, A가 B를 위한 여건에 기여하지 않고, B가 A를 위한 여건에 기여하지 않을 경우, A와 B는 서로 동시적이라는 것이다"(*PR* 123). 따라서 예컨대 A와 B가 동시적인 계기라면 "A의 객체적 불멸성은 B속에서 작용하지 않으며, B의 객체적 불멸성도 A속에서 작용하지 않는다. 개별적인 완전한 현실태로서의 A는 B에게 가려져 있으며, 마찬가지로 B는 A에게 가려져 있는 것이다"(*AI* 252). 앞의 제4·5장에서 보았듯이 이런 인과적 독립성으로 말미암아 동시적 계기들은 절대적 개체로서 목적론적 자기 창조의 영역에 들어 있을 수 있게 된다(*AI* 252). 그러므로 화이트헤드에게 있어 이런 계기들 간의 상호 독립성은 계기에 있어 자유와 다원론의 근거가 되는 것이라고 할 수 있다.

공통의 과거로부터 탄생하며 그들의 객체적 불멸성은 공통의 미래에서 작용한다. 따라서 간접적으로, 즉 과거의 내재와 미래의 내재에 의해서 계기들은 관계 맺고 있다. A와 B가 동시적인 것이고 C가 그 양자의 과거에 속하는 것이라면, A와 B는 각기 어떤 의미에서, 미래가 그것의 과거에 내재할 수 있는 것과 같은 방식으로, C에 내재한다. 따라서 이와 같은 간접적인 의미에서 A는 B에 내재하고, B는 A에 내재한다"(*AI* 252). 요컨대 동시적 계기들은 간접적으로 상호 내재한다. 공통의 과거와 공통의 미래를 통해서 간접적으로 내재한다는 것이다. 그런데 화이트헤드에게 있어 과거가 현재에 내재하는 방식은 인과적 객체화(causal objectification)이고 미래가 현재에 내재하는 방식은 예기적 객체화(anticipatory objectification)이다.[14] 그러므로 동시적 계기들 간의 상호 내재는 그들이 갖고 있는 인과적 객체화와 예기적 객체화를 근거로 하는 것인 셈이다. 이 경우 상호 내재의 관계는 모든 점에서 대칭적인 것이 된다(*AI* 278). 화이트헤드는 이처럼 동시적인 존재들 간에 간접적으로, 대칭적으로 이루어지는 상호 내재의 방식을 "현시적 객체화"(presentational objectification)(*PR* 58, *AI* 252~53)라 부르고 있다.

결국 이렇게 볼 때 현실적 계기들은 그들의 시간적인 관계와 상관없이 상호 파악하는 것으로 이해될 수 있다. 파악의 양태가 파악하는 계기와 파악되는 계기 간의 시간적 관계에 따라 달라질 뿐이다. 후행하는 것이 선행하는 것을 파악할 때 **인과적 객체화**의 양태로 내재하고(*PR* 58), 선행하는 것이 후행하는 것을 파악할 때 **예기적 객체화**의 양태로 내재하며 (*PR* 278, *AI* 247~52), 이 두 양태를 토대로 하여 이루어지는, 동시적인 것들 간의 상호 파악에서는 **현시적 객체화**의 양태가 작동하고 있는 것이다. 이것이 화이트헤드가 말하는 상호 파악의 기본적인 메커니즘이다.

그렇다면 유기체철학에 있어 이러한 상호 파악에 관여하는 동시세계와

---

14) 임의의 존재가 예기적으로 객체화된다는 것과 현시적으로 객체화된다는 것은 그 존재가 예기적 느낌과 현시적 느낌에 여건으로 주어진다는 것을 의미한다. 이 양자에 대한 구조적 분석은 제8장을 참조할 것.

미래세계의 **객체적 실재성**은 어떻게 확보되는가? 이는 지각에 있어서 동시적 세계와 미래 세계의 객체적 실재성의 문제이기도 하다. 화이트헤드에 따르면 "존재가 경험의 과정에서 객체로서 기능할 수 있기 위해서는 두 가지 조건, 즉 (1) 그 존재는 선행하는 것이어야 한다는 조건과 (2) 그 존재는 그것의 선행성에 근거하여 경험되어야 한다는 것, 즉 그것은 주어져 있어야 한다는 조건이 충족되지 않으면 안된다"(*AI* 229). 그래서 문제는 다음과 같은 것이 된다. 어떻게 임의의 경험 주체에 그와 동시적인 현재와 그에 후행하는 미래가 주어질 수 있는가? 이에 대한 답변은 연장적 연속체를 검토했던 제4장의 논의에서 이미 제시되었다. 간략히 다시 말하자면 임의의 동시적인 계기나 미래의 계기는 그들이 자리하게 될 **연장적 연속체** 내의 **영역**에 근거하여 주어질 수 있다는 것이다. 연장적 연속체 내의 현실화되지 않은 영역들은 현실화된 영역, 즉 현재의 현실적 계기와 현실 세계가 현실화시키고 있는 영역들의 매개에 의해 규정된 **실재적 가능태**로서 현재의 현실적 계기에 주어진다. 여기서 이들 현실화되지 않은 영역들의 "실재성은 연속체의 실재성과 결부된 것이다. 그것은 현실적인 것의 실재적 구성요소라는 성격을 갖고 있다는 점에서 가능적인 것의 실재성이다"(*PR* 66). 따라서 동시적 세계와 미래 세계의 객체적 실재성은 모두 연장적 연속체의 객체적 실재성에 근거하고 있는 것이라 할 수 있다. 그래서 또한 임의의 계기가 동시적 계기와 미래의 계기에 대해 갖는 관계는 "그것들이 동일한 연장적 도식 속에 포함되어 있다"(*PR* 318)는 데 근거하는 관계라고 할 수 있다. 현재와 미래의 객체적 실재성의 문제가 가능태로서의 연장적 연속체에 의해 풀려나간다고 보는 것은 바로 이런 맥락에서이다(*PR* 66~68, 80).[15]

---

15) 앞의 제4장에서 지적했듯이, 이 논제를 가장 집중적으로 다루고 있는 사람은 노보이다. 노보는 다음과 같이 말하고 있다. "연장적인 도식은 동시적 세계와 미래의 세계에 대한 합생하는 주체의 경험에서도 근본적인 역할을 수행한다. 이와 관련하여 연장의 이론은 다음과 같은 물음, 즉 경험하는 주체에 관련된 미래와 현재가 어떻게 그 주체에 대하여 객체적으로 실재하는 것일 수 있는가 하는 물음에 답하기 위해 마련된 것이다"(J. L. Nobo, 앞의 책, pp.359~60).

그런데 화이트헤드는 지각론에서, 동시적 계기들 간의 상호 내재를 구현하고 있는 현시적 객체화를 "현시적 직접성의 양태에 있어서의 지각" (perception in the mode of presentational immediacy)(S 17)이라 부른다. 이는 **인과적 효과성의 양태에 있어서의 지각**과 함께 기본적인 지각 유형을 이루고 있다. 이에 대한 화이트헤드의 가장 간명한 기술에서 보자면 그것은 "단지 감각여건에 의해, 어떤 동시적 공간 영역을, 그것의 공간적 형태 및 지각자로부터의 그것의 공간적 전망과 관련하여 모호성으로부터 구출해내는 데 그치는 지각"이다(PR 121). 말하자면 현시적 지각은 지각자가 갖는 공간적 전망 내의 특정 영역과 감각여건을 결합하고 있는 지각인 셈이다. 이들 두 요소는 모두 인과적 효과성의 지각에서 파생되는 것들이다. 화이트헤드가 현시적 직접성의 지각은 인과적 효과성으로부터 파생되며, 따라서 그것은 "합생 과정 후기의 독창적인 통합적 위상에서 생겨나는 것"(PR 172, 180)이라고 말하는 것은 바로 이 때문이다. 그리고 그렇기에 현시적 직접성의 지각에서 파악되고 있는 것은 그 자체로 존재하고 있는 현실적 사물이 아니라, 인과적 지각에서 이끌어낸 추상적 특성들이라고 할 수 있다. 예컨대 특정 영역과 결부되어 주어지는 색채, 소리, 맛, 촉감 등이 그런 것들이다. 그래서 또한 현시적 직접성의 지각에서 파악되는 동시적 세계는 이런 추상적인 관계적 요소들의 합성체 이상의 것일 수 없다. 그리고 현시적 직접성의 지각을, 동시적 사물들이 우리의 경험 내에 **객체적으로** 존재하는 독특한 방식(S 25)이라고 할 때, 이런 지각에서 드러나는 이들 추상적인 요소는 동시적 존재들의 상호 파악을 가능케 하는 관계적 요소라고 할 수 있겠다(S 15~16). 이런 일련의 논점을 가장 잘 요약하여 기술하고 있는 것으로 보이는 구절은 『상징작용: 그 의미와 효과』에 들어 있다. "현시적 직접성은 우리 자신의 경험을 구성하는 한 요소로서 출현하는, 동시적 외부 세계에 대한 우리의 직접적 지각이다. 이러한 출현에 있어, 세계는 우리와 똑같이 현실적이라 할 수 있는 여러 사물들의 공동체로 나타난다. 이러한 출현은 색채, 소리, 맛 등과 같은 성질들의 매개로 이루어진다. 그리고 이런 성질들은 우리의 감각이라 기술될 수도 있고, 우리가 지각하는 현실적 사물들의 성질이라 기술될 수도 있는 것이다. 그래서 이 성질들은 지각하는 주체와 지각된 사물들 사이에 관계적인 것으로 있다. 따라서 이 성질들은 지각된 사물들 사이와, 그들 사물과 지각하는 주체 사이의 공간적 관계의 도식 속에 함축되어 있는 상태로부터 그것들을 추상해냄으로써만 분리시킬 수 있는 것들이다. 공간적 연장의 이 관계성은 관찰자와 지각된 사물들 사이에 불편 부당하게 놓여 있는 완전한 도식이다. 그것은 동시적 세계라는 공동체를 형성하고 있는 복잡한 여러 유기체들의 형태학적 도식인 것이다. …공간적 관계 자체는 유적(類的) 추상물이고 감각여건도 유적 추상물이다"(S 21~23).

그런데 위에서 지적했듯이 현시적 직접성을 구성하는 이들 추상적인 매체들, 즉 영역과 감각여건은 그 원천에서 볼 때, 동시적 세계에서 온 것이 아니라 모두 지각 주체가 갖는 인과적 효과성의 지각에서 온 것들이다. 그래서 현시적 직접성의 지각은 이런 파생적이고 추상적인 요소들을 결합하면서 탄생하고 있는 것이다. 화이트헤드의 표현으로 하자면 현시적 직접성의 느낌은 "신체적 효과성에서 유도된 개념적 느낌과, 역시 신체적 효과성의 복합적 느낌의 구성 요소인 순수한 영역적 느낌과의 통합"(PR 316)에 의해 생겨나는 "복합적 유형의 물리적 느낌"(PR 311)이라는 것이다. 그러나 이런 통합의 메커니즘에 대한 화이트헤드의 기술을 상당히 복잡하고 난해한 모습으로 나타나 있다. 여기서는 개략적으로 이를 재구성해 보기로 하자.

화이트헤드에 따르면 현시적 직접성에서의 "통합은 신체적 효과성의 구성 요소가 되고 있는 복합적인 영원적 객체를, 변형의 느낌(strain-feeling)에서 느껴지는 어떤 동시적인 초점적 영역(focal region)에 창조적으로 귀속시킨다는 형식을 취한다"(PR 316). 여기서 **변형의 느낌**이란 "그 여건 속에 예증된 형식들이 곧고 평탄한 기하학적 장소(geometrical, straight, and flat loci)와 관련되어 있는 느낌"(*PR* 310)이다. 일상 용어로 하자면 이는 공적인 시공간적 사실들을 상호 연관시키는 기하학적 구조를 여건으로 하는 물리적 느낌이다. 그래서 이 느낌은 변형의 장소 (strain-locus)를 구현한다. 변형의 장소란 일상 용어로 말하자면, 전자로부터 은하수에 이르기까지, 우리의 신체에서 우리의 집에 이르기까지 일상적인 삶의 온갖 대상들이 자리하고 있는 것으로 느껴지는 그런 **4차원의 시공간**이다(*PR* 319). 그래서 역으로 말하자면 **변형의 장소**는 현시적 직접성의 지각이 감각여건들을 **창조적으로 귀속시키는 용기**(container)라고 할 수 있다. 그리고 **초점적 영역**이란 특정의 감각여건이 귀속되는, 변형의 장소 내의 특정 영역을 말한다. 그러므로 **변형의 느낌**은 다양한 감각여건으로 채색된 동시적 세계가 출현하는 시공간적 자리를 여건으로 하는 느낌이라 할 수 있겠다.

나아가 **창조적으로 귀속시킨다**[16)]는 것은 화이트헤드의 기술적인 용어인 **투사한다**(project)는 말의 다른 표현이며, 다시 투사한다는 말은 **현시적 직접성의 지각을 갖는다**는 말의 핵심을 이룬다. 그래서 감각여건을 장소에 투사하는 행위는 그 감각여건을 그 장소의 그 위치에 있는 것으로 지각하는 행위가 된다고 할 수 있다. **투사**라는 말은 화이트헤드의 수학적 연구, 특히 **사영(射影) 기하학**에 대한 고찰에 기원하고 있다.[17)] 사영 기하학에서 **사영적 속성**(projective property)은 일련의 도형들 가운데 어느 것에나 똑같이 속하는 속성이다. 따라서 사영적 속성이라는 관념은 다

---

16) 여기서 화이트헤드가 **창조적으로**(creatively)라는 표현을 사용하고 있는 까닭은 아마도 다음과 같은 의도에서인 것으로 보인다. 동시적 영역에서 현실적으로 존재하는 사물은 지각자와 인과적으로 독립해 있다. 따라서 현시적 직접성의 지각에서 감각여건은 동시적 현실태에서 오고 있는 것이 아니라 과거의 현실태에서 온 감각여건이, 그 현실적 규정성이 알려져 있지 않은 동시적 영역에 부여되고 있는 것이다. **창조적으로 귀속시킨다**는 말은 이처럼 그 동시적 영역을 점유하고 있는 현실태를 고려함이 없이 감각여건을 그 영역에 **임의로 부과한다**는 것을 함축적으로 표현하고 있다고 할 수 있다.

17) 이에 대한 분명한 배경적 논의는 로렌스(N. Lawrence)에게서 찾아볼 수 있다. 그의 책, *Whitehead's Philosophical Development* (Berkeley and Los Angeles: University of California Press, 1956), pp.166~70을 참조할 것.

위치적(polyadic) 속성이라는 관념과 아주 밀접한 관계를 지니고 있다. 화이트헤드는 감각여건이 바로 이런 다위치적 속성을 갖는다고 생각하였던 것이다. 예컨대 "초록색을 문제의 감각 대상이라 할 경우, 초록색은 단순히 그것이 지각되고 있는 장소 A에 있는 것도 아니요, 그것이 자리하고 있는 것으로 지각되는 장소 B에 있는 것만도 아니다. 그것은 B에 위치하고 있는 양태를 가지고서 A에 존재하고 있는 것이다"(*SMW* 103). 따라서 지각자가 현시적 직접성의 지각에서, 변형의 장소 속으로 감각여건을 투사한다는 것은, 지각자가 그 지각을 통해, 감각여건과 그것이 위치하고 있는 것으로 지각되는 영역과 지각자 사이에 다위치적 관계를 설정한다는 것이다. 그래서 어떤 의미에서 감각 대상은 지각의 행위가 일어나고 있는 **이곳**에 있으면서 그것이 지각되고 있는 장소로서의 **저곳**에 있는 것이 된다.18) 현시적 직접성의 지각에서의 **감각여건의 투사**라는 말은 이런 의미에서 사용되고 있는 것이라 할 수 있다.

이제 다음과 같은 그림을 생각해 보기로 하자. 존속하는 지각자를 구성하고 있는 임의의 한 현실적 계기를 P라 하고, 이 지각자 밖에 있으면서 지각 대상이 되고 있는 **존속하는 객체**(enduring object) 내의 임의의 한 현실적 계기를 A라 해보자. 또 여기서 광파를 이루는 현실적 존재들 가운데 하나를 B, 지각자의 시신경에 도달할 때 그 시신경을 구성하는 현실적 계기들 가운데 하나를 C라고 하자. A는 영원적 객체 **초록**에 의해 특징지워져 있다19)고 가정해 보자. 이 경우 인과적 효과성의 지각을 통해, 맨 처음 초록의 현실적 계기 A는 후행하는 현실적 존재 B에 의해 파악되고, 이는 다시 그에 후행하는 현실적 계기 C에 의해 파악되며,

---

18) 화이트헤드는 이를 다음과 같이 명시하고 있다. "우리의 감각들을 투사한다고 말하면서 내가 사용했던 낯익은 용어는 오해를 일으킬 가능성이 무척 크다. 먼저 경험되고 난 다음, 우리의 발의 느낌으로서 그 발에 투사되거나 맞은 편 벽의 색채로서 그 벽에 투사되는 단순한 감각 같은 것은 존재하지 않는다. 투사는 감각여건과 꼭 마찬가지로 원초적인 것으로서 그 사태의 중요한 부분인 것이다"(*S* 14).

19) 이 때 영원적 객체 **초록**은 현실적 존재 A에 있어 감정의 박동, 즉 느낌의 근원적인 형식으로서 기능하고 있는 것으로 이해되어야 한다.

다시 이 후행하는 존재 C는 그에 후행하는 현실적 계기인 지각자 P에 의해 파악될 것이다. 따라서 이러한 전달의 과정은 영원적 객체 초록이 존재에서 존재에로 이행되는 인과적 과정이다. 이 때 최종의 지각자 P는 인과적 효과성으로 수용한 그 감각여건 초록을 변형의 장소 속의 특정 영역, 즉 초점적 영역에 투사한다. 변형의 장소 속으로의 이와 같은 **초록**의 투사에서 현시적 직접성의 지각이 성립한다. 이 때 감각여건은 동시적 세계 속에 있는 **심상**(image)으로 나타난다(PR 62~63).[20] 예컨대 우리가 풀잎을 볼 때 우리는 그 파란 색의 풀잎을 눈앞에 현재하고 있는 것으로서 보게 된다. 우리는 과거의 풀잎의 초록을 보고 있다는 것을 의식하지 못한다. 하지만 실상에서 보자면 우리는 풀잎으로부터 전달된 초록을 받아들이고, 그 초록을 변형의 장소 속으로 투사한 것이다. 그래서 초록의 심상은 눈앞에 현재하게 되고 그래서 또한 이 심상은, 변형의 장소와 함께 나타나는 동시적 세계의 특정 부분을 이루게 되는 것이다.

그러나 또한 그렇기 때문에 이렇게 출현하는 동시적 세계의 특성들은 신체의 인과적 객체화를 거쳐 유입된 과거 세계의 특성들이 **창조적으로** 투사되고 있는 데서 성립하고 있는 것일 뿐, 지각과 관계없이 독자적으로 존립하고 있는 그 자체로서의 세계의 특성들이 아니다. 동시적인 세계의 객체적 실재성에는 감각여건이 포함되지 않는다. 현시적 직접성에서 객체

---

20) 화이트헤드는 심상, 즉 감각여건은 **물리적 목적**(physical purpose)에서 파생되는 것으로 이해하고 있다. 화이트헤드에게 있어 이 물리적 목적은 인과적 효과성에 있어서의 지각으로 분류된다. 그러나 그것은 인과적 효과성의 독특한 형식이다. 물리적 목적에 있어서, 현실적 계기를 특징짓는 영원적 객체는 그 계기와 별개로, 즉 순수한 영원적 객체로서 파악되고 이어서 그것이 원래 결합해 있던 현실적 계기에 내재해 들어가는 것으로 파악된다. 그래서 물리적 목적에서 주체는 근원적인 인과적 느낌에서와 달리 그 주체적 형식에서 다소간 선택권을 갖게 된다. 그것은 개념적 여건을 **역작용**(adversion)이나 **혐오**(aversion)라는 주체적 형식으로 파악할 수 있는 것이다. 전자는 개념적 여건을 강화하는 것, 즉 평가절상하는 것이고 후자는 이를 약화시키는 것, 즉 평가절하하는 것이다(PR 266). 물리적 목적이 현시적 직접성의 지각에서 감각여건이 되는 영원적 객체를 제공할 수 있는 까닭은, 이처럼 그 개념적 여건이 별개의 것으로 순수하게 파악되는 가운데 그 주체적 형식이 단순히 재연 반복에 제한되지 않는다는 데 있다. 이렇게 보자면 결국 현시적 직접성의 지각은 영역을 제공하는 변형의 느낌과 감각여건을 제공하는 물리적 목적의 통합으로 이루어지는 것이라고 할 수 있는 것이다(PR 323).

적 실재성을 갖고 나타나는 것은, 앞서 보았듯이 연장적 연속체뿐이다. 이때 동시적 세계는 두 가지 측면에서 현시적 직접성에 예시된다. 즉 "여러 원자적 현실태로의 연장적 세분(extensive subdivision)을 위한 그 세계의 가능태라는 측면과, 이로 말미암아 생기게 되는 전망적 관계들의 도식(scheme of perspective relationships)이라는 측면이 그것이다" (*PR* 123). 현시적 직접성의 지각이 예시하는 동시적 세계의 두 측면은 다음과 같이 이해될 수 있다. 감각여건 초록이 자리잡고 있는 것으로 지각되는 영역을 R이라 하자. 이는 심상 I가 투사된 자리이다. 그런데 지각자 P의 변형의 장소는 연장적 연속체의 한 측면, 즉 **전망적 관계들의 도식**이다. 그러므로 R은 P의 변형의 장소 내의 한 영역, 즉 전망적 관계들의 도식 내의 한 영역으로서의 역할과, **연장적 세분을 위한 가능태**인 연장적 연속체 내의 한 영역으로서의 역할이라는 이중의 역할을 갖는다. 변형의 장소의 한 부분으로서의 R은 P가 감각여건을 투사할 수 있는 영역이며, 연장적 연속체의 한 부분으로서의 R은 합생의 장소를 위한 가능적인 자리이다. 따라서 동시적 세계의 객체적 실재성은 두 가지 측면에서 이해될 수 있는 연장적 연속체 내의 영역의 실재성이다.

하지만 감각여건은 과거의 계기에서 추출하여 투사한 것이기에 그 동시적 영역에 관한 직접적인 정보에 속하지 않는다. 역으로 말하자면 "그것은 이러한 동시적인 실재적 가능태가 구체적으로 어떻게 현실화되어 규정되고 있는지에 관해서는 아무런 정보도 주지 않는다"(*PR* 123)는 것이다. 이제 다시 도식화해 보자. P의 변형의 장소 속에 있는 영역 R을 점유하는 (정확히 말하자면, 점유하게 될) 현실적 존재를 A라 하자. 이때 A와 P는 동시적인 것이기에 인과적 효과성에 있어서의 지각으로 서로를 파악하지 않을 것이다. 그러나 앞서 지적했듯이 그들은 상대방의 **실재적인 내적 구조** 속으로 간접적으로 들어간다. P와 관련하여 볼 때 연장적 연속체 그 자체는 P의 실재적인 내적 구조의 한 부분이다. 그리고 이 연장적 연속체의 한 측면인 변형의 장소도 P의 본성의 한 부분이다. 그러므로 영역 R은 P의 본성의 한 부분이다. 그러나 연장적 연속체는 또한 A의 실재적인 내적 구조의 한 부분이다. 그러므로 P에 의해 점유된 영역은 A의 본성의 한 부분이다. 이러한 의미에서 두 현실적 존재는 그들 각자의 합생 속에 상대방을 객체화시킨다(*PR* 62~63). 그러나 A와 P는 각기 연속체 내의 영역들의 점유자라는 성격을 통해서만 상대방을 자신의 합생 속에 객체화시킨다.21) 따라서 현시적 지각은 동시적 존재의 실재적인 규정성에 관해서는 아무런 정보도 제공하지 않는다. 화이트헤드의 다음과 같은 표현은 이런 맥락에서 이해될 수 있다. "동시적 세계는 관계와 성질들의 수동적인 주체로서 경험 속으로 들어온다"(*AI* 253). 여기서 **수동적인 주체**란 실재성이 없는 주체, 즉 투사된 관계와 성질들을 부여받고 있을 뿐인 동시적 영역을 일컫는다.

화이트헤드는 동시적 세계의 지각에 대한 이런 분석을 바탕으로, 전통 철학에 들어 있는 두 가지 오해의 원천을 적시한다. 이들 두 가지 오해는 모두 현시적 지각을 유일하고도 근원적인 지각 형태로 간주하는 가운데 빚어진 것들이다. 그 하나는 인과관계에 대한 흄의 논박이고, 다른 하나는 성질을 떠받치고 있는 것으로 상정되는 **실체** 내지 **기체**(substratum)라는 개념이다. 화이트헤드에 따르면 현시적 지각에 나타나는 동시적 세계만을 고려 할 경우, 흄의 주장은 정당한 것이다. 왜냐하면 인과적 관계란 시간적 관계인데 현시적 지각에서는 시간적 관계가 고려될 수 없기 때문이다. 화이트헤드의 표현을 하자면 "순수한 현시적 직접성은, 하나의 현실적 존재로 하여금 지각하는 현실적 존재를 구성할 수 있게 하거나, 또는 하나의 지각된 현실적 존재로 하여금 또 다른 지각된 현실적 존재를 구성할 수 있게 하는 그런 어떠한 인과적 영향도 드러내 보여주지 않는다"(*PR* 123)는 것이다.

따라서 화이트헤드가 보기에, 동시적인 우주 안에 있는 현실적 존재들

---

21) 화이트헤드는 이를 다음과 같이 표현한다. "현시적 직접성은 동시적 현실태를 포함하지만 그것들은 연장적 관계에 의해 제약된 것으로서만 객체화시킨다"(*PR* 324).

은 그것들이 현시적 직접성에 의해 드러나는 한, 인과적으로 상호 독립해 있다고 하는 흄의 주장은 정당한 것이었다. 그러나 화이트헤드는 "동시적 세계가 그 자신의 고유한 활동에 의해 지각되는 것이 아니라 그 세계를 조건지우며, 또 동시적 지각자를 조건지우는 그런 과거로부터 파생된 활동들에 의해서 지각되는 것"(AI 281)이라고 주장하는 가운데 흄을 넘어서고 있다. 이런 활동들은 일차적으로 인간 신체의 과거 속에 있는 것이며, 보다 멀리는 그 신체가 기능하고 있는 환경의 과거 속에 있는 것이다. 흄은 이러한 활동에 대한 지각, 즉 인과적 효과성의 지각을 간과했던 것이다. 그래서 그는 인과작용을, 현시적 직접성의 지각에서 오는 여건을 가지고 구성될 수 있는 파생적인 관계로 이해하고자 하였다. 그러나 우리가 보았듯이 이런 인과작용은 현시적 지각의 여건을 제공하는 요인으로서 이미 기능하고 있는 것이다.

나아가 화이트헤드는 **공허한 실체** 내지 **기체(基體)**라는 개념도 이처럼 **현시적 직접성의 지각**을 유일하고도 근원적인 지각으로 이해할 때, 생겨나게 되는 것이라고 주장한다. 현시적 지각에서 "동시적 영역들은, 그것들과 지각자의 수동적인 지각적 관계 및 그것들 상호간의 수동적인 지각적 관계에 의해 주로 지각된다. 따라서 동시적 영역들은 단지 감각지각에서 그들과 결합되어 있는 성질들의 수동적인 수용자로서 지각될 뿐이다. 이로부터, 내재하는 성질들을 지닌 공허한 기체라는 그릇된 관념이 나오게 된다"(AI 281). 요컨대 **동시적 영역**이 우연적 속성들을 떠받치고 있는 **무규정적 기체(基體)**로 오해되었다는 것이다. 이것은 현시적 직접성의 지각에 주어지는 감각여건에만 전적으로 의존하는 가운데 빚어진 그릇된 형이상학적 범주인 셈이다. 화이트헤드에 따르면 이러한 오류는 고등한 지성의 결과이다. 그것은 역동적인 과거 세계와 동시적 세계에 대한 우리의 총체적 경험으로부터 단순한 감각여건들을 과감하게 추상해내는 상당한 능력에 힘입어 이루어지고 있는 것이라고 볼 수 있기 때문이다(AI 281~82).

그런데 우리는 지금까지 현시적 지각의 메커니즘을 고찰하면서 논의의 편의상 하나의 중요한 요인을 애써 외면해 왔다. "변환"(trnsmutation)(*PR* 27, 251)이 그것이다. 이것은 고등한 유기체, 특히 인간의 지각을 설명하려 할 때 반드시 첨가되어야 할 범주이다. 이를 간략히 설명하면 다음과 같다. 합생하는 주체는 그 최초 위상에서 갖게 되는 다수의 물리적 느낌들 중 유사한 느낌들로부터 하나의 개념적 느낌을 이끌어내어 그 물리적 느낌들 전체나 일부의 특성으로 전환시킬 수 있다. 이때 그 물리적 느낌들로 파악되는 결합체는 이 단일한 특성을 갖는 것으로 파악되기에 이른다. 이것이 **변환의 느낌**이다. 이것은 전통적으로 **속성에 의한 실체의 규정**이라는 것을 가능케 했던 사태의 실상이다.[22] 이 변환의 범주가 갖는 특성은 이런 느낌을 통해, 다수의 개별적인 존재들에 대한 **파악**들이 존재들의 결합체에 대한 하나의 파악으로 전환될 수 있다는 데 있다. 체계 외적으로 볼 때, 이는 **속성에 의한 물리적 실체의 규정**이라는 전통적 관념을 설명하며, 체계 내적으로는 무엇보다도 화이트헤드가 현시적 지각의 대상이 거시적 존재로 나타나게 되는 까닭을 설명하는 개념적 장치가 되고 있다.[23] 예를 들어, 어째서 우리는 벽, 풀, 의자 등을 지각하고 직접

---

22) 다음의 구절은 변환에 대한 정의이다. "변환의 범주. [범주 iv) 개념적 평가의 범주에 따라, 또는 범주 iv)와 범주 v)개념적 역전의 범주에 따라] 전적으로 동일한 하나의 개념적 느낌이, 파악하는 주체에 의해서 현실적 세계 속의 여러 현실적 존재에 대한 유사하고 단순한 물리적 느낌들로부터 공평하게 도출된다. 그 때 그 단순한 물리적 느낌들을 이 파생적인 개념적 느낌과 함께 통합해 가는 그 후속 위상에 있어 그 파악하는 주체는, 이 개념적 느낌의 여건을, 그 파악된 현실적 존재들을 자신의 구성원으로 포함하고 있는 결합체의 특성으로, 또는 그 결합체의 어떤 부분적 특성으로 변환시킬 수 있을 것이다. 그리고 이런 방식으로 규정되는 특성을 지닌 결합체(또는 그 부분)는, 그 파악 주체가 품고 있는 느낌의 객체적 여건이다. 이처럼 변환된 느낌의 완결된 여건이 하나의 대비, 즉 '영원적 객체와의 대비를 통한 하나의 결합체'가 된다는 것은 분명하다. 이런 유형의 대비는 '성질에 의한 물리적 실체의 규정'이라는 관념이 갖고 있는 여러 의미들 가운데 하나이다"(*PR* 27, cf. *PR* 251).

23) 현시적 직접성으로 지각되는 감각여건은 일정한 크기의 영역에 연장된 것으로 나타난다. 그 영역이 아무리 작다 할지라도 그것은 그 보다 작은 하위 영역들을 그 자신 속에 포함하게 될 것이다. 그 영역은 하나의 미시적인 현실적 계기에 의해 점유되고 있는 것이 아니라, 현실적 계기들의 결합체에 의해서 점유되고 있는 것이기 때문이다. 그러므로 그 감각여건을 그 장소 내의 한 영역에 귀속시킬 때, 지각자는 그 감각여건을 현실적 존재들의 결합체에다 귀속시키고 있는 것이다. 그러므로 화이트헤드가 감각여건을 변형의 장소 내의 영역으로 투사한다고 말할 때, 즉

적인 환경 내에 있는 다수의 미시적인 현실적 계기들을 지각하지 않는 것인가? 변환의 범주는 이 물음에 답한다. 그것은 미시적 존재들에 대한 지각으로부터 거시적 존재에 대한 지각이 출현하게 되는 메커니즘을 기술하고 있는 것이다. 이에 따르자면 우리가 어떤 결합체, 즉 거시적 존재를 지각할 때, 우리는 임의의 물체 속에 있는 다수의 계기들의 집합을 하나의 통일체로 파악하고 있는 것이다. 이는 그 물체(결합체)의 성원들이 어떤 지배적인 하나의 특성을 공유하기 때문에 가능한 것이다. 우리가 의자를 그 의자의 주변의 빈 공간과 구별되는 것으로서 식별할 수 있는 것은, 의자의 성원들이 공유하는 영원적 객체들에 근거하여 그것을 하나의 통일체로 파악하고 있기 때문이다. 결국 변환은 우리가 세계를, 원자론적인 성격에서가 아니라 연속적인 것으로, 다수의 미시적인 존재들로가 아니라 하나의 거시적인 존재로 지각하게 되는 이유를 설명하는 범주적 장치인 것이다.

5. 상징적 연관 : 인간의 일상적 지각

지금까지 우리는 인과적 효과성의 지각과 현시적 직접성의 지각을 각

영원적 객체를 현실적 존재들의 결합체에 창조적으로 귀속시킨다고 말할 때, 그는 변환을 전제로 하여 말하고 있는 것이다. 요컨대 현시적 직접성의 지각에서 특정의 감각여건인 영원적 객체가 하나의 전체로서의 결합체에 적용되는 것은 변환의 범주에 의해서인 것이다. 변환은 변형의 장소 속에 연장된 것으로서 현존하는 심상을 가능케 한다. 이런 의미에서 우리가 지각하는 현상은 **의식**의 개입에 앞서 이루어지는, 실재에 대한 단순화된 번역이라 할 수 있을 것이다. 변환은 이러한 단순화의 도구이다. 이것은 앞서 말한, 고등 동물이 갖는 추상의 능력, 곧 정신성의 기본적인 기능이기도 하다. 화이트헤드의 다음과 같은 진술들은 모두 이런 논점을 강조하고 있다. "인간 지성의 지평에서, 정신적 기능의 역할이 경험의 내용에다 미묘성을 덧붙이는 데 있는 것이라고 가정하는 것은 잘못이다. 정확히 그 반대가 사실이다. 정신성은 단순화의 작인이다. 그리고 이러한 이유 때문에 현상은 실재를 지극히 단순하게 편집해 놓은 것이다. …모종의 제거를 통해 결합체의 한정 특성은 그 결합체를 하나의 통일체로 규정하고 있는 것으로 지각된다. …개별자들로부터 하나의 집단으로의 특성의 전이는 정신적 작용에 의해 설명될 수 있다"(AI 273). "변환을 떠날 경우 우리들의 연약한 지성의 활동은 사물의 지배적인 특징을 꿰뚫어보지 못한다. 우리는 오직 폐기를 통해서만 이해를 할 수 있다"(PR 251).

기 분리시켜 차례로 고찰하였다. 그러나 화이트헤드에 따르면 인간은 이 양자의 지각을 별개의 것으로 경험하기 어렵다. 인간에 있어 일상적인 지각은 언제나 이 두 양태의 혼합으로 이루어지고 있는 것이기 때문이다 (*PR* 168). 화이트헤드는 이처럼 혼합된 양태로 이루어지는 지각을 "상징적 연관"(symbolic reference)(*S* 18~19, *PR* 121)이라 부르고, 이런 지각의 구조와 성립 배경을 해명하는 일이 지각론의 중심 문제 가운데 하나라고 천명하고 있다(*PR* 121). 우리는 이러한 양태의 지각에서, 즉 동시 세계에 대한 지각과 과거 세계에 대한 지각의 결합으로 이루어지는 **상징적 연관**의 지각에서, 현재를 과거와 미래에 걸쳐 있는 것으로 지각한다. 이 때의 현재는 결정된 과거와 개방된 미래를 지닌 **존속하는 존재들**로 구성되어 있는 세계이다. 이것은 진정한 의미의 현재적 지각 경험이다. 우리가 세계에 관해 인식하는 것은 모두가 이와 같은 **상징적 연관**의 양태로 지각되는 것 속에 드러난 것이던가 이로부터 파생된 것들이다. 여기에 함의되는 현실적인 과거와 가능적인 미래는 결코 추론되는 것이 아니다. 이들은 인과적 효과성의 양태로 지각되는 것이다.[24]

화이트헤드는 **상징적 연관**을 **상징작용**(symbolism)의 특수한 사례로 간주함으로써 그 일반적 구조를 분석한다. 이에 대한 평이한 기술은 『상징작용: 그 의미와 효과』에서 찾아볼 수 있다. "인간의 정신성은, 그 경험의 어떤 구성요소가 다른 구성요소에 관한 의식, 믿음, 정서 및 용도 등을 이끌어낼 경우 상징적으로 기능하고 있는 것이다. 전자에 속한 일련의 요소는 **상징**이고, 후자에 속하는 일련의 요소는 그 상징의 **의미**를 구성한다. 상징에서 의미에로의 전이(transference)[25]를 가져오는 유기적

---

24) 이런 논점은 상징적 연관의 지각이, 앞의 제4장에서 우리가 검토했던 **외양적 현재**(specious present)라는 개념의 토대가 되는 것임을 시사한다. 제임스가 말하는 외양적 현재란 **과거**의 대상과 **현재**의 대상이 공존하는 심리적 경험(co-present psychic experience)에 근거하는 것이다. **상징적 연관**은 이런 심리적 경험의 요체라고 할 수 있다. 왜냐하면 그것은 인과적 효과성에서 오는 과거에 대한 느낌과 현시적 직접성에서 오는 현재에 대한 느낌의 결합으로 이루어지고 있기 때문이다.

25) 이 **전이**라는 개념을 염두에 둘 경우, **상징적 연관**에서 "reference"라는 용어는 단순한 **관계보**

인 기능은 '상징적 연관'이라 일컬어질 것이다"(*S* 8). 이 진술에서 보듯 이 **상징적 연관**은 지각의 한 양태로부터 다른 한 양태로의 전이 과정이다. 이 연관에서 한 양태의 지각 대상은 상징으로 간주되고 다른 양태의 지각 대상은 이 상징의 의미로 간주된다. 이것은 **상징작용**의 형식적 정의에 부합되는 가장 일반적인 이해 방식이다. 그러나 이런 이해는 방금 위에서 말한 혼합된 양태의 지각으로서의 상징적 연관에 대한 기술과 일견 조화되지 않는 것처럼 보일 수 있겠다. 왜냐하면 상징적 연관은 두 가지 순수한 양태의 지각의 종합의 결과로서, 두 양태 모두의 특성들 가운데 일부를 혼합하고 있는 것이기 때문이다(*PR* 168).

외견상 충돌하는 것으로 보이는, 상징적 연관에 대한 이런 두 유형의 기술은 상징에서 의미에로의 모든 전이가 반드시 시간적 전후관계에서 이루어지는 것이 아니라고 이해한다면 조화될 수 있다. 물론 상징작용은, 예컨대 번개가 천둥소리의 상징으로 간주되듯이 대개의 경우 시간적 지평을 필요로 한다. 이런 경우 전이와 통합은 구별될 것이다. 그러나 지각에서의 상징적 연관의 경우는, 합생이 시간 밖의 사태라는 점을 고려할 때, 두 지각 양태 사이의 전이가 시간적 선후관계에 있는 것이 아니기에, 통합이라는 말은 정당성을 갖는다고 할 수 있다. 그러므로 두 양태 간의 통합이라는 것과 상징적 전이라는 것은 직관적인 의미에서 드러나는 것처럼 그렇게 상이한 것은 아닌 셈이다.

그렇다면 화이트헤드가 인간의 지각을 상징적 연관과 관련시켜 해명하고자 하는 진정한 의도는 어디에 있는가? 단적으로 말하자면 그것은 인간의 지각이 과정으로서의 실재 속에 뿌리를 내리고 있다는 점, 그래서 지각적 인식이 표상 활동에 불과한 것일 수 없다는 점을 분명히 하기 위해서일 것이다. 앞서 지적했듯이 일상적인 경험에서 우리는 공간에 연장되어 있는 심상들을 단순히 경험하는 것이 아니라, 실재 세계의 구체적인 객체들을 경험한다. 단순한 심상은 효과성을 결하고 있는 반면, 객체는

다는 **지시**(가리킴)를 함의한다고 보아야 할 것이다.

그런 효과성을 소유하고 있다. 단순한 심상은 그것의 기원이나 그것의 미래에 관해 아무 것도 말해주지 않는다. 그러나 구체적인 객체는 역사와 운명을 가지고 있어서 이를 지각 주체에 시사한다. 단순한 심상은 그 다음에 올 현실적 존재들과 아무런 연관도 보여주지 않는다. 구체적인 객체는 그 다음에 올 현실적 존재들에 계속해서 영향력을 행사한다. 따라서 현시적 직접성에서 주어지는 단순한 심상은, 인간의 일상적인 경험에서 지각되는 구체적인 객체의 일부분일 뿐이다. 인간은 그의 일상적인 경험에서, 명석 판명한 심상과 모호한 과거의 여건을 통해, 동시적인 세계 내에 있는 구체적인 객체를 느끼고 있는 것이다. 화이트헤드의 다음과 같은 진술은 바로 이런 배경에서 이해될 수 있다. "이 상징적 연관에 의해, 강력하면서도 모호한 효과성의 양태로부터 파생되는 보완적인 느낌들이, 직접성의 양태에서 예시되는 판명한 영역들 위에 덧붙여진다. 보완적인 느낌에 있어서 두 양태의 통합은 모호했을 것을 판명한 것으로 만들고, 피상적이었을 것을 강력한 것으로 만든다"(*PR* 180).[26]

그런데 앞서 지적했듯이 화이트헤드에게 있어 이러한 상징적 연관은 **상징작용**의 특수한 형태이다. 그렇다면 상징작용의 일반적인 특성들은 상징적 연관에 있어서의 지각에도 또한 적용되어야 한다. 일반적으로 화이트헤드가 말하는 상징작용이란 합생하는 존재가 두 조의 지각 대상을 상징과 의미의 관계로 결합시키는 작용을 말한다. 그러나 지각 대상들은 그 자체로 놓고 볼 때, 반드시 상징적 관계로 맺어져야 할 필요가 있는 것도 아니며, 설령 상징적 관계로 맺어진다 하더라도 어느 것이 상징으로 기능하고 어느 것이 의미로 기능할 것인지가 미리 결정되어 있는 것도 아니다. 상징적 연관의 경우도 이와 마찬가지다.[27] 그래서 "그들 자체로 고

---

26) 화이트헤드는 상징적 연관에서 인과적 효과성의 양태의 지각 대상이, 현시적 직접성의 양태의 지각 대상의 개입에 힘입어 해명되고 있다고 말하기도 한다(*PR* 178).

27) 그렇기는 하지만 화이트헤드는 일상적인 경험에 비추어, 대체로 현시적 직접성에서 느껴진 지각 대상이 상징으로 기능하고, 인과적 효과성에 있어서의 지각대상을 그 의미로 이끌어낸다고 생각한다(*PR* 178). 그리고 그는 이러한 생각을 일반화시켜, 상징적 관계의 방향은 상징으로서의 보다 덜 근원적인 지각대상으로부터 의미로서의 보다 더 근원적인 지각대상으로 나아간다고 말

찰한다면 상징과 그 의미는 그 둘 사이에 어떤 상징적 연관이 있어야 한다거나, 그 둘의 구성원들 사이의 상징적 연관이 반드시 어느 한 쪽에서 다른 쪽으로 이루어져야 한다는 것을 요구하지 않는다. 그들의 상호 관계의 본성 그 자체는 어느 것이 상징이고 어느 것이 의미인가를 결정하지 않는다. 언제나 상징일 뿐이든가 언제나 의미일 뿐인 그런 경험의 요소란 존재하지 않는다"(S 9~10). 이 구절에서 보듯이 우선 인과적으로 느껴진 결합체와 현시적으로 느껴진 감각여건이 지각자 내에 현존한다는 사실만으로 상징적 연관에 있어서의 지각이 출현하는 것은 아니다. 이런 의미에서 상징적 연관의 성립은 우연적인 것이다. 그러나 또한 그렇기에 상징적 연관이 성립하려면 순수한 양태의 두 지각은 어떤 공통의 요소, 즉 **공통의 기반**을 가지고 있어야 한다. 여기서 공통의 기반이 되는 것은 두 지각 양태에서 동일한 것으로 직접 인지되는 구성요소이다.28) 상징적 연관은 이러한 공통요소가 없을 때 오류로 떨어질 수 있다. 게다가 이러한 공통요소는 단순히 상징적 연관의 객관적 토대가 되는 데 그치는 것이 아니라, 그 두 지각이 하나의 공통 세계에 대한 지각이라는 것을 보증하는 기능도 갖는다(S 53). 결국 화이트헤드는 상징적 연관의 지각을 가능케 하는 이런 공통의 요소로, **감각여건**과 **장소**(locality)를 들고 있다(S 49, cf. PR 168~69, 170~71).

어떻게 감각여건과 장소가 공통요소로 기능하고 있는지를 간단히 살펴보자. 우선 감각여건이 공통요소가 될 수 있는 까닭은 감각여건이 이중의 역할을 하고 있는 영원적 객체들의 조합이라는 데 있다. 감각여건인 영원적 객체들은 현시적 직접성의 지각에서 동시적 세계 내의 존재를 객체화시키는 매개체인 동시에, 인과적 효과성을 통해 과거 세계의 존재들과 신

하고 있다(S 10). 그러나 이것이 상징적 연관의 필연성을 보장하지는 않는다.
28) 화이트헤드는 이를 다음과 같이 진술하고 있다. "상징적 연관을 설명하는 제1의 원리는, 그러한 연관에는 '공통의 기반'이 필요하다는 것이다. '공통의 기반'이 필요하다는 것은, 각기의 순수한 지각 양태에 있어 동일한 것으로서 직접 인지되는 구성 요소가 경험 속에 있어야 한다는 것을 의미한다"(PR 168, cf. PR 180~81).

체를 구성하는 선행 존재들을 객체화시키는 매개체로 기능하고 있는 것이다.29) 예를 들어, 우리가 **의자**라고 이름하는 연장된 형태를 지각한다고 해보자. 이 때 이 지각에 포함된 감각여건은 단순히 의자-심상(chair-image)의 **실재적인 내적 구조**의 요소에 그치는 것이 아니다. 그것은 우리가 **의자**를 지각하는 수단이 되는 인체의 선행하는 여러 기관의 실재적인 내적 구조의 요소이기도 한 것이다. 따라서 감각여건은 가까이는 신체의 감각기관을, 그리고 멀리는 현실 세계 내의 여러 조건들을 각각 인과적으로 객체화시키고 있는 효과성의 지각 내의 요소이며, 투사되어 동시적 영역을 객체화시키고 있다는 의미에서 현시적 직접성의 지각 내의 요소이다. 따라서 감각여건, 즉 동일한 영원적 객체가 두 지각 양태의 공통요소가 된다는 점에서 상징적 연관의 두 가지 기반 가운데 하나가 되고 있는 것이다(*PR* 170).

상징적 연관의 또 다른 기반인 **장소**의 공통성은 복잡한 구조를 지닌다. 우선 두 느낌의 객체적 여건들이 어떻게 공통의 장소에 있을 수 있는 것인지가 문제된다. 인과적 효과성에 있어 객체적 여건은 과거의 영역에 있고 현시적 직접성의 여건은 현재의 영역에 있다. 이 두 영역은 존재론적으로 상이한 것이다. 전자의 영역은 직접적 과거나 보다 먼 과거에 속하는 완결된 원자적 계기들에 의해 분할되어 현실화된 연속체의 일부이다. 이에 반해 동시적 장소는 동시적 계기들에 의해 분할되어 있을 것으로 추정되는 연속체의 부분이다. 그래서 이 경우 연속체 자체는 순수한 연장, 즉 분할의 가능태로서만 지각자에게 주어진다. 화이트헤드는 이렇게

---

29) 화이트헤드의 다음 진술은 이 논점을 구체적으로 기술하고 있다. "'감각여건'이라고 불리는 영원적 객체가 주체의 경험 속으로 진입하는 것은 현실적 존재 — 일상적으로 그 감각여건을 현실적 존재의 성질로 보아 이 존재에다 귀속시키고 있지만 — 의 단순한 객체화로 해석될 수 없다. 이 진입은 복합적인 관계성을 내포하고 있으며, 이 관계성으로 말미암아 감각여건은 어떤 과거의 존재를 객체화시키는 '주어진' 영원적 객체로서 나타나기도 하며(예컨대 빛깔은 눈으로 보며, 불쾌감은 내장으로부터 전달된다), 또 동시적 세계 속에 있는 현실적 존재들의 사회를 객체화시키는 데 개입하기도 한다. …예컨대 어떤 시각적인 감각여건의 진입은 선행하는 여러 신체적 기관의 인과적 객체화와, 목격된 형태 — 이 형태는 동시적인 현실적 존재의 결합체이다 — 의 현시적 객체화를 포함하고 있다"(*PR* 64).

분할의 가능태로 지각자에게 주어지는 연속체를 **연장된 현재**, 곧 "현재화된 장소"(presented locus)[30)]라 부른다. 따라서 이제 **장소**가 공통적인 요소로 기능할 수 있으려면, 이 **현재화된 장소**가 선행하는 인과적 느낌들 속에서도 느껴져야 한다. 물론 그것은 직접적으로 느껴질 수 없다. 왜냐하면 이는 동시적 계기들의 인과적 독립성을 침해하는 것이 될 것이기 때문이다. 화이트헤드에 따르면 그것은 선행하는 세계에 대한 인과적 느낌 속에 간접적으로 모호하게 객체화된다. 그의 말을 직접 들어보자. "이 장소(현재화된 장소)는 실재적인 가능태에 포함되어 있는 연장적 상호 결합의 일반적 도식에 자신이 참여하고 있음을 희미하게 예증하면서, 인과적 효과성의 지각 양태에 종속적으로 개입해 들어간다. 그것은 인과적 효과성의 지각 양태에 의해서는 별도의 다른 방식으로 드러나지 않는다. 적어도 직접적으로 드러나지 않는다. 이러한 드러남은 간접적인 것이어야 한다. 왜냐하면 동시적 사건은 결코 지각하고 있는 현실적 계기의 원인도 결과도 아니기 때문이다. 그런데 동시적인 현실적 계기들의 인과적 과거(즉 현실 세계)들은, 지각하고 있는 현실적 계기의 인과적 과거와 전적으로 동일하지는 않다고 하더라도, 중요한 관련성에서 보는 한, 실제로 동일하다. 따라서 인과적 효과성의 양태에는 지각자에게나, 현재화된 장소에 들어 있는 관련된 사건들에게나, 인과적으로 공히 작용하고 있는 선행의 현실적 계기에 대한 직접적인 지각이 있다. 그러므로 지각자는 그 자신의 전망이 갖는 한계 내에서, 현재화된 장소를 그 중요한 영역에서 조건짓고 있는 인과적 영향들을 파악한다. 이것이 이 장소에 대한 간접적 지각, 즉 그 직접적인 구성 요소들이 순수한 양태의 인과적 효과성에 속하고 있는 지각이다"(*PR* 168~69).

---

30) **현재화된 장소**는 지속(duration)을 동반하고 있는 **변형의 장소**(strain locus)이다. 이런 의미에서 화이트헤드는 그것을 **4차원의 공간화된 시간 폭**이라고 말하기도 한다. 그러나 화이트헤드가 밝히고 있듯이, 인간의 의식적 지각에서는 변형의 장소와 현재화된 장소가 구별되지 않는다고 할 수 있다(*PR* 128, 169, 323). 굳이 직관적 용어로 말한다면, 그것은 3차원의 공간을 동반하는 **외양적 현재**라고 할 수 있을 것이다.

이 진술은 다음과 같이 부연될 수 있겠다. 지각하는 계기와 동시적인 각 계기가 각기 자신의 현실 세계 속에 갇혀 있기는 하지만, 이런 현실 세계들은 실천적으로 동일하다고 볼 수 있다. 동시적 계기들이 향유하는 현실 세계는 대체로 일치한다고 볼 수 있다는 것이다. 그래서 지각자는 자신에게 주어진 현실 세계에 대한 인과적 느낌을 통해, 동시적인 존재들에게 주어진 실재적 가능태의 중요한 측면들을 함께 파악한다. 다시 말해 지각자는 자신에게 주어지는 과거 세계로부터의 인과적 흐름을 파악하는 가운데, 동시적 세계에서 합생하고 있는 그의 이웃들의 인과적 과거도 파악한다는 것이다. 이것이 지각자가 인과적 효과성의 지각에서 **현재화된 장소**를 간접적으로 느끼는 방식이다. 결국 상징적 연관에서 공통의 기반으로 작용하는 현재화된 장소는 현시적 직접성에서 직접적으로 판명하게 지각되고, 인과적 효과성에서 불분명하게 간접적으로 지각되는 것이라고 할 수 있을 것이다(*PR* 169).

그러나 이런 공통의 요소가 있다고 해서 언제나 상징적 연관의 정당성이 보장되는 것은 아니다. 상징적 연관은 오류 가능하다. 상징적 연관에서 지각자가 현시적 직접성으로 느껴진 심상과 인과적 효과성으로 느껴진 결합체를 통합시킬 때, 그 지각자는 그 심상을 현재에 있어서의 그 결합체의 연속으로 간주한다. 예를 들어, 지각자가 영원적 객체 **초록**에 의해 특징지어진 것으로서의 현실적 존재들의 결합체를 지각한다고 해 보자. 이때 지각자는 영원적 객체 초록에 의해 특징지어진 이 결합체가 현재까지 지속되어 왔으며, 그 결합체의 동시적인 성원들이 현재 속의 특정 영역에 자리하고 있다고 추정한다. 게다가 지각자는 변형의 장소 속의 어떤 영역에 투사된 것으로서의 초록의 심상에 대한 현시적 직접성의 지각을 갖는다. 상징적 연관의 지각에서 지각자는 자신이 초록의 감각여건을 투사했던 영역이, 결합체 내의 동시적인 성원들이 자리하고 있는 것으로 자신이 평가했던 바로 그 영역이라고 추정한다. 그리고 나아가 지각자는 현시적 직접성의 지각에서, 연장된 감각여건으로 느껴진 초록의 영원적 객체가 사실상 결합체 내의 동시적인 현실적 존재들의 **형상적 본성**(formal nature)[31]을 특징짓고 있는 영원적 객체라고 추정한다. 상징적 연관은 지각자가 행하는 이와 같은 일련의 추정이 잘못된 것일 수 있다는 의미에서, 오류를 범할 수 있는 것이다. 화이트헤드는 이런 오류 가능성을 다음과 같이 두 가지로 기술하고 있다. 우선 일반적으로 "상징작용은 그것이 우리로 하여금 가정하도록 하는 사물들이 세계 가운데 실재하지 않는 그런 순수한 관념들에 불과한 것들임에도, 이들에 관한 행동, 느낌, 감정, 믿음 등을 유발시킬 수 있다는 의미에서 오류를 낳을 가능성이 아주 큰 것이다"(*S* 6, cf. *PR* 64). 그리고 이런 상징작용의 한 종인 "상징적 연관의 지각은 그 느낌이 현재화된 장소의 영역을, 실제로는 현재의 영역에 이처럼 전달되어 있지 않은, 과거로부터의 계승과 결부시키고 있다는 의미에서 오류를 범하고 있을 수 있다. 혼합된 양태에 있어서, 지각의 결정은 전적으로 신체 기관에 따르고 있

---

31) **형상적**(formal) 또는 **형상적으로**(formally; formaliter)라는 말이 화이트헤드의 체계에서 중요한 의미를 갖는다는 점은 앞(제1장 주 6)에서 지적한 바 있다. 여기서 **형상적 본성**이란 절대적 개체로서의 현실적 계기의 특성을 말한다고 할 수 있다. 그것은 그 자체로서 존재하고 있는 것으로서의 계기이다. 쉐번(D. W. Sherburne)은 이 술어를 합생의 과정과 엄격하게 결부시키는 가운데, "형상적인 것으로 고찰되는 현실적 존재는 주체적인 것으로서, 그 자신의 생성의 직접성을 향유하고 있는 것으로서 고찰되는 현실적 존재"(*A Key to Whitehead's Process and Reality*[Bloomington: Indiana University Press, 1966], p.225)라고 말하고 있다. 그는 자신의 이러한 주장을 뒷받침하기 위해 "문제의 현실태의 '형상적' 실재는 그것의 합생의 과정에 속하며, 그것의 '만족'에 속하지 않는다"(*PR* 84)는 화이트헤드의 진술을 인용한다. 그러나 이 구절에서 **형상적**이라는 말은 문제의 현실적 존재를 객체화시킬 미래의 존재들로부터 그 현실적 존재의 개체적 절대성 내지 독립성을 강조하기 위해 사용되고 있는 것으로 이해해야 할 것으로 보인다. 우리가 이미 제2장에서 논했듯이 **만족**의 위상은 이중적인 기능을 갖는다. 화이트헤드는 **객체적 불멸성**의 기능을 수행하는 만족을 배제한다는 취지로, 형상적이라는 말은 합생의 과정에 제한시키고 있는 것이다. 기본적으로 그에게 있어 형상적이라는 말은 전체로서의 자기초월적 주체를 가리키는 데, 이 때의 자기초월적 주체란 그 자신의 특성을 온전히 보유하고 있는 것으로서의 현실적 존재이다. 따라서 형상적이라는 말은 합생의 **최종 위상**으로서의 만족을 포함하지만, 객체적 여건으로서의 만족은 포함하지 않는다는 의미를 지니는 것으로 이해되어야 할 것이다. 화이트헤드가 **형상적으로**라는 말과 **객체적으로**(objectively)라는 말의 대조되는 쓰임을 데카르트의 술어법에서 빌어오고 있는 것도 바로 이러한 의미에서이다(*PR* 76). 여기서 객체적으로 라는 말은 현실적 계기가 주체적 직접성을 상실하고 후속하는 다른 계기에 객체화되어 존재하는 방식을 일컫는다. 그래서 합생하는 계기에 여건으로 객체화되어 존재하는 계기는 객체적으로 존재하고 있는 것이라 할 수 있다.

으며, 따라서 이러한 지각의 논리에는 말하자면 간극이 존재하는 것이다"(*PR* 180, cf. *AI* 314~23).

이 두 구절을 토대로 할 때, 지각자가 그의 상징적 연관에서의 지각에서 오류를 일으킬 수 있는 길에는 두 가지가 있다고 할 수 있겠다. 우선 전자의 구절이 시사하듯이 지각자는, 특정 영역을 점유하고 있는 현실적 존재들이 특정 감각여건에 의해 특징지어지고 있지 않음에도, 그 감각여건을 그 영역에 할당하는 경우 오류를 범하게 된다. 또 후자의 구절에서 보듯이 지각자는 특정 장소의 특정 영역을 점유하고 있는 현실적 존재들이, 인과적 효과성으로 느껴진 그 결합체의 동시적인 재현물이 아님에도, 그 장소에 연장되어 있는 감각여건을 이용하여 인과적 효과성으로 느껴진 결합체를 이끌어내는 경우에 오류를 범하게 된다. 따라서 상징적 연관의 지각이 오류 가능한 까닭은, 이 지각에서 지각자의 관심이 현시적 직접성에서 감각여건이 투사된 영역을 점유하고 있는 동시적 결합체의 **형상적 본성**과, 인과적 효과성으로 지각되는 결합체의 형상적 본성에 집중되고 있다는 데 있는 것이다. 이 때 지각자는 이들 존재의 **객체적 본성** (objective nature)을 토대로 하여 이들의 형상적 본성을 추정하면서 오류를 범할 수 있게 되는 것이다. 직관적인 용어로 표현하자면 상징적 연관의 지각이 형태나 맛, 냄새 등과 같은 감각여건을, 환경적 작인 그 자체와 연관시키는 과정에 오류가 끼어 들 수 있다는 것이다. 화이트헤드는 이를, 허상적 지각의 사례를 예로 들어 설명한다. 허상적 지각이란 지각된 존재의 형상적 본성과 그 존재의 객체적 본성 사이에 긴밀한 관계가 없을 경우 생겨난다. 거울 속을 들여다보면서 그 거울 속의 공간에 형상적 본성의 결합체가 위치해 있다고 추정하는 경우, 오래 전에 사라진 별에서 온 별빛을 보고 동시적 공간에 별이 형상적으로 존재하고 있다고 추정하는 경우가 대표적인 허상적 지각의 사례들이다.[32]

---

32) 이 단락의 논의는 화이트헤드의 다음과 같은 구체적인 진술로 요약될 수 있겠다. "물리적인 진로와 의자 및 동물 신체의 생활사 사이의 긴밀한 상관관계가 충족되지 않았을 때, 우리의 지각은 허상적인 것이 된다고 흔히들 말한다. … '허상성'에도 여러 단계가 있다는 것을 당장 알 수

이제 정리해보자. 화이트헤드가 상징적 연관에 관한 논의를 통해 보여 주고자 했던 것은 일상적인 지각의 실재적인 구조였다고 할 수 있다. 과거의 철학자들은 일상적인 감각적 앎에서 **외양**(예컨대, 돌이 지닌 회색의 형상)은 생생하고 인과적 유입(완강하고도 사실적인 돌의 결합체)은 모호하기 때문에 인과적 효과성을 무시하고, 감각적인 앎을 현시적 직접성과 동일시하였다. 이처럼 **잘못 놓인 구체성**이 지배하게 될 때, 지각을 그 기원이 알려져 있지 않은 감각여건들의 단순한 영입 작용으로 간주하는 것은 지극히 당연한 처사가 된다. 결국 근대 철학이 현시적 직접성과 경험을 동일시하고, 보다 근본적으로는 이런 의식적 경험을 인간에게 가능한 유일한 경험으로 간주한 결과, 경험자는 정신의 무대 속에서, 외부의 역동적인 세계와는 무관하게 각개약진(各個躍進)하는 심상들의 행진을 주시하는 자로 전락하고 말았던 것이다. 여기서, 존재는 명석 판명하게 지각되는 것이고, 이렇게 지각되는 것 외에는 아무 것도 없다는 주장이 가능하게 된다. **힘**에 관한 로크의 학설은 의식적 경험의 무대와 역동적인 실재 사이의 간극을 메우려는 하나의 시도였다. 화이트헤드는 상징적 연관의 지각이라는 개념에서, 데카르트와 흄이 주목했던 명석 판명한 심상과, 로크가 주목했던 힘을 복원시키고 있다고 할 수 있다. 이런 점에서 인과적 효과성, 현시적 직접성, 상징적 연관에 관한 일련의 논의는 그의 이런 의도를 충실히 반영하고 있다고 할 수 있다.

있다. 우리가 의자-심상을 보고 있고, 또 의자가 실제로 있을 경우, 비허상의 사례가 성립한다. 우리가 거울 속을 들여다보는 경우, 부분적인 허상적 사례가 성립한다. 이런 경우 우리가 보고 있는 의자-심상은 우리가 실재적인 의자라 부르고 있는, 여러 존재들로 이루어진 입자적 사회의 정점이 아니다. 마지막으로, 우리가 마약을 복용했을 때와 같은 경우가 있겠다. 그래서 이런 경우라면 우리가 보고 있는 의자-심상은 입자적 사회의 그 어느 역사적 경로 속에서도 가까운 상관자를 전혀 갖고 있지 않은 것이다. 그리고 시간의 경과가 주된 요소가 되는 별개의 허상적인 단계들도 있다. 이러한 사례는 천체에 대한 우리의 지각에서 예시된다. '허상'의 사례에서 우리는 혼동을 일으켜, 우리가 올바르게 추리하기는 했으나 직접 보지는 않은 존재들의 사회를, 우리가 '실재적으로' 본 사물이라고 말하기 쉽다"(*PR* 64, cf. 122).

제 8 장

명제와 명제적 느낌

앞 장에서 우리는 화이트헤드가 지각의 문제에 어떻게 접근하여 분석, 기술하고 있는지를 살펴보았다. 화이트헤드가 말하는 기본적 유형의 지각에는 인과적 지각, 예기적 지각, 현시적 지각, 상징적 연관의 지각 등이 있다. 그런데 이들은 화이트헤드의 체계에서 범주적 용어에 의한 분류가 아니다. 따라서 이들의 체계 내적인 기능과 구조를 보다 선명하게 들여다보기 위해서는 이들을 먼저 범주적 용어로 번역할 필요가 있다. 앞서 우리는 인과적 지각이 **단순 물리적 느낌**으로 범주화된다고 하였다. 그렇다면 나머지 셋은 어떻게 범주화될 수 있는가? 필자는 이들 셋이 모두 "명제적 파악(느낌)"(propositional prehension, feeling)이라는 범주적 술어로 일반화될 수 있다고 생각한다. 뿐만 아니라 제5장에서 검토한 주체적 지향이라는 것도 명제적 느낌의 하나로 볼 때 합생에서 갖는 그것의 기능과 구조가 보다 확연하게 드러난다. 이 장에서 우리는 우선 화이트헤드가 말하는 **명제와 명제적 느낌**이 어떤 성격의 것인지를 고찰하고, 이를 그의 지각이론과 주체적 지향에 관한 논의에 중첩시켜 검토할 것이다. 이런 일련의 작업은 우리가 앞서 살펴본 지각과 주체적 지향에 관한 화이트헤드의 기술을 보다 심층적, 도식적으로 이해할 수 있는 기회를 제공할 뿐만 아니라, 추상적, 형식적으로 기술되어 있는 명제와 명제적 느낌의 구조와 기능적 특성을 보다 구체적, 실증적으로 이해하는 데 도움이 될 것이다.

1. 명제

화이트헤드의 모든 개념 사용이 그렇듯이 **명제**라는 개념도 전통적으로 논리학과 인식론에서 논의되어 온 것보다 훨씬 더 넓은 의미로 확대되고 있다. 화이트헤드는 명제를 존재의 범주들 가운데 하나로 상정한다. 물론 명제가 존재의 범주에 속한다고 보는 것만으로는 전통 논리학이나 인식론이 명제를 문제삼는 방식과 크게 다르지 않다고 할 수 있겠다. 명제는 정신적 판단의 객관적인 내용, 즉 비심리적이고 비문법적인 어떤 것으로 간주되는 경향이 있었기 때문이다. 이것은 특히 금세기의 전환기에 케임브리지에서 사용되었던 의미이다. 당시 명제는 판단행위에서 사유되고 문장으로 표현되는 선언어적 실재(prelinguistic reality)를 지칭하는 데 사용되고 있었다. 그리고 이러한 명제 개념은 『수학 원리』(*Principia Mathematica*)에도 전제되어 있는 것으로 보인다. 우리는 이 책에서, "우리가 (명제는 이 명제를 표현하는 말과 구별된다는 의미에서) 명제라고 부르는 것"[1]이라는 구절을 그 증거로 찾아볼 수 있다. 이런 의미의 명제는 객관적인 것, 그래서 문장이나 진술과 관계하기는 하지만 상이한 여러 문장으로 표현될 수 있는 것으로 간주된다. 화이트헤드가 존재의 범주 가운데 하나로 상정하고 있는 명제에는 이와 같은 실재론적 전통의 명제 개념이 함의되어 있다고 볼 수 있다.

화이트헤드가 이런 명제 개념을 논리학과의 상관 굴레에서 해방시켜

---

1) A. N. Whitehead and B. Russell, *Principia Mathematica*, 2nd ed.(Cambridge: Cambridge University Press, 1925, reprinted 1935), vol.1, p.44.

형이상학적 개념으로 확대하면서 수정하고 있는 것은 그것의 기능이다. 그는 명제의 기본적인 기능이 판단의 내용이나 문장의 선(先)언어적인 의미가 되는 데 있다는 전통적인 견해를 수정한다. 그는 명제의 일차적 역할이 존재의 자기 구성 과정에 던져지는 **유혹(lure)**이 되는 데 있는 것이라고 주장함으로써 명제의 기능 영역을 근본적으로 확대 개편한다(*PR* 25).[2] 그것은 인간의 사고 속에서만 기능하는 인간적인 존재, 즉 인식과 사고의 대상으로 제한되어 있는 존재가 아니다. 메이즈(W. Mays)는 화이트헤드가 우리의 지각과 정신 상태 속에 주어지는 여건들(data)을 기술하기 위한 집합명사로서 명제라는 용어를 사용한다고 말하고 있다.[3] 그런데 이런 규정은 여전히 명제를 전통적인 기능 영역 속에 가두어 놓고 있기 때문에 오해의 소지가 있다. 정확히 말하자면 그것은 **우리의 지각과 정신 상태 속에 주어지는 여건들**을 지칭하는 것이 아니라 **임의의 경험 주체에 유혹으로 주어지는 독특한 여건들**을 지칭하는 집합명사이다.

화이트헤드는 명제를 "불순한 가능태"(impure potentiality)(*PR* 22)로 특징지운다. 그에 따르면 명제는 현실태(actuality)와 순수한 가능태가 혼재되어 있는 성격이라는 점에서 불순한 것(*PR* 188~89)이요, 순수한 가능태도 순수한 현실태도 아니라는 점에서 "복합적인 존재"(complex entity)(*PR* 257)이다. 화이트헤드는 이를 **설명의 범주 xv**에서 다음과 같이 정의하고 있다. "명제란 어떤 현실적 존재들이 결합체를 형성하기 위한 가능태로서 통일되어 있는 것으로서, 하나의 복합적인 영원적 객체가 지닌 통일성을 갖는 영원적 객체들에 의해서 부분적으로 한정되는 그러한 가능적인 관계성을 동반하고 있다는 것. 거기에 포함되어 있는 현실적 존재는 '논리적 주어'(logical subject)라고 불리며, 복합적인 영원적 객

---

2) 화이트헤드는 다음과 같이 이를 역설한다. "'명제'에 대한 통상적인 논리적 설명은 오직 우주에 있어서의 명제의 역할의 제한된 측면, 즉 명제가 느낌의 여건 ― 그 주체적 형식이 판단의 주체적 형식이 되는 느낌의 여건 ― 일 때의 측면만을 표현할 따름이다. 명제의 일차적 기능은 느낌에의 유혹과 관련되어 있다는 것이 유기체철학의 기본 학설이다"(*PR* 25).

3) W. Mays, *Whitehead's Philosophy of Science and Metaphysics* (The Hague: Martinus Nijhoff, 1977), p.112.

체는 '술어'(predicate)라고 불린다"(*PR* 24). 이 진술에서 보자면 명제
는 현실적 존재들이 하나의 복합적인 영원적 객체에 의해 가능적으로 통
일되어 있는 존재이다.[4] 그렇기에 또한 그것은 순수한 가능태에 비해 현
실태의 구체적인 특수성을 분유하고 있으며, 현실태에 비해 가능태의 추
상적 일반성을 분유하고 있다(*PR* 197). 말하자면 명제는 특정한 현실태
에 초점이 맞춰져 있는 한정적인 가능태라는 점에서 현실태의 특수한 결
정성과 가능태의 미결정성을 함께 지니고 있는 그런 복합적인 존재이다
(*PR* 258).

명제가 불순한 가능태로서 현실적 환경 속의 특정 요소와 이미 관련되
어 있는 것이라거나 복합적인 존재로서 현실태와 가능태의 합성물이라는
것은 지극히 형식적인 기술이다. 이런 형식적 기술은 구체적으로 어떻게
이해될 수 있는 것인가? 우선 화이트헤드에 따르면 기본적으로 명제는
현실적인 것은 아니지만 현실적인 것일 수 있는 어떤 것이다. 이러한 가
능적 관련성은 명제에서 **~일 수 있음**(could be ~)으로 표현된다. 이는
명제의 **논리적 주어**(logical subject)가 대변하는 **현실태**와 **술어**
(predicate)가 대변하는 가능태 간의 대비, 곧 양자의 합성물이다. 그것
은 **S는 P일 수 있다**이다. 따라서 명제는 주체에 실현된 것으로서 주어지
는 것이 아니라 실현될 수 있는 것으로 제안된(proposed) 것이다. 명제
가 불순한 가능태라는 것은 이런 의미에서이다. 아주 단순한 지평에서 보
자면, 명제는 **저것이 벽이고 하얀 것일 수 있는 가능태**, 또는 **이것이 책
상일 수 있는 가능태, 그것이 내 딸아이의 검은 머리카락일 수 있는 가능
태**이다. 그래서 화이트헤드에 따르면 명제는 "특정한 현실태들에 관해 말
해질 수 있는 이야기"(*PR* 256)이다. 여기서 저것, 이것, 그것은 현실태의
결정성[5]을, 그리고 **~일 수 있음**은 가능태의 미결정성을 각각 대변한다.

---

4) 명제는 술어적 패턴으로 결합시킬 현실적 논리적 주어들을 그것이 지시하고 있다는 데서 **현실
태의 특수성**을 갖는 동시에, 그것이 생성 중인 현실적 존재들과의 **일반적인 관련성**을 지닌다
는 점에서 **가능태의 일반성**을 갖는다. 그리고 이것이 명제가 **불순한 가능태**(impure
potentiality)라 불리는 궁극적인 이유이다.

가능적인 사태로 존재하는 명제는 임의의 경험 주체에 의해 파악됨으로써만 실현된다. 문제는 이러한 실현의 구체적인 메커니즘이다. 일반적으로 말한다면 임의의 경험 주체가 어떤 존재를 객체로 파악한다는 것은, 그 주체의 자기 창출 과정이 이 존재에 의해 제약당한다는 것이다. 사실상 경험 주체는 그의 환경에 들어 있는 선택지들, 즉 실재적 가능태들을 선택적으로 취합하는 주체적 결단을 통해 출현하는 것이며, 역으로 말하자면 그런 실재적 가능태들의 제약 하에서 출현하는 것이다. 이러한 결단의 과정이 경험의 과정이요 존재의 자기 구성 과정이다. 그러므로 명제는 경험 주체를 탄생시키는 무수한 실재적 가능태들 가운데 하나로, 그 경험 주체를 제약하기 위해 그 주체의 결단을 기다리고 있는 것이다. 그렇기에 "명제는 느낌의 개별성이나 결합체의 실재성을 갖지 않는다. 그것은 자신을 느낄 주체를 기다리고 있는, 느낌을 위한 하나의 여건이다"(*PR* 259). 화이트헤드는 이런 의미에서 명제의 근본적인 역할을 "느낌에의 유혹"(lure for feeling)(*PR* 184)이라고 정의한다. 명제는 경험 주체의 흥미를 유발시키는 하나의 유혹으로 작용하는 데 그 기본 소임이 있다는 것이다. 그래서 "명제가 흥미를 끈다는 것은 그것이 참이라는 것보다 더 중요하다. 이러한 진술은 동어반복에 가깝다. 왜냐하면 경험의 한 계기 속에서의 명제의 작용이 갖는 힘은 그것의 흥미로움이자 그것의 중요성이다. 그러나 물론 참인 명제는 거짓인 명제보다 더 흥미로운 것이기가 쉽다. 또한 명제의 정서적 유혹에 따르는 행위는 그 명제가 참인 경우 더 성공적인 것일 가능성이 큰 것이다. 그리고 행위를 떠나 진리를 명상하는 것은 그 나름의 흥미를 갖는다. 그러나 이 모든 설명과 규정에도 불구하고 명제의 중요성이 그것의 흥미로움에 있다는 것은 여전히 사실이다"(*AI* 313,

---

5) 이때의 현실태는 그 자체로 볼 때 텅 비어있는 것이라고 할 수 있기 때문에 그 결정성이라는 것도 사실상 명제를 파악하는 주체와의 관계를 통해서만 확보되는 것이라고 할 수 있다. 따라서 논리적 주어를 지시하는 **이것, 그것, 저것** 등과 같은 용어는 연장적 연속체를 토대로 하는, 주체의 영역과 명제의 논리적 주어의 영역간의 관계를 대변하는 기능적 용어로 간주되어야 할 것이다.

cf. *PR* 259). 이 진술에서 보듯이 화이트헤드에게 있어 명제는 일차적으로 판단의 대상이 아니라 흥미로움의 대상이다. 그렇기에 또한 임의의 주체가 명제를 파악하는 기본적인 방식은 판단이 아니다. 명제들은 일차적으로 판단의 대상으로서 경험 주체에 주어지는 것이 아니라 **느낌에의 유혹**으로서, 즉 판단될 가능적 가치로서가 아니라 영입(entertainment)될 가능적 가치로서 제안된다(*PR* 188). 그것들은 주관 내적인 실현, 즉 그 진위에 관련된 비판적인 평가가 뒤따를 수도 있으나 반드시 그럴 필요는 없는 사적인 향유(private enjoyment)를 위해 제공된다.

뿐만 아니라 화이트헤드에 따르면 이러한 **영입**에 판단이나 의식이 개입하는 경우는 아주 드물다(*PR* 184). 영입은 전통적인 의미의 인식론적인 활동이 아니라 주체의 자기 구성 활동, 말하자면 존재론적 활동에 속하기 때문이다. 그러므로 과정철학에 있어 명제의 기능은 일차적으로 형이상학적 지평에, 즉 창조적 과정을 이끌어 가는 유혹으로서의 역할에 있는 것이며, 오직 부차적으로만 논리적 지평에, 즉 진위에 대한 평가를 수반하는 의식적인 판단의 여건이 되는 데 있는 것이라 할 수 있는 것이다.[6] 화이트헤드는 이 대목에서 주지주의적 성향을 띤 철학자들의 과도한 논리학적 관심 때문에 사물의 본성에 있어서의 이와 같은 명제의 존재론적 기능이 은폐되어 왔다고 주장한다. 그에 따르면 "명제는 근본적으로 믿음을 위한 것이 아니고, 무의식적인 물리적 수준에서의 느낌을 위한 것이다. 명제는 여건에 전적으로 구속되지 않는 느낌의 발생을 위한 원천을 이루고 있다"(*PR* 186). 화이트헤드가 명제를 단순히 판단의 소재라고 생각하는 것은 우주 안에서의 명제의 역할을 이해하는 데 치명적인 장애가 된다고 말하는 것은 이런 맥락에서이다.

---

6) 명제는 때에 따라 그 진위와는 무관하게, 장난기, 공포, 혐오, 분노 같은 감정적 요소와 더불어 단순히 파악될 수도 있다(*PR* 25). 예컨대 복음을 명상하고 있는 기독교인이 언제나 그 복음 속에 들어 있는 각각의 명제들을 놓고 참인지 거짓인지를 의식적으로 판단하고 있지는 않을 것이다. 오히려 그는 그 명제들이 그의 느낌에 주는 강력한 흡입력을 향유한다는 이유에서 그 명제들을 마음에 품고 있을 수 있는 것이다.

순수한 논리적 측면에서 볼 때, 거짓 명제는 단순히 그릇된 것이요, 그렇기에 현실적으로 아무런 쓸모가 없는 것이다. 그러나 과정철학에 있어 이따금 거짓 명제는 참인 명제보다도 더 중요한 역할을 하는 것으로 간주된다. 그것은 종종 세계가 실현된 사태를 넘어 새로운 사태로 전진해 갈 수 있게 길을 터 주기 때문이다(*PR* 187). 그리고 이런 측면에서 **흥미를 끄는** 명제가 **단순히 참인** 명제보다 훨씬 더 큰 진화적인 가치를 갖는다고 할 수 있는 것이다. 쉐번(D. W. Sherburne)은 화이트헤드가 이런 일련의 주장을 하면서 염두에 두고 있었을 법한 것을 다음과 같이 그럴 듯하게 예시하고 있다. "어느 한 도시에 사는 많은 사람들이 그 도시의 중심부에 빈 공터가 있다는 것을 알고 있다. 그러나 오직 한 사람의 기업가만이 그 모퉁이의 식당이라는 말에 의해 지시되는 명제를 긍정적으로 파악하고 있을 수 있다. 그가 처음에 그 명제를 파악하는 순간에 있어서 그 명제는 거짓이다. 그러나 이것은 그 명제에 있어 중요한 것이 아니다. 느낌에의 유혹으로서의 그 명제는 그 기업가로 하여금 그 땅을 매입하여 식당을 건축하도록 할 수가 있는 것이다."[7]

결국 명제는 그것이 간직하고 있는 가능태와의 관련성에 의해서, 그것을 느끼는 주체로 하여금 완고한 현실적 여건의 제약에서 벗어나 새로움을 실현할 수 있는 동기로 기능하는 것이다. 명제가 새로움의 원천이 될 수 있다는 것은 바로 이런 의미에서이다. 그것은 과정을 새로움의 영역으로 이끌어 가는 가운데, 과정을 진정한 의미의 과정으로 만드는 것이다. 우리는 이미 제5장에서 주체적 지향이 현실적 계기의 합생을 창조적으로 이끄는 기능을 떠맡고 있음을 보았다. 우리는 다음 소절에서 이 주체적 지향이 명제적 느낌의 구조를 갖는 것으로 분석된다는 점을 보여줄 것이다.

다른 한편 존재가 갖는 인식활동이라는 것은, 그것이 감각적 인식이든 지성적 인식이든, 경험 주체가 새로운 자기를 창출하는 가운데 나타날 수

---

7) D. W. Sherburne, *A Key to Whitehead's Process and Reality* (Bloomington: Indiana University Press, 1966), p.240.

있는 부속 활동이다. 그런데 화이트헤드에 따르면 이 활동은 주체의 경험 가운데 명제가 실현되어 있다는 것을 전제로 한다. 인식은 이렇게 실현된 명제를 구성요소로 하고 있는 **복합적인 여건**(complex data)에 대한 **파악**(prehension)이다. 그리고 전통철학에서 인식의 전제로 삼아 왔던 의식이라는 것도 명제에 선행하는 자기 동일적 존재가 아니다. 그것은 명제에 대한 느낌을 필수적인 구성 요소로 하는 지성적 인식에서, 그 복합적 여건이 파악되는 가변적이고도 우연적인 방식을 특징짓고 있는 요인에 불과한 것이다. 따라서 인식과 의식은 모두 명제에 대한 느낌을 전제로 하고 있는 것이 된다. 그렇기에 명제는 지성적 인식과 의식을 탄생시키는 토대의 기능을 갖는다고 말할 수 있다. 우리는 다음 제9장에서 이를 차례로 검토하게 될 것이다.

요약해보자. 화이트헤드의 명제이론에서 가장 눈에 띄는 점은 명제가 **느낌의 유혹**으로 간주되고 있다는 사실이다. 이는 과정철학에서 명제가 하나의 존재론적 가치의 담지자로 이해되고 있음을 의미한다. 그래서 명제는 과정철학이 새로움의 출현을 규명하는 자리와, 인식과 의식을 존재 창출의 지평으로 복귀시키는 자리에 중요한 범주로 나타나 있다. 그리고 그것은 오직 이차적, 파생적으로만, 판단을 통해 참이나 거짓으로 결정되는 논리적, 인식론적 가치의 담지자로 간주되고 있다. 이제 이런 일련의 논점을 해명하기 위해서는 먼저 화이트헤드가 말하는 명제적 느낌이라는 것의 내적 구조를 분석적으로 살펴볼 필요가 있겠다.

2. 명제적 느낌

명제는 불순한 가능태라 했다. 그런데 그것이 가능태인 한, 그것은 스스로 구현되는 주체적 존재일 수 없고 객체적 존재, 즉 객체화를 통해서만 실현될 수 있는 존재이다. 명제적 느낌은 이런 명제를 여건으로 하여 그것을 객체화시켜 실현하고 있는 느낌이다. 이 느낌에서, 논리적 주어로서의 현실태에 대한 느낌과 술어적 패턴으로서의 가능태에 대한 느낌이 결합된다. 그렇기 때문에 임의의 한 현실적 존재가 어떤 명제를 느끼기 위해서는 그 명제를 구성하는 현실태와 가능태에 대한 선행하는 느낌을 미리 갖고 있어야 한다. 화이트헤드는 명제적 느낌을 구성하는 현실태에 대한 느낌을 "지시적 느낌"(indicative feeling)이라 부르고, 술어로 기능하는 가능태에 대한 느낌을 "술어적 느낌"(predicative feeling)이라 부른다. 그리고 **술어적 느낌**의 여건이 되는 영원적 객체를 포함하고 있는 느낌을 "물리적 인지"(physical recognition) 또는 "물리적 상기"(physical recollection)라 부른다(*PR* 260). 이는 술어적 패턴의 물리적 기초이다. 그래서 **술어적 느낌**은 이 **물리적 인지**로부터 직접적으로 파생되는 그 영원적 객체에 대한 개념적 느낌이거나, 이 개념적 느낌의 여건과 관련되어 있으나 이것과는 구별되는 영원적 객체를 그 여건으로 하고 있는 어떤 개념적 느낌, 즉 개념적 역전(conceptual reversion)의 느낌이다(*PR* 260).

명제적 느낌은 이처럼 그 탄생 배경에서 볼 때 **지시적 느낌**과 **술어적 느낌**의 통합으로 이루어지는 것이다(*PR* 261). 여기서 지시적 느낌은 **논리적 주어**가 되는 현실적 존재들을 단순한 **그것**(its)으로 느낀다. 단순한 **그것**으로 느낀다는 것은 그 현실적 존재들을 그것들이 본래 갖고 있는 규정성과 별개로 느끼는 것을 말한다. 명제에서 그것들은 단순한 관계항으로 기능한다. 그래서 그들 자체는 명제에서 지시될 수 있을 뿐이며, 단순한 다수성 이외에 그들 자신의 어떤 특성도 지니지 않는다. 이는 그들이 가능적인 술어적 패턴인 복합적인 영원적 객체 속에 통일될 수 있어야 하기 때문이다. 따라서 지시적 느낌의 여건인 논리적 주어로서의 현실적 존재들은 한정된 현실태이긴 하지만, 명제의 **술어적 패턴**(predicative pattern) 속에 새로이 통일되기 위해 그들 본래의 완전한 결정성은 제거되어 있는 것이다. 따라서 **명제적 느낌**에서, **논리적 주어**가 되는 현실태는 **물리적 지시**(physical indication)라는 그 본래적인 목적에 있어서가 아니라면 어떤 규정성도 없는 요인이라 할 수 있다. 여기서 단순한 **그것**이라는 표현은 명제에서 주어가, 술어에 의해 그것에 부여된 것과 다른 어떤 가지성(intelligibility)을 갖지 않는다는 것을 함의한다. 그런데 이처럼 현실태에서 그 모든 우연적인 개념적 규정성을 제거할 때 남는 것은 대체 무엇인가? 우리가 추정해 볼 수 있는 것은 그 현실태가 자리하는 연장적 연속체 내의 입각점, 즉 **영역**뿐이다. 왜냐하면 현실태를 가장 근원적으로 조건지우고 있는 것, 그래서 특정 현실태의 필연적 규정성이라 할 수 있는 것은 연장적 연속체밖에 없기 때문이다. 그리고 이렇게 추론할 때 영역은 이 연장적 연속체의 관계항이기에 명제를 파악하는 주체는 이 연장적 연속체를 기반으로 하여 그 논리적 주어와 지시관계에 있게 되는 것이라고 이해할 수 있다. 이런 이해가 옳다면 결국 **그것**이라는 논리적 주어가 실제로 가리키는 것은 논리적 주어의 토대가 되는 현실적 존재나 결합체의 영역이 된다.[8] 그리고 여기서 **논리적**이라는 표현은 명제에서 현실태가 갖는 논리적 기능을 강조하기 위한 것으로 보인다.[9] 다른 한편 명제적 느낌은 술어적 느낌의 여건인 하나의 복합적인 영원적 객체에 의해, **지시적 느낌**의 여건 속에 포함된 현실적 존재들의 단순한 다수성을 통일시킨다. 그리고 이런 명제적 느낌이 성립하게 될 때, 술어적 패턴을 이루는 영원적 객체는 가능태의 지위에서 갖고 있던 절대적

---

8) 명제에 관한 일반적인 논의에서 **논리적 주어**를 현실태의 **영역**으로 이해하고 있는 고전적인 사례는 메이즈(W. Mays)의 글에서 찾아볼 수 있다. 그는 명제를, 특정 시점의 **특정 공간영역을 특징짓는 성질들의 패턴**으로 규정하고 있다(W. Mays, *Whitehead's Philosophy of Science and Metaphysics* [The Hague: Martinus Nijhoff, 1977], p.113). 그리고 프랭클린은 보다 사변적으로 이에 접근하여 유사한 결론을 내리고 있다(S. T. Franklin, 앞의 책, pp.197~98 참조).

9) 이는 물론 화이트헤드의 초기 수학적 저술들 속에서 보여주고 있는 견해, 즉 명제가 무엇인가**에 관한** 것이며, **실재하는 주어**를 갖는다는 견해의 연장선상에 있는 개념이다. 이는 또한 『수학원리』(*Principia Mathematica*)에서 수학의 추상은 **경험**에서 출발해야 한다고 했을 때, 그가 품고 있던 기본적인 믿음의 부분이기도 한 것이다(W. A. Beardslee, "Recent Hermeneutics and Process Thought," *Process Studies* Vol. 12[1982]: 65~76 참조).

일반성을 상실한다. 이는 그것이 단순한 개념적 느낌의 여건으로서는 그 어떤 현실적 존재와 관련해서도 실현될 여러 가능성을 지니고 있었던 반면, 명제적 느낌을 구성하는 술어적 느낌의 여건으로서는 그 다양한 관련 가능성들이 바로 그 명제의 논리적 주어에 의해 제한되기 때문이다(*PR* 261).

3. 명제적 느낌으로서의 주체적 지향

앞에서 우리는 새로운 계기의 합생을 주도하는 **주체적 지향**을 **명제**에 대한 느낌, 즉 **명제적 느낌**(propositional feeling)의 일종으로 간주하여 분석할 수 있다고 하였다. 이제 우리는 이 가능성을 추적해 보기로 하자. 이 작업은 주체적 지향의 개념에 관한 앞서의 기술을 보완할 뿐만 아니라, 합생에서 주체적 지향이 갖는 기능과 그 구조적 특성을 보다 선명하게 드러내 보여주게 될 것이다.

우리가 주체적 지향을 명제적 느낌으로 이해할 수 있다고 보는 데에는 비록 빈약하긴 하지만 문헌상의 근거가 있다. 우선 무엇보다도 이런 이해를 뒷받침한다고 볼 수 있는 것은 합생의 과정이 주체적 지향에 의해 정합적으로 조정되면서 나타나는 각 위상에서의 통일성을 화이트헤드가 **명제적 통일성**(propositional unity) 또는 **명제의 통일성**(unity of proposition)(*PR* 236)으로 특징짓고 있다는 점이다. 그의 말을 직접 들어보자. "일곱 가지 종류의 '고유한' 존재로 되돌아가서 우리가 미완의 위상을 어떻게 분류할 것인가를 묻는다면,[10] 우리는 그 미완의 위상이 명제의 통일성을 가지고 있다는 것을 알게 된다. 각 위상을 과정 내의

---

10) 현존의 범주에 존재는 여덟 가지로 제시되어 있다. 현실적 존재(계기), 파악, 결합체, 영원적 객체, 명제, 다수성(multiplicity), 대비(contrast) 등이 그것이다. 여기서의 물음은 현실적 존재를 합생 중에 있는 것으로 보아 제외할 경우, 나머지 일곱 가지 존재의 범주 중 어디에 속하는가를 묻고 있는 것이다.

부수 사건으로 만들어 버리는 창조적 충동으로부터 그 위상을 추상한다면, 그 위상은 그것을 구성하고 있는 느낌들과, 궁극적인 자기 초월체에 관한 하나의 명제에 지나지 않게 된다"(*PR* 224). 화이트헤드의 이 진술은 우리가 주체적 지향을 명제적 느낌으로 이해하는 데 있어 하나의 실마리가 될 수 있을 것이다. 위 인용문의 둘째 문장에서 **궁극적인 자기 초월체**란 그 주체가 되고자 하는 이상적 모습을 말한다. 따라서 이상적 모습에 대한 명제는 주체적 지향(주체적 지향의 느낌과 구별되는)에 다름 아니다. 그러나 그의 저술 어디에서도 화이트헤드는 주체적 지향이 명제적 느낌이라고 명시적으로 단언하고 있지는 않다. 화이트헤드는 이러한 주체적 지향을 하나의 느낌(파악)으로 정의하고 있을 뿐이다. 하지만 다음의 진술은 주체적 지향이 명제에 대한 느낌으로 이해될 수 있음을 재확인시켜준다. "주체의 생성을 통제하고 있는 '주체적 지향'은, 자기 창조의 과정에서 어떤 명제를 실현시키려는 목적의 주체적 형식을 가지고 그 명제를 느끼는 그런 주체이다"(*PR* 25).

그런데 주체적 지향이 명제에 대한 느낌이라면 거기서 논리적 주어와 술어로 기능하는 요소가 각각 무엇인가? 일견하자면 우선 이 때의 명제는 합생 중에 있는 존재에 관한 명제이기 때문에, 논리적 주어는 합생하는 존재 그 자체가 되어야 할 것 같다. 그런데 문제는 『과정과 실재』에 들어 있는 화이트헤드의 명제이론은 명제의 논리적 주어가, 그 명제를 파악하는 현실적 존재의 과거에 있다는 전제 위에서 전개되고 있다는 데 있다. 그가 『과정과 실재』에서 예시하고 있는 명제는 언제나 과거의 사실에 관한 명제로 제한되어 있다. "어떠한 현실적 존재도 자신의 현실 세계가 그 명제의 논리적 주어들을 포함하고 있지 않을 경우, 그 명제를 느낄 수 없다"(*PR* 259)는 것이다. 현실적 계기가 임의의 명제를 파악할 수 있으려면, 그 계기의 현실 세계가 그 명제의 논리적 주어들을 포함하고 있어야 한다(*PR* 260).[11] 그래서 예컨대 뉴턴은 그의 어떤 계기에 의해서

---

11) 화이트헤드는 이처럼 명제의 논리적 주어가 자신의 현실 세계 속에 들어 있어서 그 명제를 파

도 아인슈타인에 관한 명제를 느낄 수 없는 것이다. 그러나 그럼에도 불구하고 우리는『과정과 실재』에서 이런 원칙에 예외가 되는 경우가 있음을 강력하게 시사하는 다음과 같은 구절을 찾아볼 수 있다. "전제된 논리적 주어가 어떤 현실적 존재의 현실 세계 속에는 존재하지 않을 수도 있다. 이 경우 그 명제는 그 현실적 존재에 있어 현존하지 않는 것이 된다. 이와 같은 순수한 명제의 개념은, 그 현실적 존재를 넘어서는 가설적인 미래와 관련된다. 이 명제 자체는 그러한 논리적인 주어들을 기다리고 있다"(*PR* 188). 유감스럽게도 화이트헤드는『과정과 실재』에서 이 **순수한 명제의 개념**이 어떻게 이해되어야 하는지에 대해서는 설명하고 있지 않으며,『관념의 모험』에서 개략적으로 재론하고 있으나 여전히 그것은 불분명한 것으로 남아 있다(*AI* 248~51). 따라서 우리는 다소간 사변적으로 접근할 수밖에 없다. 우선 논리적 주어로 기능할 현실적 존재는, 합생하는 현실적 존재 그 자신일 수 밖에 없을 것 같다는 것은 분명하다. 사실상 이런 해석은 크리스천(W. A. Christian)이 처음 제기했었는데[12] 그에 의하면 "지시적 느낌은 직접적인 합생의 자기 느낌"(self-feeling)으로 이해할 수 있다는 것이었다.

그러나 여기서 크리스천이 말하는 **자기 느낌**의 여건은 무엇인가? 크리스천에게서는 이에 관한 시사를 찾아볼 수 없다. 후일 마틴(J. M. Martin)은 크리스천의 견해를 검토하면서 다음과 같이 말하고 있다. "주체적 지향의 여건으로서 작용하는 명제는 미래에 관한 명제의 사례가 아닐 수 있겠다. 왜냐하면 그 명제의 논리적 주어가 실제로 현실 세계 속에 존재하지 않는 것인지는 결코 분명치 않기 때문이다. 크리스천은 합생하는 주체가 그 명제의 논리적 주어라고 단언한다. 합생하는 현실적 계기는 현실 세계의 부분이 아니라고 말할 수 있다. 왜냐하면 그것은 사실상 존재(existence)로 생성하지 않았기 때문이다. 그러나 그것이 현실 세계 속

악할 수 있는 현실적 존재를 그 명제의 **장소**(locus)라 부른다(*PR* 186).
12) W. A. Christian, 앞의 책, p.316.

에 존재하지 않는다면 명제는 그 현실적 계기에 있어 존재하지 않게 된
다. 이렇게 되면 우리는 현실적 계기의 합생이, 존재하지 않는 여건에 대
한 느낌에 의해 좌우된다는 주장에 이르게 된다. 다른 한편 현실적 계기
가 여전히 합생 중에 있는데도, 합생하고 있는 현실적 계기가 지금 존재
하고 있다고 말하는 것도 이상한 것처럼 보인다. 아마도 이것은 현실적
계기가 시간 속에서 합생하고 있는 것이 아니라는 점, 따라서 합생의 중
간, 전, 후와 같은 시간적 구별은 추상이라는 점을 기억한다면 해결될 수
있을 것이다."13) 전체적으로 놓고 볼 때, 마틴의 이 진술은 논리적 주어
가 합생 중인 현실적 계기라는 크리스천의 주장을 받아들여 그 정당성을
모색하고 있는 논조를 띠고 있다. 그리고 이 인용문의 마지막 부분은 그
자체로서는 타당한 것으로 보인다. 그러나 마틴의 진술은 충분한 것이 못
된다. 그는 합생 중인 명제가 현실 세계에 존재한다고 할 수 있는지의 여
부를 놓고 자문하는 가운데, 합생 중인 현실적 계기가 논리적 주어로 간
주될 수 있다고 보고 어떤 측면에서 그럴 수 있는지를 문제삼고 있다. 그
러나 우리가 보기에 문제의 핵심은 합생하는 현실적 존재가 과연 논리적
주어로 기능할 수 있는가, 그리고 그럴 수 있다고 한다면 어떻게 그럴 수
있는가 하는 데 있다.

이 가능성을 타진하기 위해 우리는 우선 명제의 주어가 결코 완전한
전체로서의 현실적 계기가 아니라는 데 주목할 필요가 있겠다. 논리적 주
어가 되는 존재는 단순한 **그것**으로 족하다. 보다 정확히 말하자면 논리적
주어는 단순한 **그것**이어야 한다. 앞 소절의 말미에서 이 단순한 **그것**은
현실태의 **영역**(region)으로 이해될 수 있다고 했다. 뿐만 아니라 이런 이
해와는 별개로, 합생하는 주체가 현실 세계에 존재하는 것으로 간주될 수
있다 하더라도, 완전한 전체로서의 그 주체가 논리적 주어로 기능할 수

13) M. J. Martin, "The Views of Whitehead and Wittgenstein on Propositions in
   Process and Reality and Tractatus Logico-Philosophicus." A Dissertation Submitted
   for the Degree of Doctor of Philosophy (Southern Illinois University, 1978),
   p.106.

있는 것은 아니다. 왜냐하면 단일한 파악이자 전체 존재의 일부분일 뿐인 주체적 지향이 그 전체 존재를 그 부분들 가운데 하나로 포함한다는 것은 논리적으로 불가능하기 때문이다. 따라서 합생 중인 현실적 존재가 현실 세계 속에 있는가 없는가 하는 것은 논점의 핵심에 있지 않다. 핵심에 있는 것은 오히려 그것이 단순한 **그것**으로 기능할 수 있느냐에 있다.

이제 **영역**이 명제의 논리적 주어로 기능할 수 있다는 해석을 전제로 할 때 주체적 지향에 들어 있는 명제의 논리적 주어는 합생하는 주체가 점유하는 **영역**이 될 것이다. 바꿔 말하자면 주체적 지향에서 느껴지는 명제의 논리적 주어는 합생하는 존재가 점유하는 연속체 내의 영역으로 간주될 수 있다는 것이다. 그리고 이처럼 영역이 논리적 주어로 기능하는 것이라고 한다면, 합생 중인 현실적 존재가 현실 세계 속에 있다고 할 수 있는가 어떤가 하는 것은 문제가 되지 않는다. 왜냐하면 합생하는 존재의 영역은 그 계기의 최초 위상에서 **일거에** 점유되어 현실화된 것이기 때문이다(PR 25).

새로운 존재의 주체적 지향 속에 느껴진 명제가 이런저런 영역을 그 논리적 주어로 갖는다고 할 경우, 이로부터 우리는 그 새로운 존재의 합생 영역이 주체적 지향에 의해 선택적으로 결정되는 것이라고 추론할 수 있다. 주체적 지향은 그 합생의 주도적인 원리로서, 이런저런 영역을 그 계기의 가능적 자기동일성의 자리로서 결정한다는 것이다. 이 점은 화이트헤드의 다음과 같은 진술 속에 부분적으로 시사되어 있다. "임의의 한 현실태에 있어 선택된 시간적 지속의 요인은 그 현실태의 최초의 '주체적 지향'에 달려 있게 될 것이다"(PR 128). 물론 우리는 여기서 시간적 지속 요인이 공간적 연장 요인을 동반하는 것으로 이해해야 한다. 화이트헤드에게서 시공은 연속체이기 때문이다. 그렇다면 최초의 주체적 지향에 의해 그 영역 전체가 일거에 파악되어 현실화되는 것이며 이때 영역은 주체적 지향에서 논리적 주어로 기능하는 것이라 할 수 있다.

한편 주체적 지향이 명제에 대한 느낌이라면 술어가 되는 것은 무엇인가? 이에 대한 답변은 비교적 간단하다. 주체적 지향은 합생의 출발선상에서 성립하는 것이기 때문에, 술어가 되는 영원적 객체는 합생의 출발과 동시에 최초로 생겨나는 개념적 느낌의 여건이어야 할 것이다. 화이트헤드에게 있어 이러한 개념적 느낌의 여건은 신에 대한 **혼성적인 물리적 느낌**으로부터 개념적 가치평가에 의해서 얻어지는 영원적 객체이다. 이것은 최초의 **개념적 지향**(conceptual aim)의 여건이다. 화이트헤드는 이러한 개념적 지향의 파생을 **개념적 창시**(conceptual origination)라 부르고 있다. **개념적 창시**라는 말은 최초로 개념적 규정성을 제공함으로써 합생의 시원으로 작용한다는 말이다.

따라서 이제 우리는 합생의 각 위상이 **명제적 통일성**을 갖는다는 주장을 다음과 같이 이해할 수 있겠다. 즉 각 위상은 합생하는 존재에 있어 자기동일성의 가능적 패턴을 실현하고 있다. 여기서 이 가능적 패턴을 구성하는 것은, 신에 대한 혼성적 느낌에서 파생된 영원적 객체들이다. 이 영원적 객체들은 합생하는 현실적 존재의 영역에 초점이 맞춰져 있는 가능태이다. 그래서 이들에 의해 한정되는, 합생하는 주체의 영역은 논리적 주어이며 이 가능적 패턴을 구성하는 한정자인 영원적 객체들은 명제의 술어이다. 따라서 주체적 지향이 합생의 과정을 시종 내적으로 지배한다는 것은, 합생의 과정이 줄곧 명제적 통일성을 갖는다는 것과 동일한 의미를 지닌다고 할 수 있는 것이다. 명제적 통일성을 갖는 것으로 볼 수 없는 합생의 한 단계는 **만족**이다. 왜냐하면 만족은 그의 우주 내의 모든 항목과 결정적인 관계를 갖고 있는 구체적인 동일성의 실현이기 때문이다. 그리고 이런 의미에서 합생의 과정은 가능적인 명제적인 통일성으로부터 현실적인 결정적 통일성으로의 성장으로 기술될 수 있는 것이다.

합생의 여러 위상들 간의 차이가 영원적 객체들의 진입 방식에서의 차이로 해석될 수 있다는 화이트헤드의 주장(*PR* 163)도 이런 맥락에서 보다 분명하게 이해될 수 있는 것으로 보인다. 영원적 객체는 합생의 초기 단계에서 그 합생의 동일성의 가능적인 형식 속의 한 요소로서 진입하고,

계속되는 위상에서 점차 현실적인 형식 속의 한 요소로 자리잡거나 아니면 보다 여변으로 밀려나거나 할 것이다. 그리고 그 결과로 **만족**에 이를 때, 그 영원적 객체는 이와 동일한 방식으로 기능할 수 없다. 오히려 만족에서 그 영원적 객체는 그 합생의 한정적이고 구체적인 자기동일성의 부분으로서 기능하거나 그러한 역할로부터 단적으로 배제될 것이다. 이런 과정은 우리의 맥락을 따라 다음과 같이 이해할 수 있다. 즉 합생의 초기 단계에서 임의의 영원적 객체는 그 존재의 자기동일성에 관한 명제의 술어로 진입했다가, 만족에서 그 존재의 자기동일성의 구체적이고 결정적인 요소가 되거나, 단적으로 배제된 요소가 된다는 것이다. 결국 이런 해석이 적절하다면, 합생의 과정을 자신의 **영역**에다 이상적인 한정성을 구현해 가는 과정이라 할 때, 이러한 과정 자체는 **명제**의 구조를 지니고 있는 것이라 할 수 있다. 합생의 과정은 가능적인 동일성인 명제를 구체적인 현실적 동일성으로 결정해 가는 과정이라 할 수 있는 것이다.

더구나 제5장에 보았듯이 화이트헤드는 "객체적 유혹" 가운데 하나를 받아들여 가동시킨 것이 주체적 지향이라는 취지의 주장을 하고 있다(*PR* 87). 그런데 이런 주장은 **명제**의 일차적인 기능이 **느낌에의 유혹**이 되는 데 있는 것이라는 화이트헤드의 주장(*PR* 25)과 완전히 정합한다. 앞에서 강조했듯이 명제는 단지 판단의 논리적 대상으로서만 기능하는 것이 아니다. 명제는 영원적 객체들에 의해 표현되는 **일반적 가능태**와 현실적 세계에 의해 조건지워진 **단순한 그것**, 즉 **실재적 가능태**의 복합체이다. 그것은 부분적으로 결정적이고 부분적으로 미결정적이다. 그래서 명제들은 현실적 존재가 수용하여 실현할 수 있는 다양한 선택지들로 기능할 수 있는 것이다. 이 때 명제들은 현실적 존재에 객체적 유혹으로 주어지고 있는 것이다(*PR* 25, 185). 이런 맥락에서 임의의 계기가 품고 있는 주체적 지향은 객체적 유혹으로 주어져 있는 여건들 가운데 하나인 어떤 명제를 실현하고 있는 것이라고 할 수 있다. 이 명제의 실현은 주체의 영역이라는 현실태와 영원적 객체들이라는 가능태의 통일이다. 이는 미결정적인 것이 결정적인 것으로 나아가는 중간 단계에서의 통일이다. 화이트헤드의 다음과 같은 진술은 바로 이런 사정을 묘사하고 있다. "합생에서의 각각의 새로운 위상은 느낌의 실재적 통일성의 지배적 증대에 따르는, 단순한 명제적 통일성의 후퇴를 의미한다. 잇따라 일어나는 각각의 명제적 위상은, 그 실현을 촉진하는 느낌의 창조를 위한 유혹이다"(*PR* 224).

그런데 우리가 이런 일련의 해석을 주체적 지향이 신에 대한 혼성적인 물리적 느낌에서 파생되는 것이라는 화이트헤드의 주장과 연결시켜 재검토해 보면, 주체적 지향의 명제는 신이 느끼고 있던 명제라고 말할 수 있을 것이다. 신은 새로운 계기를 명제적 느낌의 형태로 예기하고 새로운 계기는 이렇게 예기된 명제의 유혹을 순응적으로 받아들여 주체적 지향으로 삼아 실현하는 가운데 자기를 창출해 간다는 것이다. 그리고 이런 추론적 해석이 타당하다면 앞서 말한 **개념적 창시**는 신이 느끼고 있는 명제의 술어적 느낌에 대한 새로운 계기의 순응적 느낌이라고 할 수 있을 것이다.

그런데 신의 원초적 본성과 현실적 계기의 주체적 지향 사이의 관계가 이처럼 명제적 느낌의 전이에 의해 기술될 수 있다고 한다면 우리는 한두 가지 부가 사항을 지적할 수 있겠다. 우선 주체적 지향이 합생을 출발시킨다는 말의 부가적인 의미를 짐작해 볼 수 있겠다. 앞서 보았듯이 화이트헤드에 따르면 명제의 일차적인 기능은 유혹이 되는 데 있는 것이다. 그렇다면 신이 주체적 지향을 제공함으로써 새로운 계기를 탄생시킨다는 것은, 신이 명제적 파악을 갖고 있음으로 해서 그 자신을 느낌의 유혹으로 만들고 있다는 것을 의미한다고 할 수 있을 것이다. 화이트헤드의 다음 진술은 이를 시사한다. "신은 느낌을 위한 유혹이며, 욕구의 영원한 충동이다. 세계 내에서 그 자신의 제약된 입각점으로부터 생겨나는 각 창조적 행위에 대한 신의 특수한 관련은 신을, 각 주체적 지향의 최초의 위상을 확립시키는 최초의 '욕구의 대상'으로 만든다"(*PR* 344). 여기서 신이 느낌의 유혹이 된다는 말은, 새로이 출현할 현실적 계기에 관해 신이 느끼고 있는 명제가 우주의 창조적인 힘에 추구할 무엇인가를 제공한다는 의미로 이해할 수 있을 것이다.

나아가 신이 새로운 존재를 출발시키는 명제를 창조한다는 사실은 그 새로운 존재의 위치(즉 영역)에 대한 신의 통제력을 설명한다고 할 수 있다. 새로운 주체가 지향할 명제를 창출하는 데에 있어 신은 그 명제의 논리적 주어로 기능하는 영역을 선택할 것이다. 새로운 존재의 영역은 과거의 현실적 존재들의 영역들과 연속적이어야 한다는 사실을 별개로 한다면, 신은 그가 원하는 새로운 영역을 선택할 수 있으리라는 것이다. 이 새로운 영역은 큰 것일 수도 있고 작은 것일 수도 있으며, 이런 형태의 것일 수도 있고 저런 형태의 것일 수도 있겠다. 이런 선택은 일단 신에 의한 것이라고 볼 수 있다.

이제 우리는 다음과 같이 말할 수 있겠다. 합생의 과정에 내재하는 주체의 동일성은 주체적 지향의 동일성이며, 그것의 통일성은 주체적 지향의 지배 기능에서 온다. 그리고 이 주체적 지향은, 그 주체의 영역을 논리적 주어로 하고 최초의 개념적 느낌의 여건을 술어로 하는 **명제**에 대한 느낌이다. 이 명제는 신의 느낌의 여건 속에 객체적 유혹으로 존재하고 새로운 계기에서 순응적으로 수용되어 주체적 지향으로 기능한다. 합생은 이렇게 신의 느낌에서 파생되는 명제를 하나의 목적으로 느끼면서 시작되고, 이 명제를 구현하여 결정적인 현실태로 바꾸어놓게 될 때 종결되는 구체화의 과정이다.

4. 명제적 느낌으로서의 현시적 지각과 예기적 지각

앞에서 지각과 관련된 문제를 다룰 때 우리는 동시적 존재들 사이의 상호 내재와 현재 속의 미래의 내재가 각기 어떻게 현시적 지각과 예기적 지각에서 구현되고 있는지를 살펴보았다. 이미 지적하였지만 **지각**이라는 말은 화이트헤드의 체계 내적인 술어, 즉 범주적 용어가 아니다. 따라서 우리가 현시적 직접성의 지각과 예기적 지각을 체계 내적인 범주로 분석하여 기술할 수 있으려면, 그것을 파악의 범주 밑에 놓고 볼 수 있어야 한다. 왜냐하면 체계 내적으로 볼 때, 존재들 간의 모든 **구체적 관계**는 **파악**(PR 22)이기 때문이다. 그런데 현시적 직접성의 지각과 예기적 지각은 과거에 대한 파악이 아니기에, 그것은 적어도 특수한 종류의 파악이어야 할 것이다. 우리가 현시적 직접성의 지각을 **명제적 파악**, 즉 **명제적 느낌**으로 이해하려는 것은 이런 배경에서이다.

화이트헤드가 현시적 직접성의 지각이 명제적 느낌의 일종이라는 것을 명시하고 있지는 않지만, 『과정과 실재』의 한 구절에서 **변형의 장소**에 들어 있는 **영역**과 **감각여건**을 결합시키고 있는 개념적 느낌을 **명제적 느낌**이라 부르고 있다.14) 그런데 앞서 우리는 현시적 직접성의 지각이 바로 변형의 장소 속에 있는 영역에 감각여건을 투사하는, 즉 결합시키는 지각임을 살펴보았다. 그렇다면 현시적 직접성의 지각은 그대로 명제적 느낌이라는 추론이 가능하다. 이런 추정적 이해는 슈밋트에 의해 짤막하게 언급된 적이 있고,15) 프랭클린에 의해 상세하고 설득력 있게 제시되고 있다.16)

현시적 지각의 경우 논리적 주어와 술어는 비교적 간명하게 지적될 수 있다. 앞의 소절에서 주체적 지향을 명제적 느낌으로 이해했을 때, 논리적 주어는 새로운 계기가 점유하는 영역이었다. 현시적 직접성으로 지각되는 명제의 논리적 주어도 연장적 연속체의 한 측면인 변형의 장소 내에 있는 특정 영역이라고 할 수 있겠다. 그러나 주체적 지향에서와 달리,

---

14) 이 문맥에 있는 **명제적 느낌**은 다음과 같이 정의된다. "이러한 물리적 느낌의 개념적인 상관자는, 변형에 의해 한정된 영역과 감각여건을 결합시키고 있는 다수의 개념적 느낌들로 분석될 수 있다. 특정의 영역과 연관된 이러한 개념적 느낌은 '명제적 느낌'이라고 불리는 이차적인 유형의 개념적 느낌에 속한다"(PR 314).

15) P. F. Schmidt, 앞의 책, pp.146~47.

16) S. T. Franklin, 앞의 책, pp.196~97. 이 소절에서의 필자의 논의는 그의 분석에 힘입은 바 크다.

이 경우의 영역은 동시적 계기가 점유하고 있을 것으로 추정되고 있을 뿐인, 말하자면 가능적 영역이다. 그리고 주체가 파악하는 영역이 객체적 실재성을 확보할 수 있는 것은 이 영역과 주체의 영역이 연장적 연속체 내의 관계항으로서 상호 내재하는 것들이라는 사실에 근거한다. 상호 내재의 학설에 따를 때, 새로운 현실적 계기는 연속체 내의 임의의 영역을 점유하는 가운데, 그의 과거, 현재, 미래가 되는 연장적 연속체의 관계항과 관계의 조합 전체를 파악하기 때문이다. 따라서 동시적인 현실적 계기들은 이런 영역의 자격을 가지고, 합생하는 현실적 계기 속에 내재한다. 그러므로 이들 영역은 동시적 계기들의 객체적 실재성을 대변하는 요인으로서, 현시적 직접성의 여건인 명제의 논리적 주어로 기능한다고 볼 수 있는 것이다. 그리고 이 경우 명제의 술어가 이 영역에 투사되는 감각여건이라는 데에는 부연이 필요치 않을 것이다.

나아가 미래가 현재에 내재하는 방식을 구현하는 **예기적 지각** 역시 체계 내적으로는 **명제적 느낌**의 유형에 속하는 것으로 분석될 수 있다. 기본적으로 화이트헤드는 **미래의 내재**를 구현하는 예기적 느낌이, 현실적 계기 자신의 객체적 불멸성에 대한 경험이라는 형식으로 이루어지고 있는 것으로 보고 있다. 그의 표현으로 하자면 "합생하는 주체의 직접적 느낌들 가운데 들어 있는 하나의 요소는 직접적 사실과의 관계에서의 초월적 미래에 대한 예기적 느낌들로 이루어져 있는데, 이는 현실태의 본성에 내재해 있는 객체적 불멸성의 느낌"(*PR* 278)이라는 것이다. 그리고 이런 의미에서 현실적 존재는 장차 "현실적일 수밖에 없는 미래를 실재적으로 경험한다"(*PR* 215). 우리는 이런 일련의 주장을 다음과 같이 재구성해 볼 수 있겠다. 미래의 계기는 현재에서 완결된 계기에 순응해야 한다. 이런 의미에서 현실적 계기의 만족을 통해 미래를 조건짓는다고 할 수 있다(*AI* 239~30). 그래서 완결된 현실적 계기는 "그 자신의 동시적 세계의 한 구성원으로서, 그 자신 너머의 미래를 조건짓고 있는 요소들 가운데 하나"(*MT* 67)가 된다. 그런데 그렇다면 임의의 현실적 계기는 단순히 그 자신의 동일성을 인식함으로써 미래에 관해 무엇인가를 알 수 있게 된다고 할 수 있다. 물론 미래의 계기들이 이 계기에 어떻게 순응할 것인가를 자유로이 선택할 수 있는 한, 이 계기는 이들 미래의 계기들을 대략적으로만 인식할 수 있을 것이다. 그렇지만 중요한 사실은 그 계기가 그 자신의 동일성을 인식함으로써 미래를 예기할 수 있다는 것이다. 그리고 이런 예측적 앎이 화이트헤드가 말하는 **예기적 느낌**이다.

그런데 화이트헤드는 이런 예기적 느낌의 여건을 "예기적 명제"(*AI* 249)라고 말하고 있다. 그렇다면 합생하는 모든 현실적 계기는 만족의 위상에서, 장차 자신을 파악하게 될 미래의 존재들에 대한 명제, 특히 그 미래의 존재들 속에서 자신이 행할 역할에 관한 명제를 영입한다고 할 수 있다. 바꿔 말하자면 현재의 계기는 명제적 느낌을 통해, 미래에 있어서의 그 자신의 역할을 예기한다는 것이다. 물론 화이트헤드는 이에 관해 분석적으로 기술하고 있지 않다. 따라서 여기서도 우리는 다소간 사변적인 구성을 통해 이해할 수밖에 없다. 우선 이 명제의 논리적 주어는 미래의 특정 영역이 될 것이다. 이 미래의 특정 영역은 현재와의 관계에 의해 결정된다. 그것은 실재적 가능태로서의 연장적 연속체를 이루는 관계항 가운데 하나인 것이다. 그래서 그것은 연장적 연속체의 관계항으로서 파악된다. 왜냐하면 "현실적 과거와 가능적 미래를 포괄하는 완결적인 것으로서의 체계적 도식은 각 현실적 존재의 긍정적인 경험 속에 파악"(*PR* 72)되기 때문이다. 이 가능적 영역은 미래의 계기가 자리하게 될 장소이다. 그것은 그 미래의 계기가 현재를 인과적 효과성으로 파악하게 될 때 결정적인 것이 될 것이다. 현재에 있어 그것은 단순한 **그것**일 뿐이다. 그것의 현실적 결정성은 아직 도래하지 않았기 때문이다.

다른 한편 이런 예기적 명제의 술어는 현재의 계기를 한정하고 있는 영원적 객체들이다. 이 예기적 느낌에서 예기되고 있는 것은 자신을 한정하고 있는 영원적 객체들이 미래의 계기를 한정하게 되리라는 것이기 때문이다. 다음의 두 진술은 이를 막연하게나마 시사하고 있다. "미래가 현재의 주체를 구현하고 그것의 활동 패턴을 재연하게 되는 것은 바로 그 현재의 주체의 구조에 의해서이다"(*AI* 248). 따라서 "예기적 명제들은 모두가 현재적 계기의 구조와 그 속에 내재되어 있는 요구들에 관한 것 이다. 이러한 구조는 미래의 존재를 필연적인 것으로 만들며, 미래의 계 기들의 최초의 위상에서의 재연을 위한 일정량의 공헌을 필연적인 것으 로 만든다"(*AI* 249). 둘째 진술에서 **현재적 계기의 구조와 그 속에 내재 되어 있는 요구들, 미래의 계기들의 최초의 위상에서의 재연을 위한 일정 량의 공헌**이라는 표현은 예기적 명제의 술어가, 현재의 계기를 한정하고 있는 영원적 객체들이라는 우리의 해석을 뒷받침한다. 말하자면 예기적 느낌을 통해, 현재의 계기는 자신을 한정하고 있는 영원적 객체들이 미래 의 계기에서 재연되기를 요구한다는 것이다. 특히 이 때의 영원적 객체들 은 그 계기의 만족에서 달성되는 동일성을 결정하는 영원적 객체들일 것 이다. 그러므로 예기적 명제에서 **물리적 인지**(physical recognition)의 여건, 즉 술어적 패턴의 원천으로 기능하는 것은, 그 명제를 파악하는 현 재의 현실적 계기 자신이라고 할 수 있다. 그 명제의 술어는 합생 중인 현실적 계기에서 파생된다는 것이다. 이런 추론이 적절하다면 예기적 명 제는 이를 파악하는 주체의 한정성의 요소 가운데 일부를 술어로 하고, 그 주체와 그의 현실 세계 및 그의 동시적 세계에 의해 실재적 가능태의 관계항으로 떠오르는 미래의 특정 영역을 논리적 주어로 하는 것이라고 할 수 있다.

그런데 이렇게 이해될 수 있는 예기적 느낌은 과정철학의 중요한 논점 을 함의하고 있다. 그것은 우주의 창조적 전진이 현재의 계기의 요구에 의해 미래의 계기가 창출되는 과정으로 이해될 수 있다는 것이다. 그리고 물론 이러한 요구는 모든 계기의 본질에 속한다. 다음의 진술을 보자. "예기의 최종 위상은 현재적 주체의 본질의 명제적 실현이다. 이 실현은 주체가, 양립가능성이 허용하는 한에 있어 그 자신을 구현하고 재연하도 록 미래에다 부과하는 여러 가지 필연성에 따라 이루어진다. 따라서 현실적 계기의 자기 향유는 그 자신 속에 살아 있는 과거를 향유하는 데서 시작되어, 미래 속에 살아 있는 그 자신을 향유하는 것으로 종결되는 것이다. 이것은 각 개별적인 계기 속에서 작용하고 있는 것으로서의 우주의 창조적 충동에 대한 설명이다"(*AI* 248~49). 이 진술에서 보자면 예기적 **명제들은 합생 속의 요소로서의 만족**으로부터 **완결된 계기의 초월적인 동일성으로서의 만족**으로의 전이를 가능케 하는, 요컨대 우주의 창조적 전진을 가능케 하는 메커니즘의 한 부분으로 간주되고 있다. 완결된 계기는 그 자신의 동일성을, 미래에 있어서의 그 자신의 본질에 관한 명제의 형식으로 미래에다 부과하고 있는 것이다. 따라서 "계기들은 그것의 과거에 대처하는 결과로서 생겨나고 그것의 미래에 대처하는 원인으로서 종결되는 것"(*AI* 249)이라고 할 때, 이 원인은 단순히 물리적 작인으로만 이해되어서는 안된다는 것이다. 그것은 미래의 계기에 주어지는 하나의 **유혹**인 것이다. 여기서 우리는 창조적 과정에 있어 명제가 갖는 하나의 범주적 기능을 확인하게 된다. 최초 위상에서 느끼는 명제, 즉 주체적 지향이 유혹이 되는 가운데 합생이라는 미시적 과정을 가능케 하는 내적인 작인이었다면 최종 위상에서 주체가 느끼는 명제는 미래의 계기를 탄생시키는 외적인 유혹으로 기능함으로써 궁극적으로 우주의 거시적 과정을 가능케 하고 있는 것이다.17)

그런데 이처럼 인간의 의식적 지각에 있어 중요한 요인들인 현시적 직접성의 지각과 예기적 지각이 명제적 느낌이라면, 결국 인간의 지각 인식이라는 것도 범주적으로는 새로운 **유혹**에 순응하는 활동 가운데 하나가 된다. 그리고 그렇다면 그것은 또한 인간 존재의 자기 창조 활동에 속하

---

17) 이것은 완결된 계기가 미래를 제약하는 메커니즘이 명제적 느낌의 형식으로 분석, 기술될 수 있다는 것을 의미한다. 이는 화이트헤드의 체계가 요소 요소에서 명제라는 범주에 기대어 있다는 것을 보여주는 여러 사례 가운데 하나이다. 그리고 이렇게 분석적으로 이해할 때, 신이 자신의 지향을 설정하면서 현실 세계를 고려해야 한다는 것이 무슨 말인지가 구조적으로 보다 분명해진다. 우리의 분석을 배경으로 할 때, 그것은 새로운 계기의 탄생 국면에서 과거 계기의 요구가 명제적 느낌의 형식으로 개입하기 때문에 신의 지향이 그 국면을 전적으로 주도하지는 못한다는 것을 의미한다.

며 궁극적으로는 우주의 창조적 전진에 동참하고 있는 활동이라 할 수 있다. 과정철학에 있어 모든 유형의 지각 인식과 이를 토대로 하는 모든 인식 활동이 세계의 역동적인 과정 속에 들어 있으면서, 이 과정을 끌고 가는 주요 요인으로 간주된다고 보는 것은 바로 이런 맥락의 연장선상에 서이다.

5. 상징적 연관의 지각 : 명제적 느낌인가 지성적 느낌인가?

우리는 화이트헤드에게서 상징적 연관의 지각이 인간의 지각에서 중심을 이루는 요소라고 했다. 그렇다면 그것은 화이트헤드의 범주적 용어로 어떻게 분석될 수 있는 것인가? 명제적 느낌인가 아니면 그에 후속하는 **지성적 느낌**(intellectual feeling)인가? 일상적인 용어로 바꿔 말하자면 이것은 의식을 동반하는 지각인가 의식에 선행하는 지각인가 라는 물음이다. 이 물음은 궁극적으로 의식의 징표가 없는 하등의 유기체가 상징적 연관의 지각을 갖는다고 볼 수 있는가 하는 물음과 연관되어 있다. 이 물음에 직접 답하기는 어려운 것으로 보인다. 그러나 우리는 간접적으로 이 물음과 관련된 화이트헤드의 생각을 추정해 볼 수는 있다. 그것은 상징적 연관이 과연 화이트헤드가 말하는 지성적 느낌의 요건을 갖추고 있는지를 살펴보는 일이다. 상징적 연관에 대한 분석이 명제적 느낌과 연관성을 지니게 되는 것은 이런 문맥에서이다. 그리고 이런 식으로 접근하여 분석하고 있는 사람은 슈밋트(P. F. Schmidt)와 프랭클린(S. T. Franklin)이다. 슈밋트는 상징적 연관이 복잡한 형태의 명제적 느낌이라고 주장함으로써, 프랭클린은 그것이 의식적 지각, 즉 지성적 느낌의 요건을 갖추고 있지 못하다고 봄으로써 상징적 연관을 의식 이전의 지각으로 이해하고 있다. 그러나 적어도 필자가 보기에 이 물음은 그렇게 단순하지가 않다. 다소간 장황하긴 하지만 프랭클린의 주장을 먼저 살펴보자. "정의

상, 의식적 지각[18]은 대비, 즉 (A) 지각적인 명제적 느낌에 의해 느껴진 명제 — 여기서 논리적 주어들은 단순한 **그것**으로 환원되었다 — 와 (B) 단순한 **그것**으로 환원되기 이전의 완전한 형태의 현실적 존재들로서의 지위에 있는 그와 동일한 논리적 주어들 사이의 대비에 대한 파악이다. 그러나 의식적 지각에 대한 이와 같은 기술적인 정의를 전제로 할 경우, 우리는 상징적 연관의 지각은 **의식적 지각**이 아니라고 결론할 수 있을 것이다. 왜냐하면 상징적 연관의 지각 속으로 들어오는 명제는 현시적 직접성의 지각으로 앞서 느껴졌던 명제, 즉 그 장소의 영역을 예시하고 있는 감각여건이기 때문이다. 이러한 명제에서 논리적 주어들은 감각여건이 투사된 영역을 점유하고 있는 존재들이다. 그러나 상징적 연관의 지각에 있어 이 명제는 그 명제의 완전한 형태의 논리적 주어들과 비교되지 않는다. 오히려 이 명제는 완전히 다른 일군(一群)의 현실적 존재들을 이끌어내는 데에 사용된다. 그것은 문제의 영원적 객체 내지 감각여건의 원천으로서 기능했던 과거의 결합체 내의 현실적 존재들을 이끌어 내는 데에 사용된다. 그러므로 상징적 연관의 지각은 **의식적 지각**의 정의에 부응하지 못하는 것이다."[19]

그런데 프랭클린의 이 주장은 그 마지막 부분에서 문제가 된다. 그는 상징적 연관에서 현시적 직접성의 지각, 즉 명제적 느낌이 완전한 형태의 논리적 주어들과 비교되지 않고 전혀 다른 일군의 현실적 존재들을 이끌어내는 데 사용되고 있기 때문에 의식적 지각의 요건에 부응하지 못한다고 말하고 있다. 정녕 그런가? 이는 화이트헤드가 말하는 상징에서 의미에로의 전이가 통합의 과정임을 간과하는 데서 비롯되는 오해인 것처럼 보인다. 상징적 연관은 인과적 효과성의 느낌에서 주어지는 결합체와 현시적 직접성의 느낌, 즉 명제적 느낌에서 오는 감각여건의 통합이다. 따라서 이 때의 통합이 **비교**로 이해될 수만 있다면 상징적 연관은 의식적

---

18) **의식** 또는 **의식적 지각**에 관한 상세한 논의는 제9장 참조.
19) S. T. Franklin, 앞의 책, p.220.

지각일 수 있는 것이다.

그러나 또한 다른 한편으로 이 때의 통합에서 완전한 형태의 논리적 주어, 즉 **형상적으로**(formally) 존재하는 결합체가 명제와 비교되고 있지 않다고 말할 수도 있다. 왜냐하면 상징적 연관에서 통합되는 결합체는 과거의 결합체가 아니라 동시적 결합체라고 말할 수도 있을 것이기 때문이다. 동시적 결합체는 완전한 전체로 느껴지는 결합체가 아니라, 과거 결합체의 구성원들에서 발견되는 것과 동일한 공통 특성을 구현하고 있을 것으로 추정되고 있을 뿐인 그런 결합체이다. 그래서 이 때의 동시적 결합체는 추정적인 성격을 지닌 결합체이다.

그런데 상징적 연관에서의 통합을 이렇게 이해하고 그에 연루되는 결합체의 추정적인 성격을 부각시킬 경우, 상징적 연관의 지각은 명제적 느낌으로 이해될 수 있다. 왜냐하면 추정적인 것으로서의 동시적 결합체가 논리적 주어의 단순한 **그것**으로 기능한다고 볼 수 있기 때문이다. 그렇다면 상징적 연관은 명제적 느낌에 속하는가? 프랭클린에게서는 이에 관한 언급을 찾아볼 수 없다. 그러나 이런 식의 물음은, 화이트헤드의 지각론에서 인과적 효과성의 느낌을 제외한 의식 이전의 모든 지각이 체계 내적으로 분석될 경우 명제적 느낌에 속하는 것으로 간주될 수밖에 없다는 점에서 어느 정도의 정당성을 갖는다. 대다수의 연구가들이 이 물음에 침묵하고 있는 가운데, 슈밋트만이 상징적 연관이 명제적 느낌으로 이해될 수 있다고 단언하고 있다.[20] 그러나 유감스럽게도 이에 관한 그의 진술은 짤막하고 모호하다. 그는 상징적 연관을 복잡한 명제적 느낌이라 규정하고, 그 구조적 성격을 다음과 같이 기술하고 있다. "이것(복잡한 명제적 느낌)은 현시적 직접성의 느낌을, 그것의 특징지어진 영역과 결합시키고, 인과적 효과성의 느낌과 결합시키며, 그것의 식별된 결합체와 결합시킨다. 그래서 현재 속으로 계속되고 있는 과거의 결합체로서의 종이는 장

---

20) P. F. Schmidt, 앞의 책, p.151. 적어도 우리가 찾아볼 수 있는 한에 있어, 상징적 연관을 명제적 느낌이라고 명시적으로 주장하는 사람은 슈밋트뿐이다.

방형의 영역에 있는 동시적인 하얀 색과 결합하여 하얀 종이에 대한 지각을 형성하게 되는 것이다."21) 슈밋트의 이 진술에서 우선 **복잡한 명제적 느낌**이라는 말의 의미가 분명치 않다. 아마도 현시적 직접성의 느낌이 명제적 느낌이기에 이 느낌과 다시 다른 어떤 느낌(인과적 효과성의 느낌)이 결합하고 있다는 데서 복잡하다고 보는 듯하다. 그러나 그의 표현에서 "현시적 직접성의 느낌을, 그것의 특징지어진 영역과 결합시킨다"는 것은 무슨 뜻인가? 현시적 직접성의 느낌은 감각여건을 영역에 투사함으로써 감각여건과 영역을 이미 결합시키고 있는 느낌이 아닌가? 또 "현시적 직접성의 느낌을, 그것의 식별된 결합체와 결합시킨다"는 표현도 분명치 않다. 기껏해야 이는 상징적 연관의 지각이 갖는 내적 구조에 대한 분석적인 기술을 바꿔 표현한 것으로 이해할 수 있을 정도이다. 아마도 이 모든 모호성은 슈밋트의 기술 속에, 문제의 명제에서 논리적 주어가 어떤 것일 수 있는가에 대한 분명한 언급이 없다는 데 기인하고 있는 것으로 보인다. 다시 말해 상징적 연관의 지각이 명제적 느낌이라면, 그 여건이 되는 명제에서 논리적 주어로 기능하는 것이 무엇이냐 라는 분석적인 물음이 없다는 것이다. 논리적 주어는 단순한 **그것**, 즉 완전한 결정성 내지 형상적 본성이 사상된 결합체이다. 그것은 논리적 기능만을 지니고 있는 현실적 존재들이다. 슈밋트의 설명에서 이에 상응하는 요소를 굳이 찾는다면 **현재 속으로 계속되고 있는 과거의 결합체**이다. 그러나 이것은 결코 단순한 **그것**이 아니다. 이것은 인과적 효과성의 느낌에서 객체화된 과거 현실적 존재들과 이에 근거하여 그 형상적 본성이 추정되고 있는 동시적 존재들을 성원으로 하는 결합체인 것이다.

　여기서 우리가 슈밋트의 설명을 긍정적으로 받아들일 수 있는 유일한 길은, 위에서 지적했듯이 **추정적인 것으로서의 동시적인 현실적 존재들의 결합체**가 논리적 주어로 기능한다고 보는 것이다. 이 동시적 결합체는 그것의 영역을 결정적인 요인으로 갖고 있는 것이라는 점에서 단순한 **그것**

---

21) 위의 책, p.152.

이라는 요건에 어느 정도 부합하는 것으로 볼 수 있다. 따라서 상징적 연관이 명제적 느낌이라고 한다면, 논리적 주어로 기능하는 것은 바로 이런 동시적 결합체일 것이다. 그리고 술어는 물론 과거로부터 계승된 영원적 객체들인 감각여건이다. 이 경우 상징적 연관은 현실태와 가능태의 대비라는 명제의 요건을 충족시키고 있다고 볼 수 있다.22)

이런 해석은 몇 가지 측면에서 장점을 갖고 있다. 우선 무엇보다도 그것은 화이트헤드가 사용하는 체계 외적인 술어들을 체계 내적인 범주로 정리하는 데 일조한다. 왜냐하면 우리가 상징적 연관을 명제적 느낌으로 이해할 수 있다고 한다면, 화이트헤드에게 있어 순수한(물리적 또는 개념적) 느낌들을 제외한 모든 기본적인 유형의 지각적 느낌들은 명제적 느낌이라고 말할 수 있게 될 것이기 때문이다. 이는 범주적인 명료성에 관련된 사항이라 할 수 있겠다. 나아가 상징적 연관을 명제적 느낌으로 이해할 때, 우리는 그것이 의식적 지각에 선행하는 보다 근원적인 지각 유형이라는 점을 보다 분명히 할 수 있게 된다. 왜냐하면 화이트헤드에게 있어 명제적 느낌은 의식 이전의 느낌이기 때문이다. 그리고 이렇게 될 때 우리는 화이트헤드에게 있어 오류의 발생이 의식 이전의 지평에서 일어나는 것으로 간주되고 있다는 사실과, 상징적 연관의 지각에서 처음으로 오류의 가능성이 개입하는 것으로 간주되고 있다는 사실을 정합적으로 이해할 수 있게 된다. 또한 이런 사실들은 명제의 단계에서 참과 거짓의 문제가 처음 등장한다는 화이트헤드의 주장과도 조화된다.

그렇기는 하지만 상징적 연관에 대한 이런 식의 이해는 어디까지나 일정한 조건하에서만 가능하다. 즉 문제의 결합체가 단순한 **그것**으로 기능한다고 보는 조건하에서만 그렇게 이해할 수 있는 것이다. 이와 달리 그

---

22) 우리가 제9장에서 고찰하게 될 **의식적 지각**(conscious perception)이 상징적 연관의 진위에 대한 평가 작용이라 볼 수 있다면, 상징적 연관의 지각은 마땅히 명제적 느낌이어야 할 것으로 보인다. 왜냐하면 다음 제9장에서 보게 되겠지만, 의식적 지각은 **명제와 결합체 간의 대비에 대한 느낌**으로 정의되기 때문이다. 프랭클린도 의식적 지각을 상징적 연관의 지각에 대한 평가작용이라고 주장한다(S. T. Franklin, 앞의 책, pp.221~22). 그런데 이상하게도 앞서 보았듯이 그는 상징적 연관의 지각을 명제적 느낌이라고 말하지 않는다.

것이 그 한정성을 온전히 지니고 있는 결합체, 즉 **형상적으로** 존재하고 있는 결합체로 간주될 경우, 상징적 연관은 의식을 동반하는 지각, 즉 지성적 느낌의 일종으로 이해되어야 할 것이다. 프랭클린도 상징적 연관이 의식적 지각일 수 없다는 (위에 인용된) 진술 바로 밑에서 이렇게 이해될 수 있음을 시사하고 있다. 그는 배아 상태의 의식이 상징적 연관에 들어 있다고 볼 수 있을 것이라고 말하고 있다.23) 물론 이 때의 의식이 반드시 인간의 의식일 필요는 없을 것이다. 크라우스(E. M. Kraus)가 지적하고 있듯이24) 상징에서 의미에로의 전이를, 인간만이 가질 수 있는 고도의 활동에 속하는 것으로 볼 수는 없기 때문이다. 맹목적인 전이라 할 수 있는 **상징적으로 조건지워지는 행동**은 모든 척추동물과 보다 복잡한 무척추동물의 특성에 속한다고 볼 수 있을 것이며, 어쩌면 모든 생명체의 특성이라 할 수 있을 것이다.

어쩌면 우리는 상징적 연관을 명제적 느낌과 지성적 느낌의 중간에 위치하는 것으로 이해하는 것이 화이트헤드의 의도에 가까운 것이 될지도 모른다. 말하자면 그것은 고도로 복잡한 명제적 느낌으로 간주될 수 있는 동시에 초보적인 지성적 느낌으로 이해될 수 있다고 보는 것이다. 이는 결합체가 부분적으로 단순한 **그것**의 성격을 지니고 있고 또 부분적으로는 **형상적인** 본성을 지니고 있는 것이라고 볼 수 있다는 데 근거한다. 사실상 의식을 동반하는 느낌이라는 것이 일정 단계의 유기체에서 갑자기 나타나는 것이 아니라고 한다면, 또 인간에게서 의식적 지각과 의식 이전의 맹목적인 지각이 확연히 구별되는 것이 아니라고 한다면, 우리는 상징적 연관의 지각을 이들의 경계에 존재하는 느낌의 일종으로 이해해 볼 수 있을 것이다.

---

23) S. T. Franklin, 앞의 책, pp.220~21.
24) E. M. Kraus, *The Metaphysics of Experience; A Companion to Whitehead's Process and Reality* (New York: Fordham University Press, 1979), p.80.

제9장

의식과 판단: 지성적 느낌

앞 장에서 우리는 의식 이전의 경험 양태로서의 지각을 고찰하였다. 이 절에서 우리가 고찰하려는 **지성적 느낌**(intellectual feeling)은 전통적인 의미의 인식론에 속한다고 할 수 있는 의식적 경험이다. 화이트헤드에 따르면 이 느낌은 **가능태로서의 명제와 현실태로서의 결합체간의 대비**를 기본 여건으로 한다. **의식**은 지성적 느낌이 이러한 여건을 느끼는 방식, 곧 주체적 형식(subjective form)에 속하는 것으로 이해된다. 따라서 의식은 복잡한 대비를 여건으로 할 수 있는 보완의 후기 단계에서 나타나는 것이다. 그런데 기본적으로 이런 복잡한 대비에 대한 느낌은 합생하는 계기가 최대 깊이의 만족을 달성하기 위한 방편으로 추구된다. 지성적 느낌, 곧 의식적 인식이라는 것도 기본적으로 인식 주체의 자기 완결을 위한 수단에 불과한 것이다. 전통 인식론의 주요 과제가 되어온 **참과 거짓, 사실과 이론**(가설), **현상과 실재** 등과 같은 대비되는 개념들이 궁극적으로는 이런 목적론적 완결의 과정에 들어 있는 복잡한 **비교적 느낌**(comparative feeling)과의 관련하에 범주적으로 기술되는 것도 이런 맥락에서이다. 이 장에서는 이런 일련의 인식론적 개념들이 주체의 자기 창조라는 목적론적 과정을 통해 어떤 지위에서 어떻게 기능하는지를 차례로 살펴볼 것이다.

1. 주체적 형식으로서의 의식

우리는 합생의 과정과 지각의 문제를 검토하면서 지각 주체가 지각에 선행하는 완결적인 동일자가 아니라 지각과 더불어 자기를 창출해가는 활동의 중심일 뿐이라는 점을 충분히 확인하였다. 따라서 주체에는 그 경험에 선행하는 어떠한 동일적인 요소도 있을 수 없다.

전통 철학은 인식의 가능성을 설명하는 데 있어 때로는 묵시적으로, 또 때로는 명시적으로 의식을 전제로 삼는 것이 보통이었다. 그것이 합리적인 능력자이건 아니건 의식은 동일적인 주체의 대변자로서, 그 대상에 범주적으로 선행하거나 또는 적어도 그와 맞서 있는 기능의 것으로 이해되어 왔다고 볼 수 있다. 화이트헤드는 의식의 이런 실체적 동일성을 철저히 해체한다. 의식은 그 객체, 즉 여건에 선행하는 존재가 아니라 여건에 후속하는 존재이다. 게다가 의식은 복잡한 유형의 여건에 대한 느낌에 수반되는 우연적인 속성이다. 의식은 주어진 여건을 느끼는 독특한 방식, 곧 느낌의 주체적 형식에 속하는 우연적인 인자에 불과한 것이다(PR 241, 267). 그리고 이런 의미에서 의식은 명사의 형태보다는 부사의 형태로 표현되는 것이 보다 적절하다고 할 수 있을 것이다.

그런데 의식이 경험의 전제가 아니라 그에 후속하는 우연적 인자라는 주장은 의식의 출현 배경에 관련된 물음을 낳는다. 어떻게 의식은 생겨나는 것인가? 우리는 어떤 조건에서 객체를 의식적으로 인식하게 되는가? 화이트헤드에 따르면 의식을 주체적 형식으로 갖는 느낌은 지성적 느낌이며, 이는 합생의 후기 위상에서만 가능하다. 그것은 순수한 유형의 초기 느낌들로부터 파생된 여러 느낌들을 대비적으로 통합하는 대단히 복잡한 느낌이다. 따라서 의식적 느낌은 무엇보다도 먼저 그 객체의 복합적인 대비(complex contrast)를 전제로 한다(PR 241).[1]

---

1) 이에 관한 화이트헤드의 진술은 다음과 같다. "의식은 느낌에 있어 그 주체적 형식에 속하는 하

그렇다면 다시 의식적 느낌의 여건이 되는 복합적 대비는 무엇인가? 단적으로 말하자면 그것은 "결합체와 명제의 대비"(*PR* 256, 261)이다. 결합체는 현실태이기에, 합생 중인 현실적 계기는 이를 물리적 파악을 통해 받아들인다. 그런데 물리적 파악에서 부정은 있을 수 없다. 모든 물리적 파악은 긍정적인 파악, 즉 느낌이다. 이러한 느낌의 여건은 완강한 사실로서 주어지며, 주체는 그에 순응해야 한다. 결합체는 물리적 파악에서 긍정되는 사실이다. 다른 한편 명제는 가능태이다. 명제는 영원적 객체들을 실현하고 있는 어떤 결합체의 추상적 가능태이다(*AI* 312). 그것은 결합체를 단순한 **그것**으로 환원한다. 이 때의 환원은 주어진 사실에 대한 어떤 부정을 동반한다. 결합체와 명제와의 대비가 "긍정-부정의 대비" (*PR* 243, 261)로 요약되는 것은 이런 의미에서이다. 그리고 이런 부정의 요소를 동반하는 한 명제는 결코 순수한 순응적 수용의 산물이라 할 수 없다. 그것은 여건으로부터의 일탈을 특징짓는 "상상적인 자유"(*PR* 261)의 산물이다. 그래서 명제는 사실이라기보다는 "사실에 대한 가정"이나 "가정된 사실" 또는 "이론"(*PR* 22, 184)이라 할 수 있는 것이다. 이것은 화이트헤드가 **결합체와 명제의 대비**를 "순전한 사실로서의 사실과 순전한 이론으로서의 이론과의 대비"(*PR* 161, 188)라 부르고 있는 이유이다.

따라서 이제 우리는 지성적 느낌의 여건을 "물리적 느낌에 있어서의 객체화된 사실에 대한 긍정과, 명제적 느낌에 있어서의, 이러한 긍정에 대한 부정인 단순한 가능태와의 대비"라고 말할 수도 있고 "이 현실세계에 있어서의 개별적인 사례와 관련한 '실제로'(in fact)와 '일 수도 있다'(might be) 간의 대비"라고 말할 수도 있다(*PR* 267). 간단히 말하자면 지성적 느낌에서 대비되는 것은 결합체라는 결정된 현실태와 명제라

나의 요소이다. 그러나 그러한 종류의 주체적 형식이 있을 수 있게 되는 것은 오직 객체적 여건이 적절한 성격을 갖는 경우뿐이다"(*PR* 241). 이 진술의 마지막 문장에 유의할 필요가 있다. 화이트헤드에 따르면 의식이 있고 거기에 그 여건이 주어지는 것이 아니라 그 여건이 성숙되어 주어질 때 비로소 의식이 나타나는 것이다. 따라서 이 문장은 경험이 의식을 가능케 하는 것이지 의식이 경험을 가능케 하는 것이 아니라는 화이트헤드의 기본 생각을 달리 표현한 것이라 할 수 있다.

는 미결정의 가능태이다. 전자는 사실에 대한 긍정의 산물이요 후자는 사실에 대한 부정의 산물이다. 그리고 여기서 이들을 대비시켜 파악하는 방식이 의식이다. 의식에 대한 화이트헤드의 기술은 분명하고도 단호하다. "주체적 형식은 '긍정–부정'의 대비가 그것에 개입하는 경우에만 의식을 포함할 것이다. 달리 말한다면 의식이 느낌들의 주체적 형식에 개입하게 되는 것은 이들 느낌들이 다음과 같은 통합적 느낌, 즉 현재하는 결합체와 그 자신의 본성상 자신의 진위여부에 대한 결단을 부정하는 명제와의 대비를 여건으로 하고 있는 그런 통합적 느낌 내의 구성 요소가 될 경우이다"(*PR* 261). 그리고 이런 이유에서 화이트헤드는 **부정**의 요소가 의식에 필수적인 것이라고 말한다. 심지어 화이트헤드는 "의식은 부정의 느낌이다"(*PR* 161)라고 말하고 있기까지 하다. 의식의 본질은 부정성에 있다는 것이다.2) 그리고 현실태의 강압으로부터 일탈을 구현하는 이런 부정작용(negation)의 뿌리가 개념적 느낌을 기반으로 하는 정신성 (mentality)에 있다면, 그 정점은 자유로운 상상(imagination)에서 구현된다. 이런 의미에서 의식은 그 특정의 실재적인 결합체를 그에 관한 자유로운 상상과 대비시켜 느끼는 방식이다(*PR* 261).

그런데 이처럼 의식이 실재로부터의 일탈을 특징짓는 요인이라고 한다면 의식은 결합체와 명제간의 순응의 정도가 낮을수록 강력해지는 것이라고 추론해볼 수 있겠다. 그래서 의식이 미약해질 경우 느낌은 단순한 물리적 재생 내지 재연으로 퇴행할 것이다. 예를 들어 **A는 A이다**라는 판단이 지각 일반에 나타나는 재생의 형식, 즉 긍정적 대비라면, **A는 B가 아니다**라는 판단은 의식적 지각의 뿌리에 있는 부정적 대비이다. 그래서 A가 빨간 색이고 B가 어떤 다른 색일 때, A를 B로 인지하는 것은 폭넓

---

2) 화이트헤드는 다음과 같이 단언한다. "의식의 승리는 부정적인 직관적 판단과 더불어 온다. 이런 경우, 그럴 수는 있으나 현재 그렇지 않은 것에 대한 의식적 느낌이 있다. 이 느낌은 그 주체가 향유하는 일정한 부정적 파악과 직접적으로 관계된다. 이 느낌은 부재(absence)에 대한 느낌이다. 그것은 실재로 현존하고 있는 것에 대한 단적인 배제에서 비롯되는 부재를 느낀다. 따라서 의식의 고유한 특성인 부정작용은 여기서 가장 명백하게 드러난다"(*PR* 273~74).

은 가능태로의 비약을 가능케 한다. 이와 같은 대안적 가능태의 도입은 현실적 계기 내에서의 대비의 복잡성을 증가시키며, 궁극적으로는 자유로운 상상을 가능케 한다. 그러므로 대비가 크면 클수록 그만큼 더 강력한 의식이 출현하여 예술적 창조나 과학적 상상을 유발하게 되는 것이다.[3]

그런데 화이트헤드에 따르면 합생하는 계기가 이와 같은 긍정과 부정의 복잡한 대비를 지향하는 것은 계기 본래의 창조적 본성에 속한다(*PR* 249). 현실적 계기는 그 본성 상 느낌의 강도를 지향한다. 화이트헤드는 이를 "주체적 강도(subjective intensity)의 범주"로 다음과 같이 정식화해 놓고 있다. "주체적 지향은 a)직접적 주체에 있어서의, 그리고 b)이에 관련된 미래에 있어서의 느낌의 강도를 지향한다"(*PR* 27). 느낌의 강도란 영원적 객체들 사이의 **대비의 복잡성**(complexity of contrast)과 **균형**(balance)의 함수이다. 그리고 다시 **복잡성**이란 대비들의 실현, 대비들의 대비의 실현 등을 의미하며,[4] **균형**이란 그 한정성 내의 일부 요소에 의해 도입된 대비가 다른 요소들에 의해 억제되면서도 합생에 일정한 공헌을 하고 있는 상태를 가리킨다(*PR* 278). 따라서 현실적 계기가 합생의 과정

---

3) 의식이란 긍정-부정의 대비를 느끼는 주체적 형식으로서 출현할 뿐이라고 주장하는 가운데 화이트헤드가 토대로 삼았을 법한 경험을 프랭클린은 다음과 같이 예시하고 있다. "우리가 책을 읽을 때 그것을 읽은 방식에는 두 가지가 있겠다. 우리는 그것의 내용에 관해 의문을 제기하지도, 그것과 논쟁하지도, 그에 관해 곰곰이 생각하지도 않으면서 그것을 읽을 수 있을 것이다. 또 이와 달리 우리는 머리 속에 가설을 가지고서 읽어나갈 수도 있겠다. 그래서 책을 읽어가면서 이 가설을 검토하고 그 책의 내용에 따라 그것들을 폐기 내지 수정할 수 있을 것이다. 이런 방식으로 읽을 때 우리는 그 책이 말하고 있는 것에 관해 의문을 제기하고 그와 논쟁을 벌이고 또 그에 반론을 가하고 있는 셈이 된다. 그런데 우리 개개인의 입장에서 보자면 후자의 방식으로 책을 읽을 때 우리는 보다 주의를 집중하고 있는 셈이며 보다 깨어 있는 것이라 할 수 있겠고 그래서 보다 많은 것을 그 책에서 얻을 수 있을 것이다. 요컨대 우리는 보다 의식적인 상태에 있는 것이다. 그러나 우리가 멍한 상태에서 마치 스폰지가 물을 빨아들이듯이 읽을 때면 우리는 잠에 떨어지기도 하고 또 종종 방금 읽은 내용을 기억하지 못하는 수도 있게 된다. 의식이란 현실태와 가능태 사이의 대비를 수반하는 것이라고 하는 화이트헤드의 주장은 이처럼 우리 자신의 경험에서 확증될 수 있는 어떤 사례를 토대로 하고 있는 것처럼 보인다"(S. T. Franklin, 앞의 책, p.29).
4) **개념적 역전**(conceptual reversion)은 이런 복잡성을 성취하는 데 일조한다. 왜냐하면 그것은 대비의 다양한 가능태들을 영입하는 통로로 기능할 수 있기 때문이다. 이런 의미에서 그것은 우리의 **상상**(imagination)을 설명하는 범주라고 할 수 있는 것이다.

에서 복잡한 대비와 균형을 지향하는 것은 강력한 느낌을 얻기 위한, 그 자신의 형이상학적 본성에 따르는 조처인 것이다(*PR* 249).

이런 사실을 배경으로 해서, 의식이란 복잡한 대비에 대한 느낌의 주체적 형식이라는 화이트헤드의 주장을 고찰할 경우, 우리는 이 주장에서 적어도 두 가지 중요한 함축을 읽어낼 수 있다. 그 하나는 의식이란 결국 합생 중인 주체가 최대 깊이의 강력한 느낌을 확보하려는 과정에서 나타나는 우연적 요소에 불과하다는 점이다. 이는 의식적 인식이라는 것이 주체의 단순한 관념적 유희가 아니라 주체의 자기 창출이라는 존재론적 목표를 달성하기 위한 활동 가운데 하나로 간주되어야 하는 것임을 의미한다. 다른 하나는 복잡한 대비라는 것이 보완적 느낌의 단계에서나 가능한 것이기 때문에, 의식에서 조명되는 것이 근원적인 것이 아니라 파생적인 것일 수밖에 없다는 사실이다. 화이트헤드는 이를 명시적으로 주장한다. "의식은 보다 후기의 위상에 속하는 주체적 형식이기 때문에, 의식이 직접적으로 조명하는 파악들은 '불순한' 유형의 파악들이다. 의식은 다만 보다 근원적인 유형의 파악들이 통합을 낳게 될 여러 요소로 남아 있는 한에 있어 이러한 파악들을 조명할 뿐이다. 따라서 우리의 의식 속에 명석 판명하게 부각되어 나타나는 우리 경험의 요소들은 기본적인 사실들이 아니다. 그것들은 과정에서 생겨난 파생적인 양상들이다"(*PR* 162).

결국 이렇게 볼 때 의식은 그 자체로서도 근원적 경험에서 파생되는 것이고, 그것이 조명하는 것도 파생적인 존재라고 할 수 있다. 의식과 그 의식에 선명하게 떠오르는 감각여건들은 모두 경험의 부차적이고 파생적인 사태들이라는 것이다. 사실상 동물 의식의 출현과 이에 이은 인간 의식의 출현은 명석 판명한 감각경험의 진화와 밀접하게 연관되어 있다. 인간은 의식의 개입에 힘입어 다수의 모호한 근원적 느낌들로부터 선택적인 강조를 통해 추상하고, 나아가 비교적 명석한 소수의 질적인 세부 사실들에 주의를 집중할 수 있었다(*MT* 121). 이런 의미에서 "의식은 강조의 절정이다"(*AI* 231). 그러나 인간은 의식하기에 앞서 경험하고 있으며,

따라서 존재하고 있는 것이다. 화이트헤드는 묻는다. "판단의 조작, 곧 의식적인 이해에 의한 한정을 필요로 하는 판단의 조작이, 현실적 존재의 본질적 속성으로서든 아니면 경험의 통일성을 달성케 하는 최종적인 결정으로서든, 현존에 있어 기초가 되는 조작이라는 것을 믿을 수 있을 것인가?"(PR 161) 의식적인 활동은 현존(existence)의 기초일 수 없다. 의식은 능동적이고 동태적인 것이고, 물질은 수동적이고 정태적인 것이라는 그릇된 관념은 인간의 경험에 대한 왜곡된 설명을 야기해 왔다. 인간의 본성은 그의 존재적 본질을 도외시하고 오로지 돋보이는 그의 우연적 속성에 의해서만 기술되어 왔다. 인간의 본성에 대한 기술은 태아나 요람 속의 유아에 적용될 수 있어야 하며, 수면 상태나 의식이 거의 닿지 않는 광범한 배경의 느낌에도 적용될 수 있어야 한다.5)

오해를 피하기 위해 여기서 짚고 넘어가야 할 논점이 하나 있다. 정신성과 의식을 구별하는 문제이다. 앞의 제2장에서 논의되었듯이 과정철학에서 정신성은 의식과 전혀 다른 지평에 속한다. 정신성은 의식과 달리 모든 현실적 계기의 본질적인 구성요소가 된다. 계기의 정신성은 가능태를 파악할 때 성립한다. 그것은 정신적 극(mental pole)을 이루는 개념적 느낌의 함수이다(AI 314). 그래서 정신성은 자유로이 새로움을 창출하려는 욕구가 가장 근원적으로 표출된 것이라 할 수 있다(PR 184). 그러나 의식은 단순히 개념적 느낌이나 명제적 느낌과 같은 가능태에 대한 느낌만으로 출현할 수 없다. 그것은 물리적 느낌, 물리적 작용 또한 필요로 한다(PR 242). 잘라 말하자면 의식은 물리적 느낌과 개념적 느낌을 통합하는 복잡한 느낌의 부속요인으로서 생겨나는 것이다(PR 243). 이때의 통합이란 앞서 보았듯이 현실태와 가능태의 대비, 물리적인 것과 개

---

5) 이 단락의 요지는 제6장의 **인격적 동일성**에 관한 논의에서 이미 인용된 적이 있는 화이트헤드의 다음과 같은 진술로 요약될 수 있다. "명석한 의식적인 식별 행위는 인간 존재에 있어 우연적인 속성인 것이다. 그것은 우리로 하여금 인간일 수 있도록 해 준다. 그러나 그것은 우리로 하여금 존재할 수 있도록 하지는 않는다. 그것은 인간성의 본질에 속한다. 그러나 우리의 존재에서 보자면 그것은 우연적인 속성이다"(MT 115~16).

념적인 것의 대비, 요컨대 대립하는 것들의 대비이다(*PR* 188). 따라서 개념적 느낌은 의식의 필요조건이긴 하지만 충분조건은 아니다. 의식은 정신성을 수반하지만 정신성은 의식을 수반하는 것은 아니라는 것이다.

개념적 느낌이 의식의 충분조건일 수 없다는 주장은 인식론적으로 중요한 의미를 지닌다. 화이트헤드에 따르면 "전통 철학은 의식적 지각을 설명하는 데 있어 오로지 그 순수한 개념적 측면에만 주의를 고정시켜 왔고, 그럼으로써 인식론상의 난점을 자초해 왔다"(*PR* 243). 근대의 표상주의적 유아론이나 관념론은 바로 이런 난점에서 비롯되었다고 할 수 있다. 인간의 진정한 인식, 즉 의식적 인식이 있기 위해서는 물리적인 요소와 개념적인 요소가 모두 필요하다. 화이트헤드는 "개념에 대한 앎까지도 최소한의 물리적 느낌과 개념적 느낌의 종합을 필요로 한다"(*PR* 243)고 단언한다. 위에서 우리는 의식이란 우리가 긍정과 부정의 대비를 느끼는 방식을 일컫는다고 했다. 그런데 화이트헤드에 따르면 "개념적 느낌은 무제약적인 부정의 느낌이다. 다시 말하면 그것은 어떠한 개별적인 실현과도 관계가 없는 하나의 특정한 영원적 객체에 대한 느낌이다. 의식을 위해서는 객체적 여건이, 어떤 한정된 상황에 결정되어 있는 제약된 부정(대비의 한 측면으로서)을 반드시 포함하고 있어야 한다"(*PR* 243). 이 주장은 화이트헤드가 "지성적 느낌의 여건은 현실적 존재들의 결합체와 그 결합체의 성원들을 논리적 주어로 하는 명제와의 유적(類的) 대비"(*PR* 266)라고 말할 때 염두에 두고 있던 것이다. 명제적 느낌이 제약된 부정의 느낌이라면, 지성적 느낌은 이 명제를 물리적 사실로서의 구체적인 현실적 존재들의 결합체와 대비시켜 파악하는 복잡한 유형의 **비교적 느낌**(comparative feeling)이다. 이런 까닭에 의식을 동반하는 진정한 의미의 지성적 인식은 결코 순수한 개념적 유희일 수 없는 것이다. 화이트헤드는 경험론자이자 실재론자였다.

2. 지성적 느낌으로서의 판단 : 명제의 참과 거짓

일반적으로 판단(judgment)이라는 말은 인식의 단위 활동을 가리키는 용어이다. 화이트헤드는 이 말을 지성적 느낌으로 포섭하여 그의 체계 내에 정초한다. 그의 체계에서 판단은 그것이 명제의 참과 거짓을 평가하고 결정한다는 데서 인식론적 기능을 갖는다. 그러나 이런 것은 판단의 일차적인 기능도 아니고 유일한 기능도 아니다. 이런 사실은 지금까지 여러 차례 시사했던 것처럼, 명제의 일차적인 기능이 판단의 종속적인 구성요소가 되는 데 있지 않다는 사실6)과 맥락을 같이 한다. 화이트헤드에게 있어 명제와 판단은 기본적으로 존재의 자기 실현에 깊숙이 관여하고 있는 **여건**과 **느낌**으로 각기 이해되고 있는 것이다. 명제가 존재의 자기 창출에 주어지는 **유혹**으로서의 실재적 요소라면, 판단은 판단 주체가 이런 유혹과 상관하여 행하는 자기 창출 활동의 일부인 것이다.

본성 상 자기 창출에 진력해야 하는 경험 주체에서 볼 때, 판단은 명제를 느낌 속으로 수용하는 아주 희귀한 방식들 가운데 하나일 뿐이다. 명제가 경험 주체 속에서 실현되는 보다 기본적이고 일반적인 방식은 **영입**(entertainment), 즉 정서적이거나 목적적인 주체적 형식을 통한 사유화(私有化)이다(*PR* 25). 이 점은 명제에 대한 일상적인 의식적 파악의 경우를 예로 들어보더라도 충분히 납득될 수 있을 것이다. 예컨대 독자가 햄릿의 독백으로 표현된 명제를 마음에 품을 때, 그가 반드시 그 명제들의 진위에 관해 관심을 두고 있을 필요는 없다. 사실상 명제의 범주를 너무 좁게 사용하고 있다 하여 화이트헤드가 비난하고 있는 익명의 논리학

---

6) 기본적으로 명제는 **느낌의 유혹**으로 기능한다. 따라서 그것은 진리치를 가름하는 판단을 통해서만 영입될 수 있는 존재가 아니다. 오히려 화이트헤드는 "명제의 실현에 있어 '판단'이 그 구성요소가 되는 경우는 매우 드물다"(*PR* 184)고 말한다. 여기서 우리는 화이트헤드가, 단순히 명제를 판단의 종속적인 구성요소로 보는 종래의 논리학자들의 생각을 넘어서고 있음을 확인할 수 있다.

자들도 P라는 명제가 그것을 참인 것으로 받아들이거나 거짓인 것으로 거부함이 없이 사유될 수 있다는 것을 인식하고 있었을 것임에 틀림없다. **p이면 q다**라거나 **p이거나 q다**라고 판단하려면 우리는 단순 명제 **p**를 생각할 수 있어야 한다. 그러나 이때 우리가 반드시 **p**라고 판단해야 할 필요는 없다. 프레게(G. Frege)와 러셀(B. Russell)도 명제를 **생각(영입)하는 것**(entertaining a proposition)과 **판단하는 것** 사이에 명확한 선을 긋고 있었다.7)

  그렇기는 하지만 화이트헤드는 『과정과 실재』에서 명제를 논하고 있는 곳에서만 참과 거짓에 관해 언급하고 있다. 이는 명제가 참이거나 거짓일 수 있는 유일한 존재임을 시사한다. 현실적 계기들은 참일 수도 거짓일 수도 없다. 그것들은 **순수한** 사실일 뿐이다. 영원적 객체들도 마찬가지다. 이들은 **순수한** 가능태이다.8) 그러나 명제는 참이거나 거짓일 수 있다(*PR* 258~59). 그 까닭은 그것이 논리적 주어를 포함하고 있음으로 말미암아 현실적 세계의 결정성을 포함하고 있는 동시에, 가능태인 술어적 패턴의 미결정성을 포함하고 있는 존재라는 데 있다. 이 결정된 현실적 계기들의 온전한 모습(형상적 본성)이 불순한 가능태로서의 명제와 별개로 파악되어 이 명제와 비교될 때, 이 명제의 참과 거짓을 결정하는 요인으로 기능하게 되는 것이다(*PR* 257). 또한 그렇기 때문에 명제 그 자체에는 "명제적 느낌에서의 그 자신의 실현에 관한 한, 그리고 그 자신의 진리치와 관

7) W. Künne, "What One Thinks: Singular Propositions and the Content of Judgements," in *Whitehead's Metaphysics of Creativity.* eds. Friedrich Rapp and Reiner Wiehl(Albany: State University of New York Press, 1990), pp.117~26.
8) 이 논점에 관한 화이트헤드의 진술은 다음과 같다. "명제는 현실태에 있어서의 그 실현이 결정되어 있지 않은, 현실태를 위한 한정적인 가능태라는 점에서 영원적 객체와 마찬가지로 미결정성이라는 성격을 지니고 있다. 그러나 양자는 영원적 객체가 절대적인 일반성을 가지고 현실태와 관계하는 반면, 명제는 지시된 논리적 주어와 관계된다는 점에서 다르다. 참과 거짓은 항상 순수한 소여성(giveness)의 어떤 요소를 필요로 한다. 영원적 객체는 어떤 주어진 사실에서가 아니고서는 자신이 무엇인지를 드러내지 못한다. 명제의 논리적 주어는 참과 거짓에 필수적인 소여성의 요소를 공급한다"(*PR* 258~59).

런하여 완전한 미결정성이 들어 있다"(*PR* 258). "명제의 참 또는 거짓은 명제 자체와는 무관"(*PR* 258)하다는 것이다. 명제는 언어적 존재도 아니며 판단도 아니기 때문에, 그것의 진리치는 언어적 존재나 판단을 낳을 수도 있는 명제에 대한 느낌에서, 그러나 명제 그 자체와는 구별되는 것으로서 그 명제에 부가되는 가치이다. 이는 명제로 제안되고 있는 것의 진리치가 그 제안된 내용의 부분이 아니라는 것을 의미한다. 그래서 그 내용의 진리치는 그 명제의 가지적(可知的) 측면에 속하지 않는다. 이 점은 **느낌의 유혹**(lure for feeling)으로서의 그 기본적인 기능에 있어 명제는 진리나 허위로 주어지는 것이라기보다 단지 수용 가능한 여건으로 주어지고 있는 것으로 간주되어야 한다는 화이트헤드의 기본 주장과 정합한다.

사실상 우리는 단순히 명제를 영입(생각)하는 것만으로는 그것이 참인지 거짓인지 알 수 없다. 이를 결정하기 위해서는 명제의 **밖**, 즉 현실적 근거를 추적해 보아야 한다. 이 **밖**의 현실적 근거란 단순한 **그것**으로 환원되기 이전의 논리적 주어들인 결합체를 말한다. 이 때 "명제는 그 결합체가 명제의 술어인 패턴을 실재로 예시하고 있을 경우 참이다. 따라서 포함된 다양한 구성요소들에 대한 분석에서 명제는 그것이 참인 경우, 그 결합체와 동일한 것으로 나타난다. 왜냐하면 그 경우 동일한 현실적 계기들과 동일한 영원적 객체들이 포함되기 때문이다"(*AI* 313). 이렇게 보자면 명제의 참과 거짓은 술어 속의 영원적 객체가 이중적인 역할을 성공적으로 수행하고 있는가 어떤가에 따라 결정되는 것인 셈이다. 술어적 패턴이 단순한 **그것**으로서의 논리적 주어와, 단순한 **그것**으로 환원되기 이전의 것으로서의 논리적 주어인 결합체를 동시에 특징짓고 있을 때, 명제는 참이며 그렇지 못할 때 명제는 거짓이 된다는 것이다(*PR* 271).9)

---

9) 명제가 참인 경우에도 결합체와는 구별된다. 결합체와 명제는 그 속에서 현실태와 가능태가 결합하고 있는 방식, 즉 공재(togetherness)의 양태가 다르다는 데서 범주적으로 구별되는 존재이다. 결합체는 영원적 객체를 실현된 양태로 포함한다. 이에 반해 참인 명제에서의 결합체와 영원적 객체의 공재는 추상적인 양태에 속한다. 그때 영원적 객체는 단순한 가능적 **술어**로서 그

판단은 명제와 명제의 밖을 비교하는 느낌이다. 이는 명제에 대한 느낌과 결합체에 대한 물리적 느낌과의 종합(PR 193)으로 이루어진다. 그래서 예컨대 판단한다는 것은 명제인 **S는 P일 수 있다**와, 결합체 S가 파악되는 기본적인 순응적 느낌인 **P에 의해 객체화된 (또는 객체화되지 않은) 것으로서의 S**를 종합한다는 것이다. 이런 종합에서 판단 주체는 자신의 경험 가운데 들어 있는 명제적 느낌과 물리적 느낌이 일치하는가 어떤가 하는 것을 판단한다. 화이트헤드의 표현으로 하자면 판단한다는 것은 술어적 패턴을 이루고 있는 영원적 객체가, 결합체에 대한 물리적 느낌과 명제에 대한 느낌에서 이중적으로 기능하고 있는지의 여부를 평가하는 것이라고 할 수 있다(PR 271). 그리고 이 때 판단 주체는 이러한 판단을 통해 명제를 평가하는 가운데, 주체 자신의 자기 구성에 있어서의 명제의 역할을 고양시키거나 억누른다. "명제가 느낌을 위한 유혹이라면 판단은 그런 유혹에 대한 비판인 것이다."10)

그런데 이 마지막 진술과 관련하여, 화이트헤드의 명제론에서 주목해 두어야 할 한 가지 특징적인 사실이 있다. 그것은 거짓 명제도 주체의 합생에서 긍정적으로 기능할 수 있다는 점이다. 특히 거짓 명제는 종종 적

결합체와 결합되어 있는 것이다(AI 313~14). 이러한 의미에서 명제는 **가능적 공재**(possible togetherness)라 할 수 있다. 예를 들어 설명하자면 이렇다. **돌**은 그 나름의 한정 특성을 각기 계승하여 드러내고 있는 그런 현실적 존재들의 결합체이다. 이 경우 한정 특성을 구성하는 영원적 객체들은 그 결합체에 내재적으로 실현되어 있다. 그런데 임의의 주체가 이 결합체를 객체화시킬 때, 그 결합체의 구성원들에 대한 다수의 물리적 느낌들은 **돌**에 구현된 한정 특성에 의해 통일된 것으로서의 결합체에 대한 하나의 느낌으로 변환된다. 최초의 느낌들이 하나의 느낌으로 변환되어 단순화된 것이다. 변환된 느낌을 가능케 하고 있는 영원적 객체는 순수한 개념적 느낌으로 느껴진다. 그리고 동시에 그 돌의 결합체는 단순한 **그것**으로 환원되어 느껴진다. 이들 두 느낌이 하나의 혼성적 느낌으로 종합될 때 명제적 느낌, 즉 **이 결합체는 돌일 수 있다**가 성립하게 된다. 이것이 명제에서 영원적 객체가 가능적으로 내재하는 방식이다. 그래서 결합체에 관련된 술어로서 제안된 영원적 객체가 그 속에 실제로 예증된다는 것은 그 명제를 참인 것으로 만드는 부가적인 조건이라 할 수 있는 것이다. 명제의 참 내지 거짓이 명제 그 자체의 부분이 아니라고 하는 것은 이런 의미에서이다. 명제는 그것의 참 내지 거짓에 의존하지 않는 동일성과 존재론적 기능을 갖고 있는 것이다.

10) E. M. Kraus, *The Metaphysics of Experience; A Companion to Whitehead's Process and Reality* (New York: Fordham University Press, 1979), p.94.

극적인 의미의 **새로움을 위한 유혹**으로 기능하는 것으로 간주된다. 우선 제안된 술어가 물리적으로 느껴진 결합체 속에 실현되어 있지 않은 경우에도, 그 술어의 영원적 객체는 무로부터 주체적 경험 속으로 흘러 들어온 것이 아니다. 그것은 합생하는 주체가 결합체에 현실적으로 예증된 것으로 느껴진 영원적 객체를 놓고 개념적으로 역전시키는 데서 온 것이다 (*PR* 272). 이러한 **개념적 역전**에서 주체는 그 결합체를 구조지우고 있는 영원적 객체와 관계 맺고 있는 다른 영원적 객체를 끌어들이고는, 이를 주체 자신의 구조 속의 요소로서 그 결합체가 달리 실현될 때 그 결합체가 취할 수 있는 한정성으로 파악한다. 예컨대 **돌**의 한정 특성(defining characteristic: 돌이라는 결합체 속에 예증되어 있는 영원적 객체)에 대한 순수한 개념적 느낌은 **무기**(돌의 한정 특성에 관련되어 있으나 그 돌에 예증되어 있지 않은 영원적 객체)로 역전될 수 있다. 그래서 그 역전은 그 결합체와 통합되어 **그것은 무기일 수 있다**라는 느낌을 낳게 된다. 바로 여기서 거짓 명제는 세계 속의 새로움을 위한 유혹이 되고 있는 것이다. 따라서 이런 역전이 불가능할 경우, 현재는 오직 과거에 실현된 형식들을 영원히 계속해서 반복할 수밖에 없게 되는 것이라고 할 수 있다.

이런 맥락에서 화이트헤드는 거짓 또는 오류를 상당히 긍정적으로 평가한다. 그에 따르면 지성의 진화적 효용은 그것이 개개인으로 하여금 오류로 말미암아 파멸되게 하지 않고, 그 오류를 통해 이득을 얻을 수 있게 한다는 데 있다(*PR* 168). 오류는 오로지 파괴적인 작인으로만 기능하는 것이 아니다. 오히려 그것은 상상력에 의한 자유, 곧 주어진 것으로부터의 해방을 촉진시키는 가운데, 정신으로 하여금 구체적인 것 속에 예증되지 않은 가능 세계로 비상할 수 있게 한다. 이것은 "실재 세계에 있어 명제가 참이라는 것보다 명제가 흥미를 끈다는 것이 더 중요하다"(*PR* 259)는 식의 표현으로 화이트헤드가 수차 역설하고 있는 논점이다.11) 지금의

---

11) 화이트헤드의 이런 주장은 그 자신의 사변적인 언명에도 그대로 적용된다고 볼 수 있다. 그에 따르면 철학의 사변적 도식이 갖는 기능은 진리를 확정하는 데 있는 것이 아니라 특수한 환경에 적용될 수 있는 참된 명제들을 촉발시킬 유혹이 되는 데 있는 것이다. 이때의 도식 자체는

문맥에서 보자면 이 표현은 **명제가 현실 세계에 순응한다는 것보다 명제가 새로운 전망을 열어놓는다는 것이 더 중요하다**는 말로 바꿔 표현될 수 있을 것이다. 왜냐하면 현실 세계에 순응하지 않는 명제야말로 "세계가 새로움을 향해 전진해 나갈 길을 열어주는 것"(*PR* 187)으로 간주되기 때문이다. 물 속에 반이 잠겨있어서 굽어보이는 막대기, 멀리서 둥글게 보이는 사각형의 탑, 이솝의 개를 속였던 물에 비친 고깃덩이, 이 모두는 진리의 새로운 영역을 열어주는 그릇된 현상들이다. 신화시대로부터 인간은 이런 **오류**를 통해, 현실 세계에 예증되어 있지 않은 가능태들의 세계를 발견해 왔고, 구체적인 것과 일정한 거리가 있는 예술, 종교, 문학, 음악 등을 구가해 왔다고 할 수 있는 것이다.

판단 일반과 관련하여 마지막으로 정리하고 넘어가야 할 논점이 두 가지 있다. 우선 그 하나는 명제의 진위를 평가하는 것이 판단이기에 판단 그 자체는 참도 거짓도 될 수 없다는 점이다. 논리적으로 그것은 명제의 참과 거짓을 평가하는 행위이기 때문에 그렇고, 현실적으로 그것은 판단하는 주체 내의 사태에만 관계하기 때문에 그렇다. 이 둘째 이유에 대해서는 부연이 필요하겠다. 판단은 합생하는 현실적 계기의 내적인 사태이다. 판단은 주체의 과정에 있어서의 느낌인 것이다. 요컨대 판단은 자기지시적인(self-referring)이다. 화이트헤드는 이를 다음과 같이 기술하고 있다. "판단은 판단하는 주체에 의한 파악의 과정에서 우주와 관계된다. 그것은 근본적으로 객체화된 현실적 존재들과 영원적 객체들로부터의 일정한 선택과 관계된다. 그리고 판단은 선택된 영원적 객체들의 진입에 의한, 선택된 현실적 존재들의 물리적 객체화 — 판단하는 주체에 대한 — 를 단언한다. 따라서 이 때 이러한 영원적 객체에 의해 실재적으로 서로 결합되고 질적으로 규정되어 있다고 판단된, 그 현실적 존재들의 결합체가 객체화되어 (주체 내에) 존재하게 된다. 옳든 그르든 간에 이 판단은

참도 거짓도 아니다. 결국 그는 철학적 명제들을 느낌의 유혹으로 제공함으로써 우리에게 새로운 안목을 제공하고자 했던 것이라고 말할 수 있다.

판단 주체의 구조에 들어 있는 하나의 실재적인 사실을 단언한다. 여기에는 그 판단의 정언적인 성격을 제한할 만한 여지가 전혀 없다. 판단은 판단하는 주체에 의해 그 자신에게 내려지는 것으로서, 판단하는 주체에 있어서의 느낌이다"(*PR* 191). 판단은 이처럼 그것이 **판단 주체의 구조 속에 들어 있는 실재적인 사실**(들)에만 관계하고 있다는 점에서, 다시 말해 판단의 일차적인 내용이 그 판단 행위 밖에 있는 세계와 무관하다는 점에서, 판단은 진리치를 갖지 않는다는 것이다. 판단 그 자체는 결코 참이거나 거짓일 수 없는 것이다.

그리고 나아가 판단은 이처럼 자기 지시적이라는 점에서, 위 인용문의 후반부에 시사되어 있듯이 그 자체로는 항상 옳은 것으로 나타난다. 물론 일반적으로 보자면 판단은 판단자의 구조 속에 들어 있는 사실들에 대한 그들의 단언에서 옳거나(correct) 그르거나(incorrect) 유보된(suspended) 것일 수 있다. 그러나 임의의 현실적 계기가 내리는 "판단은 미래에 있어서의 현실적 계기들의 판단에 의해서 비판될 수 있을 뿐이다"(*PR* 191). 여기서 비판의 준거가 되는 것은 문제의 판단과 그에 후행하는 판단과의 정합성이다. 이런 정합성이 있으면 옳고 그렇지 못하면 그른 것이다.

3. 의식적 지각과 직관적 판단

화이트헤드는 의식을 수반하는 이런 판단, 즉 지성적 느낌을 그 여건에 포함되어 있는 명제적 느낌의 유형에 따라 크게 두 가지로 구별하고, 이들을 각각 "의식적 지각"(conscious perception)과 "직관적 판단"(intuitive judgment)이라 부르고 있다. 전자는 "판단의 가장 근원적 형태"(*PR* 162)로서, "지각적인 느낌"(perceptual feeling)을 그 대비의 한 쪽 관계항으로 포함하며, 후자는 가장 고등한 판단 형태로서, "상상적인 느낌"(imaginative feeling)을 그 대비의 관계항으로 포함한다. 이들 두 느낌은 명제적 느낌의 두 가지 기본적인 유형으로서, 여러 가지 아종 (亞種)으로 재차 분류된다(*PR* 261~63, 268).[12] 하지만 지성적 느낌의 윤곽을 기술하는 데에는 이들 두 유형으로 충분하기 때문에 여기서는 이들 두 유형만을 간단히 살펴보기로 하겠다.

앞의 제8장에서 살펴보았듯이 명제는 그것을 느낄 주체를 기다리고 있는 가능태로서 존재한다. 그것은 논리적 주어와 술어의 결합이다. 술어는 사실의 결정자가 될 가능태인 영원적 객체들로서, 현실적 존재들의 특정 조합인 논리적 주어에 초점이 맞춰져 있다. 따라서 이런 명제를 여건으로 하는 명제적 느낌이 가능하려면 논리적 주어와 술어에 대한 순수한 유형의 느낌들이 선행되어야 한다. 우선 술어적 패턴을 여건으로 하고 있는 개념적 느낌이 있어야 한다. 이것은 **술어적 느낌**이다. 이 술어적 느낌은 다시, 그에 선행하는 물리적 느낌에서 파생되는 것이다. **물리적 상기** 또는 **물리적 인지**가 그것이다. 다른 한편 논리적 주어에 대한 물리적 느낌이 있어야 하겠다. 이것은 **지시적 느낌**이라 불린다. 물론 명제에서 술어는 지시적 느낌의 여건인 현실적 존재들이 단순한 **그것**으로 환원되는 한에서만, 그 현실적 존재들의 조합에 초점을 맞춘다. 그래서 이 현실적 존재들은 명제적 느낌에서의 부정적 파악에 의해 단순한 **그것**으로 환원되는 한에서만 논리적 주어가 된다.

그런데 이런 기본적인 느낌들을 구성요소로 하는 명제적 느낌은 그 성립 방식과 관련하여 여러 유형으로 분류될 수 있다. 이는 여건인 명제 자

---

12) 이를 간단히 도식화하여 분류하면 다음과 같다.
명제적 느낌:
┌─ 지각적 느낌 ─ 지시적 느낌과 물리적 인지가 동일한 것.
└─ 상상적 느낌 ─ 지시적 느낌과 물리적 인지가 상이한 것.
지각적 느낌:
┌─ I. 근거 있는(authentic) 지각적 느낌: 합생하는 현실적 존재에 역전이 들어 있지 않다.
│   A. 근거 있는 직접적인 지각적 느낌: 객체화된 현실적 존재에 역전이 없다.
│   B. 근거 있는 간접적인 지각적 느낌: 객체화된 현실적 존재에 역전이 있다.
└─ II. 근거 없는(unauthentic) 지각적 느낌: 합생하는 현실적 존재에 역전이 들어 있다.

체가 동일하다 하더라도 이를 느끼는 주체들의 역사가 다를 수 있다는 데 기인한다. 명제적 느낌의 주체들은 동일한 명제를 상이한 시공간적 입각점에서 다양하게 느낄 수 있다는 것이다. 이런 배경에서 크게 두 가지 유형으로 구별되어 나타나는 것이 **지각적 느낌**(perceptual feeling)과 **상상적 느낌**(imaginative feeling)이다. 화이트헤드는 이를 다음과 같이 기술해 놓고 있다. "명제 그 자체는 그 파악 주체들 사이에서 공평하다. 그리고 명제는 그 자신의 본성 상 이러한 파악의 주체적 형식들을 완전히 결정하지 않는다. 그러나 동일한 명제를 여건으로 갖는, 상이한 파악 주체들에 있어서의 상이한 명제적 느낌들은, 이러한 주체들에 있어서 그들의 역사가 상이함에 따라 서로 크게 다르다. 이들은 여기서 각기 지각적 느낌과 상상적 느낌이라 불리는 두 가지 주요 유형으로 분류될 수 있다. 이 양자의 차이는 논리적 주어를 파생시키는 **지시적 느낌**과, 그 술어적 패턴을 파생시키는 **물리적 인지** 간의 비교에 기초를 두고 있다"(*PR* 261). 여기서 **지시적 느낌과 물리적 인지의 비교**라는 표현은 이들 두 느낌이 동일할 수도 있고 다를 수도 있다는 것을 함축한다. **지각적 느낌**은 이들이 동일한 경우, 그로부터 파생되는 명제적 느낌이다. 이때 술어적 느낌은, 논리적 주어에 대한 물리적 느낌에서 파생된 영원적 객체들을 여건으로 하는 개념적 느낌이 된다. 그래서 이때의 여건인 명제는 논리적 주어들을 물리적으로 느끼는 방식에서 파생된 하나의 성격을 그 술어로 갖게 된다. 이에 반해 지시적 느낌과 물리적 인지가 서로 다른 경우, 이를 토대로 하는 명제적 느낌은 **상상적 느낌**이 된다. 이 경우 술어적 느낌은 그 논리적 주어에 대한 물리적 느낌에서 직접적으로 파생되고 있지 않은 영원적 객체들을 여건으로 하는 개념적 느낌이 된다. 그래서 이때의 명제는 그 논리적 주어와의 관련성에 대한 아무런 보증도 없는 그런 어떤 성격을 술어로 갖게 된다.13)

---

13) 그런데 물리적 느낌들은 복합적이기 때문에 그들 사이에는 다양한 정도의 차이가 있다. 그래서 이들 두 물리적 느낌은 크게 다를 수도 있고 거의 동일할 수도 있다. 그러므로 두 유형의 명제적 느낌간의 구별은 극단적인 경우를 예외로 한다면 그렇게 절대적인 것이 아니라고 할 수 있

위에서 우리는 **의식적 지각**이 **지각적 느낌**을 대비의 관계항으로 포함하는 느낌이라고 했다. 이제 이를 보다 완전한 형태로 표현할 수 있겠다. 의식적 지각은 지각적 느낌의 여건으로서 기능하는 명제와, 단순한 **그것**으로 환원되기 이전의 것으로서 존재하는 그 명제의 논리적 주어, 즉 **객체화된 결합체** 사이의 대비에 대한 느낌이다(*PR* 268). 물론 이는 형식적인 기술에 불과하다. 그러나 화이트헤드는 의식적 지각에 포함되는 지각적 느낌이 구체적으로 어떤 것인지에 관해 언급하고 있지 않다. 앞의 주 12에서 간단히 도식화했듯이, 그는 단지 그 아종(亞種)을 형식적, 추상적으로 분류하는 데 그치고 있다. 우리가 그의 지각론 체계에 비추어 추정해 볼 수 있는 지각적 느낌의 구체적인 사례로는 상징적 연관의 지각이 있을 뿐이다.14) 그리고 이렇게 이해할 경우 의식적 지각이란 상징적 연관의 지각을 평가하는 기능을 갖는다고 할 수 있다(*PR* 269~70).15)

앞서 우리는 상징적 연관의 지각에서의 오류가능성을 살펴본 바 있다. 상징적 연관의 지각에서 오류의 가능성은 지각자가 다양한 현실적 존재들의 **형상적 본성**에 관심을 둔다는 데서 생겨나는 것이다. 상징적 연관의 지각 내용과, 동시적인 다양한 현실적 존재들의 형상적 본성은 서로 대응할 수도 있고 그렇지 못할 수도 있다. 그래서 화이트헤드는 상징적 연관의 진위 문제와 관련하여 진리의 대응설(correspondence theory)을 주장한다. 그러나 지각 그 자체는 자신의 참과 거짓을 판단할 수 없다. 상징적 연관의 지각에서의 참과 거짓에 관한 평가는 상징적 연관의 지각 밖에서 이루어져야 한다. 우리의 생각이 옳다면 이런 평가의 기능을 갖는 것이 바로 의식적 지각이다. 의식적 지각은 상징적 연관에 있어서의 지각과 다양한 현실적 존재들 사이에 대응이 존재하는지 어떤지를 평가할 것이다.

다(*PR* 261~62, cf. *PR* 260).
14) 이것이 사실이라면 상징적 연관의 느낌은 명제적 느낌이어야 할 것이다. 의식적 지각이 비교하는 지각적 느낌은 명제적 느낌의 일종이기 때문이다.
15) S. T. Franklin, 앞의 책, pp.221~22 참조.

그러나 지각적 느낌의 진위를 평가하는 것은 의식적 지각의 유일한 기능도 아니고 또 일차적인 기능도 아니다. 수차 지적했듯이 그것의 일차적인 기능은 어디까지나 지각자의 궁극적인 만족의 강도에 기여하는 것이다. 그것은 본질적으로 주체의 자기 구성 활동에 속한다. 다만 그것은 이런 활동의 복잡한 형태일 뿐이다. 그렇기 때문에 상징적 연관의 지각이 참인가 거짓인가 하는 것이 의식적 지각에서 전혀 관심거리가 되지 못할 수도 있다. 예컨대 호수의 수면 위에 비친 달빛의 아름다움을 만끽하는 데 있어, 상징적 연관의 진위 여부는 전적으로 무관한 논점이 된다고 할 수 있는 것이다.

그렇기는 하지만 인식론적 맥락에 제한해서 볼 때, 의식적 지각은 지각적 느낌을 평가하는 기능을 갖는다. 그런데 판단 일반에 관한 논의에서 이미 지적했듯이, 의식적 지각이 지각적 느낌의 진위를 평가하는 것이라면 의식적 지각 그 자체는 참일 수도 거짓일 수도 없다. 의식적 지각은 단지 옳거나(correct) 그른(incorrect) 것일 수 있을 뿐이다.16) 화이트헤드에 따르면 의식적 지각의 옳고 그름을 확인할 수 있는 직접적인 통로는 두 가지다(*PR* 269). 하나는 "힘과 생기"(force and vivacity)이고 다른 하나는 "다양한 느낌들에 대한, 의식에 의한 조명"이다.17) 그러나 **힘과 생기**란 어떤 의미에서 유아론적 기준일 뿐이다. 게다가 비교를 통한 **의식의 조명**이라는 것도 결정적인 것일 수 없다. 의식에 의한 조명이란 의식적 지각들을 비교 검토하는 것, 곧 이들 사이의 정합성 여부를 검토하는 것이다.18) 이 때 비교되는 의식적 지각들은 기본적으로, 지각자로 기능하

---

16) 우리가 결합체를 구성하는 현실적 존재들의 **형상적** 본성을 문제삼을 경우, 그른 의식적 지각이 가능하게 된다.

17) 화이트헤드의 진술은 다음과 같이 되어 있다. "의식적 지각의 정확성에 관해서는 두 가지 직접적인 보증이 있다. 그 하나는 흄이 말한 '힘과 생기'라는 시금석이며, 다른 하나는 과정 속에 포함되어 있는 다양한 느낌들에 대한, 의식에 의한 조명이다"(*PR* 269).

18) 이것은 의식적 지각의 정확성을 가늠하는 기준에 관련된 정합설(coherence theory)이다. 그러나 상징적 연관에 있어서의 지각의 진리성은 다른 지각들과의 정합성에서 오는 것이 아니라 형상적인 결합체와의 대응성에서 오는 것이다. 화이트헤드의 체계에서 정합성은 지각의 진리성을 결정하는 준거가 아니다. 그의 체계에서 **진리**는 언제나 **사실과의 일치**(대응)에서 성립하는

고 있는 **존속하는 객체**(enduring object)의 초기 성원들에서의 의식적 지각과 후기 성원들에서의 의식적 지각이다. 따라서 지각의 정합성 여부에 대한 검토는 존속하는 객체로서의 지각자를 구성하고 있는, 계기적 계기들(successional occasions) 가운데 하나에 의해 이루어지는 것이다. 그렇기에 상징적 연관의 지각을 평가하는 의식적 지각은 후속하는 의식적 지각에 의해서, 그리고 이 후속하는 지각과의 정합성 여부에 의해서 비로소 그 옳고 그름이 평가될 수 있는 것이다. 따라서 상징적 연관의 진위는 의식적 지각에 의해 곧바로 판별되는 것이 아니라 할 수 있다. 게다가 어쩌면 이런 평가 내용은 보다 후속하는 의식적 지각에 의해 뒤집힐 수도 있는 것이다. 그러므로 의식적 지각의 옳고 그름에 대한 평가는 언제나 잠정적인 것일 수밖에 없다. 화이트헤드의 다음과 같은 진술도 바로 이런 점을 배경으로 하고 있는 것으로 보인다. "인간의 경험은 극히 많은 부분에서 상징적 연관과 결부되어 있기 때문에, 진리의 의미 그 자체가 실용주의적인 것이라 해도 거의 지나친 말이 아니다. …실용주의적인 검토는, 미래나 현재의 어떤 계기와 관련하여 무엇이 그 계기에 있어 참인가에 대한 명확한 결정이 내려지는 경우가 아닌 한, 결코 효과를 거둘 수 없는 것이다. …그럴 경우, 가련한 실용주의자는 판단의 결정을 끊임없이 후일로 미루는 지적인 햄릿으로 남아있게 될 것이다(*PR* 181).

다른 한편 의식을 주체적 형식으로 하는 또 하나의 판단, 즉 지성적 느낌은 **직관적 판단**이다. 직관적 판단은 지시적 느낌에 포함된 결합체와 상상적 느낌에 포함된 명제와의 대비를 여건으로 하는 **비교적인 느낌**이다 (*PR* 271). 그래서 의식적 지각과 마찬가지로 직관적 판단은 두 가지 종속적인 느낌을 하나로 종합하는 복잡한 비교적 느낌이다. 이 때 비교되는 것은 어떤 결합체(지시적 느낌)와, 그 결합체에서 파생되지 않은 영원적 객체들에 대한 개념적 느낌을 술어적 느낌으로 갖는 명제적 느낌이다. 앞서 우리는 판단 일반의 기능 가운데 하나가 명제의 진위를 평가하는 데

것으로 기술되고 있다.

있는 것이라고 하였다. 그런데 직관적 판단의 경우 상상적 느낌을 평가한다는 점에서 다음과 같은 특징을 지니게 된다. 즉 직관적 판단은 그 형식에 있어 전통 논리학에서와 달리 세 가지로 나타날 수 있다는 것이다. **긍정의 형식**(yes-form), **부정의 형식**(no-form), 긍정이나 부정을 유예하고 있는 **유보의 형식**(suspense-form)이 그것이다.19) 긍정 형식의 판단은 명제의 술어로 기능하는 영원적 객체, 따라서 단순한 **그것**으로 간주되는 논리적 주어에 초점이 맞춰지는 그런 영원적 객체가, 단순한 **그것**으로 환원되기 이전에 존재하는 것으로서의 논리적 주어를 특징짓고 있는 경우에 성립한다. 이 경우 앞서 지적한대로, 영원적 객체들은 성공적으로 이중의 기능을 수행하고 있는 것이다.20) 영원적 객체가 이런 이중의 기능을 수행하지 못하는 것으로 평가될 때, 부정 형식의 판단이 있게 된다. 그리고 상상된 술어와, 단순한 **그것**으로 환원되기 이전의 결합체를 한정하는 영원적 객체가 동일하다는 것은 발견하지 못했으나 그렇다고 이들이 양립 불가능한 것으로 판명되지도 않은 경우 유보 형식의 판단이 성립한다(*PR* 274).21) 그래서 **긍정 형식**의 판단에는 그 주체적 형식으로서 신념이 따르고, **부정 형식**의 판단에는 그 주체적 형식으로서 불신의 태도가 따르게 된다. 그러나 **유보 형식**의 판단에는 신념도 불신도 따르지 않는다(*PR* 272).

---

19) 화이트헤드는 이를 다음과 같이 구별하여 정의한다. "'판단'이란 용어는 우리가 문제삼고 있는 비교적인 느낌들 가운데 세 가지 종과 관계된다. 이들 각 느낌에 있어 여건은, 객체화된 결합체와 — 그 논리적 주어가 그 결합체를 구성하고 있는 — 명제와의 유적 대비이다. 그 세 가지 종은 i) '긍정 형식'에 있어서의 비교적인 느낌, ii) '부정 형식'에 있어서의 비교적인 느낌, 그리고 iii) '유보 형식'에 있어서의 비교적인 느낌으로 되어 있다"(*PR* 270).

20) 이런 점에서 긍정적인 직관적 판단은 의식적 지각과 아주 유사하다고 할 수 있다. 의식적 지각은 극히 단순화된 유형의 긍정적인 직관적 판단이라고 할 수도 있고, 역으로 긍정적인 직관적 판단이 매우 복잡한 의식적 지각의 한 사례라고 할 수도 있는 것이다(*PR* 273).

21) 유보 형식의 판단은 다음과 같이 정의된다. "유보된 판단은 상상된 술어가, 객체화시키는 술어나 이 술어의 어느 부분과의 동일성을 발견하는 데에는 실패하고 있으면서도 이것과 양립 가능한 대비를 발견하고 있는 경우에 있어, 상상적 느낌과 지시적 느낌의 통합으로 이루어지고 있다. 그것은 논리적 주어가 실제로 지니고 있는 분명한 모습과, 그 논리적 주어가 달리 지닐 수도 있는 모습 사이의 대비에 대한 느낌이다"(*PR* 274).

그런데 이들 세 유형의 직관적 판단은 판단이기에 어느 경우이든 본질적으로 합생하는 현실적 계기의 내적 사태이다. 직관적 판단은 판단하는 주체의 **과정**에 있어서의 느낌인 것이다. 따라서 직관적 판단은 의식적 지각의 경우와 마찬가지로 자기 지시적인(self-referring) 것이다. 따라서 직관적 지평에서도 판단의 옳음, 옳지 않음, 유보가 의문시될 수 없다. 왜냐하면 그것은 주체 내에 실현되어 있는 것에 대한 사실 판단이기 때문이다. 앞서 판단 일반을 검토하면서 지적했듯이 이런 판단은 그 자체로 충전적인(adequate) 것이다. 그래서 우리는 이 경우 판단이 정확한지 어떤지를 확정짓기 위한 기준을 전혀 필요로 하지 않는다. 이는 화이트헤드의 다음과 같은 진술로 요약될 수 있겠다. "직관적 판단은 그 주체적 형식에 있어서, 그 여건 속에 느껴지기 위해서 있는 것에 순응한다. 따라서 그 판단을 구성하고 있는 통합의 주체적 형식으로부터는 오류가 생겨날 수 없다"(*PR* 271~72). 요컨대 직관적 판단은 그 자신의 내용을 단언하는 의식의 판단이기 때문에, 언제나 옳은 것일 수밖에 없다는 것이다.[22]

이에 반해 **유보 형식**의 판단에서 파생된다고 볼 수 있는 **파생적**(derivative) 또는 **추론적**(inferential) 판단의 경우는 충전적으로 옳은 것일 수 없다.[23] 그것의 옳고 그름은 외적인 기준, 즉 다른 판단들과의

---

22) 물론 여기서도 근원적인 의미에서의 오류는 가능하다. 이는 의식 이전의 단계에서 빚어진 **역전**에서 파생되는 것이다. 그것은 판단 자체에서 빚어지는 오류가 아니라 명제적 단계의 느낌에서 빚어지는 오류이다. 이런 가능성에 관해 화이트헤드는 다음과 같이 짤막하게 언급하고 있다. "오류는 통합된 요인 중의 하나인 지시적 느낌이 그 기원에 있어 역전을 포함하고 있었을 수도 있기 때문에, 생겨날 수 있는 것이다. 이처럼 오류는 의식보다 밑에 있는 작용들 — 비록 이러한 작용이 의식 가운데 떠올라 비판의 대상으로 노출되는 수가 있긴 하지만 — 때문에 발생한다"(*PR* 272). 그런데 프랭클린은 이 구절을 추론적 판단에서의 오류에 관한 화이트헤드의 진술로 간주하여 인용하고 있다(S. T. Franklin, 앞의 책, p.102). 이는 잘못이다. 화이트헤드가 여기서 말하는 **지시적 느낌이 그 기원에 있어 역전을 포함하고 있다**는 것은 형상적인 것으로서의 논리적 주어가 주체의 지시적 느낌의 여건으로 객체화될 때, 그 형상적인 구조에 실현되어 있는 영원적 객체와 부분적으로 유사하지만 부분적으로는 다른 어떤 영원적 객체에 의해 한정된 것으로 느껴지고 있다는 것을 의미한다.

23) 화이트헤드는 **추론적** 또는 **파생적** 판단을 별개로 정의하지 않고 있다. 다만 단편적인 예시를 통해 이들을 언급하고 있을 뿐이다. 게다가 그는 **직관적 판단**이라는 말 대신에 단순히 **판단**이라고 표기하기도 한다. 이로부터 우리는 화이트헤드가 추론적 판단이 유보 형식의 직관적 판단에서

정합성 여부에 의해 가려질 수 있을 뿐이다. **추론적** 판단은 다른 추론적 판단들과 정합할 경우 옳은 것이고, 다른 추론적 판단들과 정합하지 않을 경우 그 판단은 오류를 범하고 있는 것이 된다(*PR* 181). 추론적 판단이 이런 성격을 갖게 되는 것은 그 판단 주체 내에 객체화되어 있는 과거의 결합체(현실적 존재들)가, **형상적으로**(formally) 존재하는 그 결합체의 일부일 뿐이라는 사실과 밀접한 관계가 있다.

일반적으로 임의의 계기가 결합체를 객체화시킬 때, 그 계기는 이 결합체를 완결적인 것으로서 남김없이 받아들이지 않는다. 그것은 이 결합체의 일부 특성과 다른 여건들과의 충돌 때문에 이 결합체의 일부 특성들을 사상(捨象)하면서 객체화시킨다. 따라서 이 결합체의 형상적 본성 가운데 구현되어 있는 것들 가운데 일부 요소들은 그 주체에 객체화되지 않고 밖에 남아있게 될 것이다. 그런데 **유보 형식**의 판단에서 술어는 합생하는 현실적 존재 속에 객체적 여건으로서 내재하는 것으로서의 결합체를 특징짓지 않으면서도 또한 그 결합체에 들어 있는 어떤 요소와도 충돌하지 않는다. 이때 판단 주체는 두 가지 태도 중의 하나를 취할 수 있다. 즉 판단 주체에 내재하는 실재로서의 결합체에만 주목하여 머무는 경우와, 결합체가 객체화되면서 사상되었던 어떤 요소와 판단의 술어가 일치할 수 있을 것이라고 추정하는 경우이다. 전자의 경우는 판단자에 내

파생되는 것으로 간주하고 있었다고 추정해 볼 수 있을 것이다. 그러나 이것이 사실이라면 화이트헤드는 판단에 관한 일련의 논의에서 개념적인 혼란을 일으키고 있다고 볼 수 있다. 그 이유는 다음과 같다. 화이트헤드는 직관적 판단을 판단의 전체인 것처럼 논하면서 그것이 충전적인 것이라고 주장한다. 그러나 그와 동시에 그는 직관적 판단의 한 유형인 유보 형식의 판단에서 파생되는 추론적 판단은 충전적인 것일 수 없다고 말하고 있는 것이다. 이런 개념적 불협화음을 제거하기 위해서는 추론적 판단을, 직관적 판단의 한 유형으로 보아서는 안되며, 이와 근본적으로 구별되는 판단으로 간주해야 한다. 유감스럽게도 화이트헤드는 이런 점에 그다지 주의를 기울이지 않고 있다. 그렇기는 하지만 우리가 직관적 판단과 추론적 판단을 구별하고, 나아가 『과정과 실재』에서 거론되고 있는 사례들을 놓고 본다면, 이러한 추론적 판단에는 두 가지 유형이 있다고 할 수 있을 것 같다. 그 하나는 지금 논의되고 있는 의미의 추론적 판단이고 다른 하나는 논리, 수학과 같은 형식과학의 명제들에 대한 판단이다. 논리나 수학에서의 판단에서는 명제와 다른 명제들과의 관계가 주목의 대상이 된다. 이런 명제들의 진리치는 경험과 무관하기 때문에 이런 판단에 오류의 가능성을 차단하는 데에는 논리적 기준이 사용된다(*PR* 192).

재하는 실재로서의 결합체에만 관심을 두고 있는 경우이다. 이 경우 판단
은 단순한 유보로 끝난다. 이 판단은 판단하는 주체 그 자신에 대한 것이
다. 이것은 전형적인 유보 형식의 직관적 판단이다. 따라서 이런 경우 판
단 그 자체로는 앞서 지적했듯이 옳고 그름이 문제되지 않는다. 그런데
후자의 경우 판단자는 형상적으로 존재하는 것으로서의 결합체에 관심을
둔다. 그래서 판단자는 형상적인 것으로서의 결합체가 문제되는 명제의
술어에 의해 특징지어지고 있을 지도 모른다고 추론한다. 이 때 그 판단
은 결합체의 형상적 본성에 관한 추론적 판단이 된다. 그리고 이런 추론
은 옳을 수도 있고 그를 수도 있다.

물론 이런 일련의 주장이 화이트헤드에게서 명시적으로 제시되어 있
는 것은 아니다. 그러나 『과정과 실재』의 여러 진술들을 종합해 볼 때,
이런 방식의 해석은 화이트헤드의 논의와 정합적으로 조화될 수 있을
것으로 보인다. 다음의 진술은 우리의 이런 해석을 뒷받침하는 것으로
읽을 수 있다. "과학 이론에서, 그리고 심지어 직접적인 관찰의 정교성
에 있어서조차도 우리의 모든 진보는 유보된 판단의 사용에 의존하고
있는 것이다. 유보된 판단은 개연성의 판단이 아니라는 데에 주목할 필
요가 있다. 그것은 양립 가능성의 판단이다. 이 판단이 우리에게 말해주
는 것은, 논리적 주어의 형상적 구조에 관한 부가적인 정보 — 우리의
직접적 지각에 의해서 포섭되지도 배제되지도 않는 정보 — 가 무엇일
수 있는가 하는 것이다. …유보된 판단은 과학의 진보에 있어 본질적인
무기이다"(PR 274~275).24)

4. 전칭 명제와 보편 명제, 형이상학

지금까지 우리는 특정한 결합체를 논리적 주어로 하는 명제에 관한 판

---

24) 이와 같은 **유보된 판단**은 단순히 과학에서뿐만 아니라 사변적 사유의 가설 체계에서도 기본적
인 것이라고 할 수 있다. 그래서 화이트헤드의 형이상학적 체계도 이런 유보 형식으로 이루어지
고 있는 가설적인 판단들의 체계라고 말할 수 있을 것이다.

단을 고찰하였다. 그러나 일반적으로 과학적인 명제나 형이상학적 명제는 임의의 결합체를 논리적 주어로 하는 명제이다. 이는 기본적으로 추상의 과정을 거쳐 일반화된 명제라 할 수 있다. 화이트헤드는 이런 명제의 가능성을 다음과 같이 시사하고 있다. "어떤 명제에 있어서의 논리적 주어인 정착된 현실적 존재들의 일부 내지 모두를 전제하는 것을 피하기 위하여, 보다 추상적인 명제가 이 처음 명제의 윤곽을 바탕으로 해서 만들어질 수 있다는 것은 분명한 사실이다. 이 새로운 명제는 최초의 명제보다도 더 광범위한 무리의 가능적인 주체들에게 있어 의미를 갖게 될 것이다"(PR 193). 그리고 이런 문맥에서 화이트헤드는 명제를 단칭(singular) 명제, 전칭(general) 명제, 보편(universal) 명제로 구별하고 있다. 단칭명제는 특정한 한 조의 현실적 존재에 그 논리적 주어를 두고 있는 명제이며 전칭명제는 단칭명제에서 문제되는 특정한 한 조의 현실적 존재를 특정 종류의 조에 속하는 임의의 조로 일반화시킨 것이다. 그리고 이들 명제들의 술어가 모든 종류의 조의 현실적 존재들에 적용될 때 그 명제는 보편명제가 된다(PR 186). 평범한 철학용어로 바꾸어 말하자면 단칭명제와 전칭명제 및 보편명제의 차이는 논리적 주어의 차이, 곧 주개념의 외연에서의 차이이다. 그래서 과학적 탐구는 전칭명제, 즉 그 논리적 주어가 특정 조(set)의 현실적 존재들이 아니라, 특정 종류의 조에 속하는 현실적 존재들의 임의의 조인 그런 명제들을 포함하고 있는 것으로 간주된다. 이때의 현실적 존재들의 조는 그 과학의 분야에 따라 그 유적인 성격이 달라지게 될 것이다.

한편 화이트헤드에 따르면 형이상학은 모든 현실적 존재들을 그 논리적 주어로 하며, 존재하는 모든 것에 타당한 것으로 상정되는 술어를 갖는 보편 명제들의 체계이다. 화이트헤드는 형이상학적 명제를 다음과 같이 정의하고 있다. "'형이상학적'이라는 말이 지니는 본래의 일반적인 의미에 있어서, 형이상학적 명제란 다음과 같은 명제를 가리킨다. 즉 (i) 그것을 영입하는 모든 현실적 존재들에 있어 의미를 갖는 명제, (ii) 그 술어적 패턴을 위한 적정수의 논리적 주어들이 있을 경우, 그것의 술어는 현실적 계기들의 모든 조합 각각을 잠재적으로 관계지울 수 있다는 의미에서 '일반적인' 명제, (iii) 그 형식과 범위로 말미암아, 그것의 진리치가, 그 술어를 논리적 주어들의 임의의 한 조합에 한정적으로 적용함으로써 얻어지는 단칭명제들 각각의 진리치와 동일하다는 의미에서 '불변의 진리치'(uniform truth-value)를 갖는 명제"(*PR* 197). 여기서 조건 (i)은 형이상학적 명제의 장소(locus)[25]에 모든 현실적 존재들이 포함된다고 말하는 것과 사실상 동일하다. 이는 형이상학적 명제를 느낄 수 없는 현실적 존재란 있을 수 없다는 것이다. 조건 (ii)는 형이상학적 명제란 다른 모든 명제와 마찬가지로 논리적 주어가 될 현실적 존재들을 필요로 하는데, 이 조건이 충족될 경우 형이상학적 명제는 모든 현실적 존재들의 조합에 적용될 수 있는 명제라고 말하고 있다. 이 둘째 조건에 주목할 경우, 『과정과 실재』의 명제들 가운데 대다수가 고유한 의미의 형이상학적인 명제로 간주될 수 없는 것이라 할 수 있다. 그것들 대다수는 우리의 우주시대의 특성에 관련된 우주론적 명제들이다. 이런 의미에서 그것들은 **범주적인 명제**(categoreal proposition)[26]라고 이해하는 것이 보다 적절할 것이다. 조건 (iii)은 형이상학적 명제는 어떤 특정 조합의 논리적 주어에 적용되어도 참이 된다는 것이다. 그래서 그것은 반증되는 일이 있을 수 없는 성격의 명제, 글자 그대로 불변의 진리치를 갖는 명제가 된다.

그런데 이런 일련의 조건에 비추어 본다면, 논리학이나 수학의 법칙들도 형이상학적 명제에 속한다고 할 수 없을 것 같다. 왜냐하면 이들은 조건 (ii)가 요구하는 적정수의 논리적 주어들을 확보하지 못하게 될 수도 있기 때문이다. 화이트헤드는 이를 명시적으로 천명해두고 있다. 즉 "우리가 살고 있는 우주시대를 지배하고 있는 사회의 성격에 산술의 진

---

25) 제8장 주 11에서 이미 지적하였듯이 명제의 장소란 문제의 명제를 자신의 현실 세계 속에 포함하고 있어서 그것을 느낄 수 있는 현실적 계기를 말한다.
26) S. T. Franklin, 앞의 책, pp.108~109.

리성이 의존하고 있다는 추정을 덧붙이지 않고서는 산수를 그 순수한 형이상학적 의미에서 응용하기란 거의 불가능할 것이다"(*PR* 199). 맥헨리(L. B. McHenry)는 이런 화이트헤드의 진술을 토대로, 논리나 수학의 명제들이 형이상학적 명제가 아니라고 단언하고 있다. 그는 다음과 같이 말한다. "논리적, 수학적 및 기하학적 법칙들은 대개 인식론적 측면에서 아주 높이 평가된다. 왜냐하면 그것들은 영원히 참인 것으로 또는 모든 가능한 세계에서 참인 것으로 간주되기 때문이다. 그러나 화이트헤드에게 있어서는 이러한 법칙들조차도 형이상학적인 진리들이 아니다. 그들은 보다 낮은 지평의 과정에 의해 거의 영향을 받지 않기 때문에 필연적으로 참인 것처럼 보인다. 그러나 보다 광범한 사회에서 충분한 변화가 일어난 어떤 먼 훗날의 우주시대에서는 하나 더하기 하나가 둘이 아니며, 긍정식(modus ponens)이 타당한 추론 형식이 아니고, 선분이 **폭이 없는 길이**가 아닌 어떤 것이 될 수가 있을 것이다. 이것은 과정이 궁극적인 형이상학적 필연성일 경우 명백히 가능한 사태인 것이다. 궁극적인 사회들에서 발견되는 존속성이 아주 일반적이고 안정적인 것이어서 법칙들이 영원한 것처럼 보이는 것일 뿐이다. 그러나 사실상 그들은 오직 이들 지평의 사회적 질서에서만 타당성을 지니는 명제들인 것이다."27)

그러나 맥헨리의 이 진술은 다소간 성급한 구석이 있는 것처럼 보인다. 맥헨리는 어떤 우주시대에 있어서는 하나 더하기 하나가 둘일 수 없고 긍정식이 타당한 추론 형식일 수 없을지도 모른다는 이유에서, 이들이 형이상학적 명제일 수 없다고 말하고 있다. 여기까지는 옳다. 그러나 화이트헤드가 논리나 수학의 기본 명제들의 체계 내적인 보편타당성까지도 의문시하고 있었는지는 결코 분명치 않다. 분명한 것은 화이트헤드가 이런 명제들의 적용가능성(applicability)을 의문시했다는 점뿐이다. **1+1=2**를 놓

---

27) L. B. McHenry, *Whitehead and Bradley: A Comparative Analysis* (Albany: SUNY Press, 1992), p.128.

고 보자. 이 산술명제는 우리의 우주시대에서 우리가 흔히 경험하는 모든 사물에 적용된다. 그런데 이런 사물들의 동일성은 우리의 우주시대의 질서를 전제로 하여 성립하는 것이다. 그렇기 때문에 **하나의 사물(컵)과 하나의 사물(컵 받침)을 합하면 두개의 사물이 된다**는 명제는 결코 형이상학적 명제일 수 없는 것이다(*PR* 198~99).28) 하지만 이것은 1+1=2라는 산술명제의 내적인 타당성과 일단 무관하다고 할 수 있다. 따라서 현실적 존재가 형이상학적인 존재, 즉 모든 우주시대에서 근원적 것이 되는 존재라고 한다면,29) **하나의 현실적 존재와 하나의 현실적 존재의 합이 두 개의 현실적 존재가 된다**는 명제는 형이상학적 명제로 간주될 수 있다. 물론 1+1=2라는 명제가 그 내적인 타당성과 관계없이 외적인 적용가능성을 상실하거나 무용한 것이 되고 마는 우주시대는 얼마든지 가능하다. 화이트헤드의 다음과 같은 진술은 산술명제가 내적 타당성과 외적인 무용성을 동시에 갖게 되는 세계를 생생하게 잘 보여주고 있다. "산술이 몽상가에게는 흥미진진한 환상적 주제가 되지만, 생업에 몰두하는 실재적인 사람들에게는 쓸모 없는 것이 되고 마는 그런 세계 — 우주시대 — 를 상상하기란 조금도 어려운 일이 아니다"(*PR* 199). 여기서 산술이 생업에 도움이 안되면서도 흥미진진한 주제가 될 수 있다는 표현에는 그것이 외적 적용가능성은 상실하지만 내적 타당성은 여전히 갖고 있을 것이라는 어떤 믿음이 깔려 있음이 분명하다. 결국 화이트헤드에게 있어 1+1=2라는 명제가 형이상학적인 것일 수 없는 까닭은 그것 자체가 타당성을 상실하게 될 수 있다는 데 있는 것이 아니라 그것의 적용가능성이 사라질 수 있

---

28) 왜냐하면 컵이나 그 받침은 화이트헤드의 체계에서 사회들인데 이들은 형이상학적 존재가 아니라 우리의 우주시대라는 거대한 사회의 질서에 따르고 있는 우주론적 존재들이기 때문이다. 그래서 예컨대 컵과 그 받침이 융합되어 구별되지 않는 그런 우주시대가 얼마든지 가능하다. 그리고 이런 우주시대에서는 이 문제의 명제가 적용가능성을 상실하게 된다.

29) 화이트헤드는 이런 사실조차도 형이상학적인 것이라고 단언하기를 꺼리고 있다. 예컨대 그는 다음과 같이 말한다. "따라서 궁극적인 형이상학적 진리는 원자론이다. 피조물은 원자적이다. 현재의 우주시대에는 연속성의 창조가 있다. 아마도 이와 같은 창조는 모든 우주시대에 타당한 형이상학적 진리일 것이다. 그러나 이것이 필연적인 결론이라고 생각되지는 않는다"(*PR* 35~36).

다는 데 있는 것이라고 보는 것이 옳을 것이다.

그러나 이처럼 적용가능성까지 고려하고서도 받아들일 수 있는 형이상학적 명제가 과연 가능한 것인가? 이에 대한 답변은 아무래도 **아니다** 쪽일 것 같다. 화이트헤드가 형이상학적 명제는 점근선적으로(asymptotically)만 확보될 수 있는 것이라고 말하는 것(*PR* 13)은 아마 이런 이유에서였을 것이다. 여기서 형이상학적 명제가 점근선적으로만 확보될 수 있다는 것은 하나의 이론으로서 형이상학적 명제가 현실태의 본성과 관련하여 제안하는 것이 충전적인 확실성과 무제약적인 진리성을 갖추고 있는 것이라고 단언하기 어렵다는 것이다. 화이트헤드는 다음과 같이 고백하고 있다. "형이상학적인 명제로부터 도출된 단칭명제들이 그 진리치에 있어 다른 우주시대의 그것과 달라지게 되는 그런 우주시대란 있을 수 없다. 우리는 물론 형이상학적 명제들을 마음에 품고 있다고 생각한다. 그러나 기하학의 원리에 관한 과거의 오류를 돌이켜 볼 때, 이 점에 대해서는 어느 정도 회의적인 태도를 간직해 두는 것이 현명할 것이다"(*PR* 198). 화이트헤드는 이 진술의 전반부에서 형이상학적 명제의 기본 특성을 기술하고, 후반부에서는 형이상학적 명제의 확보가능성에 대한 회의를 부가하고 있다. 그리고 형이상학적 명제에 대한 이러한 평가는 그로 하여금 『과정과 실재』의 서문에서(*PR* xiv), 모든 형이상학적 체계가 가설적 성격을 갖는 것으로 이해되어야 하는 것이라고 말하게 한 체계 내적인 이유가 되는 것이라고 할 수 있다.30)

---

30) 일반적인 의미에서 명제가 가설적인 사태로 나타날 수 있어야 한다는 것은 분명하다고 할 수 있을 것이다. 왜냐하면 명제가 언제나 (가설적인 사태와 대립되는 것으로서의) 현실적인 사태에 관한 것이라면, 그 때 우리가 현재 갖고 있는 지식이 유일한 지식이 되고 말 것이기 때문이다. 그런데 논리적 주어를 구성하는 현실적 존재들이 단순히 가정되고 있는 것일 경우, 명제의 참과 거짓의 근거가 되는 소여성의 요소는 존재하지 않게 될 것이다. 이런 명제에 대한 판단은 유보 형식의 판단에 속한다고 할 수 있다. 그것의 참과 거짓에 대한 결정이 유보되고 있는 것이다. 논리적 주어가 존재하지 않는 경우도 이와 유사한 방식으로 이해 할 수 있을 것이다. 명제는 그 것이 어떤 의미에서 미완의 것일 경우, 어떻게 참이거나 거짓일 수 있는가? 이 문제는 러셀의 기술이론이 해결하고자 했던 문제와 유사하다. 현재의 프랑스에는 왕이 없기 때문에 **현재의 프랑스 왕은 대머리다**라는 명제가 참인지 거짓인지를 말할 수 없는 것과 꼭 마찬가지로 A가 존재

5. 현상과 실재, 진리

우리는 앞에서 판단이 명제의 진위를 평가한다고 했다. 명제의 진위는 그 명제와 객체화된 결합체 사이의 일치나 불일치에 의해 판가름된다. 그런데 화이트헤드에게 있어 이러한 일치와 불일치는 전통 철학에서 문제되어온 현상과 실재 사이의 일치와 불일치를 설명해주고 있다.

화이트헤드에 따르면 기본적으로 현상과 실재는 계기의 객체적인 내용에서 두 가지 대비되는 특성의 것(*AI* 268)이다. 우선 **실재**란 최초의 위상에서의 객체적 내용, 즉 문제의 계기에 주어진 것으로서의 선행하는 세계를 말한다. 그것은 새로운 계기의 기초적인 사실로서, 새로운 피조물에서의 통합을 기다리고 있는 것이다(*AI* 269). 현실적 계기의 자기 형성 과정은 이런 실재를 놓고 이루어지는 개념적 위상(재생과 역전)에서의 질적인 가치평가와 함께 시작되는 것이다. 그리고 보완적 위상에서, 정신적 극에 속하는 이들 개념적 느낌들은 새로운 관계 속에 자리하게 되며, 이어서 물리적 극에 있어서의 물리적 파악들과 통합된다. 조화와 부조화를 아울러 가지고 있던 실재가 새로운 조화 속에 통합된다. 최초의 객체적 내용은 여전히 여기에 있다. 그러나 그것은 개념적 느낌들과의 통합으로부터 파생된 새로운 비교적 파악들에 의해 뒤덮이고 또 이들과 혼합되어 있다. 이런 혼합으로 나타나는 것이 **현상**이다. 화이트헤드의 말을 직접 들어보자. "물리적 극의 최초 위상의 객체적 내용과, 물리적 극과 정신적 극간의 통합 이후의 최종적 위상의 객체적 내용 사이의 이러한 차이는 그 계기에 있어 '현상'을 구성한다. 다시 말해, '현상'은 주어진 물리적 세계의 질과 조정을 변형시키는 정신적 극의 활동의 결과로 생겨나는 것이다. 그것은 이상과 현실과의 융합으로부터 생겨나는 것이다"(*AI* 270).

하지 않을 경우, 우리는 **A가 빨갛다**라는 명제가 참인지 거짓인지를 말할 수 없는 것이다. 이런 명제는 화이트헤드가 말하는 **가설적인 미래**(*PR* 188)와 관련된 명제의 유형에 속한다고 할 수 있을 것 같다.

위 진술의 마지막 부분에 주목해보자. 이상과 현실의 융합에서 이상은 개념적 이상, 곧 주체적 지향을 의미하며, 현실은 현실 세계이다. 따라서 현상은 이 양자의 혼합, 정확히 말하자면 절충이다. 그리고 현실적 계기가 양극성을 갖는다는 사실과 연관시켜 말한다면 이는 정신적인 극과 물리적인 극의 혼합이라 할 수 있다. 화이트헤드가 **현상**은 정신성의 한 산물(*AI* 271)이라고 말하는 것은 이런 의미에서이다. 그런데 이런 혼합 내지 절충에서, 실재로서의 객체적 우주는 새로운 계기를 위한 기초라는 지위를 버리고 그 계기의 목적을 위한 수단으로 자리하게 된다(*AI* 269~70). 현상은 계기가 작용인으로서의 실재에서 벗어나 자율적으로 자기를 형성해 가는 목적론적 과정에서 출현하는 것이다. 그러므로 임의의 현실적 계기에 있어 **실재**란 인과적 효과성의 양태로 그 현실적 존재에 주어진 과거의 현실적 세계인 반면, **현상**이란 그 현실적 존재 자신의 활동의 결과로 그 현실적 존재에 있어 성립하게 되는 현실적 세계라 할 수 있다. 이것은 화이트헤드가 "실재는 과거에서 기능하며 현상은 현재에서 지각된다"(*AI* 317)고 말할 때 의미하고 있는 것이다. 그리고 현실적 계기가 이처럼 과거의 요소와 현재의 요소의 통합이라고 한다면, 현상과 실재의 구별은 시간 축을 따라 계속해서 상대화되는 것이라고 말할 수 있을 것이다. 그래서 임의의 "현재 속에서 지금 기능하고 있는 것으로서의 과거의 객체적 실재성은 그 당시에는 현상이었다"고 할 수 있는 것이다. "그것들은 강조되어 강화될 수도 있고 윤색될 수도 있으며, 새로운 계기의 새로운 현상에 의해 다른 방식으로 수정될 수도 있다"(*AI* 272).

나아가 현상이 정신적 극의 산물이라면, 그것은 모든 계기가 경험하는 보편적인 사태라고 할 수 있을 것이다. 왜냐하면 정신성은 모든 현실적 계기에 들어 있는 보편적인 특성이기 때문이다. 여기에는 단지 정도의 차이가 있을 뿐이다. 그렇기에 또한 현상은 의식에 선행하는 것이다. 오히려 어떤 의미에서 그것은 의식의 출현을 가능케 하는 조건적 요인이라고 보는 것이 진실에 더 가깝다. 그래서 "우리는 현상과 실재의 혼합을 보다

고등한 인간 존재의 관점에서 생각하기 쉽다. 그러나 그것은 자연 전체에서 진행되고 있는 혼합"(*AI* 272~73)인 것이다.

그런데 보다 고등한 유형의 현실적 계기들인 경우에는 이 혼합에서 명제적 느낌이 지배적인 것으로 등장한다. 이 때 명제는 **실재**로부터 가장 멀리 떨어져 있는 현상으로 자리한다. 왜냐하면 명제에서, 실재에 속하는 물리적 극의 논리적 주어가 부정에 의해 단순한 **그것**으로 환원되고 있기 때문이다. 말하자면 "명제는 현상의 극단적인 사례이다." 명제적 느낌의 출현은 극단적 형태의 현상의 출현을 의미한다. 그리고 명제가 현상이라면 실재는 객체화된 과거의 결합체이다. 그래서 "명제의 무의식적인 영입은 경험의 최초의 위상의 실재로부터 최종적 위상의 현상으로의 전이 가운데 있는 한 단계"(*AI* 312~13)라고 할 수 있는 것이다. 그렇다면 적어도 명제적 느낌을 가질 수 있는 현실적 계기에 있어, 현상과 실재의 융합은 명제와 결합체의 융합으로 이해될 수 있다. 앞에서 우리는 현실적 계기가 합생의 여러 위상에서 명제적 통일성을 갖는다고 하였다. 이제 이 진술은 현실적 계기가 합생의 여러 위상에서 현상적 통일성을 갖는다는 말로 바꿔 표현할 수 있겠다. 현상은 정신적 극의 산물 내지 명제로서, 세계의 새로움을 설명한다면, 실재는 물리적 극의 산물 내지 결합체로서, 현실적 계기의 안정성을 설명한다. 전자는 세계의 새로움에 기여하며, 후자는 세계의 연속성에 기여한다.[31]

이제 잠시 요약하고 넘어가기로 하자. 임의의 합생에 있어서의 **실재**는 그 합생의 입각점에 주어진 현실 세계이다. 그래서 엄밀한 의미에서 보자

---

31) 이렇게 볼 때 현상은 주체가 만들어 내는 새로움이다. 이 새로움은 명제적 구조로 구현된다. 그래서 우리는 **현상은 정신성의 산물로서, 명제적 느낌에서 구현되는 것**이라고 말할 수도 있고, **새로움이란 정신성의 산물로서, 명제적 느낌에서 구현되는 것**이라고 말할 수도 있다. 이것을 어떻게 표현하든 여기서 중요한 것은 **새로움의 산출**이 명제와 밀접한 관련을 지니고 있는 것으로 나타나고 있다는 점이다. 앞의 제8장에서 우리는 새로움을 산출하는 주요 인자인 주체적 지향이 명제적 느낌으로 분석될 수 있음을 보았다. 따라서 이런 일련의 분석이 옳다면 결국 화이트헤드에게 있어 명제는 창조적 과정을 기술하는 핵심적인 범주적 기능을 하고 있다고 할 수 있을 것이다. 필자는 이 문제를 박사학위 논문 「화이트헤드의 과정철학과 명제이론」(연세대학교, 1994)에서 주요 논제로 삼은 바 있다.

면 실재는 과거의 소여이다. 이 최초의 객체적 내용(실재)은 보완적인 느낌들을 통해서, 합생하는 계기의 주체적 지향에 따라 선택된 새로운 개념적 여건들과 통합되고, 그 계기의 주체적 형식에 의해 질적인 느낌의 독특한 색조가 부여된다. 따라서 합생의 후기 위상에서의 객체적 내용은 개념적 가치평가와의 통합에 의해 각색되는 것이다. 여기서 일반적인 의미의 **현상**이 출현한다. 고도의 현실적 계기에서인 경우, 비교적 느낌들은 최초의 여건의 복잡성을 강화시키는 대비들을 포함한다. 이런 대비의 전형이 명제이다. 여건의 복잡성을 증가시킬수록, 복잡한 명제들을 느끼게 될수록 최초의 내용과 최종의 객체적 내용간의 차이는 커진다. 따라서 명제로서의 현상은 순응적 위상의 최초의 여건과, 개념적 활동에 의한 물리적 세계의 각색에서 결과되는 최종적 위상의 객체적 내용 사이의 차이에 비례하여 부각된다. 새로움이란 바로 이러한 차이의 함수이다.

화이트헤드는 이런 고찰의 연장선상에서 현상의 진리성이라는 존재론적 개념으로 나아간다. 앞서 보았듯이 진리는 결합체에 대한 명제의 순응에서 성립하는 가치이다. 화이트헤드의 표현으로 하자면 "명제는 그 결합체가 그 명제의 술어인 패턴을 실재에서 예증하고 있을 때 참"(*AI* 313)인 것이다. 그런데 지금의 문맥에서 새기자면 진리는 현상이 실재에 순응하고 있을 때 성립하는 하나의 가치(*AI* 309)라고 말할 수 있는 것이다.32) 그리고 그렇다면 결국 진리란 합생하는 계기 내의 두 요소간의 대응인 것이다. 그것은 명제와 객체화된 결합체 사이의 대응이라고 할 수도 있고, 계기 내의 현상과 실재 사이의 대응이라고 할 수도 있다. 진리는 현실적 존재에 있어 경험의 후기 위상에서 영입되는 하나의 구성 요소인 명제(현상)와 초기 위상에서 인과적 효과성으로 주어진 결합체(실재)의 대응(일치)인 것이다.

이것은 화이트헤드가 어떻게 진리의 개념을 그 인식론적 울타리에서

---

32) 화이트헤드는 다음과 같이 말한다. "진리는 현상에만 적용되는 규정이다. 실재는 단지 그 자체일 뿐이어서 그것이 참인지 거짓인지를 묻는 것은 무의미하다. 진리는 실재에 대한 현상의 순응이다"(*AI* 309).

빼어내어 존재론의 영역으로, 즉 현실적 계기의 합생 과정을 분석하는 데 개입하는 우주론적 개념으로 일반화시키고 있는가를 보여준다. 그리고 이는 물론 인식론적 개념들을 형이상학의 체계 속에 끌어들인다고 하는 화이트헤드의 기본 이념에 따르는 당연한 절차 중의 하나이다. 여기서 현상과 실재는 의식 이전의 현실적 계기들 속에, 비록 정도에서의 차이는 있다 하더라도, 보편적으로 들어 있는 본질적인 요소들을 일컫는 개념이며, 진리는 이들의 관계를 일컫는 개념이 되고 있는 것이다.

그런데 화이트헤드는 다시 이로부터 한 걸음 더 나아가 이를 형이상학적 개념으로 재차 일반화하여 이해한다. 그의 말을 들어보자. "진리라는 관념은 현상과의 명시적인 모든 관련을 떠나도록 일반화될 수 있다. 두 객체가 (1)그 어느 것도 다른 것의 구성요소가 아니며 (2)그들의 합성적 본성이, 비록 완전한 의미에서의 그들의 '본질'이 서로 다르다 할지라도, 하나의 공통요소를 갖고 있는 그런 것일 수 있을 것이다. 그 때 그 두 객체는 서로 진리관계를 갖는다고 말할 수 있다. 그들 중 어느 하나에 대한 검토에서 다른 것의 본질에 속하는 어떤 요소를 발견할 수 있다"(*AI* 309~10). 이 진술에서 볼 때 화이트헤드가 말하는 일반적인 형이상학적 진리관계는 하나의 동일한 공통 패턴이 두 파악으로부터 추상될 수 있을 때 성립한다. 이런 진리관계가 성립할 때, 그 두 파악의 객체적 내용은 각기, 비록 그들의 사상된 요소들에서는 차이가 있더라도 이 동일한 공통 패턴을 보여준다. 바꿔 말하자면 두 객체적 내용이 동일한 패턴에 참여하고 있을 때 진리관계로 결합되어 있다고 할 수 있는 것이다. 그리고 이런 경우 두 객체적 내용 중의 하나는 다른 하나가 부분적으로 어떤 것인지를 보여준다. 따라서 그들은 서로 상대방을 해석하고 있는 것이다. 그래서 두 사실 중의 하나에 대한 인식은 진리관계가 성립하고 있는 한, 다른 하나에 대한 인식을 포함하고 있게 되는 것이다(*AI* 310). 이것은 우리가 앞의 289쪽에서 고찰한 명제의 **술어적 패턴**이 보여줄 수 있는 이중의 기능에 관한 논의의 연장선상에 있다.

그러나 자연에 있어 이러한 진리관계는 필연적인 것이 아니다. 명제에서 술어적 패턴(영원적 객체들)이 그 이중적 기능을 항상 성공적으로 수행하는 것은 아닌 까닭이다. 그것은 어쩌다 이루어지는 것, 곧 우연적인 것이다. 우리의 시각에 나타나는 초록의 목장은 목장의 영역 내에 있는 사건들, 즉 풀잎의 영역 내에 있는 사건들에 언제나 순응하는 것이라고 할 수 없다. 우리는 우리의 감각이 지각하는 그대로 사물들이 그 영역 속에 실재로 있다고 믿을 근거가 없는 것이다. 허상적인 지각이 이를 입증한다. 이중적인 시각 또는 빛의 반사나 굴절에 기인하는 심상들은 영역의 현상이 그 영역 내의 사건들과 전혀 무관하다는 것을 보여준다. 이처럼 자연에서의 진리관계는 도처에서 흔히 좌절되고 있으며, 오직 부분적인 조정이 있을 뿐이다. 그런 한에서 자연은 불완전하다.

그렇기는 하지만 다른 한편 이러한 심상들과 동시적인 영역 내의 사건들은 모두, 그 양자를 근원적으로 조건짓고 있는 공통의 과거로부터 파생되고 있는 것이다. 따라서 우리는 정상적인 조건하에서 현상은 외적인 영역에 있는 자연에 순응하도록 신체와 그 외적인 영역들이 상호 조율되어 있는 것이 아닌지 물어볼 수는 있겠다(*AI* 321~22). 그리고 나아가 궁극적으로는 "자연이 그 자신 속에 조화로워지려는 경향성, 즉 완전성을 향한 에로스를 포함하고 있지 않은지 어떤지를 물어보아야 한다"(*AI* 323). 이는 자연의 완전성 여부에 관한 물음으로서, 화이트헤드가 고백하고 있듯이 "진리관계의 협소한 지평을 넘어서서 나아가지 않는 한 논의될 수 없는 것이다"(*AI* 323).

그러나 만일 자연이 실제로 이러한 완전성에 도달하게 된다면 그 때의 자연에는 순응만이 있게 될 것이요, 그래서 더 이상 어떠한 새로움도 허락되지 않을 것이다. 그것은 완전한 것이다. 그것은 플라톤적 천상의 세계이다. 역설적이게도 새로움을 향한 충동의 가능성, 개체적 자유의 가능성은 자연의 불완전성에 근거하고 있는 것이다. 그러므로 오류가 진보와 새로움을 가능케 한다는 화이트헤드의 주장은 근원적으로 이런 논리에 바탕을 두고 있는 것이라 할 수 있다. 그리고 지성적 인식이 단순히 자기 동일적 주체가 행하는 동시적 세계의 투명한 재현일 수 없는 것도 또한 이런 맥락에서이다. 합생하는 계기는 언제나 현상과 실재 또는 결합체와 명제간의 괴리와 융합으로 존립한다. 인간의 의식적 경험이나 지성적 인식이라는 것은, 인간의 정신을 구성하는 계기들의 경로에서 이루어지는, 현상과 실재의 이와 같은 **괴리와 융합**을 예시하고 있는 하나의 사례이다. 그것은 계기가 과거의 실재를 받아들여 새로운 자기를 창조하는 적극적인 수단인 동시에 궁극적으로는 우주의 창조성이 가장 극단적으로 개체화되어 나타난 것이라 할 수 있는 것이다. 화이트헤드의 다음과 같은 표현은 이런 문맥에서 이해되어야 한다. "지성적 느낌의 일차적인 기능은 중요성을 증대시키는 주의 집중이며, …정서적 강도의 고양이다"(*PR* 273).

제10장

언어와 상징

인간의 현존을 특징짓는 것은 의식이나 사고가 아니다. 우리는 먼저 존재하고 난 다음에 의식하고 사고한다. 게다가 의식이나 사고는 극소수의 현실적 존재, 특히 인간을 구성하는 극소수의 현실적 계기들이 그들의 경험을 결정하고 그럼으로써 나아가 궁극적으로는 그들 자신의 존재를 창출하는 특수한 방식에 지나지 않는다. 그렇다면 과정철학에서 언어는 어떻게 이해되고 평가되는가? 이 마지막 장에서 우리는 먼저 화이트헤드의 체계 내에서 언어가 명제와 관련하여 어떻게 규정하고 있는지를 검토하고, 나아가 언어가 체계 외적으로 어떻게 평가되고 있는지를 살펴볼 것이다. 이 논의는 결국 『과정과 실재』에 나타나 있는 화이트헤드 자신의 표현들이 궁극적으로 어떻게 이해되고 평가되어야 하는지를 정리하는 자리가 될 것이다.

1. 언어, 상징, 명제

화이트헤드에 따르면 "언어는 상징작용을 고찰할 때, 가장 자연스럽게 눈에 들어오는 사례 가운데 하나이다"(*PR* 182). 우리는 앞의 제7장에서 **상징작용**의 가장 기본적인 형태로 이해되고 있는 **상징적 연관의 지각**을 검토하는 가운데, 화이트헤드가 제시하고 있는 상징작용 일반의 성격을 고찰한 바 있다. 이제 간략히 재론해 보자.

근본적인 의미에서 접근할 때 상징작용은 인간을 포함하지도 않으며, 의식과 연관되어 있을 필요도 없다. 상징작용은 다만 기본적으로 현실적 계기의 지각을 통해 그 합생 과정에 들어오는 두 개의 관계항을 전제로 할 뿐이다. 이때 현실적 계기는 이 가운데 한 쪽 관계항을, 다른 쪽 관계항의 특성들을 보다 부각시키고 보다 효과적이도록 하는 데 이용한다. 여기서 작인이 되는 관계항은 **상징**이 되고, 피작인이 되는 관계항은 **의미**가 된다(*PR* 181). 그리고 상징으로 기능하는 관계항으로부터 의미로 기능하는 관계항에로의 전이가 **상징적 연관**이다(*S* 8). 이러한 전이는 이들 관계항들이 공유하는 공통성을 근거로 하여 이루어진다(*PR* 180). 이는 상징작용의 자의성을 제한하는 객관적 조건이라 할 수 있다.

그런데 이처럼 한 쪽에서 다른 쪽으로의 전이를 통한 **상징적 연관**이 성립하려면 어떤 작인이 두 관계항을 상징과 의미로 결합시켜야 한다. 두 관계항 그 자체는 별개로 주어지는 두 조합의 지각대상에 불과하기에, 하나의 합생 속에 이들 두 조합의 지각대상이 느껴지고 있다는 것만으로 이들이 상징적으로 연관되는 것은 아니다. 게다가 두 조합의 지각대상들 가운데 어느 조합이 상징으로 기능할 것이고 어느 조합이 의미로 기능할 것인지도 그 자체로 결정되어 있는 것이 아니다. 이들 두 조합 가운데 하나를 상징으로 삼고 다른 하나를 의미로 삼아 상징적으로 결합시키는 작인은 지각하는 주체인 현실적 계기이다(*PR* 181~83). 그래서 상징적 연관의 성립에는 현실적 계기의 주체적 자유가 개입하고 있는 것이라 할 수 있다. 이런 의미에서 상징작용은 창조적인 작용이라 할 수 있고 또한 그렇기에 그것의 결실인 상징적 연관은 우연적인 것이요 오류 가능한 것이 된다. 요컨대 상징적 연관은 주어진 사실이 아니라 성취되어야 할 목표라고 할 수 있는 것이다.

이처럼 목표로 이해되는 상징적 연관은 현실적 계기가 그 형이상학적 본성 때문에 절실히 필요로 하는 것이다. 현실적 계기가 강렬한 만족을 얻으려 한다는 것은 화이트헤드의 도식에서 보편적인 형이상학적 규정에 속한다(*PR* 27). 모든 형태의 상징작용은 바로 이러한 필요에 부응한다(*S* 63). 이는 무엇보다도 상징이 계기의 합생 내에서 의미를 부각시키는 데 도움이 되기 때문이다. 의미는 부각되고 나면, 예컨대 지식, 감정, 목적 등과 같이 경험의 강도를 촉진시키는 요인들을 산출하는 데에 효과적으로 기여한다. 하지만 상징작용이 언제나 경험의 강도를 효과적으로 촉진시키는 것만은 아니다. 좌절이 있을 수 있다. 그것을 통해 오류가 합생 내에 들어올 수 있기 때문이다(*S* 6). 이것은 하나의 절묘한 균형이다.

그런데 이렇게 이해되는 **상징적 연관**의 가장 기본적인 형태는 앞서 우리가 고찰한 상징적 연관의 지각이다. 화이트헤드에 따르면 "감각 현시(sense-presentation)로부터 물체로의 상징작용은 모든 상징 양태들 가운데 가장 자연스럽고도 가장 광범하게 나타나는 것"(*S* 4)으로서, "두 지각 양태간의 상징적 연관은 모든 상징 작용을 지배하고 있는 원리들의 중요한 본보기를 제공한다"(*PR* 180). 그리고 이런 맥락에서 화이트헤드는 다른 모든 양태의 상징작용들이 이 기본적인 양태의 특수 사례들일 뿐이라고 주장한다. 언어는 이렇게 이해되는 특수 사례 가운데 하나이다. 즉 언어와 그 상관항 사이의 상징적 연관은 보다 근원적인 지각에서의 상징적 연관의 여러 변종 가운데 하나라는 것이다(*S* 12~13).

언어가 상징하는 것, 또는 언어를 상징하는 것은 무엇인가? 이는 언어가 계기의 합생에서 어떤 기능을 갖는지, 그리고 언어적 표현의 의미라는 것이 어떤 성격의 것일 수 있는지에 관련된 물음이다. 일반적으로 음성언 어이든 문자언어이든 언어는 우리에게 어떤 현실적, 가능적 사상(state of affairs)을 불러일으킨다. 화이트헤드는 언어가 상징하는 이러한 사상 이 바로 **명제**라고 주장한다. 그에 따르면 언어는 명제를 상징함으로써 명 제에 대한 경험, 즉 명제적 느낌을 경험 속으로 이끌어들인다(*PR* 264). 그래서 어떤 문장(발언된 것이든 기록된 것이든)을 지각하게 될 경우, 지 각자는 그 의미가 되는 명제에 대한 느낌을 갖게 된다. 물론 명제에 대한 느낌이 언어적 표현을 유도하는 수도 있다. 어쨌든 이것이 언어의 기능에 관한 화이트헤드의 가장 기본적인 주장이다.

그런데 이처럼 언어의 일차적인 기능이 명제적 느낌을 이끌어내는 데 있다는 화이트헤드의 기본 주장을 토대로 할 때, 우리는 일상의 삶에 있 어 언어가 갖는 것으로 추정되는 다양한 기능들을 효과적으로 설명할 수 있는 것처럼 보인다. 우선 무엇보다도 명제가 **느낌의 유혹**으로서 진리치 와는 무관한 동일성과 독자적인 지위를 갖는 존재라는 점은, 언어가 의사 소통에서 어떻게 효과적으로 기능할 수 있게 되는 것인지를 설명해준다. 언어가 여러 가지 상황에서 공적인 도구로 기능할 수 있는 까닭은 무엇 보다도 그것이 어떤 객관적 징표를 함의하고 있다는 데 있다. 사실을 알 리는 것, 농담하는 것, 인사하는 것, 질문하는 것, 훈시하는 것, 거짓말하 는 것, 동화를 들려주는 것 등등은 모두 언어의 쓰임새들이다. 이런 다양 한 쓰임새에서 언어가 효과적으로 기능하기 위해서는 최소한 화자와 청 자가 공유할 수 있는 어떤 사상(事象)이 있어야 할 것이다. 이들은 물론 유사한 사상을 떠올리고 있을 수도 있고 그렇지 못할 수도 있겠다. 그러 나 이런 사상이 전혀 공유될 수 없다면 언어를 통한 효과적인 의사소통 은 불가능할 것이다. 화이트헤드는 이런 사상이 바로 언어가 상징하는 명 제라고 말하고 있는 것이다.

하지만 언어의 여러 가지 쓰임새에서 보듯이 언어는 단순히 명제만을 전달하는 것이 아니다. 그것은 다양한 유형의 심리적, 감각적 자극을 전이시킨다. 화이트헤드는 이를 다음과 같이 적시하고 있다. "그 어떤 언어적 문장도 단순히 명제를 드러내고 있지 않다. 그것은 언제나 지시된 명제의 파악 속에 있는 할당되어 있는 심리적 태도를 산출하기 위한 어떤 자극을 포함하고 있다. 다시 말해 그것은 여건으로서의 명제에 대한 느낌을 뒤덮고 있는 주체적 형식을 고정시키려고 한다. 거기에는 믿거나 의심하거나 향유하거나 순종하도록 하는 자극이 있다. 이러한 자극은 부분적으로 문법적인 태(態)나 동사의 시제에 의해 전달되기도 하고, 또 부분적으로 책의 전체적인 내용에 의해서, 또 부분적으로 그 표지를 포함해서 책의 물질적인 요소에 의해서, 또 부분적으로는 작자의 이름이나 출판사의 명칭에 의해서 전달되기도 한다"(*AI* 312). 이 진술의 요지는 각각의 언어 상황에서 화자는 청자로 하여금 어떤 특정한 사상을, 어떤 특정한 태도를 가지고 고찰하게 하려 한다는 것이다. 여기서 우리는 언어가 명제를 상징한다는 화이트헤드의 주장이 갖는 언어의 쓰임새에 대한 또 하나의 설명력을 확인한다. 화자의 언어가 청자에게 명제적 느낌을 환기시키는 것이라면 그것은 당연히 그 명제에 대한 주체적 형식까지도 환기시킬 것이기 때문이다. 사실상 언어의 기능은 어떤 사실을 시종일관 그 진위에 주목하면서 단순히 전달하는 데 그치는 것이 아니다. 오히려 언어의 일차적인 역할은 화자와 청자가 세계에 대한 느낌을 공유할 수 있게 하는 데 있으며, 오직 이차적인 의미에서만 언어는 세계에 관한 사실을 전달하는 데 기여한다고 할 수 있다.

그런데 이런 반성은 우리가 언어를 사실에 대한 단순한 기술(description)로 사용하고 있는 경우에도 타당하다. 이런 경우에조차도 그와 같은 언어의 기술적인 사용은 세계에 대한 느낌을 전달하는 행위의 특수한 사례로 간주될 수 있을 것이다. 단순한 기술이라는 것도 일단 누군가에게 전달하려할 때, 그 기술에는 그것이 참임을 상대방으로 하여금 믿게 하려는 의지, 곧 주체적 형식이 수반될 것이다. 예컨대 **비가 내린**다고 내가 말하면서 사실을 누군가에게 단순히 알리고자 한다고 해 보자. 이 때 나와 내 말을 듣는 사람은 **비가 내림**이라는 명제를 파악할 것이다. 그러나 내가 진정으로 **사실**을 전달하고자 하고 있다면, 나는 이 말을 건네면서 상대방으로 하여금 그 말이 가리키는 바를 믿게 하려는 의지를 보일 것이다. 즉 이 경우 나의 말은 상대방에게 믿음의 태도를 일으키는 그런 성격의 것이 될 것이다. 그래서 나의 말은 상대방이 문제의 명제를 특정한 주체적 형식, 즉 믿음의 주체적 형식을 가지고 파악하도록 만드는 것이라 할 수 있는 것이다.

나아가 우리가 **문법**이라 부르는 것도 이러한 주체적 형식들 가운데 일부를 담아내기 위한 장치라고 할 수 있다. 이 점은 위에 인용한 진술의 후반부에 시사되어 있다. 언어의 다양한 쓰임에 따르는 진술, 질문, 소망, 요구, 명령, 수긍 등등 간의 차이는 모두 명제가 파악되는 주체적 형식에서의 차이로 환원될 수 있다는 것이다. **비가 내림**이라는 명제에 대한 느낌에서 가능한 여러 가지 주체적 형식들이 문법적 형식에 의해 유도될 수 있는 것이다. 예컨대 수긍, 의심, 확신, 놀람, 안도, 실망, 명령, 열망 등은 여러 가지 적절한 어조나 문법적 형식에 의해 전이될 수 있는 다양한 주체적 형식들이라 할 수 있다. 그리고 우리의 이런 해석이 옳다면 모든 언어가 명제를 상징한다고 하는 화이트헤드의 주장은 또한 언어의 기본적인 기능이 진술이나 기술에 있는 것이 아니라, 다양한 가능적 요소들을 끌어들임으로써 인간의 경험을 다채롭고 풍성하게 하는 데 있는 것이라는 주장으로 이해될 수 있다. 화이트헤드에게 있어 언어가 상징하는 명제는 가능태로서 **느낌의 유혹**이 되는 데 그 일차적인 기능이 있으며, 오직 이차적으로만 세계에 대한 기술에 개입하는 것으로 간주되기 때문이다.

그리고 마지막으로 언어가 명제를 상징한다는 주장은 언어를 인간의 감각경험에 깊숙이 개입하는 요인으로 이해할 수 있게 한다. 말하자면 그것은 흔히 언어가 감각경험을 규정한다고 하는 통속적인 반성적 사실을 설명해 준다는 것이다. 따라서 어떤 의미에서 이 논점은 화이트헤드의 **언어이론의 적용가능성**을 입증하는 것이라고 할 수 있겠다. 앞의 제8장에서 충분히 논의되었듯이 화이트헤드에게 있어 기본적 유형의 지각경험은 명제적 느낌에 속한다. 그런데 언어가 명제를 상징하고 특정한 언어 행위가 특정한 명제적 느낌을 유도해내는 것이라면, 특정한 언어가 특정한 명제를 한정할 수 있다는 것도 또한 사실일 것임에 틀림없다. 문제는 다만 그 한정의 메커니즘이다.

화이트헤드가 이런 메커니즘에 관해 언급하고 있는 바는 없지만 우리는 이를 추정적으로 구성해 볼 수 있다. 이런 추정적 구성에서 중요한 역할을 하는 것은 **변환**(transmutation)의 범주이다. 즉 변환은 언어가 명제적 느낌에 개입하여 이를 한정할 수 있는 통로로 기능하는 것으로 간주될 수 있다는 것이다. 화이트헤드의 논지에 따를 때, 변환은 대부분의 명제의 성립에, 적어도 인간의 감각경험에 들어오는 명제의 성립에서 핵심적인 기능을 갖는다. 왜냐하면 인간의 지각 대상은 거시적인 결합체에 제한되는 것으로 여겨지기 때문이다. 그런데 현실적으로 변환을 통해 나타나는 영원적 객체(또는 영원적 객체들)는 그 결합체에 직접 또는 간접으로 관련이 있는 가능한 모든 영원적 객체들 중에서 선택된 것이다. 여기서 우리는 언어가 이런 영원적 객체(들)의 선택에 관여함으로써 명제를 한정한다고 생각해볼 수 있다. 예를 들어, **그것은 사과이고 빨갛다**는 명제를 생각해보자. 그리고 지금 식탁 위에, 부분적으로는 노랗고 또 부분적으로는 파랗고 또 부분적으로는 빨간 사과가 이와 전혀 다른 빛깔의 과일들, 예컨대 오렌지나 바나나와 함께 놓여 있다고 하자. 나는 이제 내 딸아이에게 **빨간 과일을 가져오너라**라고 말한다. 이 때 내 딸아이는 비록 완전히 빨갛지는 않더라도 그 사과를 빨간 과일로 지각할 것이며, 그래서 그 사과를 집어들 것이다. 이 경우 내가 술어로 사용한 **빨갛다**는 말은 사과라는 결합체에 관한 명제의 술어를 한정한 셈이 될 것이다. 그리고 이 때 **그것은 사과이고 노랗다**는 명제나 **그것은 사과이고 파랗다**는 명제를 낳을 수 있는 가능한 **영원적 객체들**은 배제되고 있는 것이다. 언어가 변환을 통해 명제의 성립에, 따라서 감각경험의 성립에 개입하는 메커니즘은 이런 것일 수 있겠다.

그런데 변환은 단순화, 곧 추상이다. 따라서 변환과 언어 사이의 밀접한 관련성은 언어가 추상을 표현한다는 사실에서 재차 확인될 수 있다. 그리고 이는 다시 언어가 구체적인 경험 환경으로부터의 탈출로를 인간에게 열어준다는 통념을 부분적으로 설명해준다. 추상을 표현하는 언어는 우리를 구체적인 세부사실에서 눈을 돌릴 수 있게 하기 때문이다. 물론 이런 언어의 기능은 화이트헤드가 말하는 명제의 본래적인 기능에서 주어지는 것이라고 이해할 수도 있다. 명제에 관련된 여러 논의에서 수차 언급하였듯이 현실태와 가능태로 이루어지는 혼성적 존재로서의 명제는 현실적 계기가 그 여건에의 순응에서 벗어날 수 있는 가장 중요한 통로이기 때문이다. 그러나 그렇더라도 언어가 이런 명제적 파악을 유도하는 한, 그만큼 언어는 사실에 대한 굴종적인 순응으로부터 우리를 해방시킨다고 말할 수 있는 것이다. 언어는 변환을 통해 특정한 명제를 상징함으로써 그 명제를 환기시키고 촉진하고 고립시키며, 현실 세계와 구별되는 가능적 세계로 우리의 시야를 넓히는 데 적극적으로 기여한다고 할 수 있다. 그리고 여기서 언어는 인간이 자신의 경험, 즉 자신의 현존을 창조적 과정으로 이끌어 가는 데 일조하는 중요한 요인이 된다는 다분히 통속적인 관념도 그 내적인 의미가 드러난다. 다음과 같은 화이트헤드의 낭만적 선언은 이런 맥락에서 이해될 수 있다. "인간의 정신성과 언어가 서로를 창출시켜 왔다. …언어의 출현을 주어진 사실로 간주하는 쪽에 설 경우, 인간의 영혼은 언어가 인간에게 준 선물이라고 말하는 것도 지나치다고 할 수 없을 것이다. 여섯째 날에 대한 설명이 있어야 할 것이다. 그는 그들에게 언어를 주었고 그 결과 그들은 영혼이 되었다 라고"(*MT* 40~41).

, 이제 잠시 정리해보자 우리는 언어가 명제를 상징하며 언어 행위가 명제적 느낌을 불러일으킨다는 화이트헤드의 주장을 검토하고, 이렇게 이해되는 언어의 기능이 일상적인 경험에서 언어가 갖는 것으로 흔히 간주되

는 몇 가지 기본적인 기능과 어떻게 조화될 수 있는지를 살펴보았다. 그리고 우리는 이 과정에서 화이트헤드의 이런 기본 주장이 상당한 설명력을 지니고 있다는 사실을 확인하였다. 그러나 우리는 한 가지 중요한 논점을 언급하지 않았다. 즉 언어의 상징작용이 화이트헤드가 말하는 기본적인 형식의 상징작용의 메커니즘에 따르고 있다고 할 수 있는가 하는 것이다. 단적으로 말하자면 언어는 화이트헤드가 말하는 상징작용의 특수 사례라고 보기 어렵다.

일반적으로 존재, 명제, 언어를 구별하여 한정하는 철학에서 기본적으로 문제가 되는 것은 이들 사이의 관계가 어떻게 설정될 수 있는가 하는 점이다. 비트겐슈타인은 언어를 명제의 총체라 규정하고, 나아가 존재(세계)와 명제의 관계를 논리적 형식으로 설명한 적이 있다. 화이트헤드는 명제를 존재의 세계로 돌려보내고 있다. 그래서 그에게는 명제와 존재의 관계 문제가 존재하지 않는다. 그러나 그 대신 명제와 언어의 관계 문제가 남는다. 존재와 명제의 관계 문제가 명제와 언어의 관계 문제로 옮아간 것이다. 화이트헤드는 이를 **상징적 연관**으로 설명하고 있다. 그러나 상징적 연관이 어떻게 언어와 명제간의 관계를 설명하는지 분명치 않다. 그의 논리에 따를 때, 상징작용이 성립하려면 양자 사이에 **공통의 요소**가 있지 않으면 안된다. 그는 언어가 기본적인 유형의 상징적 연관의 특수사례에 불과하다고 하면서도, 이에 필요한 조건에 관해서는 언급하지 않고 있다. 그의 다음과 같은 사례 진술에는 지극히 통속적인 의미의 상징작용이 거론되고 있을 뿐이다. "'숲'이라는 말은 숲에 대한 기억을 암시하는 수가 있다. 마찬가지로 숲의 목격 내지 숲에 대한 기억도, '숲'이라는 말을 시사할 수 있다. 때때로 우리는 눈앞의 경험을 표현할 말이 떠오르지 않아서 고심할 때가 있다. 이는 그 경험과 올바른 종류의 상관 관계를 갖는 말이 우리의 경험 구조 내에서 중요한 방식으로 관련을 맺는 데 실패한 사례가 된다"(*PR* 182).

사실상 의성어의 특수한 몇 가지 경우를 예외로 한다면, 낱말의 발성이나 그것의 문자형태와 그 지시물(reference)의 외양 사이에 그 어떤 유사성을 찾는다는 것은 어리석은 일이다. 우리는 자의적으로 발성이나 문자형태를 바꾸어 동일한 사물(의미)을 지칭할 수 있다. 그리고 이처럼 언어가 그 의미와 자의적으로 결합되는 것으로 간주된다는 사실은 이들 사이에 공통의 근거가 결코 가능한 것이 아니라는 점을 보여주는 증거이다. 우리가 이러한 공통의 근거를 찾아내야 할 장소가 있다면 그것은 과거의 경험일 것이다. 어린애는 숲을 목격하면서 이와 함께 **숲**이라는 소리를 반복해서 듣게 되는 가운데 이 말의 의미를 배우게 된다. 여기서의 공통의 근거는 말과 의미가 동시에 나타나고 있는 **유사한 상황**이다. 하지만 화이트헤드에게서는 이런 점에 관한 시사를 찾아볼 수 없다.

그런데 이처럼 명제와 언어와의 관계가 모호한 상태로 방치될 때 파생되는 가장 근원적인 난점은, 화이트헤드 자신의 형이상학적 명제들을 상징하고 있는 언어들이 그 객관적인 의미를 확보하기 어렵게 된다는 점일 것이다.[1] 마틴은 이 점을 적절히 지적하고 있는 것으로 보인다. 그의 말을 들어보자. "문제는 언어가 단지 명제를 모호하게 표현할 수 있는 데 그치는 것이라면, 화이트헤드가 『과정과 실재』에서 전달하고자 하는 명제들(또는 이론들)이, 그 책을 읽는 독자가 거기에 표현되어 있는 것으로 이해하는 명제들과 같다는 가정을 어떻게 정당화시킬 수 있겠는가 하는 것이다. 이에 대한 답변은 그러한 정당화가 불가능하다는 것이다."[2]

그러나 이런 정당화 불가능성 또는 명제와 언어간의 근원적인 이원성은 화이트헤드 나름의 형이상학적인 전략에서 빚어지고 있어서 더욱 난감한 것이 된다. 화이트헤드에게 있어 명제와 언어의 밀접한 대응은 애당초 불가능하도록 되어 있다. 왜냐하면 『과정과 실재』에서 명제의 역할은

---

1) 물론 이러한 난점은 화이트헤드만이 안고 있는 것이 아니라고 할 수 있다. 존재와 언어(화이트헤드의 경우는 명제와 언어)를 구별하는 모든 이론은 이러한 유형의 문제를 안고 있는 것이다.

2) M. J. Martin, "The Views of Whitehead and Wittgenstein on Propositions in *Process and Reality* and *Tractatus Logico-Philosophicus*," A Dissertation Submitted for the Degree of Doctor of Philosophy (Southern Illinois University, 1978), p.86.

언어나 논리 또는 인식 등의 영역 밖에서 시작되고 있기 때문이다. 만일 화이트헤드가 비트겐슈타인이 했던 것처럼 명제와 언어를 밀접하게 연관시키려 했다면, 어떻게 모든 현실적 존재가 명제를 느낄 수 있는 것인지를 설명하기가 어려웠을 것이다. 왜냐하면 모든 현실적 계기가 언어를 통한 상징작용에 참여할 수 있는 것은 아니기 때문이다. 화이트헤드도 이런 난점을 간과했을 리 없다. 그 역시 명제와 언어의 이원성에 따르는 언어 사용의 정당화 불가능성을 의식하고 있었다. 다음의 구절이 이를 증거한다. "상징작용은 정당화될 수도 있고, 정당화되지 않을 수도 있다. 정당화의 시금석은 어디까지나 실용주의적인 것이어야 한다"(*PR* 181). 이 구절은 상징작용의 궁극적인 정당성이 그 내재적인 조건, 즉 공통근거를 통해 확보되는 것이라기보다는 실용적인 차원에서 판가름되는 것이라는 주장으로 이해할 수 있다. 그리고 이는 사실상 상징작용의 가장 기본적인 유형인 상징적 연관의 지각에도 적용될 수 있다. 왜냐하면 이런 지각도 오류 가능한 것이고, 그래서 그 정당성은 그것의 성립과 동시에 확보되는 것이 아니라, 후속하는 계기에 의해 평가될 수밖에 없기 때문이다. 그리고 이것은 화이트헤드가 스스로 내리고 있는 것으로 보이는 자신의 형이상학에 대한 평가와도 정합한다고 할 수 있다. 화이트헤드는 자신의 형이상학이 장차 그 정당성을 평가받아야 할 유보 형식의 판단체계를 접근선적이고, 그래서 불충분한 언어로 기록해 놓은 것으로 간주되어야 하는 것임을 종종 시사하고 있기 때문이다.

결국 이렇게 볼 때 우리가 조금 전에 던졌던 물음, 즉 과연 언어의 상징작용이 상징적 연관의 메커니즘에 따라 이루어지는 것인가 하는 도전적인 물음과 이에 대한 부정적 답변은 화이트헤드의 체계 전체를 그 내부에서 위협하지 않는다고 할 수 있다. 그것은 오히려 인간의 언어에 대해서는 우연성의 공간을 열어주고 화이트헤드의 체계에 대해서는 개방성을 허용하고 있다고 볼 수 있는 것이다.

2. 언어비판

사실상 화이트헤드는 당대의 누구보다도 언어의 우연성을 깊이 인식하고 있었다. 이는 『과정과 실재』를 포함한 그의 여러 저술에서 찾아볼 수 있는 언어에 대한 부정적인 평가와 소극적인 진술들에서 확인된다. 사실상 화이트헤드가 그의 체계를 구성하던 시대적 배경을 고려한다면 화이트헤드만큼 명제와 언어를 날카롭게 구별하고, **존재**로서의 명제를 충분하고도 완벽하게 표현할 수 없다고 주장한 사람도 드물었다고 할 수 있다. 어떤 의미에서 언어와 명제를 상징작용의 상관항으로 설명하고 있다는 사실 자체가 이미 그 양자 사이의 화해불가능성을 역설적으로 시사하고 있다고 할 수 있다. 그에 따르면 언어는 명제를 표현하기에 "불충분"(*PR* 12)하고 "모호"(*PR* 264)한 도구이다.[3]

이제 이런 부정적 평가어들이 구체적으로 어떤 논거 위에 있는지를 살펴보자. 결론부터 말하자면 여기서 지적되고 있는 언어의 불충분성과 모호성은 한 문장이나 구절이 상이한 다수의 명제들을 상징할 수 있다는 데 기인한다. 물론 언어의 이런 부정적 특성은 한 명제가 상이한 여러 문장으로 상징될 수 있다는 데 기인하는 것이라고 할 수도 있다. 화이트헤드는 언어의 이런 부정적 측면들을 언어의 불확정성으로 요약하고 있다. 그는 이를 다음과 같이 기술한다. "언어는, 모든 사건이 일정한 체계적인 유형의 환경을 전제로 하고 있다는 사실 때문에 전적으로 불확정적인 것이다"(*PR* 12). 이 구절이 구체적인 의미는 무엇인가? 화이트헤드는 **시이저가 루비콘강을 건넜다**라는 명제를 통해 이를 설명한다(*PR* 195~97).

시이저가 루비콘 강을 건넜다는 명제에서 **시이저**와 **루비콘**에 의해 지시되는 것은, 이 명제를 느끼는 주체의 직접적인 지각적 경험의 함수이기

---

3) 화이트헤드의 온전한 표현을 옮기면 이렇다. "언어적 표현을 명제의 충분한 언명으로 본다면 이는 전적으로 경솔한 처사이다"(*PR* 12). "일상의 언어는 그것이 가리키는 정확한 명제에 관해서 언제나 모호하다"(*PR* 264).

때문에, 그 주체가 시이저 부대의 병사인가 아니면 20세기의 역사가인가에 따라 달라진다. 병사에게 있어서 시이저는 루비콘강의 도강에서 정점을 이루고 있는 **시이저의 계기들의 역사적 경로**이다. 이 경우 시이저와 루비콘강은 직접 지각된 현실적 결합체로서의 시이저와 루비콘강이다. 그러나 루비콘강을 한번도 본적이 없는 역사가에게 있어 루비콘강과 시이저는 모두 현실적 결합체들이 아니라 결합체들의 유형들이다. 여기서 병사는 특칭명제를 느끼고 있는 반면 역사가는 일반명제를 느끼고 있다. 그러므로 병사가 느끼고 있는 특칭명제와 역사가가 느끼고 있는 일반명제 사이에는, 모두 동일한 언어 형식을 취하고 있으나 시이저와 루비콘이라는 지시사에 의해 지칭되는 **객체적 내용**은 아주 상이한, 따라서 그 일반성에서 차등화되는 그런 일련의 명제들이 존재하고 있는 것이다. 예컨대 전역한 병사가 루비콘 강가에 앉아 옛일을 회상하면서 느끼고 있는 명제도 있을 수 있으며, 루비콘 강가에서 자료를 수집하는 역사가 느끼고 있는 명제도 있을 수 있다. 따라서 모든 명제는 이를 느끼는 주체에 의해 그 주체의 상대적 전망에 입각해서 결정될 수 있는, 요컨대 화이트헤드의 표현으로 하자면 "체계적 유형의 환경"에 의해 비로소 결정될 수 있는 그런 미결정성을 지니고 있는 것이다. 그렇기에 어떠한 언어적 진술도, 명제의 이와 같은 내재적인 미결정성 때문에, 명제의 모든 가능태들을 완벽하게 모두 상징할 수 없는 것이다. 결국 이렇게 볼 때 언어의 불확정성은 언어 자체의 결함이 아니라 명제에 내재한 미결정성의 함수로 나타나는 것이라 할 수 있다.

화이트헤드에 따르면 명제에서 이런 미결정성이 해소되는 것은 그것이 특정한 현실적 주체에 객체화될 때이다(*PR* 196). 이것은 **건넜다**는 관계를 통해 시이저와 루비콘강을 객체화시킬 가능태로서의 **시이저가 루비콘 강을 건넜다**는 명제가, 이를 느끼는 구체적인 주체로부터 추상하여 고찰될 때, **시이저적 유형의 경로가 루비콘 유형의 경로를 건넜다**는 지극히 일반적인 유형의 명제로 전환되어 버린다는 것을 의미한다. 이 표현에서

시이저의 경로는 기원전 49년의 로마세계에 위치해 있는 것이고 **루비콘의 경로**는 이탈리아에 위치하고 있는 것이다. 여기서 **시이저적인 것**의 가능태들과 **루비콘적인 것**의 가능태들이 어떻게 더 세부적으로 규정되는가 하는 것은 그 명제를 영입하는 주체의 현실 세계, 즉 병사나 역사가의 현실 세계에 달려 있다. 그러므로 단순한 지시사로서의 **시이저**와 **루비콘**은 이를 느끼는 주체의 입각점을 떠날 때, 모호하고도 불충분한 표현에 그치는 것이다.

그렇다면 특정한 현실적 주체에 객체화된 명제, 그래서 미결정성이 없다고 할 수 있는 명제인 경우는 언어가 이를 충분히 표현할 수 있는가? 이에 대한 답변 또한 부정적이다. 흔히 일상적인 언어 상황에서 충분한 언표로 간주되는 특칭명제를 예로 들어보자. 강가를 거닐고 있는 누군가가 **이 강물은 참으로 깨끗하다**라고 말한다고 해보자. 이 문장이 상징하는 명제는 강가에 서 있는 사람에게 결정된 사태로 나타나 있다. 그러나 여기에도 모호성은 있다. 무엇보다도 명제의 논리적 주어에 관련된 모호성이 있다. **이것은 강물이고 깨끗하다**에서 **이것**이 지시하는 강물은 어디에서 어디까지인가? 엄격히 말하자면 그 강물은 온갖 지류뿐만 아니라 강바닥에서 솟아나거나 그리로 스며드는 지하수 등등을 포함한다. 결국 언어적 표현을 명제의 충분한 언명으로 보는 것이 전적으로 경솔한 처사(*PR* 12)라는 화이트헤드의 주장은 이렇게 이해될 수 있는 것이다. 그리고 일상언어에 대한 화이트헤드의 진술이 상당히 부정적이고 비판적인 것은 명제와 언어 및 이 양자 사이의 관계에 대한 이와 같은 그의 기본적인 이해에 바탕을 두고 있기 때문이다.

하지만 언어에 대한 화이트헤드의 부정적 평가는 이와 전혀 문맥을 달리하는 보다 통속적인 시각에서도 유도되고 있다. 발생론적 측면에서 보자면, 언어는 점차적으로 오랜 세월을 두고 발전하였다. 인간은 주로 실천적인 문제를 다루기 위해 어휘의 수를 늘려왔다. 일상언어는 실천적인 것이다. 『창조적 진화』(*L' Evolution Créatrice*)에서 베르그송이 지적했듯이 언어는 공리주의적 목적을 위해, 즉 개인에게 그의 세계의 중요한 측면들을 보다 효과적으로 조작할 수 있는 장치를 마련해주기 위해 다듬어진 것이다. 언어는 도구이다. 일상의 언어는 일상적 삶의 도구이다. 그렇기에 언어는 그 본래적인 용도, 즉 실용적인 도구로 기능하는 한에 있어 상당한 효율성을 수반한다. 예컨대 **신들에다 이름을 부여하는** 과정은, 하이데거가 말하고 있듯이 **신들**을 세속적이고 개체적이며 제어 가능한 것으로 만들기까지 한다.4)

언어가 실용적인 도구로서 성공을 거둘 수 있게 되는 까닭은 그것이 삶이 요구하는 것들을 효과적으로 분별하여 부각시킬 수 있다는 데 있다. 사실상 "경험은 언어적 옷을 입고 나타나지 않는다."5) 그것은 대체로 모호하다. 언어는 이 모호성 속에서 빠져나오는 것들, 화이트헤드의 표현으로 하자면 우리의 **현시적 직접성의 지각**에서 나타나는 것과 같은 명석판명한 경험 현상에 주목한다. 보다 일반적인 시각에서 말한다면 언어는 복잡하고 모호한 것을 단순화하고 명석하게 한다. 요컨대 언어는 감각경험을 한정한다. 앞의 소절에서 보았듯이 이것은 화이트헤드가 **변환**의 범주로 설명하고자 했던 것이라 할 수 있다. 언어는 감각경험을 한정한다. **변환**을 통해 그것은 경험 내에 잠재되어 있는 다양한 가능 요소들 가운데 어느 하나만을 부각시킨다. 이것은 앞의 소절에서 언어가 갖는 긍정적이고 적극적인 측면으로 언급되었던 것이다. 그러나 그것은 양날의 칼이다. 왜냐하면 언어의 그런 측면은 적어도 두 가지 역기능을 수반하기 때문이다. 그것은 언어의 두 가지 명백한 한계로 나타난다.

우선 단순화를 동반하는 언어는 살아 움직이는 우주의 복잡하고 모호한 세부 사항들을 무시한다. 언어적 정식이 갖는 외견상의 단순성이 그것이 가리키는 사실의 거대한 복잡성을 은폐시키는 것이다. 여기서 우리는

---

4) E. M. Kraus, *The Metaphysics of Experience: A Companion to Whitehead's Process and Reality* (New York: Fordham University Press, 1979), p.6.

5) *Whitehead's American Essays in Social Philosophy*. ed. A. H. Johnson (New York: Harper, 1959), p.167.

언어와 함께 경험의 피상적인 지평을 헤매게 된다. 뿐만 아니라 우리가 언어의 차단 효과로부터 어떻게든 빠져나간다 해도, 우리는 그에 상응하는 말을 갖고 있지 않은 그런 사실들에는 주의를 거의, 또는 전혀 기울이지 않는 경향이 있다. 이것은 또 다른 측면에서의 한계로 나타난다. 언어는 변화하는 판명한 단위 경험들의 분류에 열중하는 가운데, 우리의 존재를 근원적으로 조건짓고 있는, 불변의 일반적 요인들을 은폐시킨다. 보다 정확히 말하자면 일상의 언어는 그 생래적인 제약 때문에 이들을 드러낼 수 없도록 되어 있다. 그렇기에 변화하지 않는 경험의 필연적 요소들은 결코 언어의 그물에 걸려들지 않는다. 따라서 언어는 **불변의 근원적인 지평**과, **변화가 요동치는 세부의 지평** 사이에 인간의 정신을 가두어 놓는다고 할 수 있다. 여기서 우리는 화이트헤드의 다음과 같은 극언을 듣게 된다. "언어는 불완전하고 단편적인 것이며 단지 원숭이의 정신성을 넘어선 평균적인 진보의 단계를 담지하고 있을 뿐이다"(*AI* 291).

화이트헤드는 철학이 빠져들기 쉬운 오류들 가운데 하나가 "언어의 적절성에 대한 무비판적인 신뢰"(*AI* 293)라고 말한다. 이는 화이트헤드가 언어의 굴레에 매여 불모의 땅에서 방황해 온 전통 철학을 두고 하는 말이다. 그리스인들은 바로 이러한 세계에 빠져 있었다. 화이트헤드는 존 스튜어트 밀의 말을 인용하고 있다. "그들(희랍사람들)은 그들의 말이 혼동하고 있는 사물들을 구별하는 데 있어, 또는 말이 구별한 사물들을 정신적으로 결합시켜 생각하는 데 있어 상당한 어려움을 겪었다. …그렇기 때문에 희랍의 사변학파나 중세기 후계자들의 학문 연구는 대체로 일상적인 말과 결부된 개념들을 가려내거나 분해하는 작업에 그치고 말았다. 그들은 말의 의미를 결정하면 사실에 정통하게 될 것이라고 생각했던 것이다"(*PR* 12).

그러나 보다 심각한 문제는 언어가 단순히 인간의 의식적 분별에만 개입하는 것이 아니라는 데 있다. 언어는 우리의 시각을 구체적 사실들로부터 딴 데로 돌려놓거나 그것들을 보지 못하게 하는 데 그치지 않는다. "언어는 인간 사고의 무의식적인 전제들을 규정한다"(*MT* 66). 언어가 이런 방식으로 철학적 사변을 지배하게 될 때, 추상이 구체적인 것으로 분장하고 나타난다. **실체와 속성**이라는 상관범주, **단순 정위하는 물질** 등이 그런 것이다. 적어도 철학은 이런 근원적인 전제들을 수정하고 새로이 구상할 수 있어야 한다. 이를 위해 철학은 언어를 포함하는 온갖 상징으로부터 일정한 거리를 유지할 필요가 있다. "인간의 삶은 그의 상징적 장식물에 의해 쉽게 압도될 수 있다. 이런 장식물을 제거하는 지속적인 과정, 그래서 새로운 표현 형식을 항상 필요로 하는 미래에 적응해나가는 지속적인 과정이 모든 사회에 필요하다"(*S* 61). 그리고 여기에 철학의 궁극적 역할, 즉 낡은 문명을 비판하고 새로운 문명을 창도한다는 역할이 있는 것이다. 화이트헤드의 다음과 같은 경고는 이런 맥락에서 나온 것이다. "상징에 경의를 표하는 동시에 이를 자유로이 수정하지 못하는 사회는 무정부상태로 전락하게 됨으로써든, 무익한 환영에 의해 질식되어 점차 생기를 잃게 됨으로써든 궁극적으로 쇠퇴하게 될 것이다"(*S* 88).

철학은 **불변의 근원적 지평**과 **변화가 요동치는 세부의 지평**으로 그 활동 반경을 넓혀나가야 한다. 이를 위해 철학은 일상언어의 굴레에서 벗어나 일상언어의 외양적인 명석성 밑으로 파고들지 않으면 안된다(*AI* 285). 철학은 유용한 개별성 밑에 깔려 있는 일반적 특성에 대한 느낌을 불러일으킬 수 있어야 한다(*MT* 5). 그리고 철학이 이렇게 포착한 우주의 궁극적인 일반성, 심오성, 복잡성을 정당하게 취급할 수 있으려면, 세밀한 구체적 통찰과 거대한 일반성을 표현할 수 있는 새로운 어휘 체계가 필요하며, 적어도 기존의 어휘에 대한 전면적인 수정이 필요하다. 철학의 도구는 언어이기 때문이다.6)

---

6) 화이트헤드는 다음과 같이 역설하고 있다. "모든 학문은 저마다 자신의 도구를 고안해내지 않으면 안된다. 철학의 필수적인 도구는 언어이다. 그렇기 때문에 철학은 물질 과학에서 기존의 장치를 고쳐 설계하는 것과 마찬가지로 언어를 고쳐 설계한다. 사실에 호소하는 작업이 얼마나 어려운가는 바로 이 점에서 분명해진다. 사실에 호소한다는 것은 단지 일상적인 말로 진술되는 사실의 표현에 호소하는 것에 그치는 것이 아니다. 그러한 문장의 충분성 여부가 바로 중요한 문제점이 된다. 경험된 사실에 관한 인류의 일반적인 의견일치가 언어에서 가장 잘 표현된다는 것은 사

물론 화이트헤드는 우리의 일상언어를 완전한 이상언어, 즉 명제를 남김없이 상징할 수 있다는 의미에서 완전한 그런 언어로 대치하려 하지 않는다. 화이트헤드가 언어비판에서 추구하는 것은, 하나의 언어적 형식이 단 하나의 특정한 명제를 상징하거나, 단 하나의 특정한 주체적 형식을 유도해낼 수 있도록 일상언어를 재구성하는 일이 아니다. 우리는 또한 완전한 형이상학적 언어의 발견을 기대해서도 안된다. 자연과 그것의 모든 측면들이 불투명한 윤곽을 가지고 있는 것과 꼭 마찬가지로, 이들에 대한 철학적 표현도 명확하게 한정된 윤곽과 엄밀한 내적 구조를 가지고 있을 수 없는 것이다.

철학이 표현하고자 하는 우리의 경험은 어떤 의미에서 원시적이고 정서적이며 그래서 궁극적으로는 언어화될 수 없는 것들이다. "언어는 직관을 따라가지 못하기 때문이다"(*MT* 49). "이러한 이유 때문에 철학은 상상적 예술과 유사한 것이다. 철학은 자신의 단순한 진술을 넘어서는 의미를 시사한다"(*MT* 117). 그러므로 "철학의 난제는 자명한 것을 표현하는 일이다. 우리의 이해는 낱말이 지니고 있는 일상적인 어법의 한계를 넘어선다. 철학은 시와 유사하다. 철학은 시인의 생생한 암시에다 이에 어울리는 관용적인 어구를 찾아내어 부여하려는 노력이다"(*MT* 49~50). 보다 적극적으로 말하자면 철학은 신비주의적 색채를 머금고 있는 것이라 할 수 있다. 왜냐하면 철학은 표현할 수 없는 깊이에 대한 직접적인 통찰을 신비주의와 공유하고 있기 때문이다. 화이트헤드의 말을 직접 들어 보자. "철학은 신비적인 것 — 이런 표현이 마음에 든다면 — 이라고 할 수도 있다. 왜냐하면 신비주의는 아직껏 말로 표현되지 않고 있는 심오한 지평에 대한 직접적인 통찰을 시도하기 때문이다. 그러나 철학의 목적은 궤변을 동원해서가 아니라 합리적으로 조정된 언어적 규정을 통해서 신비주의를 합리화하는 데 있다"(*MT* 174). 그러므로 철학은 종교나 시와는 분명히

실이다. 그러나 문헌상의 언어는 보다 넓은 일반성을 명확한 형태로 표현하려는 과제 앞에서 여지없이 실패하고 만다. …그 일반성이야말로 바로 형이상학이 표현하려는 것이다"(*PR* 11).

다른 의미에서 신비적인 것이다. 종교적인 신비주의자는 신념 체계와 관계가 있는 심상을 이용하여, **영원의 상하**(*sub specie aeternitatis*)에서 개체적 경험을 향유하고 또 이를 불러일으킨다. 시인은 운율을 통해, 어떤 신념 체계와도 관계가 없는 경험의 깊이를 통찰하려고 한다. 철학은 합리적으로 조정된 신비주의를 구축하기 위해 경험을 운율이 아니라 수학적 패턴을 사용하여 탐침한다. 종교, 시, 철학은 각기 그 나름의 방식으로 **말할 수 없는 것**을 취급하려고 한다.

결국 화이트헤드는 **말할 수 없는 것**에 관해 결코 침묵해서는 안되며, 사전적 의미를 넘어서는 언어적 표현을 사용하고, 오직 직관될 수 있을 뿐인 경험들을 촉발시켜 합리화해야 한다고 주장하고 있는 것으로 보인다. 화이트헤드가 『과정과 실재』에서 끌어들이고 있는 생소한 용어들은 이런 그의 직관을 드러내어 합리화하기 위한 도구로서 마련된 것이다. 물론 비(非)의식적 과정을 분석하면서 그가 사용하고 있는 의식의 언어들은 오해의 소지가 많다. 특히 현실적 계기의 자기 창조 활동을 논하면서 그가 끌어들이고 있는 **느낌, 정서, 향유, 결단, 자유, 목적, 만족, 주체성** 등과 같은 표현들은 차라리 우리를 당혹케 한다고 해야 할 것이다. 이런 용어들은 피상적인 논객들로 하여금 화이트헤드가 지극히 조악한 심리주의를 구축하고 있다고 비난할 수 있게 하는 디딤돌로 작용하기도 했다. 그러나 화이트헤드가 사용하는 이런 **느낌의 언어들**은, 사실이 그렇듯이 유비적 상징으로 이해되어야 한다. 이 느낌의 언어들은 단순한 심리적 의식적 현상들을 지칭하지 않는다. 이런 심리적, 의식적 현상들은 느낌의 언어가 상징하는 보다 근원적이고 보편적인 존재의 자기구성 활동들의 특수한 사례들에 지나지 않는다. 이런 근원적이고 보편적인 활동들은 의식적, 심리적 형상들을 종(種)으로 갖는 유(類)의 활동이라 할 수 있는 것이다. 그러므로 화이트헤드가 사용하고 있는 용어들의 본래적인 의미를 찾아내기 위해서는, 우선 무엇보다도 그것들이 시사하는 우리의 내적 활동의 특성들 가운데서 의식 특유의 요소들을 제거하고, 상상의 도약을 통해 의식 고유의 것이 아닌 보다 일반적인 특성들을 포착할 수 있어야 한다. 여기에는 화이트헤드가 밟고 갔던 **상상적 비약**이 필요할 것이다.

그렇기는 하지만 이것으로 이런 용어들이 상징하는 요소가 완벽하게 해명된다고 할 수는 없다. 입자 물리학에서 관찰의 기법이 관찰되는 것을 변모시키듯이 이들 용어가 생생한 직관의 내용을 손상시킬 위험은 언제나 있다. 그러나 화이트헤드는 체계의 정합성이 이를 어느 정도 보완할 것이라고 생각한다. "투명한 많은 술어들이 필요하다. 단어들은 상호간에 교정한다"(*AI* 304). 게다가 화이트헤드는 "현실적인 것이든 비현실적인 것이든 그 어떤 존재를 완전히 고립된 상태에서 고찰하기 위해 그 존재로부터 우주를 완전히 사상해버릴 수는 없는 것"(*PR* 28)이라고 주장한다. 이것이 우리가 화이트헤드의 어떤 술어를 그의 체계로부터 완전히 고립시켜 정확하게 이해할 수 없는 이유가 된다. 화이트헤드의 용어들은 체계 내적인 지위와 기능에서 이해되어야 하는 것이다. 화이트헤드가 형이상학은 체계화가 필요하다고 주장하는 것도 이런 맥락에서이다.

그러나 그렇더라고 형이상학은 절대 진리를 구가할 수 없다. 그것은 언제나 근사적 진리를 확보할 뿐이다. "형이상학적 체계는 탐구되고 있는 일반적 진리의 근사치에 머물고 있을 뿐이다"(*PR* 13). 화이트헤드의 한계 인식은 일차적으로 언어의 한계에 대한 그의 반성에서 온다. 그러나 이러한 평가의 보다 근본적인 이유는 『과정과 실재』의 도처에 시사되어 있듯이, 인간 지성의 한계에 대한 화이트헤드의 확신에 있었다고 할 수 있다. 인간의 의식이 특정의 현실 세계를 초월하는 자기동일자가 아니라 특정의 현실 세계를 경험하는 가운데 어쩌다 생겨나는 우연적이고 부수적인 요인에 불과한 것이라는 그의 주장에서 우리는 지성의 본질적인 한계에 대한 그의 확신을 충분히 확인할 수 있다.

맺는 말

　화이트헤드는 형이상학을 통해 유전(流轉)하는 세계와 유전하는 인간의 경험을 구제하고자 한다. 이것은 서구의 전통 형이상학의 전형을 따라 그의 철학이 사변으로 진행되어 거대한 체계로 나타나고 있는 이유이다. 그러나 그의 목표가 단순한 구제에만 있었던 것은 아니다. 그의 궁극적 목표는 인간에게 의미 있는 경험의 영역을 확대하는 데 있었다. 이것은 경험을 기술하고 조작하고 평가함에 있어 전통적인 추상적 도식과 개념들에 얽매이는 처사가 과학적, 철학적 논의를 피폐시킬 뿐만 아니라 궁극적으로는 인류문명의 창조적 전진을 가로막는다는 그의 기본 신념에서 연원하고 있다. 그는 인간의 정신이 추상적인 도식과 이에 의거한 개념 체계에 얽눌리게 될 때, 그 체계를 탄생시킨 근원적인 전제 속에 갇혀, 창조적으로 사고할 수 없게 될 것이요, 끝내는 인류문명의 쇠락을 결과할 것이라고 믿었다. 따라서 철학은 무엇보다도 먼저 이러한 추상적인 관념들의 한계와 임의성을 드러내어 보여줄 수 있어야 한다. 이는 철학의 일차적인 과제가 "특수한 사고 양태를 지배하는 추상에 대한 비판"(*MT* 48~49)에 모아져야 하는 이유이다. 그러나 이런 부정적 비판은 단순한 거부 이상의 것이어야 한다. 그것이 설득력을 얻으려면 그 합리적 근거를 동반해야 한다. 이것은 기존의 추상관념을 통하지 않은 합리적인 실재 인식이 있어야 한다는 것을 의미한다. 추상관념은 부분적 선택의 산물이요 따라서 부분적 부정의 산물이다. 진정한 실재의 모습, 즉 의식의 부정에 의해 무시되고 추상에 의해 은폐되었던 세계의 실상은 이런 부정에 대한 부정에서 회복의 길이 열린다. 이런 실상은 인류의 지성사에서 추상에 의해 질식되기 이전 고대인의 직관에 포착된 적이 있었다. 그러나 단순한 직관적 포착만으로는 불충분하다. 그렇게 포착된 것이 비판의 준거로 기능할 수 있기 위해서는 합리적으로 기술되어 그 실상이 온전히 복원되어야 한다. 실재의 실상을 합리적 기술로 복원하여 드러낸다는 것, 이것이 화이트헤드 우주론 체계의 일차적인 과제인 동시에 목표였다. 이것은 "철학의 목표가 순수한 개시(disclosure)에 있다"(*MT* 49)는 그의 언명이 의미하고 있는 것이다. 그는 이러한 개시를 토대로 추상관념의 지위와 성격을 비판적으로 조망하고, 나아가 천차만별의 깊이와 폭으로 이루어지는, 인간에게 가능한 모든 경험의 가치를 합리적으로 복원, 평가하고자 한다.

화이트헤드는 직관적으로 포착되는 것을 공적(公的)인 지평에 개시(開示)하기 위해, 즉 **합리적 경험 속에 복원**시키기 위해, 새로운 사유도식과 개념들을 찾아 나선다. 그가 보기에 적어도 이런 도식과 개념은 모든 경험적 자료에 대한 철저한 긍정에서 출발하고, 이들의 보편적인 구조를 구현함으로써, 인간의 유약한 지성으로 하여금 실재의 실상에 가능한 한 가까이 접근할 수 있도록 하는 것이어야 한다. 그러나 이런 실재의 실상은 사실상 멀리서 우리를 기다리고 있는 것이 아니다. 그것은 우리의 경험 그 자체 속에 구현되어 있다. 우리의 경험 사건이야말로 생생한 실재의 전형이다. 화이트헤드가 인간의 경험 자체를 실재 해명의 주요 실마리로 간주하여 주목하는 것은 바로 이런 인식에서이다. 그는 인간의 경험 자체를 실재 실상의 전형으로 삼아 이로부터의 유비를 통해 존재 전체를 꿰뚫어보고자 한다. 이를 위해 그는 인간의 다양한 경험 행위에 함축되어 있는 요인들을 끌어안고 이들에 보편적으로 내재하고 있는 구조를 추출하여 범주화한다. 여기서 경험이 지니고 있던 인간적 요인들은 완전히 탈색된다. 그가 시도하고 있는 경험 구조의 일반화, 즉 탈인간화를 통한 범주 축조에는 현대 물리학의 여러 증거가 일조한다. 그는 인간의 경험에서 출발하여 물리학적 자료를 징검다리로 삼아 자연 전체로 뛰어든다. 그리고 우리는 이 착지의 현장에서 **현실적 존재**(계기)와 만나게 된다.

화이트헤드의 우주론은 이렇게 탄생한 현실적 존재의 생성과 소멸을 중심으로 전개되고 있다. **창조성, 영원적 객체, 합생, 파악, 결합체**(사회), **주체적 형식, 주체적 지향** 등과 같은 낯선 개념들은 이 생성 소멸의 국면과 그 주변부를 기술하기 위한 범주적 도구들이다. 그리고 그의 체계에서 기본적인 요인으로 기능하고 있는 심리적 함축을 지닌 개념들(예컨대, 느낌, 만족, 목적, 향유)과 물리학적 함축을 지닌 개념들(벡터, 양자, 에너지)들은, 현실적 존재의 탄생 배경이 남긴 흔적들이다. 나아가 존재 개념으로서의 명제가 논리적 주어와 술어의 결합을 기본 구조로 한다는 그의 주장이라든가, 현실적 계기가 물리적인 극과 정신적인 극을 갖는다는 주장 같은 것들은 인간의 언어와 논리에서 추출된 것들이다. 그는 이런 도구들을 가지고, 의식에 의해 거부되었던 우주의 심층적 전체상을 그려낸다. 그는 추상의 세계 밑을 도도히 흐르고 있는 구체적 세계의 실상을 치밀하게 기술한다. 결국 이 기술에서 그는 "높은 차원의 감성적 경험에서 가라앉아 버리는 것, 그리고 의식 그 자체의 최초의 작용에 의해서 더욱 깊숙이 가라앉아 버리는 것을 합리적 경험 속에다 복원시킨다"(*PR* 15). 그리고 이 복원과 함께, 다양한 층차에서 발견되는 인간의 경험 양태들이 생생하게 구제되고 추상관념들의 본래적 지위와 성격 및 한계가 드러난다. 추상비판과 인간경험의 창조적 개방이라는 과제는 이렇게 마무리된다.

그러나 화이트헤드에 의해 복원된 실재 세계는 우리에게 더없이 낯선 세계이다. 이런 낯설음은 화이트헤드의 철학에 함축된 진정한 의의를 적절히 평가하는 데 적지 않은 걸림돌이 되어 왔다. 우리가 이 낯선 세계에 다가서는 가장 좋은 방법은 화이트헤드가 그 세계로 뛰어들었던 길을 조심스럽게 따라가 보는 것일 것이다. 이 책에서 필자는 이를 실험하였다.

화이트헤드의 여정을 대충 따라가 본 지금 우리는 이렇게 물어볼 수 있겠다. 유비적 일반화(analogical generalization)의 산물인 화이트헤드의 우주론은 정당화되는가? 다양한 경험에서 공통적으로 발견되는 구조적 특성들을 일반화하여 범주로 삼고, 이를 통해 세계와 인간의 실상을 하나의 도식 체계 속에 개시하려는 그의 합리주의적 시도는 성공하고 있는가? 이것은 결국 우리가 답해야 할 물음이다. 이것은 이 책의 서두에서 언급한 **해명되어야 할 미래의 철학**이라는 표현에 함축된 과제의 출발선 상에 놓인 물음이다.

화이트헤드는 자신의 형이상학적 반성과 그 결실인 우주론의 체계는 실용적인 측면에서 그 정당성이 평가되어야 한다고 주장한다. 그 체계에 힘입어 우리의 모든 경험이 해석될 수 있는 한, 즉 추상적인 것은 추상적인 것으로, 구체적인 것은 구체적인 것으로 구제되는 한, 그것은 정당하다는 것이다. 하지만 이 작업은 결코 완결될 수 있는 성질의 것이 아니다. 우리의 경험은 시간과 공간을 향해 한없이 열려 있기 때문이다. 우리가 할 수 있는 것은 지금-이곳의 경험에서 지금-이곳의 정보와 대면시키는 일이 전부이다. 그러나 이 또한 결코 간단한 작업이 아니다. 그것은 21세기를 목전에 둔 인류가 지금까지 확보해 놓은 다양한 영역의 엄청난 정보들을 그의 우주론과 대면시켜야 하는 문제이기 때문이다. 우리는 이미 **인격적 동일성**의 논제를 다루면서 이런 어려움을 부분적으로 확인하였다.

그러나 화이트헤드의 체계가 어떻게 평가되든 그가 독창성과 포괄성에서 현대의 어느 누구에도 손색이 없는 위대한 철학자였다는 것은 분명하다. 본래 수학자로서 출발했고, 현대 물리학에도 정통했던 그가, 전통의 관념과 현대 과학의 연구 성과를 응집시켜 구축한 거대하면서도 세밀한 체계는 그 자체로 하나의 우주이다. 돌아보건대 철학이 과학을 복속시켜 체계를 구성하던 시대는 이미 오래 전에 지나갔고, 다른 과학의 체계를 온전히 이해하고 이를 반성할 수 있는 시대도 사실상 지나간 것처럼 보인다. 화이트헤드가 생존하던 시기에도 사정은 비슷했다. 그렇다면 아무래도 앞으로 인류가 제2의 화이트헤드를 다시 경험하게 되리라 보기는 어려울 것이다.

그의 형이상학은 물리과학을 모든 지식의 전형으로 간주하던 시기, 그래서 인간의 통찰력이란 예지력에 대한 믿음을 미화시킨 것에 불과한 것이라고 매도하던 시대에 태어났다. 분석과 해체를 통해 정당성을 추구하던 시기에 그는 과감한 구성의 길로 나아갔다. 철학적 사변이 인간의 지식을 혼란과 정체 속에 몰아넣을 뿐이라는 비판이 날카롭던 시기에 그는 오히려 사변이 지식의 지평을 새로이 열어 주리라는 믿음을 갖고 있었다. 그는 실험적인 체계구성을 통해 인간의 안목을 넓혀가고자 하는 지적인 모험을 역설한다. 그것은 문명을 끌고 가는 동인이다. 기존의 관념에 갇힌 채, 자족하는 문명은 소멸한다. 절대 불변의 진리가 인류를 진보케 하는 것이 아니다. 인류 문명의 진보는, 창조적 과정 속에 있으면서 창조적 과정을 끌고 가는 진리, 요컨대 시대의 결정자로서 시대에 속한, 따라서 끊임없이 극복해야 할 오류 가능한 진리와 함께하는 것이다.

우리 시대의 진리는 **해체**에 있는 것처럼 보인다. 그럼에도 **구성**을 말한다는 것은 그 자체로 모험일지 모른다. 그러나 해체는 이미 화이트헤드가 사색하던 시대 이전에 싹트고 있었다. 어쩌면 화이트헤드가 추상의 비판을 역설했던 것은 모더니즘을 극복하고자 했던 이런 시대 정신에 뿌리내리고 있는 것이었을지 모른다. 그러나 그는 결코 회의론자도 해체론자도 아니었다. 그는 시인의 감성과 신비주의자의 통찰을 가지고 삶을 살았다고 할 수 있다. 그러나 그는 수학적 개념까지도 경험에 기원한다고 본 철저한 경험론자로서, 그리고 체계구성이야말로 인간 지성의 본래적 과제라고 믿는 합리주의자로서 철학하였다. 그가 오늘 우리와 함께 살고 있다면 틀림없이 이렇게 말할 것이다. **해체를 염두에 두지 않는 구성은 인간 지성의 오만한 독단이겠지만 구성에 기생하는 단순 해체는 인간 지성의 무책임한 유희일 뿐이다**라고.

【참고 문헌】

Bar-On. A. Z., *The Categories and the Principles of Coherence: Whitehead's Theory of Categories in Historical Perspective.* Dordrecht: Martinus Nijhoff Publishers, 1987.

Beardslee. W. A., "Recent Hermeneutics and Process Thought," *Process Studies* Vol. 12(1982), pp.65~76.

Beer. S. H., *The City of Reason.* Cambridge: Harvard University Press, 1949.

Belaief. L., *Toward A Whiteheadian Ethics.* Lanham: University Press of America, 1984.

Bennet, J. B., "A Suggestion on 'Consciousness' in *Process and Reality,*" *Process Studies* Vol. 3(1973), pp.41~43.

Bertocci, Peter A., "Hartshorne on Personal Identity: A Personalistic Critique," *Process Studies* Vol. 2(1972), pp.216~221.

Blyth. J. W., *Whitehead's Theory of Knowledge.* Millwood: Kraus Reprint, 1980.

Bogaard. P. A. & Gordon T., eds. *Metaphysica as Foundation.* Albany: SUNY Press, 1993.

Bracken, Joseph A. S. J., "Energy-Events and Fields," *Process Studies* Vol. 18(1989), pp.153~165.

Brennan. S. O'Flymn, "Substance Within Substance," *Process Studies* Vol. 7(1977), pp.14~26.

Brumbaugh. R. S., Whitehead, *Process Philosophy, and Education.* New York: University Press of America, 1994.

Canevi. P., "Do We Need The 'Actual Entities'?" *Whitehead and The Ideas of Process.* eds. H. Holz und E. Wolf-Gazo. München: Verlag Karl Alber Freiburg, 1984.

Cataldo. P. J., "Whitehead and Aristotle on Propositions," *Process Studies* Vol. 12(1982), pp.15~22.

Cesselin. F., *La Philosophie Organique de Whitehead.* Paris: Presses Universitaires de France, 1950.

Christensen. D. E., *The Search for Concreteness: Reflections on Hegel and Whitehead.* Selinsgrove: Susquenhanna University Press, 1986.

Christian. W. A., *An Interpretation of Whitehead's Metaphysics.* New Haven: Yale University Press, 1967.

_____, "The Concept of God as a Derivative Notion," *Process and Divinity,* ed. William L. Reese & Eugene Freeman, Lasalle, Illinois: Open Court Publishing Company, 1964.

_____, *An Interpretation of Whitehead's Metaphysics.* New Haven: Yale University Press, 1959.

Clarke. B. L., "Process, Time, and God," *Process Studies* Vol. 13(1983), pp.245~259.

Clarke, Jr. D. S., "Whitehead and Contemporary Analytic Philosophy," *Process Studies* Vol. 16(1987), pp.26~34.

Cobb, Jr. J. B., "Whitehead and Natural Philosophy," *Whitehead and The Ideas of Process.* ed. H. Holz und E. Wolf-Gazo. München: Verlag Karl Alber Freiburg, 1984.

_____, "Whitehead and Natural Philosophy," *Witehead and The Idea of Process.* eds. H. Harold and E. Wolf-Gazo, München: Verlag Karl Albert Freiburg, 1984.

_____, "Alfred North Whitehead," *Founders of Constructive Postmodern Philosophy.* ed. D. R. Griffin. Albany: SUNY Press, 1993.

Cobb, Jr. J. B. and Griffin, D. R., *Process Theology: An Introductory Exposition.* Philadelphia: The Westminster Press, 1976.

Code. M., *Order and Organism: Steps to A Whiteheadian Philosophy of Mathematics and the Natural Science.* Albany: SUNY Press, 1985.

Eisendrath. C. R., *The Unifying Moment: The Psychological Philosophical of William James and A. N. Whitehead.* Cambridge: Harvard University Press, 1971.

Emmet. D., *Whitehead's Philosophy of Organism.* New York: St Martin's Press, 1966.

_____, "Whitehead's view of Causal Efficacy," *Whitehead and The Ideas of Process.* eds. H. Holz und E. Wolf-Gazo. München: Verlag Karl Alber Freiburg, 1984.

_____, *The Passage of Nature.* Philadelphia: Temple University Press, 1992.

Felt. J. W., "Critical Studies and Reviews: F. B. Wallack, *The Epochal Nature of Process in Whitehead's Metaphysics,*" *Process Studies* Vol. 10(1980), pp. 57~64.

_____, "Transmutation and Whitehead's Elephant," *Whitehead and The Ideas of Process.* eds. H. Holz und E. Wolf-Gazo. München: Verlag Karl Alber Freiburg, 1984.

_____, "Whitehead's Misconception of 'Substance' in Aristotle," *Process Studies* Vol. 14(1985), pp.224~235.

Fetz. R. L., "Aristotelian and Whiteheadian Conceptions of Actuality: I," *Process Studies* Vol. 19(1990), pp.15~27.

_____, "Aristotelian and Whiteheadian Conceptions of Actuality: II," *Process Studies* Vol. 19(1990), pp.145~155.

_____, "In Critique of Whitehead," *Process Studies* Vol. 20(1991), pp.1~9.

_____, "Creativity: A New Transcendental?" *Whitehead's of Metaphysics of Creativity.* eds. Friedrich Rapp and Reiner

Wiehl. Albany: SUNY Press, 1990.

Field. R. W., "William James and the Epochal Theory of Time," *Process Studies* Vol. 13(1983), pp.260~274.

Fitzgerald. J. A., *Alfred North Whitehead's Early Philosophy of Space and Time*. Washington D. C.: University of America, 1979.

Ford. L. S., ed. *Two Process Philosophers: Hartshorne's Encounter Whitehead*. Tallahassee: American Academy of Religion, 1973.

_____, "Neville's Interpretation of Creativity," *Explorations in Whitehead's Philosophy*. eds. L. S. Ford and G. L. Kline. New York: Fordham University Press, 1983.

_____, *The Emergence of Whitehead's Metaphysics 1925~1929*. Albany: SUNY Press, 1984.

_____, "The Concept of 'Process': From 'transition' to 'Concrescence,'" *Whitehead and The Ideas of Process*. eds. H. Holz und E. Wolf-Gazo. München: Verlag Karl Alber Freiburg, 1984.

_____, "The Reformed Subjectivist Principle Revisited," *Process Studies* Vol. 19(1990), pp.28~48.

_____, "Efficient Causation within Concrescence," *Process Studies* Vol. 19(1990), pp.167~180.

Ford. L. S. and Suchocki. M., "A Whiteheadian Reflection on Subjective Immortality," *Process Studies* Vol. 7(1977), pp.1~13.

Ford. L. S. and Kline. G. L., eds. *Explorations in Whitehead's Philosophy*. New York: Fordham University Press, 1983.

Frankenberry. N., "The Power of the Past," *Process Studies* 13(1983), pp.132~141.

Franklin. S. T., *Speaking From the Depths*. Grand Rapids, Michigan:

William B. Eerdmans Publishing Company, 1990.

Garland. W. J., "Whitehead's Theory of Causal Objectification," *Process Studies* Vol. 12(1982), pp.180~191.

_____, "The Ultimacy of Creativity," *Explorations in Whitehead's Philosophy*. eds. L. S. Ford and G. L. Kline. New York: Fordham University Press, 1983.

Graham. A., "Metaphysical Principles and the Category of the Ultimate," *Process Studies* Vol. 7(1977), pp.108~111.

Griffin. D. R., ed. *Archetypal Process: Self and Divine in Whitehead, Jung, and Hillman*. Evanston: Northwestern University Press, 1989.

_____, "Introduction: Constructive Postmodern Thought." *Founders of Constructive Postmodern Philosophy*. ed. D. R. Griffin. Albany: SUNY Press, 1993.

Hall. D. L., *The Civilization of Experience: A Whiteheadian Theory of Culture*. New York: Fordham University Press, 1973.

Harris. E. E., *The Reality of Time*. New York: SUNY Press, 1988.

Hammerschmidt. W. W., "The Problem of Time," *Whitehead and The Ideas of Process*. eds. H. Holz und E. Wolf-Gazo. München: Verlag Karl Alber Freiburg, 1984.

Hartshorne. C., *Reality As Social Process*. Glenco: The Free Press, 1953.

_____, *Whitehead's Philosophy: Selected Essays 1935~1970*. Lincoln: University Nebraska Press, 1972.

Hartshorne. C. and Peden. C., *Whitehead's View of Reality*. New York: The Pilgrim Press, 1981.

Hélal. G., *La Philosophie comme Panphysique*. Montréal: Bellarmin, 1979.

Hosinski. T. E., *Stubborn Fact and Creative Advance: An Introduction to the Metaphysics of A. N. Whitehead.* Lanham: Rowman & Littlefield Publishers, Inc., 1993.

Huchingson. J. E., "Organization and Process: Systems Philosophy and Whiteheadian Metaphysics," *Process Studies* Vol. 11(1981), pp.226~241.

Janusz, S. and Webster, G., "The Problem of Persons," *Process Studies* Vol. 20(1991), pp.151~161.

Johnson. A. H., ed. *The Wit and Wisdom of A. N. Whitehead.* Boston: The Beacon Press, 1947.

_____, *Whitehead's Theory of Reality.* Boston: The Beacon Press, 1952.

_____, ed. *Whitehead's American Essays in Social Philosophy.* New York: Happer & Brothers Publishers, 1959.

_____, *Whitehead and his Philosophy.* Lanham: University Press of America, 1983.

Kimball. R. H., "The Incoherence of Whitehead's Theory of Perception." *Process Studies* Vol. 9(1979), pp.94~104.

Kline. G. L., ed. *A. N. Whitehead: Essays on His Philosophy.* Englewood Cliffs, N. J.: Prentice-Hall, Inc., 1963.

Kraus. E. M., *The Metaphysics of Experience: A Companion to Whitehead's Process and Reality.* New York: Fordham University Press, 1979.

Kuntz. P. G., *A. N. Whitehead.* Boston: Twayne Publishers, 1984.

Lango. J. W., *Whitehead's Ontology.* Albany: SUNY Press, 1972.

Lawrence. N., *Whitehead's Philosophical Development: A Critical History of the Background of Process and Reality.* Berkeley and Los Angeles: University of California Press, 1956.

_____, *A. N. Whitehead: A Primer of his Philosophy.* New York: Twayne Publishers, Inc., 1974.

Lazlo. E., *La Métaphysique de Whitehead: Recherche sur Les Prolongements Anthropologiques*. La Haye: Martinus Nijhoff, 1970.

Leclerc. I., *Whitehead's Metaphysics*. New York: The Macmillan Co., 1958.

_____, ed. *The Relevance of Whitehead*. New York: The Macmillan Co., 1961.

_____, "The Necessity Today of the Philosophy of Nature," *Process Studies* Vol. 3(1973), pp.158~168.

_____, "Process and Order in Nature," *Whitehead and The Ideas of Process*. eds. H. Holz und E. Wolf-Gazo. München: Verlag Karl Alber Freiburg, 1984.

_____, "The Problem of God in Whitehead's System," *Process Studies* Vol. 14(1985), pp.301~315.

Lindsey, Jr. J. E., "The Misapprehension of Presentational Immediacy," *Process Studies* Vol. 14(1985), pp.145~157.

Lowe. V., *Understanding Whitehead*. Baltimore: The Johns Hopkins Press, 1966.

_____, *Whitehead: The Man and His Work* I. Baltimore: Johns Hopkins University Press, 1985.

_____, *Whitehead: The Man and His Work* II. Baltimore: Johns Hopkins University Press, 1990.

Lucas, Jr. G. R., *Two Views of Freedom in Process Thought*. Missoula: Scholars Press, 1979.

_____, *The Genesis of Modern Process Thought: A Historical Outline with Bibliography*. Metuchen, N. J., & London: The Scarecrow Press, Inc. and The American Theological Library Association, 1983.

_____, "Evolutionist Theories and Whitehead's Philosophy," *Process Studies* Vol. 14(1985), pp.287~300.

_____, ed. *Hegel and Whitehead: Contemporary Perspectives on Systematic Philosophy*. Albany: SUNY Press, 1986.

_____, *The Rehabilitation of Whitehead: An Analytic and Historical Assessment of Process Philosophy*. Albany: SUNY Press, 1989.

_____, ed. *Whitehead and German Idealism*. Bern: Peter Lang, 1990.

Mack. R. D., *The Appeal to Immediate Experience: Philosophic Method in Bradley, Whitehead and Dewey*. Freeport: Books for Libraries Press, 1945.

Martin. M. J., "The Views of Whitehead and Wittgenstein on Proposition in *Process and Reality* and *Tractatus Logico-Philosophicus*," A Dissertation Submitted for the Degree of Doctor of Philosophy. Southern Illinois University, 1978.

Martin. R. M., *Whitehead's Categoreal Scheme and Other Papers*. The Hague: Martinus Nijhoff, 1974.

Mason. D. R., *Time and Providence: An Essay Based on an Analysis of the Concept of Time in Whitehead and Heidegger*. Washing. D. C.: University Press of America, 1982.

Mays. W., *The Philosophy of Whitehead*. New York: Collier Books, 1962.

_____, *Whitehead's Philosophy of Science and Metaphysics: An Introduction to his Thought*. The Hague: Martinus Nijhoff, 1977.

McHenry. L. B., *Whitehead and Bradley: A Comparative Analysis*. Albany: SUNY Press, 1992.

Moreland, J. P., "An Enduring Self: The Achilles' Heel of Process

Philosophy," *Process Studies* Vol. 17(1989), pp.193~199.

Nash. R. H., ed. *Process Theology*. Grand Rapids: Baker Book House, 1987.

Neville, R. C., "Whitehead on the One and the Many," *Explorations in Whitehead's Philosophy*. eds. L. S. Ford and G. L. Kline. New York: Fordham University Press, 1983.

_____, *The Highroad Around Modernism*. Albany: SUNY Press, 1992.

Nobo. J. L., *Whitehead's Metaphysics of Extension and Solidarity*. Albany: SUNY Press, 1986.

Odin. S., *Process Metaphysics and Hua-yen Budhism*. Albany: SUNY Press, 1982.

Oliver. H. H., *A Relational Metaphysics*. The Hague: Martinus Nijhoff Publishers, 1981.

Overman. R. H., *Evolution and Christian Doctrine of Creation: A Whiteheadian Interpretation*. Philadelphia: Westminster Press, 1967.

Pannenberg. W., "Atom, Duration, Form: Difficulties with Process Philosophy," *Process Studies* Vol. 14(1984), pp.21~30.

Parmentier. A., *La Philosophie de Whitehead et le Problème de Dieu*. Paris: Beauchesne, 1968.

Peters. E. H., *The Creative Advance: An Introduction to Process Philosophy as a Context for Christian Faith*. St. Louis: The Bethay Press, 1966.

Philipson. S. M., *A Metaphysics For Theology: A Study of some Problems in the Philosophy of A. N. Whitehead and its Application to Issues in Contemporary Theology*. Uppsala: Uppsala University Press, 1982.

Pilon. J. G., "Lockeian Roots of the Ontological Principle," *Process*

Studies Vol. 9(1977), pp.192~199.

Plamondon. A. L., *Whitehead's Organic Philosophy of Science.* Albany: SUNY Press, 1979.

Pols. E., *Whitehead's Metaphysics: A Critical Examination of Process and Reality.* Carbondale and Edwardsville: Southern Illinois University Press, 1967.

_____, "Human Agents as Actual Beings," *Process Studies* Vol. 8(1978), pp.103~113.

Price. L., (recorded) *Dialogues of A. N. Whitehead.* Boston: Little, Brown and Company, 1956.

Rapp, Friedrich, "Whitehead's Concept of Creativity and Modern Science," *Whitehead's Metaphysics of Creativity.* eds. Friedrich Rapp and Reiner Wiehl. Albany: SUNY Press, 1990.

Reese. W. L. and Freeman. E., eds. *A Key to Whitehead's Process and Reality.* Bloomington: Indina University Press, 1966.

Rescher. N., *Process Metaphysics: An Introduction to Process Philosophy.* Albany: SUNY Press, 1996.

Robert. T. Q., "James, Whitehead, and Radical Empiricism," Unpublished Ph. D. Dissertation. The Pennsylvania State University, 1969.

Ross. S. D., *Perspective in Whitehead's Metaphysics.* Albany: SUNY Press, 1983.

Schilpp. P. A., ed. *The Philosophy of A. N. Whitehead.* La Salle: The Open Court Publishing Co., 1941.

Schindler, Stefan, " 'Consciousness' in Satisfaction as the Prereflection Cogito," *Process Studies* Vol. 5(1975), pp.187~190.

Schmidt. P. F., *Perception and Cosmology in Whitehead's Philosophy.* New Brunswick: Rutgers University Press, 1967.

Shalom, Albert, "Hartshorne and the Problem of Personal Identity," *Process Studies* Vol. 8(1978), pp.169~176.

Sherburne. D. W., *A Whiteheadian Aesthetic: Some Implications of Whitehead's Metaphysical Speculation.* New Heaven: Yale University Press, 1961.

Slivinski. D. L., "Personal Identity within the Context of Whitehead's Metaphysics," A Dissertation Submitted for the Degree of Doctor of Philosophy. Vanderbilt University, 1974.

Stallknecht. N. P., *Studies in the Philosophy of Creation with especial Reference to Bergson and Whitehead.* Princeton: Princeton University Press, 1934.

Ushenko. A. P., *Power and Events: An Essay on Dynamics in Philosophy,* Princeton: Princeton University Press, 1946.

Van der Veken, Jan, "Creativity as Universal Activity," *Whitehead's Metaphysics of Creativity.* eds. Friedrich Rapp and Reiner Wiehl. Albany: SUNY Press, 1990.

Wallack. F. B., *The Epochal Nature of Process in Whitehead's Metaphysics.* Albany: SUNY Press, 1980.

Welker. M., "A. N. Whitehead's Basic Philosophical Problem: The Development of Relativistic Cosmology," *Process Studies* Vol. 16(1987), pp.1~25.

Wells. H. K., *Process and Unreality: A Criticism of Method in Whitehead's Philosophy.* New York: King's Crown Press, 1950.

Welten S. J. W., "Whitehead on Hume's Analysis of Experience," *Whitehead and The Ideas of Process.* eds. Holz. H. und Wolf-Gazo. E. München: Verlag Karl Alber Freiburg, 1984.

Whitehead. A. N., *Essays in Science and Philosophy.* New York: Philosophical Library, 1947.

_____, *Interpretation of Science* : Selected Essays. Indianapolis: Bobbs-Merrill Co., 1961.

_____, *Introduction to Mathematics*. 1911. Reprint. London: Oxford University Press, 1953.

White. V. A., "Sensa and Patterns," *Process Studies* Vol. 10(1983), pp.39~42.

Whittemore. R. C., ed. *Studies in Process Philosophy I, II,* Tulane Studies in Philosophy Vol. XXIII. Hague: Martinus Nijhoff, 1974.

Wilcox, J. R., "A Monistic Interpretation of Whitehead's Creativity," *Process Studies* Vol. 19(1990), pp.162~174.

Wilmot. L. F., *Whitehead and God.* Waterloo: Wilfred Laurier University Press, 1979.

Wolf-Gazo. E., "Whitehead and Locke's Concept of 'Power'," *Process Studies* Vol. 14(1985), pp.237~252.

_____, ed. *Process in Context: Essays in Post-Whiteheadian Perspectives.* New York: Peter Lang, 1988.

Wreth. L. F., "The Untenability of Whitehead's Theory of Extensive Connection," *Process Studies* Vol. 8(1978), pp.37~44.

문창옥, 「화이트헤드의 철학과 추상의 역리」, 『과학과 형이상학』 오영환 편. 서울: 자유사상사, 1993.

_____, 「화이트헤드의 과정철학과 명제이론」(박사학위논문), 연세대학교 대학원, 1994.

_____, 「아리스토텔레스의 실체와 화이트헤드의 획기성 이론」, 『철학연구』 제38집(철학연구회, 1996), pp.81~106.

_____, 「화이트헤드의 과정철학에서 인격적 동일성의 문제」, 『철학』 제53집(한국철학회, 1997), pp.209~235.

_____, 「창조성과 궁극자의 범주」, 『화이트헤드연구』 창간호(한국화이트헤드학회, 1998), pp.53~75.

【찾아보기】

(ㄱ)

가능적 실재 88

가능태(potentiality) 45, 48, 55, 60, 80, 85, 89, 92, 93, 102, 104, 107, 113, 115, 142, 164-174, 207, 242, 252, 255, 264, 277, 281, 327; ~로부터의 추상 32, 52; ~의 속성 45; ~의 현실화 92; 불순한 ~, 251, 252, 288; 산출을 위한 ~, 73; 순수한 ~, 78, 91, 92, 95-102, 108, 152, 251, 288; 실재적 ~, 72, 73, 93, 94, 95, 108, 116, 120, 125, 135, 152, 156, 227, 244, 253, 265, 270; 연장적 세분을 위한 ~, 233; 일반적인 ~ 88, 93, 126, 265; 자연적 ~, 94, 152; 추상적 ~, 66, 281; 형이상학적 ~, 126, 127

가분성 115, 125, 133, 138, 139, 142

가설 연역적 방법(hypothetico-deductive method) 53

가지성(intelligibility) 258, 289

가치의 위계조직 101

갈랜드(W. J. Garland) 70

감각 58, 120; 동물적 ~, 58; 식물적 ~, 58

감각경험 28, 64, 203, 217, 284, 320-322, 329

감각여건 65, 209, 213, 217, 221, 228-236, 239-247, 268, 276, 284; ~의 투사 231

감각인상 119

감각주의 222

감각지각 213, 222, 235

개념 31, 98, 218; 범주적 ~, 67; 복합적인 ~, 127

개념적 가치평가(conceptual valuation) 64, 72, 79, 106, 163

개념적 느낌 61, 160-163, 286, 294

개념적 등재(conceptual registration) 63-66, 79

개념적 반복(conceptual repetition) 78

개념적 역전(conceptual reversion) 63-66, 73, 80, 159, 283, 291; ~의 느낌 257; ~의 범주 108; ~의 위상 78, 79

개념적 욕구 104

106, 164; 개념적 역전의 ~, 80, 257; 단순한 물리적 ~, 61, 62, 70, 74, 218-222, 249; 명제적 ~, 62-66, 77, 78, 83, 106, 164, 256-78, 310, 318; 물리적 ~, 62-65, 70, 77-9, 100, 106, 236; 변형의 ~, 229, 230, 232; 변환된(transmuted)~, 61; 복합적 ~, 82; 비교적 ~, 220-222; 순수한(pure) 물리적 ~, 62, 63, 69, 277; 상상적 ~, 299; 순응적(conformal) ~, 69, 70, 74, 75, 164; 예기적 ~, 83; 원초적 ~, 77, 101; 인과적 (causal) ~, 69, 219, 243; 지시적 ~, 300; 혼성적인(hybrid) 물리적 ~, 62, 63, 80, 106, 161, 264; ~의 언어들 333

245, 264, 333

맥스웰의 방정식 181

맥헨리(L. B. McHenry) 305

메이즈(W. Mays) 251, 258

명석 판명한 지각 216, 217, 223, 247

名言種子 15

명제(proposition) 62, 83, 92, 95, 249-78, 316-325; ~의 장소(locus) 304; ~의 진위(참과 거짓) 298, 308; 단칭 ~, 303, 307; 범주적인 ~, 304; 보편 ~, 303; 산술 ~, 306; 일반화 ~, 303; 자기초월체적 ~, 132; 전칭 ~, 303; 형이상학적 ~, 303-307, 324

명제이론 260

명제적 느낌(propositional feeling) 66, 83, 256-78, 294, 298, 310, 318; ~의 정의 268

명제적 통일성(propositional unity) 259, 264, 310

명제적 파악(느낌)(propositional prehension, feeling) 249, 266, 310, 322

모나드(monad) 57

모험 35, 183, 339; 창조적 ~, 30

목적론적인 과정 80, 154, 165

목적인(final cause) 43, 60, 76, 146-153

몰랜드(J.P. Moreland) 191, 192

무(無; not-being) 59; ~로부터의 창조 90

무제약적 파악 99

문명 30, 339

문법 320

문학 28

물리적 느낌 62, 64, 145, 173, 176, 236, 295

물리적 목적 232

물리적 상기(physical recollection) 257, 294

물리적 시간 103, 118, 132, 136-146, 172

물리적 시공간 114, 118

물리적 인지(physical recognition) 257, 271, 294

물리적 지각(physical perception) 218

물리적 파악(physical prehension) 61, 281

물리적인 것과 개념적인 것의 대비 285

물리적인 극(physical pole) 41, 63, 77, 161, 308-310

물리학 31, 32, 197, 202, 209, 220; 입자 ~, 334
물질성 41, 63, 65⁻
미결정성 91, 93
미시적 과정(microscopic process) 39, 55-83, 145, 207, 272
미시적 존재(microscopic entity) 103, 175

(ㅂ)
바운(Borden Parker Bowne) 189
박희성 22
반복 74, 75, 96, 148, 159, 162; 개념적 ~, 78
반성 27, 223; 우주론적 ~, 27; 형이상학적 ~, 27
반형이상학 19
버클리 56, 95
범주 27, 37, 42, 52, 56, 58, 79, 99, 112, 156, 175, 236-240, 250, 321; 실
    체-속성의 ~, 37; 역전의 ~, 80; 자연언어의 ~, 37; 전통철학의 ~, 30; 형
    이상학적 ~, 27, 109, 235
범심론 40
범주적 도식(categoreal scheme) 51, 60, 125
범주체계 52, 53, 221
베넷(J. B. Bennet) 195
베르그송 328
베르토치(Peter A. Bertocci) 189-194, 200
베이컨 31, 56
벡터(vector) 215, 216, 221, 337; ~적 느낌 210
변이(transition) 180
변형의 느낌(strain-feeling) 229-232
변형의 장소(strain-locus) 230-234, 243, 268
변화(change) 92, 110, 131, 132, 157, 179
변환(trnsmutation) 180, 183, 187, 194, 198, 200, 236, 321, 329; ~된
    (transmuted) 느낌 61, 236; ~의 정의 236
보완적 위상(supplemental phase) 68
보편(universal) 명제 303-307
보편성 95, 96
보편자(universals) 18, 86, 96

적 ~, 88; 초월적 ~, 90; 최고의 ~, 99
실재론 59; 소박한 ~, 59
實在세계 14
실증주의 52
실체 38, 57, 200, 331; ~-속성의 범주 37, 38, 331; ~적 형상(substantial form) 179
실체철학 187, 200
심리학 185, 190, 202, 333
『심리학 원리』 140
심상(image) 232, 239, 244, 313, 333
十世隔法異成門 17

(ㅇ)
아라야식 15
아르키메데스의 점 219
아리스토텔레스 89, 98, 152, 157, 179
아인슈타인 261
야누츠(Sharon Janusz) 197-203
양극성 77, 100, 173, 309
양자(quantum) 139, 142, 144, 181, 198, 337; ~ 사건(quantum event) 197-199, 203; 시간적 ~, 139; 전체로서의 ~, 139
언어 16, 19, 28, 37, 315-334; ~유희 28; ~의 께임 16, 19; ~의 모호성 328, 329; ~의 파라독스 26; ~의 한계 27, 34
업장 15, 18; 종교적 ~, 16
에너지 62, 63, 220, 337; ~의 발생 63, 337; ~의 약동 220; ~의 전이 62, 63, 220
에로스 313
엔트로피 19
여건(data) 39, 42-45, 48, 55, 58, 67-83, 92, 107, 130, 137, 148, 162, 176, 221, 251-4, 262, 280, 322; ~의 한정자 70; 객체적 ~, 59-62, 75, 79, 106, 221, 242, 301; 물리적 ~, 223; 재생된 ~, 59; 최초의 ~, 60, 61, 71-83, 311
역작용(adversion) 220
역전(reversion) 80, 149, 159, 160, 300; ~의 범주 160; 개념적 ~, 63

364 화이트헤드과정철학의 이해

점-순간(point-instant) 129
정신 30, 41, 64
정신성(mentality) 30, 41, 63-65, 78, 282, 285, 309
정신적인 극(mental pole) 41, 63, 77, 79, 161, 308-310
『正易』 14
정합성 32, 52, 53, 109, 293, 297, 301
제논의 역설 139, 142, 197
제약적인 개념적 가치평가 101
제일 질료(primary matter) 89, 90
제임스(W. James) 140, 184
제작자(Demiurge) 97, 98
제한의 원리 99
조직화 32
존 스튜어트 330
존속(endurance) 178, 191, 305; ~하는 객체(enduring object) 92, 182,
    183, 231, 298
존슨(A. H. Johnson) 109, 123
존재 37-53, 93, 97, 219, 227, 315, 326; ~들의 복합체(a complex of
    entities) 125, 126; 원리적 ~, 97
존재론 81, 90, 94, 114, 115, 208, 217, 311; ~ 근거 126, 152; ~적 원리
    (ontological principle) 48, 49, 59, 152
『존재와 무』 196
종교 28, 31, 49, 292, 332
『종교의 형성』(Religion in the Making) 33, 85, 86, 98
종말론 18
주기(period) 138
主氣論 13
主理論 13
주어-술어 37, 38
『周易』 11, 12, 13, 15, 17, 20, 21
朱子學 19
주지주의적 편견 217
주체 57, 64, 92, 156, 163, 173, 271; ~-객체 57; ~의 동일성(identity) 155,
    166, 167, 267; ~의 통일성 155, 166; ~적 강도(subjective intensity)
    283

적 ~, 67; 명제적 ~, 266; 복합적 ~, 67; 실재적 ~, 266; 주체적 ~, 156, 166

退溪 21

투사 230

(ㅍ)

파생적(derivative) 판단 300

파악(prehension) 23, 55-83, 100, 102, 155, 207, 223, 236, 256, 320; 개념적 ~, 61, 63, 64; 긍정적(positive) ~, 58-62, 81, 106, 156, 162, 255, 281; 무제약적 ~, 99; 물리적(physical) ~, 61, 63, 109, 162, 308; 부정적(negative) ~, 58, 60, 61, 75, 81, 100, 156; 의식적 ~, 58; 직관적 ~, 66; 혼성적 물리적 ~, 162

판단(judgment) 58, 223, 254, 256, 279-314; 긍정형식의 ~, 299; 부정형식의 ~, 299; 유보형식의 ~, 299, 302, 307, 325; 파생적·추론적 ~300-302

페츠(R. L. Fetz) 51, 194

포드(L. S. Ford) 143

폴(Edward Pols) 197

표상주의 65; ~적 유아론 286

風輪·水輪·金輪·地輪 20

프랭클린(S. T. Franklin) 126, 167-171, 258, 268, 272-274, 278, 283, 300

프레게(G. Frege) 288

플라톤 49, 90, 95, 98, 215; ~적 천상의 세계 313

피한정자 96, 98

필요조건 286

(ㅎ)

『河圖洛書』 14

하이데거 329

하츠혼(C. Hartshorne) 110, 111, 184-189, 200, 201

하츠혼 파(Hartshornian wing) 111

한계개념(limiting concept) 90

한정 특성(defining characteristic) 116, 127, 177, 179, 181, 188, 291

한정 형식(form of limitation) 61, 63, 71, 91

한정성(definiteness) 75, 85, 106, 131, 149, 154, 164, 177, 265, 271, 278

화이트헤드과정철학의 이해

1999년 6월 29일 초판발행
2002년 5월 5일 1판 2쇄

지은이 문 창 옥
펴낸이 남 호 섭
펴낸곳 통 나 무

서울 종로구 동숭동 199-27
전화 : (02) 744 - 7992
팩스 : (02) 762 - 8520
출판등록 1989. 11. 3. 제1-970호

값 9,800원

ISBN 89-8264-069-X (93160)